四川文化简史

A BRIEF HISTORY OF SICHUAN CULTURE

四川省政协文化文史和学习委员会 编

吴显奎 主编

四川人民出版社

图书在版编目（CIP）数据

四川文化简史 / 吴显奎主编. -- 成都：四川人民出版社，2020.12
ISBN 978-7-220-12015-2

Ⅰ.①四… Ⅱ.①吴… Ⅲ.①文化史—四川 Ⅳ.①K297.1

中国版本图书馆CIP数据核字（2019）第190449号

SICHUAN WENHUA JIANSHI
四川文化简史

吴显奎　主编

责任编辑	唐　婧
封面设计	李其飞
版式设计	张迪茗
责任印制	祝　健
出版发行	四川人民出版社（成都市槐树街2号）
网　　址	http://www.scpph.com
E-mail	scrmcbs@sina.com
新浪微博	@四川人民出版社
微信公众号	四川人民出版社
发行部业务电话	（028）86259624　86259453
防盗版举报电话	（028）86259624
照　　排	四川胜翔数码印务设计有限公司
印　　刷	成都国图广告印务有限公司
成品尺寸	170mm×240mm
印　　张	27.75
字　　数	324千
版　　次	2020年12月第1版
印　　次	2020年12月第1次印刷
书　　号	ISBN 978-7-220-12015-2
定　　价	68.00元

■版权所有·侵权必究

本书若出现印装质量问题，请与我社发行部联系调换
电话：（028）86259453

三星堆青铜神树
（江聪摄影）

三星堆青铜纵目面具
（江聪摄影）

金沙石虎
（汪毅摄影）

李冰父子像
（在都江堰市李冰广场。汪毅摄影）

李冰治水六字诀（在都江堰二王庙。汪毅摄影）

都江堰鸟瞰（汪毅摄影）

东汉说唱俑(成都地区出土,成都博物馆藏。汪毅摄影)

陈寿塑像
（在南充西山风景区。汪毅摄影）

《三国志·吴书·步骘传》东晋写本
（敦煌研究院藏。汪毅摄影）

《华阳国志》明嘉靖四十三年刘大昌校、杨经刻本
(四川省图书馆藏。汪毅摄影)

唐·梁令瓒（蜀人）绘《五星二十八宿神形图》局部
(日本大阪市立美术馆藏)

唐·李昭道绘《明皇幸蜀图》局部
（台北故宫博物院藏）

清·苏六朋绘《太白醉酒图》
（上海博物馆藏）

杜甫塑像
（在成都杜甫草堂。汪毅摄影）

青神县中岩寺唤鱼池
（刻石传为苏轼青年时手迹，下为苏轼、王弗夫妇塑像。汪毅摄影）

乐山大佛
（汪毅摄影）

安岳紫竹观音
（汪毅摄影）

阆中中天楼
（汪毅摄影）

道教圣地青城山
（汪毅摄影）

辛亥秋保路死事纪念碑（在成都市人民公园。汪毅摄影）

巴金塑像
（在成都市百花潭公园。汪毅摄影）

中国壮士（1931—1945）群雕
（在大邑县安仁镇建川博物馆。汪毅摄影）

德格印经院工作场景（李鉴踪摄影）

成都蜀绣绣娘（汪毅摄影）

第二届中国成都国际非物质文化遗产节开幕式天府巡游（汪毅摄影）

《四川文化简史》编委会

顾 问
柯尊平　崔保华　王正荣

编委会

主 任
吴显奎

副主任
丁成明　马小彬　邓子跃　朱丹枫　冉卫文
刘永剑　杜兰举　杨天宗　陈　炜　张小军
周思源　赵川荣　蔡　竞

特邀编辑
夏剑军　杨　文

目　录

序 .... （1）

绪论：四川文化的发展脉络及特点 .... （4）

一、沃野千里　天府之土 .... （1）
　　——水旱从人的农耕文化

二、巧夺天工　追逐梦想 .... （43）
　　——美奂绝伦的青铜文化

三、负重万里　冲出盆地 .... （56）
　　——风尘仆仆的交通文化

四、女工之业　覆衣天下 .... （84）
　　——千娇百媚的蜀锦蜀绣

五、火井煮盐　上古奇事 .... （95）
　　——引领世界的盐井文化

1

六、教化树人　书香流芳 ……………………………………（107）
　　——源远流长的文化教育

七、良史崛起　传诸不朽 ……………………………………（133）
　　——纪实求真的史学文化

八、仰望星空　脚踏实地 ……………………………………（143）
　　——扎根民间的天数与易学

九、巴蜀情结　诗家气象 ……………………………………（163）
　　——云蒸霞蔚的古代文学

十、风云际会　共谱华章 ……………………………………（187）
　　——异彩纷呈的近现代文学

十一、与时俱进　笔墨风流 …………………………………（203）
　　——花团锦簇的书画艺术

十二、建构巍巍　赋彩熠熠 …………………………………（218）
　　——百伎千工的造型艺术

十三、渊源有自　独树一帜 …………………………………（234）
　　——个性鲜明的传统戏剧

目 录

十四、铜鼓蛮歌　别样风采..................................（250）
　　——多姿多彩的少数民族文化

十五、道脉仙源　洞天福地..................................（264）
　　——效法自然的道教文化

十六、北迁南徙　内突外入..................................（283）
　　——融汇交流的移民文化

十七、沧海横流　英雄本色..................................（300）
　　——烽火岁月中的抗战文化

十八、血沃巴蜀　气壮山河..................................（321）
　　——光耀千秋的红色文化

十九、喧然都会　知足常乐..................................（338）
　　——怡然自得的休闲方式

文化简史附录..（358）

后　记..（416）

序

王正荣

十八大以来，习近平总书记就文化建设发表了一系列重要的讲话，党中央也做出了一系列的工作安排和部署。四川省委、省政府按照中央要求，高度重视四川的文化建设，结合四川实际，对四川文化建设做出了系统的部署和工作安排，并取得了阶段性成果。

文化强省建设是推动治蜀兴川再上新台阶的重要范畴。近年来，四川先后提出"文化资源大省向文化强省跨越""建设与西部经济发展高地相适应的文化强省""加快建设文化强省"等工作目标，充分彰显了省委、省政府对文化建设规律的认识与把握，体现了统筹推进"五位一体"总体布局的战略考量。进入新时代，加快建设文化强省，服务治蜀兴川工作大局和经济社会协调发展相适应，与四川文化的现实省情和发展前景相契合，是时代赋予我们的新课题。

从全国文化发展格局来看，四川居于西部领先、全国第二梯队的态势。虽在综合指数、生产力指数、影响力指数方面名列前茅，但在反映政府推动文化产业发展的力度及驱动力指数上却中偏后，这与四川在国家文化版图中的地位还不相适应，与推动治蜀兴川再上新台阶的目标还有距离，与四川人民日益增长的美好生活需要还不完全匹配。

文化强省建设首要是文化自信。文化自信是更基础、更广泛、更深厚的自信。

四川具有丰富的历史文化。三星堆、金沙遗址的发掘，证明四川与黄河流域一样，同是中华民族的发祥地，存在过不亚于黄河流域地区的古文明；早在三千年前，四川人民就不断努力打破封闭的地理环境，从盆地中走出去，发展同中原以及周邻地区各种文化的关系；汉代，由于都江堰水利工程的使用，以成都为中心的成都平原经济大发展，取代关中成为天府之国，并成为中国最早打通国际商贸通道的城市之一；唐代，扬州、成都成为全国最繁华的工商业城市，经济地位超过了长安、洛阳，时人称"扬一益二"，全国大批文化名人入蜀，使四川成为全国文学最繁荣的地区；宋代，四川经济高度繁荣，文化高度发达，文学、史学、哲学名家辈出，经济上出现了全世界最早的纸币"交子"。正是在丰富的历史文化的基础上，四川产生了富有特色的巴蜀文化、三国文化、民俗文化、红色文化、移民文化。这些文化不仅资源富集，而且积淀深厚，影响深远。四川文化强省建设要借助这些独特优势，推动文化持久地繁荣发展。

任何一个国家、一个经济体的崛起，总是以文化兴盛为支撑的；而在一个国家之内，任何一个区域的繁荣，也往往与独特的地域文化、先进的思想观念、发达的科技与教育事业大发展紧密相连。

四川历史文化底蕴深厚。弘扬好、传承好、传播好四川历史文化，努力让历史文化融入现代文明，是四川文化建设的重要内容，也是推动四川实现文化强省目标的必由之路。寻求优秀文化传统与现代文化精神的契合点，从学理意义和现代文明意义上阐释传统文化的重要价值；将文化遗产转化为大众教育、国学普及、人文素养的现实资源，已成为四川省政协文化文史和学习委员会工作的重要内容，并做了多方面的努力，取得了许多成果。

为推动四川优秀传统文化的创造性转化和创新性发展，四川省政协文化文史和学习委员会组织编写了《四川文化简史》，以期使广大人民群众进一步了解四川悠久的传统文化，热爱和传播四川优秀传统文化，增强文化自信，为治蜀兴川再上新台阶做出新贡献。

绪论：四川文化的发展脉络及特点

中华优秀传统文化，大致由六个方面构成：心忧天下的家国情怀，儒道相济的人生哲学，知行合一的实践精神，和而不同的开放包容，独一无二的文字密码，推陈出新的红色文化。

四川，虽然地处盆地，但在构成中华优秀传统文化的基因图谱上，随处都可见四川的历史贡献。

一、封闭中孕育开放的环境

地理环境影响着一方人的思维方式和行为准则。一定的地理环境会影响一个地区经济的发展，会造就一定的地域文化，会影响人的气质与性格。

四川位于中国西南，地处长江上游，东西长1075千米，南北宽900多千米。东连重庆，南邻滇、黔，西接西藏，北界青、甘、陕三省。面积约48.5万平方千米，次于新疆、西藏、内蒙古和青海，居全国第五位。

四川地貌东西差异大，地形复杂多样，处于我国第二级阶梯，高差悬殊，西高东低的特点特别明显。西部为高原、山地；东部为盆地、丘陵；可分为四川盆地、川西北高原和川西南山地三大部分。

四川盆地是我国四大盆地之一，面积约20万平方公里。盆地四周北部为秦岭，东部为米仓山、大巴山，南部为大娄山，西北部为龙门山、邛崃山等山地环绕。盆地西部为川西平原，土地肥沃，土地生产能力强；盆地中部为紫色丘陵区，地势微向南倾斜，岷江、沱江、嘉陵江从北部山地向南流入长江；盆地东部为川东平行岭谷区，分别为华蓥山、铜锣山、明月山。

四川西北部为川西北高原，属于青藏高原东南一隅；西南部为横断山脉北段，山高谷深，山河相间，山河呈南北走向，自东向西依次为岷山、岷江、邛崃山、大渡河、大雪山、雅砻江、沙鲁里山和金沙江。

地理环境对人的气质、性格会产生重要影响。四川独特的地理环境使四川经济长期处于滞后的境地。刘禹锡诗云："巴山楚水凄凉地，二十三年弃置身。"四川经济发展落后，一度成了贬谪官宦与流放犯人的凄凉之地。此外，温润的气候、广饶的成都平原与丰富的自然资源又使其拥有相对稳定发展的经济环境。

长期以来，外界总认为四川交通闭塞，"蜀道之难，难于上青天"，同时又有"朝辞白帝彩云间，千里江陵一日还"。若干事实证明，四川文化产生于四川盆地，虽然被大山环抱，却并不封闭阻塞。从文化上看，人才的成长与该地区的文化氛围是分不开的，而一定的文化氛围又必定受一定的地域环境的影响。四川这种群山环抱、平畴千里的地理环境，造成了一种与众不同的文化类型。多山大川崇岭峻屹之地往往出慷慨悲歌之士，平湖秋月绿水环绕之滨则多出文人才子，而多种文化的交融汇合，则更有利于文化的发展繁荣，尤其有利于集众家所长而成一家之言之才。四川大诗人苏轼在诗中既有"大江东去，浪淘尽，千古风流人物"的慷慨之音，又有"相顾无言，惟有泪千行"的婉转缠绵之语，更有"一蓑烟雨任平生""也无风雨也无晴"的空明畅达人生态度，这显然是多种文化交融汇合的结果。

在四川复杂的地理环境中，既有江南水乡一般烟柳葱茏的平原，也有碎石走马的荒境；既有陡不可攀的崇山峻岭，也有镜湖秋月般妩媚多姿的水乡泽国。这样的环境营造的文化氛围，必然是刚健与柔媚相合，激昂与含蓄相融，探索与自省相契的状况。

优美的自然环境有助于人格的完善，有助于人们审美力的培养，这对文化的发展特别是文学、音乐、美术的发展至关重要。在中国历史上，江南多诗人、画家、书法家，与优美的山水风景分不开。优美的地理环境还有助于培养人们良好的秉性及心胸，如果长期处于温润的山水之地，会使人感到畅快、松弛，人的秉性也会变得温和而朴实，为人们营造出和谐的生存环境。古来巴蜀多仙山，风景名胜众多，秀甲天下的名山峨眉，幽远迷离的道教名山青城，域内河川有长江越省而过，岷江、沱江、嘉陵江等纵贯全境，李白诗"峨眉山月半轮秋，影入平羌江水流"，很能概括巴蜀山水的美好景象。

四川独特的地理环境使四川于封闭之中孕育着开放，于平和之中孕育着躁动不安，独特的地理环境又促使其具备多元的文化基因，这些相承又相悖的冲突形成了四川文化发展的巨大动力，经过长期的孕育而爆发，促使四川文化呈阶段性发展，也使四川人才在文化发展高峰期大量涌现。

二、令人惊叹的古蜀国文化

四川远古时期存在过相当于中原商周时期的古蜀国。公元前316年，秦国灭了古蜀国，建立了以成都为治所的蜀郡，并在之后灭了古蜀文字、古蜀文化。虽然在汉魏晋时期，扬雄、谯周、陈寿、常璩等学者大力搜寻古蜀资料，加以补写和追记，但是，关于古蜀时期的历史和文化，不仅有许多地方不清楚，更重要的是，在已知的古蜀历史、文化方面，确实没有多少出彩的地方。面对历史学界长期认为的中华民族的发祥地是黄河流域的传统说法，也只能认同。

然而，从20世纪80年代到21世纪初，平地一声惊雷，成都平原上相继发掘三星堆、金沙遗址，被称为"20世纪人类最伟大的考古发现之一"，昭示了长江流域与黄河流域一样，同属中华文明的母体，被誉为"长江文明之源"。

三星堆、金沙遗址出土的青铜器、金器、玉石器多达上千件，这批文物是宝贵的人类文化遗产。在中国的文物群体中，三星堆、金沙遗址出土文物属最具历史、科学、文化、艺术价值和最富观赏性的文物群体之一，填补了中国考古学、美学、历史学诸领域的重要空白，使得世界对中国古代文明需重新评价。在这批文物中，有外部用纯金包裹，全长1.42米，重约500克的金杖；高395厘米的青铜神树，树上挂有许多飞禽走兽、铃和各种果实，集"扶桑""建木""若木"等多种神树功能于一身；高2.62米、被誉为"铜像之王"的青铜大立人像；有"面具之王"美誉、作为"纵目"的蜀人先祖蚕丛偶像的青铜纵目面具；现已正式成为中国文化遗产标志的"太阳神鸟"金饰，即"四鸟绕日金饰"，表达了古蜀人对太阳神鸟和太阳神的崇拜与讴歌。"边璋之王"的玉边璋，其残长达159厘米，厚1.8厘米，宽22厘米，其加工精美，棱角分明，其器身上刻有纹饰，这么大件精美玉器，在中国现有的考古发现中仅发现这一件。

在这批古蜀秘宝中，以青铜大立人、青铜面具、青铜神树为代表的青铜器，堪称独一无二的旷世神品；而以金杖、太阳神鸟为代表的金器，以满饰图案的边璋为代表的玉石器，亦多属前所未见的稀世之珍。最近，考古专家对三星堆又做了进一步发掘，期待有更加惊人的发现。

成都在公元前5世纪就作为古蜀国之都，郫邑、瞿上也曾为古蜀国都，《蜀王本纪》《华阳国志》中是有明确记载的。

2012年，在三星堆遗址北部发现了"仓包包城墙"和"北城墙"两道新的三星堆时期夯土城墙，并在城址范围内发现多条古水道。对发掘结果进行研究，可以确定：三星堆大古城呈梯形，核心区占地约3.5平方公里，为同时代南方最大城池，城墙内或是王都之所。也就是说，三星堆遗址很可能就是古蜀国国都。

更重要的是，1995年以来，在成都平原先后发现和确认了八座史前时期古城性质的部落遗址，它们分别是新津宝墩古城、郫县古城、温江鱼凫城、都江堰芒城、崇州双河古城、崇州紫竹古城、大邑盐店古城和大邑高山古城遗址。在这八座古城遗址中，最具代表性的就是新津宝墩古城。宝墩古城测算占地276万平方米，其规模仅次于浙江余杭良渚古城与山西襄汾陶寺古城，是中国第三大史前古城。

三星堆、金沙遗址及成都平原史前古城遗址的发现让古蜀国的文明史轰动了考古学界、历史学界。

传统认知中的中国史前文化，有仰韶、河姆渡、红山、良渚，属仰韶的半坡文化近于最古老，6000多年前，半地下室式的，遗存除了一些粗陶，找不到文明的影子；河姆渡6000~5500年前，有稻谷，少文化；红山文化约5000年前，文化程度高一些；良渚文化4500~4000年前，更先进一些，玉器较精美。但所有这些文化，与成都平原文化相较，都相形见绌。成都平原文化可溯及5000年前，延续至3000年前。史学界公认，它是有青铜器、城市、文字符号和大型礼仪建筑的灿烂的古代文明。同时期的中原根本就找不到这样丰富的文化积存。甲骨文最远3500年前，妇好墓3200年前，后母戊大方鼎3200年前，毛公鼎2800年前。

虽然古蜀文字、文化的湮灭让研究者对成都平原的系列发现找不到文献支撑，甚至不能准确地解释古蜀国因何勃发与衰落，但是，不可否认的是，成都平原的系列发现将古蜀国的历史推前至5000年前，证明了长江流域与黄河流域一样同是中华民族的发祥地，证明了长江流域地区存在过不亚于黄河流域地区的古文明。

三、"天府之国"美誉落在四川

战国至西汉前期，人们谈到富饶的地区，都是首推"关中"，称为"天府之国"。如《战国策·秦策一·苏秦始将连横》："大王之国，……田肥美，民殷富，……沃野千里，蓄积饶多，地势形便。此所谓'天府'，天下之雄国也。"《汉书·张良传》："关中……沃野千里，……此所谓金城千里，天府之国。"

但是，到了东汉初班固写《两都赋》时，就说关中"郊野之富，号曰近蜀"。即是说，蜀地之富已经超过关中。所以《华阳国志》说蜀已"汉家食货，以为称首"。即是说，天下生产之富，无有更过于蜀者。这样一来，"天府之国"的美誉也逐渐从关中移到了蜀中。汉末诸葛亮在《隆中对》中说："益州沃野千里，天府之土。"这是现在我们看到的称四川为"天府"的最早记载，但这种说法显然不始于诸葛亮。

因为都江堰的修建，以成都为中心的成都平原经济大发展，在汉代，取代关中成为天府之国。据《汉书·食货志下》："遂于长安及五都立五均官，更名长安东西市令及洛阳、邯郸、临淄、宛、成都市长皆为五均司市师。"即是说，成都已经是当时全国的"五都"之一。

汉景帝时，蜀郡太守文翁创建了中国的第一所地方官办学校——"石室"。创立不久，即以学风卓荦、人才辈出而创造了"蜀学比于齐鲁"的奇迹。汉代文学最有影响的是汉赋，在公认的"汉赋四大家"中，出身于成都的司马相如、扬雄始终排在最前列。班固所撰《汉书》对人物的事迹记载，司马相如是卷五十七、扬雄是卷八十七，这两卷，是分了卷上卷下的，足见篇幅之大，所载事迹之多。在《汉书》中享受此待遇的，除了汉高祖刘邦之外，别无他人，其他汉代的重要人物，包括吕后、武帝、张良、萧何、董仲舒等，均没有获得这种待遇。

汉代的四川，不仅有都江堰、文翁石室这样全国独有的水利、教育工程，还有举世公认的中国道教发源地鹤鸣山；中国最早和最珍贵的茶叶文献《僮约》，成为中国茶文化的发轫地；成都同时又享有中国漆艺之都美誉，是古代最著名的漆器制作中心。

扬雄是首个写成都城市赋的人，他在汉成帝永始二至三年（公元前16—前15年），左思在晋惠帝元康二年（公元292年）左右，都撰有以描绘成都为内容的《蜀都赋》。这两篇《蜀都赋》都大力描绘了成都"贝锦斐成，濯色江波""自造奇锦""阿丽纤靡"的壮阔富饶的形象，以及成都"两江珥其市""发文焕采，转代无穷"的繁华。

成都是"南方丝绸之路"的起点。作为中国最早打通国际商贸通道的城市之一，城市自身的发展、工商业手工业的繁荣昌盛是极其重要的内因。物产丰饶的成都平原，为成都城市发展、商业手工业繁荣提供了最坚实的自然基础。《史记》《汉书》《蜀都赋》都提到，早在张骞出使西域前，成都产的蜀布、邛竹杖就已出现在中亚西亚诸国，这是当时成都城市高度繁荣的最佳佐证。沿南方丝绸之路，成都生产的蜀布、丝绸、邛竹杖等特产被贩运到云南、贵州、广西、广东等地，再转运至缅甸、阿富汗、印度等国，又购回西亚、中亚、南亚诸国的香料、珍珠、琥珀、珊瑚等奇货以及炫奇杂技，这确是连接欧亚大陆最古的通道之一。

唐代，由于以成都所在的剑南道（剑南道是在唐初由益州改称）为代表的蜀地经济的繁荣，因而与江南地区一样，成为唐王朝财赋的主要供应区域。据《旧唐书·地理一》："至德二年，……十二月，置凤翔府，号为西京，与成都、京兆、河南、太原为五京。"即是说，成都是当时全国的"五京"之一。其后更有"扬一益二"之说。

"扬一益二"是对唐代东南、西南两大都市，即扬州、益州，其经济发展的民间表述。全国工商业经济最繁荣的是扬州，次为益州。这是因为，安史之乱以后，北方经济地位下降，长江流域地位上升。扬州、成都成为全国最繁华的工商业城市，经济地位超过了长安、洛阳，所以有"天下之盛，扬为首"的说法；而成都物产富饶，所以当时谚语称"扬一益二"。

唐朝时期的四川，经济发达，文化繁荣，佛教盛行。农业、丝绸业、手工业、商业发达，造纸、印刷术发展很快。

自古诗人到蜀者不少，于唐为甚。李白、杜甫、王勃、卢照邻、岑参、薛涛、高适、元稹、白居易、刘禹锡、贾岛、李商隐、温庭筠、雍陶等文学家皆入蜀，其中不少还曾经短期旅居成都。蜀地之于诗人，不仅仅是躲避战乱与多舛命运的避风港，更是成就其诗才与文名的福地，甚而成了一日都不能忘的精神家园。在诗人们的眼中，成都"喧然名都会"的繁盛，"季冬树木苍"的气候，更佳的是"水绿天青不起尘"的洁净空气。他们的歌咏，承载了蜀地千年的风华。

不少到过成都的诗人都曾以诗作描绘过成都的繁荣。如李白《上皇西巡南京歌》："九天开出一成都，万户千门入画图。草树云山如锦绣，秦川得及此间无。""水绿天青不起尘，风光和暖胜三秦。万国烟花随玉辇，西来添作锦江春。"杜甫写有两百多首"成都诗"，其《赠花卿》："锦城丝管日纷纷，半入江风半入云。此曲只应天上有，人间能得几回闻。"岑参《与鲜于庶子自梓州成都少尹自褒城同行至利州道中作》："数公各游宦，千里皆辞家。言笑忘羁旅，还如在京华。"

唐代成都有世界上最早发明和使用的雕版印刷术文物，成都的卞家《陀罗尼经咒》、西川过姓《金刚经》残页、成都樊赏家历残页为世界现存最早的一批印刷品。

正是因为蜀地的富饶，所以在安史之乱以后，当北方藩镇不断连兵作乱，封建帝王在关中不能立足时，往往逃奔蜀地，徐图恢复。史书说，成都府"至德二载曰南京，为府，上元元年罢京"，即是说，在京都西安之南的成都因为唐玄宗避安史之乱入蜀而被称为"南京"，作为唐王朝的陪都。

成都在唐朝时期的发达经济、繁荣文化，延续到宋朝，成都的经济活动更是异常发达，是全国首屈一指的大都市。以锦绣为例，花样由唐时的10多种发展到宋时期的40多种，能织出天马、流水飞鱼、百花孔雀、如意牡丹等新花样，占全国各地上交总数的70%以上。由于商业发达，成都出现了世界上最早的纸币"交子"。

交子在成都的出现是商品经济发展的必然结果，反过来又促进了商品交换关系的发展。成都"交子"的正式使用，在货币发展史上有重大的意义。

四、沉寂六百年后的勃发

自元明以后，尤其是明末清初，由于半个多世纪的战乱，四川的社会、经济、人口都遭到了极大的破坏。

据清史记载，清顺治三年（1646年），四川闹饥荒。《蜀难叙略》载：山深处，升米价二三两，菽麦减半，他物称是。荒残甚者，虽万金无所得食。加之张献忠的空前烧杀屠城，使40万人口的成都仅剩下几十户人家。这期间除了战事连绵不断，黎民百姓饱受荼毒蹂躏的煎熬。曾经繁华的川西坝子人口锐减，一片荒芜破败，天灾人祸，惨不忍睹，昔日"扬一益二"已成为传说。清初相当长的一段时间里，省级衙门不能驻扎成都，而是在川北的保宁府（今阆中）。

进入近代以后，成都城市发展相比于沿海沿江城市明显缓慢下来，成为近代中国比较典型的发展滞后型城市。近代成都城市发展滞后是由多方面原因造成的，其中交通地理条件的制约、新型经济因素微弱以及多年战乱的摧残无疑是其中最为重要的原因。

不过，以"湖广填四川"为标志而慢慢又站起来的四川，不会甘心于六百年的沉寂。近现代以来，四川一直在重新集聚力量，以望再次崛起。

19世纪70年代，清政府内部洋务派以"求富、自强"为目的创办近代军事工业的浪潮波及成都。四川总督丁宝桢于光绪三年（1877年）在成都创办了有一定规模的近代工业——机器制造局，使成都出现了最早的产业工人，客观上刺激了成都近代民族资产阶级的产生。

同治年间，张之洞为四川学政，办尊经书院，对四川的文化发展起到了重要作用。光绪年间，丁宝桢主持书院，聘请王闿运为山长，教学取得了很大成绩，四川近代史上一大批杰出人才都出自这个书院。

光绪三十一年（1905年），全国废除科举，改办新式学堂。成都先后办起了四川通省师范学堂、法政学堂、存古学堂、藏文学堂、农政学堂、工业学堂。这批学堂不同于以前适应科举需要的书院，在教学方式和教学内容方面都有改变，是四川近代最早的高等学府，对成都后来教育事业的发展，对新文化、新知识和新科学技术的传播都发挥了重大作用。不少学校为当时的革命党人所掌握，成为"党人交通会聚之所"。辛亥革命前，四川的新式学堂数量居全国第二，而成都又居四川省之冠。

由于新思想、新文化的影响，为了国家富强、民族昌盛，反抗外来欺凌，许多青年学生先后留学日本和法国；四川留日学生"最多的时候达二三千人"。在1903—1906年这4年时间里，仅从成都到日本留学的就达245人。"成都言新学之最先者"吴虞、四川省保路同志会干事长颜楷、老一辈无产阶级革命家吴玉章都是这段时间从成都出发东渡日本的。

于是，在20世纪初叶，巴蜀大地涌现出一批又一批俊杰。他们走出夔门，走上全国舞台，重新书写巴蜀俊杰璀璨、人才辈出的新一页。

1911年6月，保路运动在成都发起，担任四川总督的赵尔丰因镇压民众而造成的"成都血案"引发民众起义，这直接导致了辛亥革命的总爆发，为中国资产阶级民主革命立下了不朽的功绩。

辛亥革命后的一段时间，成都成为四川军阀混战争夺的焦点，社会经济的发展极其缓慢。抗日战争开始后，成都的社会经济有了较大的发展。大批的外省人员到成都，使成都人口增至80多万。人口增加，市场的需求扩大。外地不少工厂内迁，成都又创办了一批工厂，保证了抗日战争时期军需品的供应，稳定了成都地区人民生活，有力地促进了成都近代工厂的发展。由于国民党政府迁都重庆，四川成为大后方，成都成了大后方的文化中心。一批高等学校，如金陵大学、金陵女子大学文理学院、燕京大学、齐鲁大学、中央大学医学院、光华大学、朝阳学院等都内迁成都，来成都的不少专家、学者、教授给成都的教育事业带来了很大的影响。

与此同时，由中国共产党领导的抗战文艺运动在成都蓬勃兴起，许多文化界的名流、文艺工作者，如著名作家老舍、叶圣陶、陈白尘、萧军、何其芳、周文、陈翔鹤，著名的雕塑艺术家刘开渠，著名的戏剧家赵丹、应云卫、贺孟斧等都在成都从事抗日文艺活动，极大地推动了成都文化事业的发展。

五、四川文化的突出特点

在四川文化数千年的演进过程中，形成了几个非常显著的特点，即：奉行对外交流与开放、重视文教与科技、坚持统一与安宁、倡行道义与责任。不容置疑，这几个特点都是非常值得肯定的。

一是奉行对外交流与开放。

《华阳国志·蜀志》里记载的"五丁迎石牛"一类传说，反映出古蜀先民力求打破闭塞，走出盆地，渴望与外界交流的意识和行动。距今数千年的大溪文化遗址、三星堆遗址所出土的海螺、海贝、象牙，则明显地具有强烈的外来因素。

《史记》和其他史志中，蜀秦的关系记载较多，《史记·六国年表》记"蜀人来赂""秦伐蜀""蜀取我南郑""蜀人来朝"等。按《华阳国志·蜀志》的记载，从"教民养蚕"的蚕丛到"教民捕鱼"的鱼凫，到"教民务农"的杜宇，治水的开明，这几代蜀王，不仅都是迁移入川之人，而且都和农业生产有关。

四川是移民大省。历史上发生过四次大规模的外省移民迁入：秦灭古蜀后，两晋时期，宋元之间，清朝初期。

可以说，四川文化是在对其他文化的优秀成分大力借鉴的过程中发展和壮大起来的。与此同时，开放的四川文化还以大山般的胸怀接纳来自四面八方的人才。如传说中取代鱼凫王的杜宇、取代杜宇王的鳖灵，都是从四川地域以外进入成都平原的非土著人。秦时迁蜀的赵人卓氏、山东程郑，也是在临邛（今邛崃）东山再起，成为富可敌国的大商贾的。这说明蜀人妒才之心相对较小，并且很善于向外界学习。

事实证明，四川文化虽地处四川盆地，为大山环抱，却并不封闭，不可以"盆地意识"来论之，四川文化的开拓性、开放性与包容性，同海内外其他先进文化相比，是毫不逊色的。正是由于四川文化重交流、重开放的大环境的吸引，从秦以后的两千多年间，各类移民、各色人才携带着各种先进思想文化技术，源源入蜀，尤其是明清时代的几次文字狱，都未影响到文化发达的四川。相反，动荡的中原却促使了人才大量流入四川，从而使得巴蜀文化呈现出一种丰富多彩、生机勃勃的局面，涌现出许多领先于全国甚至世界的经济、科技以及思想文化成果。

二是重视文教与科技。

文教与科技是带动社会经济起飞的两翼。巴蜀社会自上古以来就极为重视发展科学技术和文教事业。

汉代的文翁石室，大大推动了四川，甚至是中国教育事业的发展，这在世界教育史上也是空前的。文翁兴学具有"原创""领先"的历史地位。《汉书·文翁传》明确记载："至汉武帝时，乃令天下郡国，皆立学校官，自文翁为之始云。"

三星堆大型青铜雕像群充分展示出古蜀人高度的审美能力与冶铸技术，而这以后的诸多惠及当代的重大科技成果，如都江堰水利工程、井盐的开掘、天然气的开发和利用等，至今亦很难确切、具体地归功于某个人；应当说，它们是古代四川知识分子与劳动人民集体智慧的结晶。正是在这种普遍重视科技发明及科技应用的氛围里，才诞生出李冰、落下闳、张思训、秦九韶等名扬中外的大科学家。

古代四川社会对教育和文化的重视是非常突出的。如西汉有文翁石室，宋代有"举天下郡国所无有"的成都府学和藏书量居全国书院之冠的蒲江鹤山书院，清代有享誉全国的长江上游两大学术中心兼两大图书馆的成都锦江书院与重庆渝明书院……两千多年间诗书传承不断。温柔敦厚的巴蜀水土，孕育出司马相如、王褒、扬雄、陈子昂、李白、苏洵、苏轼、苏辙、杨慎、张问陶等大文学家、大哲学家、大思想家；孕育出陈寿、常璩、范祖禹、李焘、李心传等大历史家——魏晋南北朝巴蜀地方史与南宋当代史这古代中国史学史上的两座高峰；孕育出东汉张陵的道教，宋代张行成、张栻、魏了翁的理学……

三是坚守统一与安定。

从先秦时代起，巴蜀地域内就倡行统一与安定。蜀地居民接受杜宇教化，鱼凫不与杜宇争、杜宇不与鳖灵争而退隐西山等记载和传说，都是这种忍让为国，以求民安的淳朴古风的反映。

商鞅的老师尸佼之所以从秦地逃入蜀地，就是因为这里社会比较安定，少争斗，人与人之间关系相对和睦，无政治动乱之虞，便于潜心钻研学问。秦并巴蜀以后，巴蜀历史上相继出现过不少封建割据政权，但在其割据范围内，多是政治相对统一、社会相对稳定，因而被某些史家写作"偏安一隅"，如蜀汉、前后蜀等。特别是前后蜀时，北方文人为避中原战乱而纷纷南下入蜀——是这里"世外桃源"的气息将他们招引来的。而前后蜀时之所以文化昌盛（以绘画、雕刻、音乐、舞蹈为代表）、科技进步（以药物学、化学、科学著述为代表），也在乎此。所以安史之乱后的唐朝君主们，每逢中原战乱，其逃跑的第一个方向便是四川，因为这里的安全系数比其他地区高。

在四川的安全系数中，当然有地理环境的因素，但人的因素、社会的因素，则是最为要紧的。尤为可贵的是，历来巴蜀地域内部的统一与安定，还多服从于全国形势的需要，多服从于全国范围内的统一和安定。每当面临国家统一潮流时，巴蜀的地方政权总是"顺从"；而当参加统一战争、反侵略战争或其他正义战争时，巴蜀人民英勇顽强、一往无前、宁死不屈的精神便展现出来。

四是倡行道义与责任。

人活在世上，是需要活得有精神的，这个精神，就是对道义的弘扬与责任的担当。巴蜀人因为历来重教化的文化氛围的熏陶，所以勇于承担道义与责任。

大禹治水，不仅讲科学，更是"三过家门而不入"，就是因为道义与责任。

刘备在白帝城"托孤"时，曾对诸葛亮说"若嗣子可辅，辅之；如其不才，君可自取"这样令人感动的话语；后来诸葛亮大权在握，却非常忠于蜀汉政权；他不怠懈其职守，鞠躬尽瘁地辅佐刘禅，非常难能可贵！由于客观条件的限制，诸葛亮并没有实现他统一国家的理想。他为中华民族留下的，不是一个强大的皇朝历史，而是一笔无法估量其价值的精神遗产。这遗产作为宝贵财富的价值远远超越了世间追求功利、目光短浅的政治，而在中华民族精神人格上打下了深深的烙印。

在70多年前的那场民族大抗战中，四川人民做出了自己最大的贡献和牺牲：直到抗战胜利，四川出兵350万人，64万人伤亡，占中国抗战军队五分之一；服工役的民工总数达300万人以上；供给粮食8000万石以上，占全国征粮总额的三分之一。四川人民自觉自愿地为争取抗战胜利做出了重大贡献。

这就是四川人双肩扛道义、舍我其谁为国家的民族大义精神的体现。

纵观四川文化发展历程，不难看出，在世界范围内，四川独特的优越自然地理条件，造就了引领同时代的独特的地域文化，并成为中华优秀传统文化的重要组成部分，为中华文明进程做出了独有的贡献。四川历史文化的优秀基因，至今已融入中华优秀传统文化的体系中，成为每一位中国人精神世界的重要组成部分，并为开创中国特色社会主义新时代，实现中华民族伟大复兴的中国梦，发挥着不可替代的作用。

一、沃野千里　天府之土
——水旱从人的农耕文化

（一）锦绣山川

我们美丽的家乡四川位于中国大西南腹地，北与青海、甘肃、陕西相邻，南和云南接壤，西与西藏为伴，东及东南同重庆、贵州毗连，是西南沟通西北、华中两大区域的枢纽地带。省境介于东经97°21'～108°31'、北纬26°03'～34°19'之间，南北宽900多千米，东西长1075千米，东、西边界时差达47分钟。总面积约48.5万平方千米，次于新疆、西藏、内蒙古和青海，居全国第五位；2018年常住人口8341万，次于广东、山东、河南，居全国第四位。

四川省地跨青藏高原、横断山脉、云贵高原、秦巴山地、四川盆地等五大地貌单元，拥有平原、丘陵、山地和高原四类地形。东部属亚热带湿润季风气候，西部山区属暖温带、亚热带高原气候。年平均气温-1～19℃，年平均降水量500～1200毫米。其地质构造复杂多样，东部是较为稳定的地台区，是巨大的菱形构造盆地核心。盆地的上部普遍为侏罗系、白垩系红色砂岩、泥岩层所覆盖,故有"红(或紫)色盆地"之称。

在距今3000万年前的新生代早第三纪末期,地壳发生了一次对中国现代地貌的最终形成具有决定意义的最为强烈的造山运动,即"喜马拉雅造山运动"。这个运动一直延续到距今300万～200万年时,才算放慢了速度。它不仅造就出"世界屋脊"喜马拉雅山脉和青藏高原,形成中国地貌的第一级"台阶",而且还连带形成第二级、第三级"台阶",奠定了中国地貌西高东低的基本格局。处于第一、二级"台阶"内的川西高原和四川盆地,就是在这一时期大体成型的。而纵穿南北、横贯东西的长江水系,也是在这一时期完成雏形的。

喜马拉雅造山运动最终决定了四川地貌西高东低(西北向东南倾斜),西部是高山高原、东部是盆地平原丘陵的格局。而西部的高山,则将巍峨、雄浑、险峻、壮美汇集一体,再加上雪峰的圣洁、晶莹,冰川的刚利、尖锐,使人产生"西部归来不看山"之叹。其中大雪山是雅砻江与大渡河的分水岭,连绵400多千米,海拔5000米以上。贡嘎山是大雪山的主峰,海拔7556米,为省内第一高峰,号称"蜀山之王"。它同时也是横断山脉的最高峰,亦是我国金沙江以东的第一高峰。

贡嘎山在藏语中的意思是"白色冰山",终年白雪皑皑,冰川簇拥,附近海拔6000米以上的山峰就有45座之多。当代到过四川的探险家、登山家大多认为:四川最美、最雄伟、最为典型的山当数贡嘎山。它附近不仅拥有庞大的高山群落,而且拥有最具代表性的现代冰川与古冰川地貌(整个贡嘎山区有现代冰川74条,呈放射状向四方流动,尤以东部海螺沟冰川最长,达13.6千米,已伸进森林线6千米,末端已下伸到海拔2850米的位置)以

一、沃野千里　天府之土

及7个自然带。这是峨眉山（3个自然带）以及整个东部中国山地无法比拟的。有登山家认为：与攀登珠峰相比，登贡嘎山更难，也更有价值。

与贡嘎山同样具有美学意义的是位于贡嘎山的西南边，地处稻城亚丁的三座神山。它们分别叫"仙乃日"（6032米）、"央迈勇"（5958米）和"夏诺多吉"（5958米）。在贡嘎山东北方向，位于小金县境内的四姑娘山（6250米）也是一座完完全全由冰川打造出来的极高山，许多人爱把它比作"东方的阿尔卑斯

张光海绘《高原情》

山"。贡嘎山与它的姊妹山所拥有的雪峰之美、冰川之美、草地之美、海子之美、森林之美以及人文之美是四川独有的风景,足可"引无数英雄竞折腰"。

在四姑娘山的东北方向,位于松潘县境的高5588米的岷山主峰雪宝顶也以它的高大雄伟令人瞩目。就经度而言,它是中国西部最挨近东部的一座至高雪峰。在它的以东以南方向,就是四川盆地了。那里有号称"天下秀"的峨眉,有"天下幽"的青城和"天下雄"的剑门,但是,在西部以贡嘎山为代表的冰山雪峰群落(大多数是无人攀登过的处女峰)面前,却都只能俯首称臣。以贡嘎山为首的西部四川极高峰的伟岸挺拔、冰清玉洁,赋予了四川地貌最为深刻厚重的文化意义。如果将它视为川人形象的一个代表,应当不为过。

毛泽东当年没有到过贡嘎山、稻城三神山、四姑娘山,但却在从贡嘎山脚的磨西镇至巴西乡的岷山之间,于1935年5月29日至9月2日的95天时间内,五次率军翻越高高的雪岭冰峰,并在从岷山进入甘肃后,回眸西望,接连写下《七律·长征》和《念奴娇·昆仑》等著名诗篇,热情讴歌四川西部的高山之美、雪峰之美和冰川之美。毛泽东是中国诗歌史、中国文学史上从积极浪漫主义角度去认识和挖掘中国西部四川高山美、雪峰美和冰川美的第一人。

四川的地质构造决定了它是一个多高山大川的省份。如果说四川西部连云接天的高山形成四川地貌的崇高美、硬朗美和阳刚美的话,那么,四川东部盆地烟雾氤氲的大江大河则造就了四川地貌的遒劲美、灵动美和阴柔美。《管子》说:两山之间,必有川焉。四川多高山峻岭,相应则多大江大河。四川的大江大河(以雅砻江、岷江、沱江、嘉陵江为代表)几乎都在长江北岸,大体从西北向东南汇入长江，属长江水系；只有西北部的白河及黑河（墨曲）注入黄河。长江是中华民族的母亲河，而且首先是四川各族儿女的母亲河。有一首歌叫《长江之歌》，开头就唱道："你从雪山走来，春潮是你的丰采；你向东海奔去，惊涛是你的气概。你用甘甜的乳汁，哺育各族儿女；你用健美的臂膀，挽起高山大海。我们赞美长江，你是无穷的源泉；我们依恋长江，你有母亲的情怀……"

长江的源头深藏于青藏高原腹地。它的正源沱沱河与南源当曲和北源楚玛尔河先后汇合为通天河。通天河在进入西藏自治区与四川省交界处的高山峡谷间后，便改称金沙江了。

金沙江沿着川藏边界奔腾南下，穿过云贵高原北侧，流到四川省宜宾市后，才被称为长江。这时，它奔流了近3500千米。它此前在四川境内，一路上水拍云崖、浪击高天，穿行在冰川雪阵里，激荡于巉岩峭壁间，以博大的胸怀，先后接纳了雅砻江、大渡河、青衣江和岷江。长江从宜宾起直至湖北宜昌这一段，又俗称川江，因为它主要流经富饶的四川盆地。在这一路段，沱江、嘉陵江和渠江、涪江以及乌江等大河也纷纷注入长江，壮大了长江的阵容。

四川盆地为中国四大盆地之一，面积约20万平方千米，被呈东北—西南走向的龙泉山、华蓥山切割成三部分。在龙泉山以西、龙门山以东是面积约9100平方千米的成都平原（又名川西平原）。它是我国西南地区面积最大的平原，也是著名的冲积平原。这里属亚热带湿润季风气候，终年湿润，平均年降水量在1000毫米以上（在峨眉山一带竟达2000毫米以上），而全年无霜期则达300天以上，平均温度为15℃左右，四季分明。在龙泉山与华蓥山之间，为川中方山丘陵。这里河渠纵横，梯田遍布，也是主要的农业区。

华蓥山以东则为川东平行岭谷区，1997年设立的重庆直辖市，就处于这一地域。由于盆周山地气温较盆地内低，又处于长江流域，降雨很多，盆地西缘的雅安（地傍青衣江）遂有"雨城"之称。同样，盆地东缘的华蓥山、方斗山、巫山、大巴山地区，不仅多雾，多云，也多雨。所以长江三峡内经常云遮雾绕，山雨淅沥。唐代诗人李商隐有《夜雨寄北》诗一首，描绘极负盛名的"巴山夜雨"："君问归期未有期，巴山夜雨涨秋池。何当共剪西窗烛，却话巴山夜雨时。"其实，这里的"巴山"，当泛指整个川东岭谷甚或四川盆地。成都平原即有"西蜀漏天"之称，这里秋天的夜雨更是名播遐迩。由于四川盆地有长江穿贯和滋润，气候温暖，雨量充沛，土地肥沃，加上巴蜀人民的勤劳智慧，几千年间都是中国南方最为富庶地区之一，三国两晋之际即被人们誉为"水旱从人，不知饥馑，时无荒年"（《华阳国志·蜀志》），唐宋间更有"扬一益二"（王象之《舆地纪胜》卷三十七）之谓。诸葛亮《隆中对》所谓"益州险塞，沃野千里，天府之土"，就是指的这片地方。

（二）拓荒之功

1. 营盘山的古羌人

在巴蜀这块肥沃的土地上，很早就有人类在活动。1951年3月修筑成渝铁路九曲河大桥时，考古工作者便在资阳县（今资阳市）城西流入沱江的九曲河（河口一段称黄鳝溪）中发现了一块较为完整的人类头骨化石，属老年女性个体，其基本特征与现代人相似，但也还有若干较原始的性状。它后来被命名为"资阳人"。科学测定表明，"资阳人"属于距今3万年的晚期智人。它是否历史时期一直居住在巴蜀地域的四川人的直接祖先呢？这尚待进一步研究。不过，许多考古工作者、历史学家和民族学专家倒比较认同古羌族（或言古氐羌族）是四川人的先祖。较早主张此说的任乃强先生认为，上古西南的大部分民族以及西北各民族都是居住于古康青藏大高原（包括今四川甘孜、阿坝两个自治州、青海省和西藏自治区的全部地区）的古羌支派。古羌族是亚洲最早创造牧业文化和进入农业生产的民族。古史记载中关于"神农生于姜（通羌）水""黄帝长于姬水""昌意降居若水""青阳降居江水""禹生于石纽"等传说所涉地段，在远古都属于古羌地域。他们向东经甘肃、陕西进入中原，"与土著的华族杂处，共同发展农业，从而孕育中华文化"。他们向东南从岷山而下，循岷江河谷进入四川盆地，进入成都平原，并在这一"进入"过程中形成蜀族。①

按照学界的主流看法，岷山—岷江河谷应该是古蜀先民的地望，也可以说是古蜀文明的一个主要发祥地。一个可以作为佐证的历史现象是：位于成都平原的三星堆遗址、金沙遗址的古蜀人墓葬，都十分奇怪地一律为西北—东南方向成坑成址。这可以说是古蜀人灵魂不死而溯迁徙路线返归故里观念的体现。《华阳国志·蜀志》讲，秦昭襄王时代的蜀守李冰上知天文，下知地理。他去岷山湔氐县（治今松潘县西北）视察，在"两山对如阙"叫作天彭阙的地方恍惚看见有许多鬼魂精灵络绎不绝地从成都平原

---

① 参见任乃强：《四川上古史新探》，四川人民出版社1986年版，第3—49页。

方向经过这里,去到岷山深处。《蜀王本纪》也提到天彭阙鬼魂过往的情况。这说明,在古蜀人的认识里,湔氐县天彭阙(又称天彭门)是他们从人间返归天国的通口,是"送魂"的关口。古蜀人魂牵梦绕的天国,就是给他们生命、哺育他们成长的岷山群峰与岷江水系。

2000年到2003年岁末,考古工作者在茂县营盘山濒临岷江东南岸的三级台地(位处龙门山主峰九顶山的山脊)上发现距今5500年至5000年的新石器时代文化遗址,出土包括彩陶与染有朱砂的石块在内的各类文化遗物近万件,其器物已有较为细致的专门化的手工业分工,如彩陶器、玉器分工。彩陶器具有明显的马家窑文化风格。一般认为,马家窑彩陶文化是古羌人在距今五六千年时于黄河上游地区创造的。营盘山遗址还发现了多座墓葬及殉人坑,其中两具骸骨十分完整。据考古工作者的调查推算,在营盘山遗址15万平方米的范围内,应分布有近6万座规格和形态各异的石棺葬,年代主要属

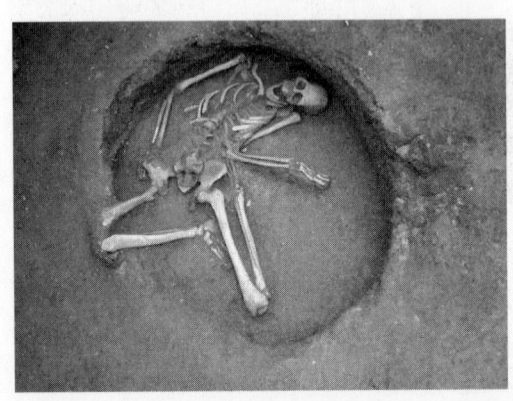

营盘山遗址人殉坑

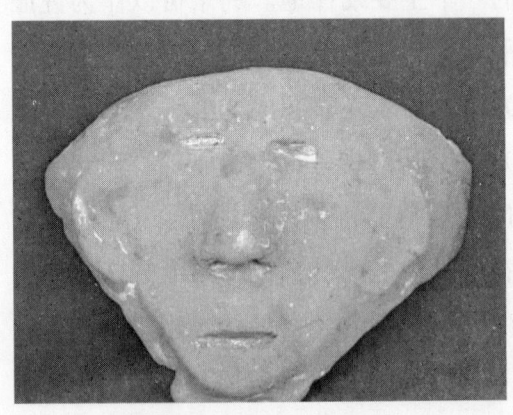

营盘山遗址陶人面像

春秋至战国时期。此外，考古工作者还在营盘山遗址周围发现数十处年代大致接近的新石器时代遗址，其中包括距今6000年的波西遗址及距今4500年的沙乌都遗址。研究者大多认为，营盘山文化居民属于古羌民族，他们与后来长期居住于成都平原的四川人在血缘上相通。

营盘山遗址地处藏羌彝走廊的核心地带。它的发现证明，在距今五六千年的岷江河谷，有许多依山傍水的高原坡地、平坝与草场，是古羌民族进行农耕与放牧牛羊的好地方。他们在这里生产、生活与繁衍，形成长江上游面积最大、时间最早、文化内涵最为丰富的新石器时代人类大型中心聚落（代表了5000年前整个长江上游地区文化发展的最高水平）。

营盘山遗址彩陶罐

在距今四五千年的时候，它们有可能将中心逐渐南移，在成都平原建立起以三星堆—金沙遗址为中心的文化聚落；并用自己的辛勤劳动与智慧，开创了古蜀人的成熟文明——三星堆—金沙文明。由此看来，无论是史前营盘山文化，还是历史时期的三星堆—金沙文化，其活动主体都应该是古羌民族。古羌民族应是后来一直居住于成都平原的古蜀人的祖先，也可以说是古代四川人的祖先。

2. 蚕丛氏始蚕

生活在岷江河谷的古羌人在从事农牧业之际也兼营狩猎和养殖。养殖的一项主要内容就是拾野蚕茧制绵与抽丝。《尔雅·释山》云："大山峘，属者峄，独者蜀。"孔颖达疏："虫之孤独者蜀。是以山之孤独者亦名蜀也。""蜀"字在甲骨文中象虫形，为野蚕。因为古羌人经营野蚕，所以，后人便将这一时期流动及居住于岷江河谷的羌人称为蜀山氏。蜀山，指岷江两岸的岷山山地。

蜀山氏时期大致经历了几百年以至一万年。按古史传说讲，在蜀山氏后期，其氏族与中原黄帝部落联姻，岷江谷地的西陵氏（即蚕陵氏）女嫘祖嫁给黄帝为正妃（参见《史记·五帝本纪》）。这一时期，蜀山氏的一支在蜀山养殖业方面，大致已从拾野蚕过渡到饲养家蚕阶段，即"聚（丛）野蚕于一器而采桑饲养"阶段——蚕丛氏阶段。所以，嫘祖大致是属于蜀山氏中蚕丛氏部落的女子；后来才有她教中原人民养蚕缫丝，并被奉为"蚕神"的传说。

黄帝与嫘祖联姻，说明距今约5000年前，中原华夏族已有部分人众进入岷江谷地；差不多同时或稍后，也有部分岷山系羌人走出巴

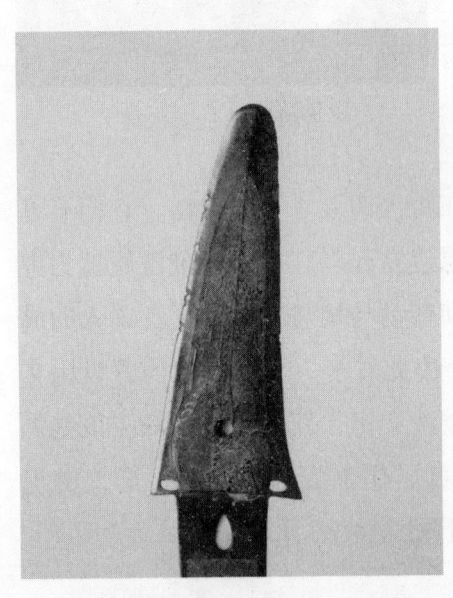

战国蚕纹铜戈（成都市交通巷出土，成都博物馆藏）

一、沃野千里 天府之土

蜀,进入黄河中下游流域。古巴蜀特别是古蜀地区,乃当时中国(也是世界上)蚕桑业的一大发源地甚或是第一发源地。我们在已出土的巴蜀器物中,发现有大量的蚕桑图画或文字;与此相应,巴蜀民间亦有不少关于蚕神(包括青衣神与马头娘)的种种记载与传说。这或可佐证古蜀地的蚕桑业历史悠久,且是独立发生与发展的。任乃强先生在《四川上古史新探》一书里考蚕丛氏的得名说:"丛者聚也(《说文》)……蚕丛氏始聚野蚕于一器而采桑饲养之,使便于管理。……故世遵行其法者敬之,颂为'蚕丛氏'。不言丛蚕而曰蚕丛者,羌语宾语在谓语前。盖其时蜀族仍为羌之一支,群羌称之如此。"[1]

邓少琴先生引《诗经·豳风·东山》"蜎蜎者蠋,烝在桑野"指出说,"蠋(蠋通蜀)为野蚕,经蚕丛氏之驯养而为家蚕,此为古代蜀人一大发明,古以蚕丛氏称之。"[2]

战国蚕纹铜戈(成都交通巷出土)上的蚕纹线描图

---

[1] 任乃强:《四川上古史新探》,四川人民出版社1986年版,第50—51页。

[2] 邓少琴:《巴蜀史迹探索》,四川人民出版社1983年版,第135页。

蚕丛氏这一支系，我们姑且称之为古羌-蜀族团。他们这一支系，后来走出岷山，进入成都平原建都立国。换言之，蚕丛氏乃是以后三星堆蜀人的正宗先祖。

3. 鱼凫氏瞿上建都

《华阳国志·蜀志》说，蜀地在蚕丛氏以后继之而起的是柏灌氏，然后为鱼凫氏。柏灌氏事迹不详。鱼凫氏，不少学者以为即《山海经》里的鱼妇氏。《山海经·大荒西经》说："有鱼偏枯，名曰鱼妇。颛顼死即复苏。风道北来，天乃大水泉，蛇乃化为鱼，是为鱼妇。颛顼死即复苏。"按《史记·五帝本纪》的说法，颛顼是黄帝之子昌意在蜀地若水（今雅砻江）娶蜀山氏女所生。另据郭璞引《淮南子·地形》注云："后稷垅在建木西，其人死复苏，其半鱼在其间。"后稷即弃，是帝喾（黄帝后裔）元妃姜原踏巨人脚印感孕所生之子，为周始祖。而从《山海经》和《淮南子》所记可以知晓，作为黄帝一脉的颛顼、后稷死后都化作了鱼神（或半人半鱼之神）。这其实就是中华先民的一种以鱼为图腾的图腾神。

比较有趣的是，后稷之葬，在建木西，即成都平原。《山海经·海内西经》说："后稷之葬，山水环之，在氐国西。"对后稷葬所，郭璞注云："在广都之野。""广都"，又言"都广"。《华阳国志·蜀志》云："广都县，郡（指成都）西三十里，元朔二年（公元前127年）置，有盐井渔田之饶。"而后稷墓葬所毗邻的氐人国，也是一个鱼人国。《山海经·海内南经》说："氐人国在建木西，其为人，人面而鱼身，无足。"

神话传说反映出一定时期的社会经济和社会风貌。四川至

一、沃野千里　天府之土

今也是全国水资源最为丰富的地区之一，更不用说四五千年以前的远古时代了。按照任乃强先生的看法，在传说中的鱼凫时代，"成都平原还是一片水域，不可居人"①。也正是由于这个原因，羌—蜀部落中的一支才会从世居很久的茂汶盆地（在四川省茂县、汶川间）进入成都平原来捕鱼，形成后人传说中的鱼妇（或鱼凫）—鱼人国（应为渔人国）。在维持旧业的基础上，这支鱼人（渔人）部落又"发觉这块湖沼未涸的沮洳地内，仍有局部的陇冈丘陵是可以住人的。……从而开始在丘陇上试行耕种，逐步拓展，终至于开辟了成都平原，以至于建成国家"②。不用说，这支渔人部落先前在茂汶盆地居住时，大致也是以打鱼为生，并驯养鱼凫（今俗称鱼老鸹）的，而且很可能是以鱼和凫为图腾——以后又奉为始祖和神灵。

东汉画像砖《渔筏》（成都地区出土）

---

① 任乃强：《四川上古史新探》，四川人民出版社1986年版，第69页。
② 任乃强：《四川上古史新探》，四川人民出版社1986年版，第70页。

在广汉三星堆遗址第二期至第四期上，人们发现大量类似鱼鹰的鸟头柄勺，还发现雕刻有两对两两相背的鱼的金杖（不少人认为是王族的权杖）、鱼形牙璋、长12.4厘米的青灰色鱼形玉佩与形似蚕茧、中穿孔、直径2.5厘米、长仅3厘米的陶质网坠模型，以及9件鱼形箔饰挂架和59件鱼形箔饰（均为铜质）。此外，在成都金沙遗址出土的金带（金冠带）上，亦发现有与三星堆金杖一致的四鱼图案及数量较多的鱼形铜箔（应为挂饰）。它们正是这支渔人部落曾在成都平原建立过国家的实证。

研究还表明，这支渔人部落在从茂汶盆地进入成都平原核心区域前，曾在湔江之滨的瞿上扎营建都。任乃强先生说："瞿上者，谓关口之天彭阙，俯瞰成都平原如鸷鸟之雄视，双目瞿瞿状也。盖指今新兴公社处（按：即今彭州新兴镇）。"①这支渔人部落以瞿上为中心，边打鱼边农耕，是为蜀族开垦成都平原之始。

4. 杜宇氏教民务农

《华阳国志·蜀志》说，在鱼凫之后，代之而起的杜宇王"教民务农，一号杜主……巴亦化其教而力农务，迄今（按：此指东晋）巴蜀民农时，先祀杜主君"。杜宇王是古蜀鱼凫王朝的最后一代国王，但他并不是蜀地土著。《史记索隐》引《蜀王本纪》说，杜宇是朱提男子。任乃强先生在《四川上古史新探》里考证说，朱提"在今云南昭通，是万山丛中一幅海迹平原，海拔两千公尺以上的可耕之地。……杜宇实华夏人亡命至朱

---

① 任乃强：《四川上古史新探》，四川人民出版社1986年版，第70页。

提，实以农艺技术教朱提人，开发了一方农业文化"①。而农业考古证明，云南的稻作文化，与长江中下游的稻作文化，同样灿烂悠久。有些学者甚至认为，云南极有可能是亚洲栽培稻的起源中心。

按来敏《本蜀论》的说法，杜宇是与江源（岷江河源）地区女子联姻而进入岷江河谷与成都平原的。《华阳国志·蜀志》则讲，那位江源（有人认为江源当为江原，即今崇州地）女子名叫梁利，亦来自朱提。不管怎么说，在鱼凫之后，有一支外来部族进入了蜀地，带来了云南先进的栽培水稻及其栽培技术。而杜宇很有可能就是云南朱提人，是云南稻作文化的传播者。他带入蜀地的这支部族，当是农耕部族。正因为杜宇氏教民务农，带来了先进的全新的生产方式，赢得蜀地上下的普遍尊重，从而顺理成章地进入鱼凫王朝的统治核心。

蜀地古史传说还讲，杜宇王（即望帝）教民务农种庄稼，时常叮嘱大家要抓紧天时、季节，不要耽误了田里的生产。当时蜀地常常闹水灾，望帝虽然挂念人民身遭祸难，但却苦于一时找不到一个好的办法来根治水患。后来，杜宇王任命从荆地来的鳖灵为相，让他负责治水。鳖灵不负重托，带领人民凿玉垒山，开金堂峡，把岷江水分流入沱江。

这些传说表明，当时为了宣泄成都平原的洪水，保持水流畅通，鱼凫王朝的杜宇王与他的相国鳖灵在兴修水利方面做了大量的颇见成效的工作。《水经注·江水》还讲："时巫山峡而蜀水不流。帝使令（即鳖令，又作鳖灵、开明）凿巫峡通水，蜀得陆处。"

---

① 任乃强：《四川上古史新探》，四川人民出版社1986年版，第81—82页。

按照《华阳国志·蜀志》及《水经注·江水》的说法，杜宇王因为鳖灵治水有力，才干突出，便主动让位给他，自己退隐到成都平原以西的山区，即西山（有学者说就是玉垒山）。鳖灵就是丛帝，又叫开明帝。古蜀史上的鱼凫王朝就此结束，由开明王朝开启新篇。杜宇禅位之时，正是早春二月田野里杜鹃鸟鸣叫的时候，人民思念故君，于是又生出了诸如"杜鹃啼血"一类的哀婉故事。郫县杜鹃村的老农就说："杜鹃鸟是杜鹃王变的，万年历就是杜鹃王所造。"他们指的杜鹃王就是望帝。他们继而还将许多学者认作鱼凫造型的鸟头柄勺，释为杜鹃鸟造型。而鸟头柄勺有几种类型，其中一种还真像杜鹃头哩！至于三星堆遗址内出土的一件铜鸟形象，则更与杜鹃鸟相似。这大致可视作杜宇氏曾入主三星堆蜀国的一种实证吧！

青铜鸟头（三星堆遗址出土）

一、沃野千里　天府之土

在传说中的古蜀国诸王中，杜宇王应该说是最深得人心的。关于他的故事，流传得最多、最广、最久。在川西老农的嘴里，经常念叨着他生前如何爱护人民，如何教人民种庄稼，他死后又如何痴心不改，依旧惦念着人民的生活……所以他的灵魂才化作了杜鹃鸟，每到清明、谷雨、立夏、小满等农忙季节，就飞到田间一声声地鸣叫。人们都知道这是杜宇王的声音，把这种鸟直呼作杜宇，或叫望帝，或叫催耕鸟、催工鸟以及布谷鸟等。所以，旧时成都平原的农民都视杜宇王为农神，为川主；每到春耕季节，都要先祭祀杜宇王，然后才开始耕作。三星堆考古发掘以及关于杜宇、鳖灵的民间故事，也说明了这样一个事实，即商周之际的成都平原已发展成为中国栽培水稻的中心种植区之一，并盛产稻、菽、黍、稷等农作物。《山海经·海内经》写道：

> 西南黑水之间，有都广之野，后稷葬焉。其城方三百里，盖天下之中，素女所出也。爰有膏菽、膏稻、膏黍、膏稷，百谷自生，冬夏播琴。

"播琴"犹言"播种"。素女是古史传说中居住在青城山天谷（今名玉女洞）的一个神女，后来成了黄帝的侍女。素女素爱音乐，最喜欢弹瑟。据说伏羲时代作的瑟是50根弦，弹奏起来，音调过于悲哀；黄帝听了，忍受不了，便叫人把50弦的瑟减少一半，成为25弦的瑟，让素女替他弹奏起来，这样才觉得心里好受些。素女所在的青城山附近，就是"都广之野"（杨慎考为今成都；曹学佺则谓在成都附近双流境），天梯建木便生长在这片原野上。这里乃是后稷埋葬的地方，物产丰饶，各种谷物自然生长，米粒白滑像脂膏，还有鸾鸟唱歌、凤凰舞蹈等奇妙的景象。

对《山海经》的这段记载，段渝君认为，三星堆古城为古蜀王都，正是蜀国的"天下之中"，其使用年代，从早商一直延续到周初。这一方面说明《山海经·海内经》关于蜀都的记载有一定依据，它关于商周之际成都平原农业兴盛的记载是可以凭信的；另一方面也说明成都平原所产的稻、菽、黍、稷，大多品种优良，被人奉为上品。正因为如此，成都平原才被视为先秦农官"后稷"的归葬之处，以其富饶而为人向往。

此外，三星堆遗址还出土有37枚动物牙齿，全系猪牙和鹿牙；亦出土有众多的家养动物陶塑像，如猪、绵羊、水牛、公鸡等；出土有六鸟三牛尊、三鸟三羊尊等青铜制品。在川西平原的其他商周遗址也出土有以猪为主的大量家养动物骨骼。它们反映出那时以三星堆—成都为中心的古蜀文化区的农业全面发展的盛貌。而三星堆遗址和金沙遗址出土的陶器亦多种多样，有炊器、食器、饮器、贮器等，如杯、盘、盏、豆、钵、罐、碗……这些复杂的器形，反映了食物的多样性，显示出农业进步、社会繁荣的情景。

杜宇氏的蜀国曾以汶山下的郫邑或瞿上为都。今成都市郫都区发现有三道堰古城，是否就是杜宇王朝的故都，不得而知。有学者认为，包括三道堰古城在内的成都平原古城址群，应当就是杜宇王的都城、陪都或战略据点。不过，按考古年代分析，成都平原古城址群可能属于更早一些的鱼凫王朝或鱼凫之前的其他古蜀国所有。

《华阳国志·蜀志》记载说，杜宇氏蜀国是当时西南地区的一个强大国家，其势力范围北达今汉中，南抵今凉山州、宜宾与云南、贵州，西及岷山山地和芦山、天全，东至嘉陵江。其时大约相当于中原西周时期。

《华阳国志·蜀志》记司马错、中尉田真黄对秦惠文王言："蜀……其国富饶,得其布帛金银,足给军用。"《战国策·楚策一》记张仪说楚王言:"秦西有巴蜀,方船积粟。起于汶山,循江而下,至郢三千余里。舫船载卒,一舫载五十人与三月之粮,下水而浮……"古蜀国那时的富足,乃是当地土著的羌—蜀族团与外来移民——来自滇地的杜宇氏、来自荆地的开明氏,在数百年间的携手开发、共同努力的结果。

(三)治水之道

杜宇、开明帝时期的古蜀国是以农业立国的。而农业的命脉是水利。《管子·水地》说:圣人治世,"其枢在水"。毛泽东同志在1934年1月23日,于江西瑞金召开的第二次全国工农代表大会上发出号召说:"水利是农业的命脉,我们应予以极大的注意。"水利兴则农业兴,农业兴则国家强——这在数千年的农耕社会简直就是一条颠扑不破的真理。

不过,古蜀国的大规模的治水活动并不自杜宇—开明时代始,被今人排在"四川十大历史名人"首位的大禹才是古蜀治水的先驱。《尚书·禹贡》在介绍大禹治理山川的成绩时,有两条资料很重要,第一条说:"华阳黑水惟梁州;岷、嶓既艺,沱潜既道,蔡、蒙旅平,和夷厎绩。"这大意是说:华山南面与黑水(金沙江)之间的地方是梁州(主体部分在今四川):岷山、嶓冢山(在今陕西宁强东北)一带经治理已可以种庄稼,沱江、潜江(汉水支流)河道得到疏通,蔡山(或指峨眉山,一说雅安东南蔡家山)、蒙山一带的河流也经过治理,和夷(居住于大渡河的少数民族，或以为乃今之彝族）地区水道的平治也见功效。另一条资料则讲"岷山导江，东别为沱"，是说从岷山开始疏导长江，向东分出一条就叫沱江。这两份资料说明在距今4000年前，大禹已经将今四川地区的水患大体治理一遍，成效还过得去。《尚书·禹贡》所谓"厥土青黎，厥田惟下上，厥赋下中三错"，已言明其治水后的耕地（黑色沃土）还不错，人民已能向中央交纳赋税（主要为第八等，属较轻的赋税）。大禹是从四川走出去的治水英雄。[①]他出川前先在家乡大规模治水，宵衣旰食而不倦，手足胼胝不言瘁，过家门而不入，带领人民取得宝贵的经验（以"疏"为主）后再推行于全国，厥功至伟，恩泽后世数千年。后来的杜宇、开明氏治水，便是在大禹奠定的基础上开展的，由此走上富民强蜀的道路。

秦惠文王更元九年（公元前316年），秦国为获取巴蜀地区富足的物质、人力资源，继而东向伐楚以统一天下，便派遣大夫张仪、司马错、都尉墨从石牛道伐蜀，冬十月结束战争；又乘胜攻占巴国的国都（在今重庆江北区）。秦统一巴蜀后，先后设巴、蜀、汉中三郡，并在巴蜀地区逐步实行秦国的制度、政令，由此开始进入封建社会。

秦昭襄王三十年至秦庄襄王三年（公元前277—前247年）之间，李冰出任秦国蜀郡第二任（一说为第三任）太守。李冰之前的蜀郡太守是张若。后者在蜀地主持了秦移民入蜀的安置活动。他将秦地的城市设计思路带到蜀郡，又不拘泥于秦法，而

---

① 汉代扬雄《蜀王本纪》说："禹本汶山郡广柔县人也，生于石纽。"唐初李泰主编的《括地志》云："茂州汶川县石纽山在县西七十三里。"今阿坝州汶川县、绵阳市北川县皆有石纽山等大禹遗迹。

是虚心向当地故老求教，依地势风水筑就起成都城（相传由神龟圈地，遂有"龟城"之称）。张若还引导人民将取土后留下的一些大坑用来蓄水养鱼种藕，形成若干大湖泊。其中最大一个叫万岁池，宋时犹存，"广袤十里，溉三乡田"（《宋史·王刚中列传》）。张若还教导人民开挖水渠，将这些湖泊串通起来，使之冬夏不竭，四季有水可用。张若从秦地带来的这种综合利用水资源，多种经营的先进方法，使蜀人眼界大开。

至于李冰的生卒年几何，是哪里人，又是从何处入蜀？《史记》《汉书》《风俗通义》与《华阳国志》皆未明载。冯广宏先生根据宋人郑樵《通志·氏族略》及《史记》予以分析，认为"李冰似乎是出自陇西的秦人"，"以英年屡建战功，最后擢升为蜀守"①。唐人虞世南《北堂书钞》卷七十四引《风俗通义》佚文云："秦昭（襄）王听田贵之议，以李冰为蜀守，穿成都两江，造兴田万顷以上。始

都江堰二王庙李冰塑像（德国恩斯特·柏石曼摄于1908年）

皇得其利以并天下，立其祠也。"这份资料说明：一、李冰治水，兴建都江堰当完工于秦始皇当政之前。今都江堰当地政府根据一些学者考订，将都江堰完工时间订在公元前256年，即秦

---

① 冯广宏：《李冰蜀地羌人说质疑》，载《文史杂志》1992年第3期。

昭襄王五十一年。此距秦始皇当政（公元前246年）尚有10年时间。二、秦始皇继续坚持秦自商鞅变法以来"明功赏"政策为李冰建祠纪功。三、此时李冰当已不在人世（即在人世，也起码是80多岁的耄耋老翁了）；因从古至今，只为逝者立祠。像明末天启间（1621—1627年）为魏忠贤建生祠者，则为人诟病。李冰无疑是秦国—秦朝时期蜀地最具才干的优秀长官。他采取一系列开发蜀地经济的重大措施，使成都平原日渐富饶，为秦始皇统一天下提供了重要的物质保证。而他的大智慧、大手笔不用说是集中体现在以无坝引水为特征的都江堰水利工程上。这是以水为师，顺应自然，达到高度的天人和谐境界的科学杰作。这方面论者已多，这里仅指出移民政治家的李冰于此体现出的颇具远见的战略眼光。李冰的高瞻远瞩和因势利导所产生的积极效果，除都江堰这笔物质财富之外，还留给后人一笔同样珍贵的精神财富。

第一，破旧立新，移风易俗。李冰不仅是中国早期历史上的一位真实可信的水利科学大专家，还是一位知识广博、具有朴素唯物主义与辩证法的巨擘式人物。《华阳国志·蜀志》说他"知天文地理"，对大自然的客观规律具有清醒的认识。他对蜀地由来已久的旧习俗（在今天看来当然是迷信）并不贸然革除，而是采取因势利导、循循善诱的方式去树立新风。他尊重蜀人祭先祖的习俗，指蜀人祖地汶山（岷山）为天彭门，沿岷江立祀祠三所以祭蜀人祖神，从而取得蜀人信任。《水经注》引应劭《风俗通义》还介绍了一段李冰智破陋习的故事：

  江神岁取童女二人为妇。冰以其女与神为婚，径至神祠，劝神酒。酒杯恒澹澹。冰厉声以责之，因忽不见。良久，有两牛斗于江岸旁。有间，冰还，流汗谓官属曰："吾斗大巫（疲），当相助也。南向腰中正白者，我绶也。"主簿刺杀北面者，江神遂死。蜀人慕其气决，凡壮健者，因名"冰儿"也。

　　这段故事，带有神话色彩。倘剔除这一部分，从所述主干来看，李冰的举措，显然是对战国魏文侯时的邺（治今河北临漳西南）令西门豹智破"河伯娶妇"迷信的效法。李冰借用类似于变戏法的手段，在众目睽睽之下时而隐遁、时而现身，指两牛一为江神，一为本人，使人当场刺杀代表江神的那头牛。晚于《风俗通义》的《华阳国志·蜀志》，则将关于斗杀江神的故事，移在李冰率人往南安治水的背景下，说李冰凿溷崖（今乐山大佛岩）以"通正水道"，"水神怒，冰乃操刀入水中与神斗，迄今蒙福"。《华阳国志》的记载，其实回答了《风俗通义》里李冰何以要斗杀江神的问题。李冰是想要人们明白：江神并不可怕，人也可以战而胜之。他是要让大家坚信人类的力量。由此我们看到：李冰在蜀地破除迷信，倡导科学，颇具苦心，也极有胆识。

　　第二，培养出一批水利专家。蜀地自大禹起，中经杜宇、鳖灵，素有治水传统。只是以前治水乃着眼于消除水患，就事论事；李冰从秦地入蜀，针对蜀地水流纵横不羁的特点而以水兴利，从更深更广的层面来推进经济开发。《华阳国志·蜀志》记李冰"壅江作堋"；还开二江，进行水上运输；灌三郡，广开稻田；"穿广都盐井"，首创开发井盐之利。在这一过程中，有一大批学生追随左右，成为他的有力助手。他将上述新思路、新方法毫无保留地传授给他们，使蜀地经济开发得以不断延续与进步。这批弟子中的一位佼佼者，当时或被称为李二郎，可能含有又一个李冰或李冰副手之意。后人传二郎为李冰的第二个儿

屈子娟绘《二郎神》

子(又被神化为二郎神),不确;因为在关于李冰的较早记载如《史记》《汉书》《风俗通义》《华阳国志》里,均未提及李冰有子。李冰之祀,自秦汉以来未曾间断;二郎神之说,在唐代才开始出现,至五代(前后蜀)、宋而列入祀典。后人的误会,大概缘自《风俗通义》关于蜀人壮健者纷起名为"冰儿"的记载。但是这条记载实际应是李冰在蜀地拥有许多学生的一条佐证。这许多学生中的一位后来大致深得李冰真传,在李冰过世后治水不懈,凿山疏江,以至于蜀人将其目为李冰再世,日久又讹为李冰之子。《华阳国志·蜀志》里记李冰在南安凿溷崖之举,或许就是李冰的这位高足的业绩。《朱子语类》卷三说:"蜀中灌口二郎庙,当初是李冰因开离堆有功,立庙。今来现许多灵怪,乃是他第二儿子出来。"可见朱熹也并不相信李二郎系李冰之子,而将其视为"许多灵怪"。这灵怪,在朱老夫子的语典里大致是指曾经追随过李冰的一群学生或传人吧?因为民间传说中,追随李冰而"赞厥勋"

者，有竹氏毛郎、梅山七圣等；所谓二郎，不过是他们中表现"尤著者"罢了。此外，清人张澍所编《蜀典》，记有曾协助李冰穿二江的王叕，此人很可能也是李冰学生中的一位。

第三，总结出"深淘滩，低作堰"①的治水经验。古代社会教育的一个显著特征是经验总结与经验传授，让更多的人受益。这是使人准确地把握相关方法及技术、技能并使其扩大影响、传之后世的关键点。李冰治水之所以为千古歌颂，不仅仅是因为他在两千多年前生产力尚不发达的封建社会早期就创建出人、地、水高度和谐统一的伟大的生态工程，使成都平原走上富庶之路，而且还在于他善于总结治水经验并且将它毫无保留地传给广大蜀人。李冰治水历尽艰险，体会当然很多；然而，他却仅将其归纳为"深淘滩，低（浅）作堰"六字，言简意赅，明白易记，便于传授与传播。明人卢翊在《灌县治水记》（载杨慎编《全蜀艺文志》卷之三十三）里赞扬道：

> 蜀守李公冰凿离堆以利蜀，刻"深淘滩，浅作堰"六言于石，立万世治水者法，所以制水出入，为旱涝计者至矣。其用功缓急疏密之序，意自较然。汉晋以来，率用是法。……唐宋承承，世享其利。

今人作总结，述经验，多有连篇累牍令人不得要领者。而李冰则只以六字口诀示人，深中肯綮且朗朗上口。看来李冰颇谙受

---

① 杨慎编《全蜀艺文志》卷之四十七载元人揭傒斯《赐修蜀堰碑》云：都江堰"北江（即郫江）少东为虎头山，为斗鸡台。台有水则，……乃书'深淘滩，低作堰'六字其旁，为治水之法。皆冰所为也"。

李冰治水六字诀(在都江堰二王庙)

众心理,能体察蜀地民众入秦不久,在思维方式与语言表达方面与秦还有距离。作为移民政治家的李冰,在社会教育艺术方面极具智慧。他是将自己作为蜀人中的一员看待的,所以能尽量去缩小与蜀人包括蜀地下层民众的距离。他在治水实践中,不仅努力争取实现天人合一,而且也积极争取自身与蜀人社会的融合。后来蜀地关于李冰是蜀人甚至是蜀地原住民——羌人的传说,当由此而来。

(四)天府之土

1. 天下富庶之区

在都江堰建成之前,虽然四川的农业已经有所发展,但是在成都平原上的农田并不太多,而且大多数广种薄收。都江堰把

一、沃野千里　天府之土

奔腾不羁的岷江水引来，立即在广袤的原野上掀起了开垦农田的热潮。很快，获得水利滋润的田亩，竟然超过了100万亩；每到秋收，丰收的喜悦洋溢在田间地头、百姓心头。巨大的农业效益，为秦始皇统一天下，乃至后来楚汉相争刘邦的胜利、汉初的战略稳定，提供了强大的经济支撑。东汉建安十二年（公元207年），刘备三顾茅庐，欲请诸葛亮出山辅助。在诸葛亮为刘备分析天下形势的《隆中对》中，诸葛亮说："益州险塞，沃野千里，天府之土，高祖因之成帝业。"（《三国志·蜀书·诸葛亮传》）东汉建安时期（公元196—219年）的益州治今成都市，辖地比今四川及重庆要大。因此，可以说这是历史上关于称四川为"天府"的第一次记载，更为重要的是它出自尚在南阳躬耕的作为一介布衣的诸葛亮之口。这说明当时关于蜀中经济形势远优过关中的观点，已经形成并有了传播。

过了一百余年，东晋著名史学家常璩在《华阳国志·蜀志》中则明白写道："蜀沃野千里，号为'陆海'……天下谓之'天府'也。""陆海"[①]"天府"[②]这两顶标举物产富饶、仓廪充实的华丽桂冠，便迁转易主，最终落地西蜀。

常璩是蜀郡江原（今崇州市）人，他对家乡的爱是真诚的、

---

① 《汉书·东方朔传》言关中："此所谓天下陆海之地。"唐人颜师古注："高平曰陆，关中地高，故称耳。海者，万物所出，言关中山川物产富饶，是以谓之陆海也。"

② 按《周礼·春官·天府》的记载，"天府"本是负责珍藏国家重器、宝器与重要文书档案的职官称谓，也是珍藏这种重器、宝器与文书档案的国家宝库之名。后人遂以"天府"作为地域的美称。凡是藏聚财富、物产富饶且形势险要之地，便可借称为"天府"。

热烈的,而他的文笔则是认真的、理性的。他为后人留下了一部最早的、比较完整的地方志——《华阳国志》。在那里面,他忠实地记录了李冰治水的历史伟绩,说都江堰的功劳不只是灌溉蜀、广汉、犍为三郡的农田,还使岷江上游砍伐的竹木,也能顺水漂流,直到成都集散,"功省用饶";同时,引水枢纽还有分洪减灾效应,故被时人记为:"水旱从人,不知饥馑,时无荒年。"李冰治水的另一个意义是"穿二江(郫江、检江)成都之中","以行舟船",促进了长江沿线的物资交流与人文交汇,实现了西蜀与全国的战略对接和融合,使岷江成为古代蜀人冲出四川盆地,走向外部世界的重要通道。今天的川人之所以将李冰纳入"四川十大历史名人"之列(居次席),原因即在于此。

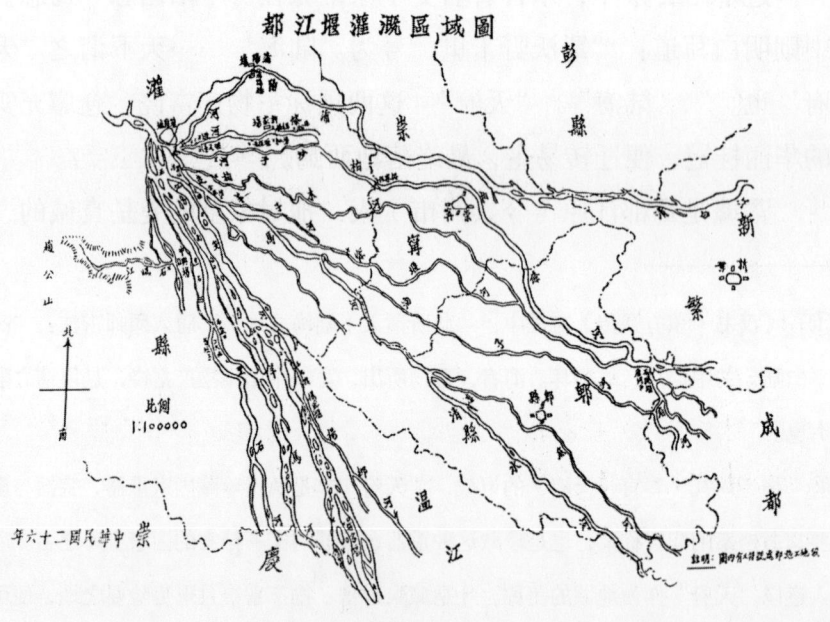

都江堰灌溉区域图(1937年绘制)

一、沃野千里　天府之土

在东汉之前，"天府之国（土）"的美誉原本是为关中平原享用的；但到了东汉班固写《西都赋》，已在说关中"郊野之富，号曰近蜀"。它的潜台词是说当时蜀地之富已超过关中。不少史书对两汉时期的巴蜀之富都有描述。如班固《汉书·地理志下》便径直说："巴、蜀、广汉本南夷，秦并以为郡，土地肥美，有江水沃野，山林竹木疏食果实之饶。南贾滇、僰僮，西近邛、筰马旄牛。民食稻鱼，亡凶年忧，俗不愁苦。"《后汉书·公孙述传》载李雄复说公孙述，更盛称："蜀地沃野千里，土壤膏腴，果实所生，无谷而饱。女工之业，覆衣天下。名材竹干，器械之饶，不可胜用。又有鱼盐铜银之利，浮水转漕之便。"

在东汉人物眼中的巴蜀，之所以一跃而为天下富庶之区，不用说当缘于战国末的蜀郡守李冰所修都江堰在两百余年间的强大功用；除此之外，还有蜀地铁工具的普遍使用、耕作技术的普遍提高等原因。

汉代的巴蜀地区，特别是成都平原的水稻种植广泛推行精耕细作的先进技术。在彭山、新都东汉墓中，出土过一种陶水田模型，呈长方形，中有沟渠，渠中养鱼。两边是稻田，田中密布秧窝。这说明那时已很注重多种经营、综合利用。从四川各地汉墓所出土的陶水田模型来看，汉代巴蜀的农民已经掌握了设埂、分区、供水、排水等技术。稻田一般分为若干小区，有供水口和排水口。这不单是为了操作、管理的方便，更重要的是能使每块秧窝都能承受相等的水位。那时的农民已拥有施肥、除草、收获等方面的丰富经验。

汉代四川的气候与现在相比，气温略高，雨水充足，适宜种植水稻。所以四川农业自汉代起就以水田种植为主，除种水稻外，还种芋等。汉代巴蜀农民在水利建设方面主动性较强，采取的措施主要有三项：一是充分利用都江堰，引岷江水灌溉；二是挖蓄水塘，贮存雨水；三是凿井，取用地下水。

由于水利的兴修、铁器的广泛使用和耕作技术的进步，使得蜀地的农作物产量达到比较高的水平。《华阳国志·蜀志》记载汉晋间"绵与雒（今绵竹、广汉一带）各出稻稼，亩收三十斛，有至五十斛"，换算成今天公制，这大约相当于亩产390~580公斤，达到全国先进水平。西晋左思《蜀都赋》描绘魏晋间成都平原的风光："沟渠脉散，疆里绮错，黍稷油油，粳米莫莫。"

汉晋时的巴蜀地区已然为全国重要的粮食生产基地，汉朝常调巴蜀的粮食赈济灾荒。按《汉书》的说法，汉高帝二年（公元前205年）六月，"关中大饥，米斛万钱，人相食，令民就食蜀汉"（《高帝纪上》）。武帝时，"山东被河灾，及岁不登数

东汉画像砖《芟草播种》（德阳地区出土）

年，人或相食，方二三千里。天子怜之，……下巴蜀粟以振焉"（《食货志下》）；元鼎二年（公元前115年）秋九月，又下诏"今水潦移于江南"，"方下巴蜀之粟，致之江陵"（《武帝纪》）。

巴蜀地区的园艺业、畜牧业及养鱼、养蜂等副业也很发达。《华阳国志·蜀志》记载，蜀郡有"桑漆麻纻之饶"，"其山林泽渔、园囿瓜果，四节代熟，靡不有焉"。不仅有桑蚕丝绸、茶叶美酒，柑橘的生产尤为著名。左思《蜀都赋》说"户有橘柚之园"，这说的是柑橘种植的普遍。西汉朝廷甚至在巴蜀特设橘官，专门管理柑橘生产。南安（今乐山）的黄柑橘（即今广柑）"大如升，色苍黄"，是有名的特产。《史记·货殖列传》记载说"蜀、汉、江陵千树橘，……此其人皆与千户侯等"，文中橘首列蜀地，足见其在全国影响很大。《华阳国志·蜀志》总结两汉蜀地经济说："汉家食货，以为称首。盖亦地沃土丰，奢侈不期而至也。"在以后差不多两千年的岁月里，四川一直是全国重要的商品粮油和生猪等主要农副产品生产基地，也是历代中央王朝重要的库粮和赋税来源地。

2. 可靠的战略大后方

隋唐时期，四川（主要指剑南道，后分为东、西两川）经济和江南经济同为唐王朝财赋的两大支柱。诚如武元衡《奉酬淮南中书相公见寄序》所述："时号扬、益，俱为重藩，左右皇都。"这里的"扬"，指扬州，为江南最富庶地区，唐辖境相当于今江苏扬州、泰州等11市县；"益"指作为四川政治经济文化中心的成都地区。因为成都地区经济的繁荣堪与扬州媲美，所以当时广泛流传着"扬一益二"的说法。从安史之乱唐玄宗奔蜀起,唐朝君主在关中不能立足时,多南避入蜀,利用蜀地财力、物力再作恢复,如唐德宗避朱泚之乱、唐僖宗避黄巢起义。也正是由于这个缘故,唐王朝多以重臣、贵戚出任益州大都督府长史、剑南节度使等以镇蜀,如中书侍郎、同平章事陆象先,礼部尚书苏颋,宰相杨国忠、杜鸿渐、武元衡等。与此相应,在唐后期,朝廷的宰相也主要从剑南三川节度使及淮南节度使中遴选。据统计,自宪宗元和元年(公元806年)至僖宗乾符六年(公元879年),在担任三川节度使的93人中,先后有40人入朝为相。剑南三川因此被认作是"宰相回翔之地"。

赵匡胤建立宋朝后,即制定出"先南后北"的战略方针,将南方各国中经济最为发达的后蜀列为进取的首选目标。《宋朝事实类苑》卷一记宋太祖对太宗言:"中国自五代以来,兵连祸结,帑廪虚竭,必先取西川,次及荆、广、江南,则国用富饶矣。"乾德二年(公元964年)十一月,宋军从剑门关及三峡两路入川,于翌年正月灭后蜀,然后将府库财货以舟运车载,径送京师,"号为'日进'",一直搬运数年才将"孟氏所储之诸物悉归于内府矣"。

宋太祖平蜀后,先于乾德三年(公元965年)置西川路,治益州(今成都市);开宝四年(公元971年)又分置峡路(又称峡西路);太平兴国六年(公元981年)重并为川峡路,仍治益州;咸平四年(1001年)分川峡路为益州、梓州、利州、夔州四路,总称"川峡四路"或"四川路"。这是"四川"得名之始。南宋初即简称"四川"。

元至元二十三年(1286年),合四路置"四川等处行中书省",简称"四川行省"。这是"四川"建省之始。

一、沃野千里　天府之土

宋、元时期是进入封建社会以后中国历史上政治斗争特别激烈、民族矛盾特别尖锐的历史时期。尽管如此，这一时期的前半段，与全国其他地区（如北方）相比，四川地区仍然维持着一个大体安定的社会局面，加之各族人民长期的辛勤劳动和一些地方官员对发展生产的重视，使得社会经济获得长足发展，从而超过唐代，成为两宋抵抗金、蒙的一个财力资源与人力资源充裕的战略大后方。但蒙古攻蜀，使四川经历长达近半个世纪的战争，经济遭到很大破坏，以致在整个元代都没有恢复元气。宋末元初、元末明初及明末清初，四川在空前的战乱打击下，人口锐减，经济凋敝。封建统治者相应采取的重大对策便是在明初与清初两次推行大规模的移民运动，历史上称为"湖广填四川"。两次移民运动的结果，促使四川社会经济得到迅速恢复和发展。据明万历《四川总志》数据的统计，万历六年（1578年）这年，全省官民田土共计134829顷67亩2分4厘；全省产粮食9.46亿斤，平均每人300余斤（当时人口310万）。到了清乾隆时期，农业生产已远超明万历时的水平。嘉庆《四川通志》卷七十二说：当时"川省产米素称饶裕，向由湖广一带贩运而下，东南各省均赖其利"。四川与江浙、两湖的水稻生产，在全国形成鼎足而三之势。清代四川的农业生产，在平原以种水稻为主，丘陵地带则多种玉米、红薯等杂粮。杂粮除食用外，亦用来喂猪。川东一带多养"白豕"，即荣昌猪；川西一带则以黑猪，即成华猪为主。由此奠定下后来两百余年间"粮、猪安天下"的初步局面。

进入民国以后，四川农业持续发展，耕地面积增加迅速。1912年民国建立初，四川耕地面积为5610.4万亩；至1949年中华人民共和国成立前，四川（包括西康省）已有耕地10459万亩。1932—1936年，四川仅稻田就有3000余万亩，稻米年均产量

862475万公斤，居全国第二位；粮食（包括小麦和杂粮）年均总产量1749660万公斤。当时全省人口总数为50766336人，年人均产粮344.65公斤①，属于全国先进水平。

1937年抗日战争全面爆发后，随着东南各省的相继沦陷，富庶的四川承担起全国赋税的主要部分，8年间负担国家财政开支约4400亿元（法币）。其时国家总支出为14640余亿元，四川负担接近全国总支出的1/3。在出粮方面，仅以1941—1945年计，国家向四川征获稻谷达82285990市石，占全国38.5%；与全国征获谷、麦总量比较，占31.6%。1935—1940年，四川先后修筑川黔、川陕、川湘、川滇4条公路干线，在川境征用民工250万人次。1943年12月至1944年5月，又在新津、彭山、邛崃、广汉修建、扩建4个轰炸机场，在成都、双流、温江、德阳、梁山新建或扩修5个驱逐机场，共动员50个县150余万民工。8年间，四川累计动员民工近500万人次，有力地支持了正面战场作战和盟军行动。1944年6月中旬至年底，美国B29轰炸机群从成都平原各机场起飞，共对日本本土和日本占领地投弹3623吨。抗战中，四川先后接纳和安置国民政府和国民党中央各类机关约57个，各级干部、工作人员约5000人，迁川工矿企业约700家，工人1万多人，迁川高等学校48所，师生2万多人；还有成千上万来川的难民。特别需要指出的是，8年的全民族抗战，四川输出兵员最多，除先后6个集团军外加2个军、1个独立旅计40余万人出川抗战外，还向正面战场输送302.5万余名壮丁，占全国1/5强，以至当时前线有"无川不成军"的说法。8年出川将士累计伤亡、失踪64

---

① 统计数据参见贾大全主编《四川通史》卷七，四川人民出版社2010年版，第350页。

一、沃野千里　天府之土

川军抗日阵亡将士纪念碑（在成都市人民公园。汪毅摄影）

万余人，占全国1/5。抗日战争胜利后，《新华日报》1945年10月8日特发表一篇题为《感谢四川人民》的社论，充分肯定四川是"这个历史上最大规模的民族战争之大后方的主要基地"，称赞四川人民"对于正面战场送出了多少血肉，多少血汗，多少血泪"！

3. 林盘与乡愁

土地的肥沃，物产的丰富，农业的发达，加上盆地的形胜之便与长江水系数千年的云水滋润，养成了四川农耕文化自适自乐、优哉游哉的浓郁诗意。而显示这个诗意氛围的一个重要特色，就是近年来学者常提到的林盘文化——它同时也是四川农耕文化的一个主要内容，是四川农村千百年来形成的自然与人文复合的生态文明。

清人王培荀在其《听雨楼随笔》卷一《绵竹竹枝词》条下自注说："川地多楚民，绵邑为最。地少村市，每一家即傍林盘一座，相隔或半里，或里许，谓之一坝。"此处的楚民，应是清初辗转入川的湖广移民。他们大致受到当地原住民的影响，也以家庭为单位，植竹蓄竹，构成一家一户独处自足的林盘环境。所谓林盘，就是竹木围绕的院坝。竹木蓊郁，密密匝匝，既护院护家，更养目养心。这里的竹木主要指竹，也包括楠、柏、桤及黄葛树等高大乔木，但最为常见者还是竹。

四川是竹的一处密集地和原生地。目前竹林面积1700万亩，[①] 接近全国竹林总面积（6315万亩）的27%；竹品种400余种

---

① 据新华网四川频道2014年5月29日黄倩报道。参见搜狐网2014年5月31日。

一、沃野千里 天府之土

（以世界面积最大的天然竹林景区——蜀南竹海为例），占全国竹种类（500余种）的80%。无论竹林面积或种类，四川都雄踞全国第一位。这还是在现代工业社会林木被大量砍伐情况下的统计。可以想象到：在数千年前的巴蜀地域，竹林更当处处入目，铺天盖地，笼罩四野，最能充分体现大自然——造物主的雄浑伟力。我们当然还可以从古籍里寻到一些证据。《华阳国志·蜀志》说"岷山多梓、柏、大竹"。《汉书·地理志下》则说："巴、蜀、广汉本南夷，秦并以为郡。土地肥美，有江水沃野，山林竹木蔬食果实之饶。"《后汉书·公孙述传》也述巴蜀："名材竹干，器械之饶，不可胜用。"

川人自古好竹养竹，在精神层面上具有强烈的竹崇拜意识。苏轼在《于潜僧绿筠轩》诗中吟道："可使食无肉，不可使居无竹。无肉令人瘦，无竹令人俗。人瘦尚可肥，士俗不可医。"苏轼的吟竹诗，代表了自陈子昂以降，中经李白、杜甫、薛涛以来巴蜀文人的普遍的竹崇拜心态。巴蜀文人中最早自觉构架以竹林为林盘形态的是杜甫。他于唐肃宗上元元年（公元760年）在成都浣花溪畔营建

少陵草堂碑（在成都杜甫草堂。郭祝崧摄影）

草堂之初，首先就去寻觅绵竹县修直娟娟的绵竹来打围。他出蜀后曾写过一首题为《杜鹃》的诗怀念以竹为伴的岁月："我昔游锦江，结庐锦水边。有竹一顷余，乔木上参天。"巴蜀文人的竹崇拜心态深刻地影响到巴蜀地区的农耕文化，促成了后者生活内容的改变或丰富，以及精神底蕴的充实与提升。南宋诗人范成大《新津道中》诗云："雨后郊原净，村村各好音。宿云浮竹色，青溜走桤阴。曲沼擎青盖，新畦艺绿针。江天空阔处，不受暑光侵。"该诗描写四川乡野林盘星布，竹云如盖的宏大气势，给人竹色竹香、心旷神怡的美妙体验。明人何宇度在《益部谈资》卷中也写道，"成都城外皆平壤，竹树蓊蔚"；"桤木、笼竹，惟成都最多。江干村畔，蓊蔚可爱"。

  如今在盆地内的丘陵、平坝以及盆地南部、西南部边缘地带，竹林（以慈竹、楠竹为主）密布，漫山遍野，郁郁葱葱，蔚为大观。川西坝子以及川南、川东丘陵地带农家，更是家家户户植竹、蓄竹，以竹为邻，以竹为业（副业或专业）。"一半翠竹一半田，竹林深处闻鸡犬。清泉清清竹边过，竹下老者编竹鸳"，正是旧时四川农家生活的普遍写照。1987年，江安县留耕乡发现一尊明代（一说为元代）竹公神像（现陈列于江安县夕佳山民俗博物馆）。神像为白砂石圆雕，高77厘米，坐式，着袍戴冠，慈眉善目，胡须齐胸，双手并握"如意"。像的底座正前部镌刻"竹公神像"四字。据了解，旧时宜宾地区，每逢农历七月十八，竹编行业都要举行聚会，在自制的"竹神位"前焚香燃烛，顶礼膜拜。这座竹公神像，或许就是古代蜀地竹编工匠们的行业神像。

  目前在川西坝子不少农家还保留有祭竹习俗；但已无偶像，且程序简捷：除夕当晚，在清扫净的屋后林盘（竹林坝）内，三五步燃香一炷。长辈率家人向竹祭拜之后便由做母亲的向孩子贴耳小声传教一首祷词。孩子遂上前摇动嫩竹,同时反复诵唱祷词:"嫩竹妈,嫩竹娘,二天(即今后)我长(zhǎng)来比你长(cháng)……"川北农村旧历正月十四也有祭竹风俗:这天,孩子们一窝蜂地钻进林盘内,寻找到一根秀劲挺拔,才露枝叶的嫩竹,一边摇动一边唱道:"十四节,摇嫩竹。嫩竹长(zhǎng),我也长;嫩竹高,我也高,我和嫩竹一样高。"四川边远农村有的则是正月十五祭竹:是夜,长辈驱使孩子去竹丛中挑选到一根去年长成的健壮青竹,在与头并齐处,扶着青竹摇动,一边摇一边唱:"摇竹娘,摇竹娘,你也长(zhǎng),我也长。旧年是你长,今年让我长,明年你我一样长(cháng)。"

成都平原林盘小景(摄于20世纪70年代。选自《四川画报》)

四川竹文化源远流长。上述在成都平原及盆地其他地区林盘里的仪式与祷词，无疑带有远古巴蜀竹图腾祭祀的烙印；只不过其宗教性已被淡化，比较贴近现实生活——在孩子眼中，甚至还可能视之为一种嬉戏哩！当然，从形式上看，远古的竹图腾祭祀是可以当作一种嬉戏活动的。这主要表现为其与竹图腾歌舞的紧密相连。公元前11世纪"以凌殷人"的巴师歌舞和公元前206年—前205年跟随汉高祖平定三秦的巴族板楯七姓子弟的巴渝歌舞，大致就属于这种竹图腾歌舞；因为那时他们手中似乎都持有竹枝——这种竹图腾部族的标识。清代王士禛在《汉嘉竹枝词》中对这种竹图腾歌舞曾有过描写："竹公溪口水茫茫，溪上人家赛竹王。铜鼓蛮歌争上日，竹林深处拜三郎。"三郎即竹三郎，汉代夜郎王（即竹王）第三子。

四川竹文化与林盘文化相伴相生，亦是林盘文化的一项主要内容。旧时四川农民大都独家独户（也有数家连户），以竹丛相围，形成一个小林盘；又依河傍水，以数个或十几个小林盘形成大林盘（即为大片竹林）；小林盘之间有小路相连，有溪流潺潺，鸟啭莺啼。无数个大小林盘星罗棋布般镶嵌在川西坝子的彩色原野上，镶嵌在盆周的红土丘陵间，组成四川大地活泼丰腴的肌理，成为四川农业、四川乡村的一道旖旎灵动的风景线。四川乡村千百年来大都以家庭小林盘、家族大林盘（包括同姓和异姓）为聚居形式（也有独家独户的散居形态），既有自家的独立空间，日出而起，日入而息，自立自强，悠闲自得；又有具有约束力的乡规乡约，以教化自治，和谐共处，守望相助，共荣共辱。四川林盘文化的这种特性，大大有利于以都江堰水利网络为代表的自流灌溉形态下的良田沃土的精耕细作；也大大有利于充分发挥广大农民的生产积极性、自主性与创造性，有利于土地资

一、沃野千里　天府之土

屈子娟绘《竹海女神》（传为唐代长宁州即今长宁县民间祀神。图据2005年长宁发现唐代"竹海女神"木雕绘制）

源和自然环境的保护，促进农业生态文明的可持续发展。

费孝通先生说："从基层上看去，中国社会是乡土性的。""我们的民族确是和泥土分不开的了。从土里长出过光荣的历史，自然也会受到土的束缚。"[①]四川林盘文化是四川农耕

---

① 费孝通：《乡土中国》，人民出版社2015年版，第1、2页。

文化的一大特色。它反映出四川两三千年来自给自足的自然经济的诸多特性，而其中最本质的一点则是乡土性，是四川人民与养育他们的四川乡土的深厚感情。旧时大的林盘有的设有宗族祠堂、私塾，甚至有宫观、庙宇；也还有父母的慈祥，长老的严厉[①]，塾师的冬烘，家谱的续写，祭神祭祖的虔诚，诗书琅琅的清脆童音；又有少时的恶作剧，兄弟姐妹的打闹，与小伙伴们藏猫猫、骑竹马、过家家的乐趣……从这个角度看，旧时的林盘文化就是乡土文化，属于乡土社会，是乡土四川、也是乡土中国的珍贵记录。人们在林盘里生老病死，喜怒哀乐，恋恋过往，刻骨铭心。有的人从林盘外出谋生、学习，发达了，但老了还是回到林盘，叶落归根，了却思乡之情。四川乡村的一座座林盘，散溢出泥土悠绵的芳香，承载着无数游子厚重的乡愁。

[①] 费孝通先生说，旧时的乡贤——长老掌有教化的权力，可谓"长老统治"。参见费孝通《乡土中国》，人民出版社2015年版，第85、99页。

二、巧夺天工　追逐梦想
——美奂绝伦的青铜文化

（一）工匠精神

《华阳国志·蜀志》说，周代的蜀地，其宝有璧玉、金、银、珠、碧、铜、铁、铅、锡、赭、垩，锦、绣、䍡、氂、犀、象、氈、耗、丹、黄、空青、桑、漆、麻、苎之饶。我们仅从三星堆遗址与金沙遗址所出各类珍贵器物便知《华阳国志》所记不虚。巴蜀先民创造的物质文明，在商周时期的中国大地，堪与任何一处文明并肩比美。其中，尤以青铜文化最具创造性，也最具魅力，成为巴蜀文明的早期标识。

青铜冶铸业是古蜀文明社会极其重要的手工业门类。三星堆遗址（1986年开始大规模发掘）和金沙遗址（2001年开始大规模发掘）所出土的青铜器共计1333件，其中三星堆遗址出土863件，金沙遗址470件。所出类型以青铜面具、青铜人像、青铜神树、青铜神坛最具代表性，其他大宗器物则有尊、罍、璧、瑗等礼器及戈、铃、动物、挂饰等杂件。三星堆遗址所出青铜器以大

三星堆青铜面具、青铜头像（汪毅摄影）

型、精美取胜，金沙遗址则以小巧玲珑见长。它们都表明这样一个事实，即早在3000多年前，古蜀王国的青铜文化就完全可以和商王朝的青铜文化相媲美。古蜀青铜冶铸业在铸造技术、原料配方、雕刻工艺诸方面，都凝聚着古蜀先民的睿智、勤奋、巧夺天工，以及严谨而富有创造性的工匠精神，都显示出古蜀先民非凡的思维能力、审美方法、技术水平与高度的组织力与协调性。这里，以三星堆出土青铜器为切入点略作分析。

在我国，史籍（如《史记·秦始皇本纪》）所载的青铜人像以秦始皇铸造的十二铜人为最早。公元前221年，秦始皇统一六国后，便在咸阳销毁列国兵器，铸各重达千石（或说重34万斤或24万斤）的十二金（铜）人；而三星堆青铜雕像则比十二金人早了约1000年，且后者至今亦难觅踪影。在西方，希腊出土过希腊化时代（公元前4世纪至前1世纪）的与真人大小相当的青铜雕像，如有名的德尔菲御者铜像（发掘于德尔菲）、宙斯或波塞冬铜像（发掘于安特米撒港）等，但在时间上，则都比三星堆青铜雕像晚了起码六七百年。而这希腊青铜像竟也被西方学者们誉为"500年来的重大发现"。

此外，1897年，在埃及邦拉扎出土有古王国时代（约公元前28世纪至前23世纪）第六王朝法老（即国王）佩比一世及其王子的大小两件一组的全身青铜雕像（大者约高175厘米，小者高70多厘米），但却系以原始的分段打造法制成后，固定在木心上的。

三星堆大型青铜立人像则采用商代中晚期广泛使用的分铸技术——分铸法及其在此基础上的浑铸法。分铸法，又分先铸法和后铸法。先铸法，即先铸器物附件，然后把附件放在铸器身的范中和器身铸接一体；后铸法，即先铸器身，再在其上造范，浇铸附件。浑铸法，就是多范合铸法。三星堆大型青铜立人像先采用分铸法，分铸头、躯干、四肢等部位，最后，再与方座及四花瓣状冠冕合铸而成。三星堆大型青铜立人像无论从年代还是规模抑或工艺角度看，都应该是迄今为止所发现的上古时代的青铜雕像之王。它既是古蜀文明的骄傲，更是中华文明的骄傲！

《周礼·考工记》曾规定了"六齐"即六种合金配比。其中"钟鼎（乐器、烹饪器类）之齐"所需铜和锡的比例是六比一（即铜占85.71%，锡占14.29%。以下类推），"斧斤（斧子、砍刀类）之齐"的比例是五比一，"戈戟（均为刺杀兵器）之齐"的比例是四比一，"大刃（剑和刀，有很宽的刃）之齐"的比例是三比一，"削杀矢（削杀是小刀，矢是箭头）之齐"的比例是五比二，"鉴燧（镜子、聚光透镜类）之齐"的比例是一比一。这个"六齐"合金规律,是商周中原工匠对青铜冶铸工艺配方的伟大总结。可是,从对三星堆青铜制品的取样分析(根据四川省文物考古研究所曾中懋公布的资料)来看,三星堆青铜器合金配方有的大体接近"六齐"规定,有的却相距甚远。比如一号坑出土的一件铜人头,其下嘴唇的铜占94.41%,锡占4.84%,铅占0.05%;二号坑出土的一件铜罍,其底部的铜占62.91%,锡占5.29%,铅占29.90%;而另一件铜尊沿口处的铜成分却又高达99.05%。它们均远远高于或低于"钟鼎之齐"铜占六、锡占一的比例规定。一号坑有一件铜戈,在其穿前腹部的铜成分也高达98.40%;二号坑的一件铜戈尖部,铜的成分占87.02%,锡

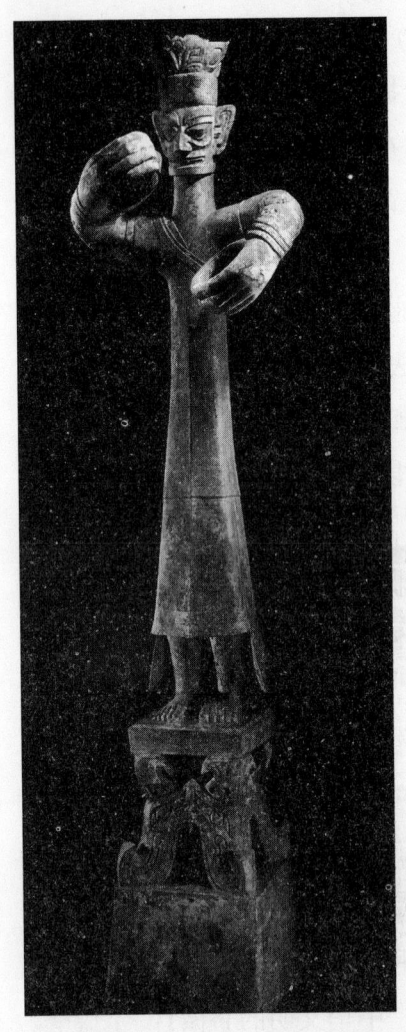

三星堆青铜大立人像(江聪摄影)

的成分是7.90%,铅的成分是1.64%。而按"戈戟之齐"的铜锡比例是四比一的规定来套,作为刺杀兵器的戈,其铜的成分应是80%,锡的成分占20%才对。

　　那么,如何解释三星堆青铜器合金配比的这种对"六齐"规定的既有大体合符,又有大相背悖的现象呢?这里应该有两种答案供选择:一是古蜀工匠在自己的冶铸实践中亦独立地摸索出一

二、巧夺天工 追逐梦想

套自己的青铜合金配方规律；二是既有同中原工匠的学习交流，又能根据自己的实际情况（如原料供应，具体器物的实际用途）而因地制宜地进行大胆改进或创新。三星堆青铜制品的原料配方，可能属于后一种情形。

考古工作者还发现，三星堆出土的青铜制品，含锡量一般都较低。其中含锡量最高的是二号坑出土的一件铜罍的底部和一件铜尊的沿口，分别也不过为合金成分的10.44%与15.71%；与此同时，不少青铜制品的含铅量却很高，如二号坑出土的另一件铜罍的底部，为29.90%；而二号坑青铜树上的一件果实竟为32.71%。除少数情形以外，三星堆青铜制品的含锡量一般都远低于含铅量。

三星堆青铜器大量减少锡的用量，成为高铜低锡，或者大量加入铅成为高铜高铅。这样做的意义，一方面在于节约锡料，降低铸造成本；另一方面，在于有利于铜器铸造的一次成型。当然，在铸制实用器的青铜合金配比中保证一定量的锡成分，是为了使"器物具有精美的外观和一定的力学强度"，但三星堆出土的青铜制品大多不是实用器，而是用于祭祀的祭器。对它们只要求外观和形状就够了；何况"有些器物仅是一次性的使用，对力学强度要求不高，用铅代替锡掺入铜中，是完全可行的"。这不仅表现出古蜀工匠实事求是、因地制宜的工艺眼光，而且也表明他们同中原工匠一样，"也能分别使用铜、锡、铅三种金属，冶炼出铜锡、铜铅、铜锡铅和铜铅锡等多种合金来"。[①]

此外，三星堆青铜人头像、青铜人面具以及青铜罍、尊等，

---

① 曾中懋：《广汉三星堆一、二号祭祀坑出土铜器成分的分析》，载《四川文物·广汉三星堆遗址研究专辑》1989年10月。

多含有磷，如二号坑的一件青铜人面具嘴唇下部含磷0.27%，大型青铜立人像腰部含磷0.71%，二号坑一件青铜尊的上腹部含磷1.92%。对此，上海博物馆研究员谭德睿先生解释说，在中原地区商周的部分礼器中，尤其是精美的工艺品中，也有含磷的情况；三星堆青铜器尤其是人像含磷的情况，表明古蜀人在制造它们时，已对其雕铸难度有所考虑。加入磷，是为了增加锡青铜的流动性，提高青铜制品的强度、硬度和弹性。至于其他青铜器，如青铜树干等，则未含磷。这说明当时考虑到青铜树干的制造工艺相对并不复杂，尤其是成型后的后期加工技术要容易些，故不必去增多合金的成分。当然其中可能也含有节约的因素。

对三星堆青铜器的抽样分析亦表明，个别器物的合金成分中有少量的钙元素，如在一棵青铜树的底部中心位置就含有0.24%的钙。"在古代青铜器中，大都含有铅，但是含有钙元素的铜铅锡青铜却从未发现，这算是首例。"而三星堆工匠的这种首创，却是符合现代冶金学的观点的。在现代冶金学看来，在铜铅锡青铜合金中，倘加入少许钙，使之与铅形成难熔化合物，便会起到细化晶粒，抑制重结晶的作用，从而清除铅对铜合金力学强度产生的有害作用，使铜合金具有较高的强度。对那棵青铜树底部中心处的硬度测定表明，其果然具有较高的强度——维氏硬度值为HV=60。[①]

《周礼·考工记》在谈到冶铸青铜合金时还说，在铜和锡的"黑浊之气"消失后，接着就有"黄白之气"；在"黄白之气"消失后，"青白之气"便接踵而来；在"青白之气"过去后，就

[①] 参见曾中懋：《广汉三星堆二号祭祀坑出土铜器成分的分析》，载《四川文物》1991年第1期。

二、巧夺天工 追逐梦想

有"青气"冒出来,只有到这时候才可以铸器。这个经验,是合乎现代冶金学原理的,十分宝贵。因为只有在铜锡合金液出现青色(青气)时,才表明铜、锡已完全融合,可以浇注了。但对这种呈现青色的浇铸温度,在当时却是完全凭肉眼观察,这在今天是很难想象的。可是,三星堆工匠却拥有高度的观察力和把握力,从而保证了铜液的充型能力,使青铜制品上的纹饰十分清晰(以大型青铜立人像衣服后摆上的纹饰为代表)。大量的青铜人头像也是这样才保证了它们的光洁度的——即使经过3000多年的埋藏,在经过除锈清洗后,也依旧闪闪发光。这是真正的炉火纯青所致。

《荀子·强国》说:青铜工艺品的创作成功,当得力于"刑(型)范正,金(铜)锡美,工冶巧,火齐得"。三星堆青铜器之所以令后人叹为观止,正在于它的创作者们无论对铸范的制作、合金原料的选择,还是对冶铸的技巧、火候的调节,都是十分精当、娴熟和得心应手的。

三星堆青铜制品的造型艺术,还反映出古蜀社会的比较开放的群体意识。以三星堆青铜群雕为例,从整体效果来看,虽仍属圆雕造

三星堆青铜神树(江聪摄影)

49

三星堆青铜鸡(江聪摄影)

型,但已趋于向六面体过渡。其大型立人像双脚虽闭合,但双手已分开;一些小跪人像也是如此。它们多反映出一种动感,一种渴求运动与交流的动感,如双手圈握、双手拱握、单腿下跪等。又如三星堆青铜神树,论者也多以为这是古蜀神话中的上达天庭的通天神树,如扶桑树;青铜鸟、青铜鸡、青铜轮形器,也与崇拜太阳、唤醒太阳、追赶太阳有关……正是古蜀人渴求开放,追逐梦想的时代意识(金沙遗址出土的"太阳神鸟"金饰亦反映出这种意识),促使古蜀艺术家们尽管受着宗教文化的束缚,却依然能创造出一种区别于传统观念的、在今天看来仍是富于浪漫主义色彩的艺术作品。

三星堆青铜文化以一个充满神秘色彩、充满想象力的有机构成以及人性与神性的统一性、抽象与具体的统一性、追求完美的精益求精与协调有序的团队合作的统一性，将自己与东西方其他青铜文化区别开来，从而树立起古蜀文明鲜亮的旗帜。其中，尤以大型青铜立人像为代表的青铜群雕美奂绝伦，堪称人类青铜文明的一大瑰宝。1988年1月，国务院公布三星堆遗址为第三批全国重点文物保护单位。年届古稀的张爱萍将军欣然为之题词："沉睡数千年，一醒惊天下。"将军的笔触，既朝着三星堆遗址，更指向以人为题材的青铜雕像群。三星堆工匠在生活中发现了美，更发现了人类自己。

（二）铜料之源

在三星堆遗址，发现有大量铸出铜器后取出的模具（范土）碎块（即所谓"红烧土"）以及大量熔炼青铜器后遗留下来的炼渣（铜渣），这表明三星堆遗址就是所出大型青铜器的作坊或工场。那么，它们的青铜原料来自何方呢？须知成都平原是不产铜的，不过《华阳国志·蜀志》却说，蜀地"其宝则有……铜、铁、铅、锡……之饶"，"家有盐铜之利"。据该书的记载，汉晋时期今荥经及西昌一带有铜矿，现在西昌黄连观发现有汉代的冶铜遗址。它们似有可能是三星堆青铜器的原料供应地——当然，距离有数百里之遥。而据王树英先生介绍，中国科学院有关部门对三星堆青铜器取样分析，其铜料可能来自云南地区。曾中懋先生也分析说：三星堆青铜器的铅，来自云南。这无疑证明这样一个事实，即三星堆文明时期的古蜀国具有比较发达的运输能力和通商能力。而与此相应，这时的古蜀人从采矿、运输到配方、冶铸，已形成一个比较完善和科学的生产体系。

此外，我们还注意到，在20世纪80年代中期于三峡库区文物考古工作中的一项重要发现，即在巫山县（今属重庆市）双堰塘巴人遗址南侧的大宁河里发现有一个堪与三星堆古蜀文明媲美的青铜尊以及古铜矿遗址与冶铜遗迹。我们结合其他资料分析后认为，早在商周时期，巴蜀地域就已形成了一条铜文化带。其东端在巫山腹地（可顺江延至长江中游的今湖北大冶市的铜绿山），西端则在重庆铜梁山—铜罐驿。

左思《蜀都赋》有云："外负铜梁于宕渠。"据任乃强先生《四川上古史新探》的考证，今重庆直辖市境内的华蓥山脉，古代产铜，古称铜梁山。唐武后长安四年（公元704年）置铜梁县，乃因山名。汉时尚能产铜。其铜用人力运至长江，舟运出川。今长江边重庆市巴南区"铜罐驿"（疑为"铜官驿"之讹），即古铜官监运处。

正是基于商周时期从重庆铜梁山—铜罐驿至巫山腹地的这条铜文化带的存在这个事实，基于古蜀人与古巴人所结成的长期战略伙伴关系，我们认为三星堆青铜器的原料，除了来自古"蜀布之路"上的川西雅安地区的荥经以及云南外，还可能来自这条以长江为依托的铜文化带。杨华先生更认为：当时铸造三星堆青铜器的原料，还包括巫山以远即长江中游地区。"古人在长江中游一带采得了矿料，冶炼成铜锭，通过长江这条天然的水道溯江而上，穿过三峡（长江三峡地区的航运早在新石器时代中期就已经开通）来到重庆，再沿涪江、沱江、岷江等河流进入川西。由东边长江中游而来的不仅有相当数量的矿料，同时也可能有大批的冶铸青铜器的艺术工匠。他们与古蜀地居民一起共同创造了中国

二、巧夺天工　追逐梦想

三星堆青铜半跪人像（江聪摄影）

西南的文明史。"[1]

孙华先生主张三星堆两坑年代属殷墟一期左右。他认为：

> 实际上，如果不囿于四川一隅，放眼看一下商代中国中原青铜文化系统的发展过程及其对于南方长江流域的影响情况，四川盆地青铜文化的兴起就可以得到合理的解释。商代中原青铜文化系统以商文化为主体。
>
> 商文化在二里岗下层期偏晚阶段，商文化迅速向外扩展，到了二里岗上层期，其分布区就已东到大海，西入关

---

[1] 杨华：《对川西地区早期青铜器铸造原料来源问题的研究及其认识》，《西南师范大学学报》1997年第2期。

中，北越长城，南过长江。商文化分布区的急剧扩展，反映了商王朝的强大和昌盛。繁荣的商文化，尤其是其先进的青铜铸造工艺，给周围邻近诸文化以强烈的影响，导致了这些文化区青铜业的兴起。二里岗上层期以后，随着商王朝的逐渐衰落，商王朝周边方国的日益强大，商文化分布区也日益缩小，诸方国文化逐渐繁荣。与此相适应，各方国（尤其是南方方国）的青铜冶铸业也飞快发展起来。在长江下游地区，目前发现最早的商代地方文化的大件铜器是江苏江宁县塘东村殷墟一期的铜铙；在长江中游地区，江西吴城文化在殷墟一期前后（即吴城文化第二期）达到了顶峰，著名的新干大洋洲大墓就属于此时；在长江上游，三星堆两个器物坑属于殷墟一期左右，这就不是一个孤立的现象，而是当时整个文化背景和历史背景的反映。[①]

孙华先生此论，意在说明三星堆青铜文化属于商代青铜文化的一部分，因为前者是在后者的影响、推动下发展起来的。这既包括铜料的供给，也包括冶铸技术的传播以及携带这些技术的青铜工匠的到来。这个观点，实际与杨华先生所论大体一致。在没有获得有力的反证材料之前，孙华、杨华二先生之说当然有其合理性；但是我们必须首先看到古蜀工匠在青铜业上的首创精神，认可古蜀人对中国青铜文化所作出的伟大贡献。

商代后期，青铜文化审美艺术及铸造技术得到很大的提高，其以安阳殷墟、安徽阜南、湖南宁乡、江西新干等地出土的青铜

---

① 孙华：《关于三星堆器物坑若干问题的辩证（续）》，《四川文物》1993年第5期。

器为典型代表。尽管如此，商代的青铜器铸造业仍主要以制造兵器、生产生活工具、礼乐器为主；成批制造青铜人像乃至形成青铜雕像群的记录，在三星堆一、二号"祭祀坑"揭露以前，还未出现过。正是在这种背景下，代表四川先民创造伟力与通天梦想的广汉三星堆遗址所出土的造型各异的大批青铜雕像，才会"一醒惊天下"，对整个考古界、美术界、冶铸工艺界形成一股巨大的冲击力。显而易见，三星堆青铜雕像群为人类雕塑史研究，提供了前所未有的新鲜资料。它最直接的意义，是将典籍所述发轫于秦始皇"钟镶金人"的中国青铜人像造型艺术史，上推了近1000年；它填补了中国造型艺术史上早期无青铜人体艺术品的空白。也就是从这时起，中外考古界、美术界、冶金界等，才将对中国商周雕塑艺术及青铜文化的注意力，转向过去被视为"文明发生、发展相对滞后"的中国西南地区。

三、负重万里 冲出盆地
——风尘仆仆的交通文化

（一）西南商道

1.先秦时期的蜀布之路

根据马克思主义理论，已拥有发达的农业、畜牧业和手工业的先秦四川先民，实际也应拥有"直接以交换为目的的生产，即商品生产"[①]。而事实也证明，在商周以成都平原为中心的三星堆—金沙文明中，的确包含有许多外地或外域因素，如巫载的盐、岷山的玉、云南和荥经的红铜、云南的铅、南亚的象牙等。与此相应，在商周之际的成都平原以及四川其他地区乃至于中国以外的地区（包括远至东南亚、南亚、中亚、地中海—爱琴海地区）的同期文明中，亦包含有不少巴蜀因素。它们显然是一个

---

① 恩格斯：《家庭、私有制和国家的起源》，《马克思恩格斯选集》第四卷，人民出版社1972年版，第159页。

三、负重万里　冲出盆地

"不从事生产而只从事产品交换的阶级——商人"（恩格斯语）负重万里、穿针引线的结果。因此，从这种意义上，我们甚至可以说，没有比较发达的商品生产和商品贸易，没有一大批敢于冲出盆地的巴蜀商人的风尘仆仆、万里奔波，便不会有我们今天所知道的以青铜文明为主要标志的先秦古蜀文明。换言之，古蜀文明的进步与发展在很大程度上是由以巴蜀商人为纽带、为活力的商品交换、商品贸易所维系的。而商品贸易的发展、兴旺则离不开商路及运载手段的发展、兴旺，后者是前者的基础或前提；不过前者的发展与兴旺反过来亦会推动后者的进一步发展与兴旺。二者相辅相成，共存共亡，共同构成刺激和牵制先秦巴蜀社会商品生产乃至于巴蜀社会经济文化荣衰起伏的一组杠杆。

先秦巴蜀地区的商路以成都平原为中心而辐射四面八方，但主要则表现为两个方向，即西南方向与东北方向。商周之际成都平原西南方向的主要商道，经任乃强先生考订，被命名为"蜀布之路"。[①]根据任乃强先生的研究并结合笔者的考订，这条"蜀布之路"乃是一条经今天的四川、云南，域外的缅甸、印度、巴基斯坦、阿富汗、伊朗、伊拉克、约旦、以色列直至埃及（或由伊拉克经叙利亚、土耳其直抵希腊）的商道，全长万余公里。任乃强先生的殷周（公元前14世纪至前9世纪上半叶）之际"蜀布之路"说的东端乃订在阿富汗，我们何以延长至两河流域直至古埃及呢？理由主要有二：

首先，不少论者已经指出，成都平原上的三星堆青铜文明中有不少西亚文明或者地中海—爱琴海文明的因素。这些因素，

---

① 参见任乃强：《中西陆上古商道——蜀布之路》，载《文史杂志》1987年第1、2期。

当是商代至周初时代远至两河流域及古埃及或古希腊的"蜀布之路"以及不畏艰险、辛劳跋涉于这条漫漫商路上的外域商人和巴蜀商人所致。

其次,奥地利研究人员从一具古埃及木乃伊(为女性,30岁至50岁)的头发中发现了一块丝绸。这块丝绸与木乃伊同属"二十一王朝"时期,即公元前1080年至公元前954年。[①]这一发现表明,殷周之际的古埃及已同当时世界唯一的丝绸出产地——中国有了贸易联系;更确切地说,是与古蜀国有了贸易联系。因为当时中原虽也能养蚕织丝,却连自给自足亦不能保,还需要靠与蜀国的大宗蚕丝贸易来解决贵族王室的穿衣问题,[②]大致不可能再有多余丝绸远销埃及。更重要的是,当时中原与西域的商道——"丝绸之路"尚未"凿空",埃及的中国丝绸只有通过"蜀布之路"的通道才能获取。

这条长达万余公里的"蜀布"之路大致可以分作三段:(1)从四川到北缅甸一段,可以叫作东段,长1500余公里;(2)由北缅甸经今天的印度、巴基斯坦到阿富汗,可以称作中段,约长3500公里;(3)由今天的阿富汗西经伊朗、伊拉克、叙利亚、约旦、以色列直至埃及(或从伊拉克分岔,西北上叙利亚、土耳其直至希腊),这段最长,约5000余公里,可以唤作"西段"。

东段的路线大致如下:由成都平原出发,经荥经、汉源、越

[①] 《埃及3000年前已有中国丝绸》,分载《光明日报》1993年3月21日,《今晚报》1993年3月28日。

[②] 参见任乃强:《四川上古史新探》,四川人民出版社1986年版,第52—57、190页。

三、负重万里　冲出盆地

西、泸沽、西昌、攀枝花、下关、永平、澜沧江，经保山，渡怒江，经腾冲、神户关进入缅甸，直抵伊洛瓦底江畔的密支那。

中段自密支那循伊洛瓦底江—迈立开江西侧浅丘陵地，渡江至孙布拉蚌，由此逾山地数重，约150公里，沿途多丛林密箐，多盗贼，少人居，构成印缅天然界线。入印度界即为阿萨姆邦，是为东印度，属布拉马普特拉河流域（雅鲁藏布江下游）。这里地势平坦，首府萨地亚，车马舟船俱可通于中印度。再西行，至德里，渐入山地，是为北印度；再西行进入巴基斯坦，渡印度河，逾兴都库什山脉，即入阿富汗高原，到达汉代的大夏国了。

西段沿阿富汗赫尔曼德河进入伊朗，穿过卢特沙漠，翻越库赫鲁德山脉和扎格罗斯山脉，即进入伊拉克的美索不达米亚平原（即两河平原）；再上溯幼发拉底河入叙利亚，东南下沿约旦河经今天的以色列和约旦进入埃及西奈半岛，再西行即抵尼罗河三角洲（进入叙利亚后亦可继续沿幼发拉底河上行，进抵小亚细亚半岛及爱琴海诸岛甚或希腊）。

"蜀布之路"蜀以远的西方各国、各民族用以与蜀各地交换的主要商品是荥经红铜、越西牦牛、西昌绵羊、丽江马、大理马、南亚象牙、印度洋海贝与其他山珍海宝以及奴隶。奴隶制文明高度发达的古蜀国都城（如三星堆城、金沙—成都城）及所辖地区，无疑需要大量的廉价奴隶来补充劳动力；而成都

金沙石雕奴隶像（选自《金沙淘珍》，文物出版社2002年版）

平原以西、以南地区奴隶制文明显然相对落后，有的甚或处于原始部落社会阶段。成都平原所需奴隶势必只能向这些地区寻求、收购。三星堆遗址与金沙遗址均发现有数尊双手反绑下跪的石雕奴隶像（三星堆2尊，金沙8尊），显然是三星堆城、金沙—成都城通过蜀布之路向成都平原以西以南的落后蛮荒的部落或民族进行奴隶贩卖活动的实证。

古巴蜀特别是古蜀社会用以向外地、外域、外族交换的商品最具代表性和最大宗者当以丝绸和蜀布为主。扬雄《蜀都赋》说："筒中黄润，一端数金。"蜀中丝黄，所织之绢细润，所以称"黄润"。其长途贩运时卷成筒形，用产于岷江上游的大竹筒贮藏，以避雨湿尘污，故称"筒中黄润"。一筒有几端，众说不一；但一端为2丈或6丈，认识却比较一致。而一端价值却当数金，确是令人咋舌——这还是距离三星堆文明千年以后的西汉丝价。所以，蜀中丝绸大致因价格昂贵，只有印度以远地域（包括印度河文明、两河文明、尼罗河文明、爱琴海文明中心地域）的奴隶主贵族才有实力购买，并成为他们显示财富的标志之一。蜀布（苎麻布）则相对低廉些，由于"色最白，不畏水湿，汗渍不污，疏能散热，因而特别受到处于高度湿热气候环境里的印缅境内的奴隶主以及四川盆地以南地区和云贵高原的河谷宜农之地的奴隶主的欢迎。

蜀布之路万里迢迢，其间高原、雪山耸立，急流险滩密布，悬崖河谷纵横。常年奔波于此，携带大宗货物的中外客商何以代步？何以负重？何以过渡？笔者以为，乃是牦牛、筅马、竹（皮）筏、溜索及筅桥——起码东、中段当是如此。

2. 秦汉以来的南向交通

入汉以后的蜀布之路被学术界称为"南方丝绸之路"或"西南丝绸之路"。一般认为，它以成都为起点，有两条干线，起点均在成都。第一条称作西路（其北段为秦汉时期的"旄牛道"）：自成都西南下，经双流、新津、邛崃、雅安、荥经、汉源、越西、冕宁、西昌、会理，渡金沙江至云南大姚，西折大理、保山，进入缅甸八莫地区，再行至印度。第二条称为东路（其北段为先秦即已开通的"五尺道"）：自成都经彭山，沿岷江南下，经乐山、犍为至宜宾，再经高县、筠连，西折入横江河谷，经豆沙关、大关、昭通、曲靖再西，经昆明、楚雄，进抵大理，与"旄牛道"会合后经保山入缅甸八莫，西行至印度。东路也可以从昆明经开远、河口，沿红河入越南，经河内出海至印度。东、西两路于印度会合后，再西可通往今天的巴基斯坦、阿富汗、伊朗、伊拉克、叙利亚、约旦、以色列直至埃及；或从伊拉克分岔，西北上叙利亚、土耳其直至希腊。1944年，中、美等国在南方丝绸之路基础上，最终修通从印度雷多山口经缅北而至中国云南与四川的中印公路—滇缅公路—川滇公路。[①]这条公路，为中国抗日战争与世界反法西斯战争在1945年的最后胜利提供了强大支持。历史上的南方丝绸之路对于沟通中国西南与南亚、中国与欧洲地中海地区的往来交通，促进中外文化交流、商品贸易产生了重大影响。

入秦以后，属于南方丝绸之路系统的今四川境内的交通主干线有五尺道和石门道、灵关道和清溪道、僰道、旄牛道、越嶲道等。

---

① 参见《四川百科全书》，四川辞书出版社1997年版，第628—629页。

五尺道和石门道　先秦至唐由四川盆地通向云贵高原的道路。其前期因道宽五尺而名五尺道。它在先秦时即已开通。秦统一全国后，遣"常頞略通五尺道"，对其予以整修。以后汉武帝遣唐蒙在此基础上再加以整治，直通西南夷，故又称西南夷道。隋唐之际重新修整，改称石门道。其原五尺道北起今四川宜宾，南抵今云南曲靖。重整后的石门道经曲靖再达昆明、大理等处，其因经今四川高县境内的石门山而得名。唐朝与南诏的交通，颇仰赖此道。

灵关道和清溪道　汉唐时自四川盆地通向四川南部及云南的道路。灵关道是汉武帝时开辟的自今四川大渡河南岸，循安宁河谷通向西昌平原的道路。唐代在此基础上扩展成清溪道。清溪道北起黎州（治所在今汉源市西北），逾大渡河而南出清溪峡（在今汉源市西南），溯越嶲河谷，越小相公岭，渡金沙江，南入云南大姚，再西往大理。唐肃宗乾元（公元758—760年）时在清溪峡设关，以南控南诏。

茶马古道（属南方丝绸之路）上的背茶脚夫（法国方苏雅、即奥古斯特·费郎索瓦1904年摄于天全二郎山）

三、负重万里　冲出盆地

僰道　汉代从成都通往南中（云南、贵州和四川西南部）的道路。《华阳国志·蜀志》载："武帝初，欲开南中，令蜀通僰、青衣道。"

旄牛道　秦汉间自成都平原通往云南的道路。因途经汉旄牛县（治所在今汉源市北九襄镇）或沿途有旄牛羌聚居而得名。战国秦国时即已开通。自今成都西南下，经邛崃、雅安、荥经、汉源而过大渡河，经越西、西昌、会理而越金沙江入云南，或至昆明，或至大姚、大理。秦灭巴蜀后，蜀王子安阳王携部从数万南徙，大概就是由此道至云南大理，再沿今西洱河（古叶榆水）、礼社江、元江进入越南红河流域的。汉武帝开西南夷时，曾刻意经营此道。东汉中后期，该道一度中断；三国蜀汉时，诸葛亮重开此道。

越嶲道　汉初至三国时由成都经彭山、犍为、马边，穿大凉山往四川南境的道路。汉武帝通西南夷时开。因终端为越嶲郡治所邛都县（今西昌市），故名。该道或南延入云南。东汉中期，旄牛道阻断，由成都平原下川南的交通多移聚此道。三国蜀汉建兴（公元223—237年）中，诸葛亮分三路进军南中，其中一路由他率经此道入越嶲郡。

顺便提及的是，先秦时期（主要是殷周时期）西南商道——蜀布之路的开通，不仅开创了中西经济文化的大交流，而且也开创了中西人民的侨居大迁徙。印度20世纪70年代的人口调查统计表明，在印度东北部的那加兰邦，还有17000名羌族人。"那加"（Nagas）意即"龙的种人"。考古学家们考证说："那加人属蒙古人种，远古时就从中国的西藏和缅甸的一些地区来到印度北部居住。"① 现在的那加人使用的语言（至少有30种）均属汉藏语系。其实印度东北七邦多为蒙古人种，与古代中国有很深的历史渊源。与此相应，古代缅甸、印度人民也有在中国境内定居者。如《华阳国志·南中志》即记：东汉明帝永平十二年（公元69年），置永昌郡（治所先后在今云南云龙县及保山市），"以蜀郡郑纯为太守。属县八，户六万，去洛六千九百里，宁州之极西南也。有闽濮、鸠僚、僄越、裸濮、身毒之民。"僄越即汉代对缅甸的称谓，身毒即印度。永昌郡的这些缅甸人、印度人，当然不会是当时即移居于此的，想必亦是"远古时"通过西南商道的途径侨居于此的缅甸人、印度人的后裔。所谓"远古时"，当指商周之际的古蜀文明时期或稍后；因为，在此之前，这两大地域的人民大致还互不知晓，而且经济文化的发展也尚未达到吸引彼此易地侨居的程度。

（二）东北商道

1. 古蜀与中原的商贸往来

商周之际，从成都平原出发的东北商道大致又分作两个方向，一为水路，即从沱江入长江东下抵三峡，是巫盐西来最畅便的一条商道，或称为"巫盐之路"，贩盐者为古蜀及巫载国盐商，运输者为"夏代从云梦盆地溯江进入四川盆地"的巴人，运

---

① 刘国楠、王树英：《印度各邦历史文化》。转引自王海涛：《论南诏佛教的传入》，《南方丝绸之路文化论》，云南民族出版社1991年版，第368页。

三、负重万里　冲出盆地

输工具为独木舟。

东北商路另一条为旱路或水旱交替之路。这条路从四川盆地向北，穿越川陕交界处的米仓山而至汉中盆地、渭水平原、河南。其具体路线是从成都平原北上德阳、绵阳，过今梓潼五妇山，经剑门关、广元朝天驿，穿金牛峡，越川陕交界之七盘关，进入陕西宁强、勉县；再经褒城，入褒水（南注汉水）之褒谷，翻越巍巍秦岭，由斜水（北注渭水）之斜谷而出，抵达渭水南岸的眉县；再沿渭水东下，入黄河，进入河南大地。这条商路，是古蜀文明与殷商文明发生对接、交流的主要干线。这条干线的渭水以南部分，即是后来所说的金（石）牛道和褒斜道。关于金（石）牛道的修筑经过，《水经注·沔水》引来敏《本蜀论》说：

> 秦惠王欲伐蜀而不知道，作五石牛，以金置尾下，言能屎金。蜀王负力，令五丁引之成道。秦使张仪、司马错寻路灭蜀，因曰石牛道。

又《华阳国志·蜀志》也说：

> 周显王之世，蜀王有褒、汉之地。因猎谷中，与秦惠王遇，惠王以金一笥遗蜀王，王报珍玩之物，物化为土。惠王怒，群臣贺曰："天奉我矣，王将得蜀王地。"惠王喜，乃作石牛五头，朝泻金其后，曰"牛便金"，有养卒百人。蜀人悦之，使使请石牛。惠王许之。乃遣五丁迎石牛，既不便金，怒，遣还之，乃嘲秦人曰："东方牧犊儿。"秦人笑之曰："吾虽牧犊，当得蜀也。"

上述神话故事，把蜀地与中原交通的时间上限，订在周显王与秦惠王共存时代（公元前337—前321年），显然是大大缩后了。因为第一，《华阳国志·序志》又有云，称："《蜀纪》言：'三皇乘祇车出谷口'。秦宓曰：'今之斜谷也。'及武王伐纣，蜀亦从行。《史记》：周贞王之十八年，秦厉公城南郑。此谷道之通久矣。而说者以为蜀王因石牛始通，不然也。"这里，常璩其实已自己否定了他在《蜀志》里所引的秦惠王时开金牛道的时间，并将之提前到武王伐纣（公元前11世纪）以前的时期或稍后。当然，"三皇"是古史传说中的人物，或曰子虚乌有人物；但是，此时蜀既已利用金牛道—褒斜谷道东北入中原，那么，此干道开辟的时间当早于晚商。

与中原交通图

三、负重万里　冲出盆地

《尚书·禹贡》记梁州贡称："西倾因桓是来。浮于潜，逾于沔，入于渭，乱于河。"这说明早在夏禹之世，汉水（即沔水）与渭水之间便有相互联系的通道，即后来所称的褒斜道。对"西倾"，孔安国《尚书传》称："山名。桓水自西倾山南行。"甘肃南部岷县有西倾山，西倾山南有白龙江，其古称即桓水。其发源于西倾山南，屈曲东南流至甘肃舟曲东，与岷江上游（即古羌水）汇合，又东南至文县东与白水江（即古白水）汇合，东南流入嘉陵江（古潜水）。其与羌水合流后的一段白龙江，与今白水江汇合后的一段白水江，古时也兼称桓水。这是过去对"西倾山"和"桓水"的一般认识。

任乃强先生则依据《禹贡·孔传》的相关资料及《汉书·地理志》班固对"蜀郡"的注："《禹传》桓水出蜀山西南，行羌中，入南海。"提出西倾山应为今天的巴颜喀拉山，桓水应为今大金川—大渡河，《禹贡》中的古梁州（华山之南至澜沧江或怒江、金沙江的广在地域）向中原夏王朝的进贡部落当为巴颜喀拉山脉以南大金川流域（相当于今川西北马尔康—绰斯甲以北的阿坝、壤塘、色达三县地面）的游牧部落。任先生说："这些牧部，是从古就出产羊皮与黄金的羌支部落。他们中有善于经商的人，搬运自然金块（镠）与连毛羊皮（织皮）和一些野兽（熊罴狐狸）的毛皮，从大渡河谷到巴蜀地面来，调换丝帛、麻布和金属工艺品回本部去，又可调换更多的土产商品。巴蜀的商人又把这些商品连本地的土产，贩运到华夏区去调换商品。"[①]

邓少琴先生则依照传统看法，指出夏代梁州之贡是由川西北出甘肃岷县西倾山沿桓水而下至葭萌（即古昭化县，在今四川

---

① 任乃强：《四川上古史新探》，四川人民出版社1986年版，第150—153页。

广元西南）而入潜水（嘉陵江），再北上经沔水（今汉水），"溯褒水而入渭水，循渭水而下而乱于河"。邓先生认为："所谓入者，人入其间也；所谓乱者，绝河而渡者也。此为古代（指夏殷周之世）由梁州以往雍州之交通路线，进而可达中原豫州之域。虽有翻山越涧之劳，但仍重视水利之轻便，少费人力之搬运也。"①

邓先生关于夏殷周之世蜀地与中原的交通路线，虽然与我们前面所勾画的古蜀国与殷商的东北商道的中段有所不同，但他也承认，殷商时期的四川实际确有一条商道或贡道与中原王朝相通。

其实，不少先秦史、巴蜀史研究者根据甲骨卜辞和《竹书纪年》的记载，都曾指出，商代中原王朝与蜀国的信使往来、馈赠和征战不绝。其联系通道，大体上也当与我们所描述的先秦四川东北商道相一致。而且，按照交通史常识，地区之间的交通往来，一般是建立在民间通商的基础之上的。地区之间本无所谓有路，有交通；往来异地易货的人多了，也便有了路，有了商路，有了交通。《禹贡》所记蜀地进贡之路，当是民间通商之路，也就是先后于三星堆和成都等地建都的古蜀国与中原地区的一条古商道。

2. 秦汉以来的北向交通

入秦以后直至近代，中原与四川的往来交通线主要还是金（石）牛道和褒斜道。

金牛道　北起陕西勉县，经宁强过七盘关入川，再趋广元、

---

① 邓少琴：《巴蜀史迹探索》，四川人民出版社1983年版，第166页。

三、负重万里　冲出盆地

剑阁，以达成都。唐玄宗避安史之乱，唐德宗避朱泚之乱，唐僖宗避黄巢起义，以及明末李自成农民起义军出陕南移，均经此道入蜀。其全长600公里，在四川境内长达400公里。由剑阁经阆中至梓潼一段，古称"剑南驿道"，长150余公里；两旁有柏树相拥，如苍龙蜿蜒，遮天蔽日，称"翠云廊"。金牛道自秦国攻蜀始凿筑，距今已有2300余年历史。其开通后，经历代不断整治和养护，成为蜀地通往中原与西北地区的重要通道。后来的川陕公路也循此道而行。

金牛道上"翠云廊"（文化学者徐志福考察金牛道留影。徐志福供图）

褒斜道　为古代巴蜀进入关中平原的南北主要通道之一，因取道褒水、斜水二河谷得名。《史记·货殖列传》载，自关中南下巴蜀，"栈道千里，无所不通，唯褒斜绾毂其口"。其南起褒谷口（陕西汉中市大钟寺附近），北至斜谷口（陕西眉县峪关口）；最早开凿于战国范雎相秦之时，为栈道。秦惠文王更元九年（公元前316年），秦遣张仪、司马错伐蜀，即经此道。其时已能供大军和辎重大规模通行了。汉武帝时又发数万人大规模整治，达250余公里。其向北接通至咸阳、长安的通道，向南连通进入巴蜀的金牛道（一说为金牛道的一部分）。自汉末至五代，南北兵争，大都取道于此。

除去金牛道、褒斜道外，秦汉以降沟通中原与四川盆地的主要交通干道还有：

剑阁道　系三国时蜀汉丞相诸葛亮主持开设的川、陕通道。时诸葛亮在大、小剑山间凿石架空，造飞梁阁道，《水经注》谓"飞阁通衢，故谓之剑阁也"；道则称剑阁道。自古为兵家必争之处，唐于此设剑门关，因大小剑山之下隘路如门，故称。

故道　又名陈仓道，秦汉以来往来秦岭南北的道路。自陈仓（今陕西宝鸡东）起，西南行出散关（在宝鸡西南大散岭上），沿故道水（唐以后称嘉陵江）谷道至今凤县折东南入褒谷，出抵汉中。公元前206年汉王刘邦自汉中经故道出陈仓东进入关中，打响平定三秦之战。此道虽在陕西，却可连接褒斜道而通蜀。《史记·河渠书》"抵蜀从故道，故道多阪，回远"，即此。

子午道和荔枝道　子午路是汉唐间从汉中通往关中的道路。古人以"子"为"北"、"午"为"南"，故名。南朝梁时南端在今陕西宁陕县（西汉至三国时在今安康市），或言在西乡县子午镇。荔枝道北端则与宁陕或西乡对接，向南经陕西镇巴县入今四川万源市虹桥乡，经通江县、平昌县、宣汉县、达州市达川区、大竹县，再转今重庆梁平、垫江，直达涪陵区（妃子园）。一说子午道系荔枝道的北段或陕西段。唐玄宗天宝年间剑南涪州（今涪陵）进贡生荔枝，供杨贵妃啖用，即由此路线抵达长安。或说荔枝道还有三条，一仍在川陕间：由褒斜道、金牛道至成都，再经简阳、资中、泸州至合江。二在外省：即从陕西潼关入河南灵宝，再经安徽、江苏、浙江至福建福州一线；从陕西东入

三、负重万里　冲出盆地

河南西南部、湖北东北部，经武汉入江西九江，再南下江西、广东，经广州西进抵广西南宁一线。

左担道　从今平武东北上至今甘肃文县的道路。其须穿越岷山山脉，道路奇险而狭窄。若自北而南下，则担子只能置于左肩而不得易转右肩，故名。

米仓道　从今巴中地区溯巴江（嘉陵江支流）谷道及濂水（汉水支流）谷道达陕西汉中的道路，西汉即已开通。因所经之米仓山而得名。东汉建安二十年（公元215年）汉中张鲁为曹操所破，自南山入巴中，据说即经此道。南宋宝祐六年（1258年）蒙哥汗统蒙古三路大军攻蜀，其中一路即由此道入川，攻取巴州（今巴中市），再沿渠江而进。

阴平道　从成都绕出剑阁之西转江油，北上平武，通达今甘肃文县的道路。平武至文县一段，即为左担道。阴平道需穿越岷山山脉，虽有险阻，却最快捷。三国魏将邓艾即由此道进军灭蜀；明初傅友德也经此道入川灭夏。

（三）神秘栈道

在成都平原与中原之间的往来商道上，可谓崇山峻岭，崎岖坎坷。当时人们是如何载货运物的呢？林向先生已在《蜀盾考》一文中指出，尽管褒斜谷道确实为古代蜀地与夏商交通的孔道，但不会有车马；三星堆所出土"轮形器"亦不能证明成都平原与中原之间的交通或运输工具是车马。[①]

---

① 参见林向：《蜀盾考》，载《四川文物·三星堆古蜀文化研究专辑》1992年。

我们认为，林向先生所论极是。因为《华阳国志·蜀志》里的两段神话，也能予以佐证：

> 武都有一丈夫化为女子，美而艳，盖山精也，蜀王纳为妃。不习水土……无几，物故。蜀王哀念之，乃遣五丁之武都担土为妃作冢，盖地数亩，高七丈，上有石镜，今成都北角武担是也。
>
> 惠王知蜀王好色，许嫁五女于蜀，蜀遣五丁迎之。还到梓潼，见一大蛇入穴中。一人揽其尾掣之，不禁，至五人相助，大呼抴蛇，山崩，时压杀五人，及秦五女并将从，而山分为五岭，直顶上有平石。蜀王痛伤，乃登之，因命曰"五妇冢山"；于平石上为望妇堠，作思妻台。今其山或名五丁冢。

通过这两则蜀王命五丁（实为奴隶）开金牛道的哀怨故事，我们应当知道，当时人们载货运物仍是比较原始的肩担背荷，并无车具可资，亦不像西南商道上可借助车马运输。这是因为横亘于川陕交通要道上的米仓山、秦岭，特别是秦岭，与西南山地迥然不同。它们的海拔高度，虽远不及西南山地，但其突兀陡峭崎岖险峻之程度，却大大有过之而无不及。因而川陕边界的雄峰险关，自古以来便是迁客骚人叹奇唱绝的主题（如李白《蜀道难》一类）。

也正是由于川陕路上雄峰耸立、险关重重、路狭坡陡，因而才会涌现出闻名世界的千里栈道，用以涉险化凶。可是，栈道起源于何时，却是各执一端。论者多指于战国时期，以为战国时期才开始出现铁工具；而从栈道工程看，没有铁工具是难以施行

三、负重万里　冲出盆地

的。我们认为，栈道至少当起于商周之际；换句话说，先秦时期四川的东北商道上的主干部分（即秦汉所称金牛道、褒斜道）当以栈道架构交通。其理由有三：

第一，商周之际古蜀国已使用了铁，因而可能有铁工具用以开凿栈道。《尚书·禹贡》记梁州："厥贡璆、铁、银、镂、砮、磬"。《华阳国志·蜀志》记台登县（今冕宁县及喜德县的北半部）："山有砮石，火烧成铁，刚利，《禹贡》'厥赋'砮是也。"砮即铁矿石。《禹贡》成书的年代，说法虽然不一，但此处记的是战国以前的史实，却大致是没有问题的。

其实，梁州之铁在晚商已被应用于三星堆青铜器的冶铸中。据四川文物修复技术人员对三星堆遗址二号坑青铜罍下腹部试样（编号07）进行电子探针成分分析，其含铁量占基体总成分的1.51%。[①]既有铁矿，又有冶铁技术，想必冶铁工具当是没有问题的。再者，即便商周之际古蜀人不能冶铸铁工具，也有可能通过东北商道和西南商道传入。过去传统的说法，中原乃至中国的铁器最早是于春秋战国之际出现的，但当代考古发掘资料却称：河北藁城台西商代中期遗址出土有陨铁刃铜钺，北京平谷刘家河商代晚期墓也有同样出土。[②]此外，藁城还出土过商代铁刀，"说明远在商代，中国已经知道冶炼铸造铁器的技术了。"[③]黄河流域的铁、铜合铸技术或铁器铸造技术，很有可能通过东北商道进

---

① 参见曾中懋：《广汉三星堆一、二号祭祀坑出土铜器成分的分析》，载《四川文物·广汉三星堆遗址研究专辑》1989年。

② 参见《中国大百科全书·考古学》，中国大百科全书出版社1986年版，第107页，448页。

③ 林耀华主编：《原始社会史》，中华书局1984年版，第447—448页。

入古蜀国。此外，前已有述，西南商道的西段从伊拉克分岔的西北支路延伸到土耳其境内。而位于土耳其基齐尔—伊尔马克河流域的赫梯王国，公元前14世纪就开始使用铁器并因此发展成领有小亚细亚大部分及幼发拉底河上游地区的军事强国。公元前13世纪，随着与古埃及争夺叙利亚的卡迭石大战失利，双方和约的签订（约前1296年或前1280年），赫梯王国的分裂、衰落，冶铁术和铁器随之向西传至希腊，向东传至叙利亚、巴勒斯坦地区。因此，古蜀国也有可能通过这条商路获得铁器冶铸术或铁工具的。

汉中褒斜道之石门栈道

第二，即便没有铁工具，一样可以开凿栈道，这便是古蜀人传统的"积薪烧岩"法。《华阳国志·蜀志》说："僰道有故蜀王兵兰，亦有神作大滩江中。其崖嶙峻不可凿，乃积薪烧之，故其处悬崖有赤白五色。"

三、负重万里　冲出盆地

古蜀国的"积薪烧岩"法，即是采用大量木柴焚烧岩石，使之发红，然后突然浇以冷水，使岩体在高温膨胀的情况下骤然遇冷而收缩，产生爆裂。调查资料表明，直至明清时代，先民还在使用这种方法。倘掺以草木灰浸泡的水或以醋代水浇岩，则效果更好。

第三，《战国策·秦策三》记战国时从关中有"栈道千里，通于蜀汉"；《史记·货殖列传》亦说西汉初年更是"栈道千里，无所不通"。诚如袁庭栋先生所识：栈道"要达到如此发达的境地，没有千年左右的艰苦开创与精心维护，是不可能的。因此，如果说巴蜀地区的栈道开创于三千年前，并不为过"。①

古蜀东北商道上的栈道，据典籍记载以及对明清时代的栈道残迹的考察，可推测为三种：

一为木栈，这是使用最广的栈道，主要是将木作用于石或土所成，一般应由栈、阁、栏、道、桥五部分组成。栈：这是主体结构，就是在悬崖峭壁之上先凿孔，如距谷底高，就凿两排石孔，上孔插入横木，下孔插入斜撑，横木称为梁，斜撑称为柱，梁上铺檩，檩面覆盖木板，整体形状为P形。如果崖下为河谷，且距河谷不高，就凿一排石孔，插入横梁，下面直立木柱，梁上仍加檩板，整体形状为H形。阁：是在栈上间隔一定距离架设一有顶棚有门窗的小屋，用于躲避风雨和歇息之用。栏：是在栈的外边加上护栏，以利人马行走安全。道：指梁上的檩条与木板。这一部分最易损坏，须经常更换。桥：指遇见深涧或深沟之处，要架长檩，做成桥状。由以上五部分组成的栈道，为标准式栈道，民间又称偏桥、阁道、栈阁、栈桥。诸葛亮《与兄瑾书》所

---

① 袁庭栋：《巴蜀文化》，辽宁教育出版社1991年版，第51页。

广元明月峡石栈道（选自《巴蜀文化图典》，四川人民出版社1999年版）

述"其阁梁一头入山腹，其一头柱于水中"的栈道，即是这种标准式木栈。

栈道之二种为石栈，民间又称碥路，主要有3种构造。（1）标准式：在崖壁上凿孔，孔中嵌入石条，石条之上覆盖木板，形状与木栈相近；（2）台阶式：在崖上开凿石梯，石梯两旁可以加设护栏或攀手；（3）凹槽式：在崖壁凿挖一条大的凹槽，道由凹槽中通过，这是石栈的原初形式。[①]

栈道之三种为土栈，即在腐叶朽木堆积的潮湿泥泞林带或沼泽地带，伐木铺路，木上杂以土石，用以筑成通道。此外，还可伐木为等高木桩，等距离地插入潮湿泥泞地或沼泽地中，其上铺以木板。[②]从情理上讲，土栈更应该适合于商周之际四川的西南商道；因为这条商道须经过热带、亚热带丛林地带。

---

①② 参见蓝勇：《南方丝绸之路》，重庆大学出版社1992年版，第220页。

（四）传奇笮桥

1. 溜索临千仞

前面言及蜀布之路，即后来的南方丝绸之路途中的渡河手段有溜索及笮桥。在早期文献中，溜索即"笮桥"（自汉代起始有此称谓）的前身，或云"笮桥"之一种（另一种为绳桥）。《太平御览》卷七百十一引《纂文》说："竹索谓之笮。"《华阳国志·蜀志》说："笮，笮夷也。汶山曰夷，南中曰昆明，汉嘉、越嶲曰笮，蜀曰邛，皆夷种也。""邛"即是居住在蜀郡岷江河谷、邛崃山地高岸深谷间的"笮"——一般认为，即今羌人的先祖部落之一。他们为了解决隔水相望、交通阻断之苦，因地制宜，利用举目皆见的大竹为索，架起一座座笮桥（以后即为西南山地各族人民所效仿）。笮桥遂构成古羌人的一种最为显著的文化特征。所以童恩正先生指出："他们的族名，可能即由此而来。"而周锡银、钱安靖先生则指出，笮桥的得名乃来源于"属于羌人的笮部落"。当然，不论其因果关系如何，有一点却是毋庸置疑的。即：笮桥是古代羌族人民的智慧与勇敢的结晶，是巴蜀竹文化的一大杰作。

最初的笮桥——溜索，仅为一条套有一节竹筒的竹索，且两岸高、中间低，称为"平溜"。渡者利用竹筒乘惯性冲过最低点，然后再用手脚之力爬索渡到对岸。晚期也是较多见的溜索则为两条竹索，分系在两岸的两根巨柱（或大树或岩石）上：一条此高彼低，一条此低彼高，错落而邻近。是为"陡溜"或"斜溜"。

溜索的架设，一般是以强弩将带着细线的弩箭射向对岸，细线后面带着较粗的绳,绳后面再连以更为粗壮的篾索。对方接过后,双方再将篾索两端分系在两岸巨柱上。旧时凉山州牦牛山区(在今冕宁县、西昌市)雅砻江段及金沙江下游两岸的藏族、彝族民众用此法架设溜索。

过溜索者,以皮带或粗麻绳兜绑在臀和颈臂部,将身体拴牢在套于溜索上的竹筒(即溜筒或溜梆)上,双手扶抱竹筒,蹲腿悬空下滑。若平溜,人至江心,手足倒挂攀索达彼岸,很费力;通常是力大者先行,并用绳拉着力弱者共渡天堑。若系陡溜,因从高向低,可一滑到底;虽省力,却十分惊险,须凭经验控制溜速,以免刹制不及撞到对岸巨柱上;有时还须用湿布覆罩溜梆上,以降低速度,确保溜梆无恙(因快速滑动,溜梆同溜索摩擦

金沙江溜索(选自《巴蜀文化图典》,四川人民出版社1999年版)

三、负重万里　冲出盆地

生热，可生断裂）。溜索不仅可以渡人，还能运载货物或牲畜。

明人曹学佺《蜀中名胜记》卷六引灌县旧志称，明代以前灌县西60里的滋茂乡有溜索，"两岸石柱，以竹绳横牵，斫木为筒，状似瓦覆，系绳上，渡者以麻绳缚悬筒下，仰面缘绳而过"。该书卷七亦记茂州（今茂汶、汶川、北川县等地）岷江水系上的溜索——度索寻橦（犹言缘竿）之桥："大江水峻极如箭，两山之胁，系索为桥，中刳木为橦，拴系行人于上，以手自缘索到彼岸，则旁有人为解其系，尤极危险。陆游诗'度索临千仞，梯山蹑半空'，即此。"卷十四亦载雅州（今四川雅安、名山、荥经、天全、芦山、小金县等地）邛崃山脉中多溜索，并引唐人独孤及《索桥赞》："笮相引一索，人缀其上，如猱之缚；转帖入渊，如鸢之落；寻橦而上，如鱼之跃；顷刻不戒，陨无底壑。"又据清人王培荀《听雨楼随笔》卷六，时天全州（今四川天全县）的高山（邛崃山脉）大川（青衣江水系）间亦多溜索，但质料已非竹索而是铁索。索上套有一管五六尺长的巨型竹筒，用牛革生漆裹护，系以细索，其端再系于高处柱梢上。人或行李缚于竹筒上（或置于竹筒下悬吊的竹篼中）。过渡时利用滑轮原理，释放细索，人或物即乘势直下，疾如飞鸟。孙瘦石因之有诗赞曰："峭壁隔长江，一绳亘波架。断续山风吹，侧足弗敢下。垒石惊涛喧，滔滔日东泻。侵晓见诸番，徒侣递相迓。双木合并围，束缚及腰胯。正拟鱼缘竿，忽作矢脱靶。袤如猱升木，连臂枝上挂。恍疑肉飞仙，凌空肃云驾。人间行路难，及此真可讶！讦然起蛮歌，啁啾杂悲咤。"

前几年，雅砻江、金沙江两岸有的地方还见群众以溜索渡江，虽已是钢索加滑轮，不及旧时危险，但仍使外来客看得惊心动魄。2018年9月，四川省经过5年努力，全面完成境内77个"溜索改桥"项目，彻底告别了"溜索时代"。

2. 绳桥挂半空

溜索发展到后来，就是所谓绳桥——这是桥梁史专家的共识。而典籍记载最早的一座绳桥，是《华阳国志·蜀志》所记的战国时期秦昭襄王时代（公元前306—前251年）蜀守李冰在成都百花潭之东南河上所建的笮桥（即夷里桥，系竹索桥，后为钢索桥取代）。这即意味着，羌族先民发明溜索的时间，起码当早于战国才合情理。

绳桥又称索桥、绲桥、软桥，李冰在成都造笮桥之后，它们便在川西坝子和川西山地广泛流行开来。《太平寰宇记》卷七十八曾记南朝萧梁普通三年（公元522年），在今川西北的茂县设过绳州；因为这个州凡遇江河峡谷便建有绳桥，故名。唐李吉甫《元和郡县志》卷三十二记绳州绳桥："在县西北三里，架大江水，篾笮四条，以葛藤纬络，布板其上，虽从风动摇，而牢固有余，夷人驱牛马去来无惧。"古代川西绳桥分布最多者除绳州外，还有灌县、雅州等地。南宋入蜀诗人范成大《吴船录》上卷记载说："将至（灌县）青城，再度绳桥。每桥长百二十丈，分为五架；桥之广十二绳排连之，上布竹笆，攒立大木数十于江河中，辇石固其根，每数十木作一架，挂桥于半空，大风过之，掀举幡然。"《蜀中名胜记》卷十四引《本志》：雅州"西北一里，曰清源桥。东北十里，龙门桥。三十五里，道远坝桥。五十里，鱼喜河桥。西七里曰铜头河桥。近多功路曰大绳桥。以上皆索桥也。凡桥，每岁仲春，于两岸各树两臬，长二丈有奇，臬上横穿二枸，上布竹绳亘两岸，绳之余者屈垂向下，辘轳绞束，复

三、负重万里　冲出盆地

横以木梯，布以篾笆，周以栏索，其高低阔狭，视江为度"。

古蜀地最为著名的绳桥是"珠浦桥"和威州索桥。珠浦桥位于著名的都江堰灌口，横跨岷江的内、外江上。其结构简单而巧妙：它以竹篾编缆，粗如碗口；10根竹缆平列并行，上铺木板为桥面，再用两根竹缆为压板索以固定；两侧各有6根较细竹缆并夹以木板作栏杆。桥全长320米；由于竹缆太长，下面用深插江底的木排架8座及石礅1座承托，将桥分作9孔，其中最大的孔跨度达61米。珠浦桥的建桥时间未见记载，但应不晚于北宋。因为蜀中大文人苏轼在《送鲜于都曹归蜀灌口旧居》诗中便提到灌口珠浦桥（时称"评事桥"）："朝行犀浦催收芋，夜读绳桥看伏龙。"珠浦桥至明末与都江堰同时被毁。清嘉庆年间，当地私塾先生何先德见百姓渡河艰难，乃募金重建绳桥。这就冒犯了把持船渡营利的恶霸们，使桥未成而身先死。何先德的妻子没有妥协，她继承丈夫遗志，在众乡亲的合力支持下，终在嘉庆八年（1803年）建成绳桥，并另起名为"安澜桥"。1962年，安澜桥改竹索为钢索。

汶川威州索桥横跨于岷江与杂谷脑河的交叉点上，相传始建于唐代，全长100余米，宽1.5米；南北共立24根大木柱，以20根粗大竹缆做底，上铺木板；两旁另架有数根竹缆为栏杆。民国《汶川县志》曾有诗吟此桥："行见长江夹两山，危桥悬跨锁重关。索垂断岸千寻矗，板衬中腰一带弯。踏处晃摇风漾漾，凌虚缥缈水潺潺……"

2008年汶川大地震后，威州索桥不复存在，于原址新建了钢筋水泥大桥，取名为威州红军桥。因为1935年夏红军长征过此，为修复、保卫索桥付出了巨大牺牲。

以竹为依托的绳桥（在桥梁建筑学上称为多索平铺式吊桥）

汶川威州竹索桥（庄学本摄于1934年）

大约在先秦时代即开始从岷江河谷和邛崃山地发轫，逐渐走向西南，走向全国。据杨衒之《洛阳伽蓝记》载，北魏时期新疆地区即已出现绳桥，且已改竹索为铁索，是世界上最早的铁索桥。至今，绳桥（多已由竹索改为铁索）仍广流传于西北、西南各民族地区，尤以四川、云南、贵州、陕西、甘肃等地山区普遍。入清以后，绳桥建筑技术还传向西方，发展成结构各异、各具特色的钢索铁链式吊桥系列——在英国，最早出现于1741年；在美国，则最早出现于1796年；法国在1821年；德国和沙俄则均是1824年。即便我们把李冰在成都百花潭东建造的笮桥假定成四川历史上也是我国历史上所出现的第一座多索平铺式吊桥，这也比西方

三、负重万里　冲出盆地

早出了整整2000年！如今，笮桥的建筑与应用原理，已广泛地被收纳进现代桥梁建筑技术和建筑结构之中。这是古蜀文化、亦是整个中华民族文化对世界文明的一个杰出贡献。

四、女工之业　覆衣天下
——千娇百媚的蜀锦蜀绣

（一）蜀锦蜀绣的起源

古蜀人创造了灿烂的古蜀文明，其中包括巧夺天工的蜀锦和蜀绣。晋代常璩在《华阳国志》的《蜀志》中，明确提出锦和绣以及璧玉、金、银、珠、碧、铜、铁、铅、锡等为蜀中之"宝"，皆"饶"，即很丰富，这说明蜀锦、蜀绣其实已经作为宝贵的地方工艺品而令蜀人备感自豪。

蜀锦，又称"蜀江锦"，专指蜀地（四川成都地区）生产的丝织提花织锦。蜀锦多用染色的熟丝线织成，用经线起花，运用彩条起彩或彩条添花，用几何图案组织和纹饰相结合的方法织成，是一种具有汉民族特色和地方风格的多彩织锦。它与南京的御织坊云锦、苏州的宋锦、广西的壮锦一起，并称为中国的四大名锦。

蜀绣又名"川绣"，是在丝绸或其他织物上采用蚕丝线绣出花纹图案的中国传统工艺，主要指以成都为中心的川西平原一带的刺绣。

蜀锦与蜀绣相辅相成，相得益彰。没有蜀锦，蜀绣就是无本之木；而没有蜀绣，蜀锦就只是原材料。所以，将"锦"与"绣"连在一起，是几千年来人们的共识。在说"锦"的时候，往往包含着"绣"；在说"绣"的时候，里面也有"锦"。

蜀锦、蜀绣的历史悠久。1986年广汉三星堆遗址的出土文物证明三星堆先民的纺织技术，已达到相当高的水平，有发达的服装业与服饰文化。出土的一件大型青铜立人像雕铸技艺精湛，人像的衣饰繁缛华丽，显示出高超的缝纫技术、刺绣技术和彩绘技术。这件青铜立人像身上铸造的衣服共三层。外层为"鸡心领左衽长襟衣"，胸前右侧和背部有阳刻的龙形图案；第二层是介于内衣和外衣之间的"中衣"，下沿后摆是交叉的燕尾造型，近似欧洲近代文明中具有礼仪特征的"燕尾服"；最里一层为"内衣"，从局部显露的部分可以看出，它的样式为窄长袖鸡心领，袖子的长度一直到达腕部，袖间露出花团锦簇的绘绣花纹。

从青铜立人像的衣饰看，三层衣饰均设计华丽，做工精细，品位极高。青铜立人像所展示的应是当时显赫人物之造型。研究者认为，立人像的内衣花纹是刺绣的可能性极大。由此可以推测到当时古蜀人已经具有精湛的刺绣技艺了。青铜立人像出自距今3000年的三星堆遗址二号坑，这也就意味着，蜀绣的历史至少也有3000年。

按古史传说，早在三星堆青铜立人像成型之前，蜀地就有了教人栽桑养蚕纺丝的先蚕神嫘祖、"教民桑蚕"和"教民务农"的古蜀王蚕丛、杜宇。他们是开启古蜀人农耕文明的先驱。他们进行历史活动的时间，距今有五千年至三千年。在他们的带领下，古蜀地的农业生产水平达到一定的高度，养蚕、缫丝和织绸较为发达。应该说，从那时起，蜀锦和蜀绣就已经出现了。

数千年的历史充分说明，古蜀人不仅勤劳，聪明，而且热爱生活，懂得审美还能够审美。他们用勤劳和智慧创作出无数五彩缤纷、精美绝伦的蜀锦蜀绣作品，也创造和发展了独特的织锦、刺绣技艺和蜀锦蜀绣文化。

（二）蜀锦蜀绣在汉代的发展

在古代，"锦"是11种丝织品中最高级的奢侈品，只有皇室贵族、达官贵人才能使用，因此一向有"寸锦寸金"的说法。战国末期，蜀郡已经成为位居中国第二位的丝织业基地。美誉度极高的蜀锦与蜀绣，在汉代逐渐发展到第一个高峰。当时，蜀锦蜀绣之名已誉满天下。《后汉书·公孙述传》说当时的"蜀地……女工之业，覆衣天下"。

蜀绣出于丝织，所谓蚕丝织丝绸，方有缤纷绚烂的蜀锦，进而有在绸缎上作画的蜀绣。这项手工技艺凭借发达的产业，在汉代获得了文人不吝辞藻地激赞和史学家平实的记录。扬雄是西汉著名学术领袖和文学家，他在《蜀都赋》中用"自造奇锦""挥锦布绣""发文扬采"等词汇来描绘芳华辉映、光彩流布的蜀国繁荣场面，表明当时的蜀锦蜀绣工艺已相当成熟，绣品与织锦一起并称"锦绣"，是家喻户晓的纺织产品，也是人们公认的美的象征。后扬雄又作《绣补》一诗，表达作者对蜀绣技艺的高度赞誉。汉时关于蜀绣的记载还见于西汉末刘歆《西京杂记》。晋人左思《蜀都赋》云："阛阓之里，伎巧之家，百室离房，机杼相和。贝锦斐成，濯色江波，黄润比筒，籯金所过。"这些记载，

四、女工之业　覆衣天下

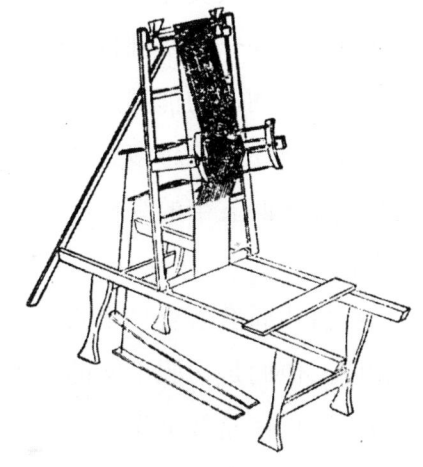

东汉画像石《织布机》（东汉画像石《兰锜、马厩、酿酒》局部，成都曾家包东汉墓出土，成都博物馆藏）

汉代织布机复原图

显示出在汉晋之时锦和绣都是人们心目中最精美的丝织制品，蜀地的锦绣鲜艳夺目，给人强烈的视觉冲击。

2012年7月至2013年8月，成都文物考古研究所对位于成都市金牛区天回镇老官山的一处西汉时期墓地进行了抢救性的考古发掘，二号墓葬墓主人是位50岁左右的女性，其棺木底部，陪葬着4部木质织机模型。[①]

4部织机结构复杂，但清楚，其中较大的一部高约50厘米、长约70厘米、宽约20厘米；其他三部略小，大小相近，高约45厘米、长约60厘米、宽约15厘米。这些织机模型上，还残存有丝线

[①] 《成都汉墓第一次出土完整的西汉织机模型》，载《华西都市报》2013年12月17日。

和染料。考古人员还发现织机模型上有用来悬挂综框的绳索。综框是织机的一个重要部件，是由上下横梁和左右侧档连接的带有穿综杆和驱动件的框架。织机有两个综就可以织平纹，有三个综就可以织斜纹。综越多，能织的纹饰就越复杂。其中一台织机模型上有多达四五个的综框。这说明它确系织锦机，已经具备了提花功能。

织机四周散落着15个漆木人俑。他们或立或坐，手臂姿势各不相同。他们是司职不同的织工，正在操作织机；另外还有一名"监工"正在监督工作，俨然是汉代成都织锦工场实景的模拟再现：织工们正在一台台织机前不停地忙碌，一条条华彩丝线纵横交织，一幅幅百娇千媚的蜀锦鱼贯而出。

首次出土的蜀锦织机模型实物，是西汉成都织锦繁盛、工艺精湛的历史佐证。汉代成都是全国闻名的织锦中心。汉成帝曾令益州留下三年税输，为宫廷织造"七成锦帐，以沉水香饰之"。用一州三年的赋税制造一床锦帐，其精致豪华程度可以想见。

蜀锦织机模型的问世，证明了汉代成都是中国纺织业的一个重镇。人们可以想象诸葛亮建锦官城、"城中遍闻机杼声"的盛况。精妙绝伦的蜀锦，从成都出发，越过平原，穿过高山，通过逶迤的丝绸之路满足了海内外市场旺盛的需求。成都博物院院长、成都文物考古研究所所长王毅认为："蜀锦织机模型的发现，印证了成都在丝绸之路中的重要作用，证明了成都就是丝绸之路的南方起点。"[①]

据史书记载，因为蜀锦蜀绣的重要性，从秦汉时开始，政府便在成都专门设置了"锦官"，对包括蜀绣在内的丝织业进行

---

① 《老官山汉墓再现蜀锦工场》，载《成都日报》2018年1月28日。

四、女工之业　覆衣天下

管理。成都此后便被称为"锦官城""锦城"。这一方面说明蜀锦蜀绣在当时很发达，对增强国家利益有重要作用；另一方面也表明国家支持蜀锦蜀绣的大发展。唐代诗人杜甫《春夜喜雨》吟道："好雨知时节，当春乃发生。随风潜入夜，润物细无声。野径云俱黑，江船火独明。晓看红湿处，花重锦官城。"诗中的"锦官城"，证明了因为蜀锦蜀绣而在成都设置"锦官"这个历史事实。

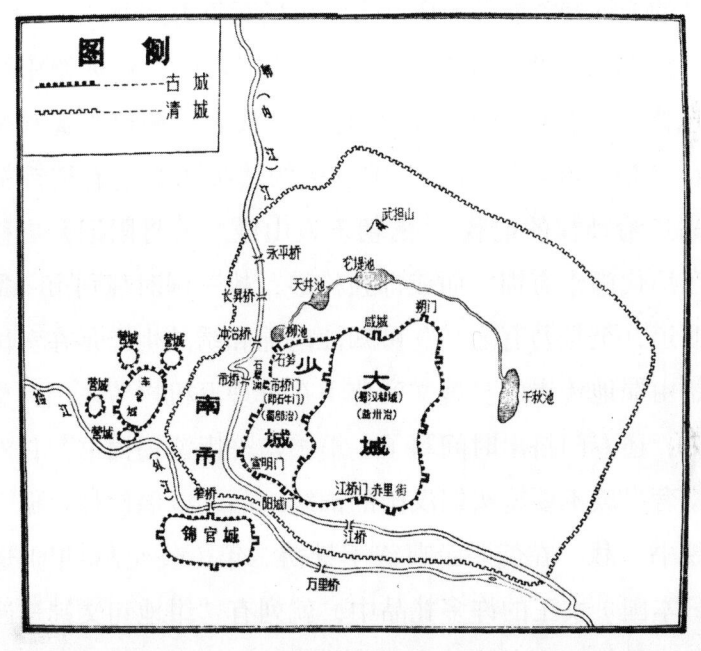

成都锦官城位置图（选自《成都城坊古迹考》，成都时代出版社2006年版）

诸葛亮在他上给后主刘禅的表中，提到他家"有桑八百株"（《三国志·蜀书·诸葛亮传》），可见他对种桑养蚕发展蜀锦蜀绣等丝纺手工业极为重视。正是在他的鼓励和提倡下，蜀锦蜀绣生产空前发展起来，其生产量之大，从蜀汉亡国时库存尚有"锦绮彩绢各二十万匹"[①]的记录，可证明这一点。

汉末三国时，蜀绣与蜀锦作为珍稀而昂贵的丝织品，是蜀汉国的经济支柱。蜀汉国的丞相诸葛亮就说过："决敌之资，惟仰锦耳。"（《今民贫国虚教》）可见蜀锦蜀绣的生产在蜀汉经济中占有显著的地位。蜀锦蜀绣经常被用来交换北方的战马或其他物资，以应车战之需，从而成为蜀汉国出口邻国的主要的财政来源。正是因为蜀汉国的纺织技术、刺绣技术的发达，才使作为出口产品的蜀锦蜀绣能够形成巨大的市场竞争力。

三国蜀汉之世，蜀锦蜀绣不仅畅销西南，还远销中国的北方和东南。《后汉书》中记载有曹操派人到蜀地买蜀锦蜀绣的事情，裴松之在《三国志》中注引的《吴历》也有蜀锦蜀绣作为礼品送给孙权的记载。南朝宋人山谦之《丹阳记》更称说："江东历代尚未有锦，而成都独称妙，故三国时魏则市于蜀，吴亦资西道，至是乃有之。"可知江南锦和绣的生产是在三国六朝时期始由蜀地传去的。魏文帝曹丕在日理万机操劳军国大事的百忙之中，还专门挤出时间写了一篇《与群臣论蜀锦书》，劝阻魏国的豪奢贵族不要购买蜀汉国的锦绣织品，以倡俭朴。据《三国志·魏书》载，在魏明帝曹叡于景初二年（公元238年）送给倭（今日本国）女王的许多礼品中，就列有"绀地句文锦三匹"。当时魏、吴都不生产锦，这应该是蜀锦无疑。可见那时蜀锦蜀绣名声在外，成为国家外交的重要礼品。

著名历史学家徐中舒先生说："蜀锦之盛，当在蜀汉之

[①] 《三国志》卷三十三《后主传》裴注引王隐《蜀记》，中华书局1999年版。

世。"[①]汉晋以后，蜀地纺织业和刺绣业，主要是蜀锦蜀绣的生产，相沿成习，见之于文献记载者不少，其工艺之精、品种之甚，均体现了古代蜀地劳动人民无穷的智慧和伟大的创造力。

（三）蜀锦蜀绣驰名天下

汉晋之后，蜀锦蜀绣之名已遍及神州，良好的社会物质条件与优裕的文化氛围使得绣艺妙绝天下。

隋唐时，织锦、刺绣在蜀地高度普及和发达。蜀地的富裕人家常常衣着锦绣，平民百姓则将闺阁中千针万线刺绣的女红用来传递自己的情思。《隋书·地理志》称"成人多工巧，绫锦雕镂之妙，殆牟于上国"；《宋史·地理志》称唐时"茧丝织文纤丽者穷于天下"。织绣不仅是遍及蜀地的生产活动，绣及绣品也频繁出现在文人诗赋当中，代表奢侈、富丽和珍稀。唐代末期，南诏进攻成都，掠夺的对象除了金银、蜀锦、蜀绣，还大量劫掠蜀锦蜀绣工人，视之为奇珍异物巧匠。

五代十国，中原战事频繁，四川偏居一隅，为蜀锦蜀绣的发展提供了安定环境。后蜀人编成以闺中女子日常生活为题材的《花间集》，时有刺绣方面描写，如赞女红之盛，温庭筠有"新贴绣罗襦，双双金鹧鸪"；韦庄有"莺啼残月，绣阁香灯灭"，"锦浦春女，绣衣金缕，雾薄云轻"；毛文锡有"后园里看百花发，香风拂绣户金扉"。文人们还借绣品抒发情思，如温庭筠"红烛背，绣帘垂，梦长君不知"；顾曾"绣鸳鸯枕暖，画孔雀

---

① 徐中舒：《蜀锦》，载《说文》第三卷第七期，1942年。

屏欹"等,可探知当时风俗。这种种描绘也说明蜀绣确实在美化、装点着蜀人的社会生活。

到了宋代,成都繁华富丽,为世所称颂,谓"扬一益二"。在宋、元两代,蜀绣的针法技艺得到继续发展,逐渐形成了自身的针法特点和韵味风格;元末明玉珍在重庆自立为王,其登基的龙袍是一件蜀绣绣品,胸前用丝线绣出的腾龙采用了锁针、齐针、辅针、掺针、接针、滚针、车拧等多种针法,其晕针针法已经出现了二二针、全三针的雏形,龙鳞绣片平整光亮,掺色均匀,充分展现了蜀绣绣片光亮的风格。

明洪武时在四川设"织染局",《明会典》记载织染局有绣匠、织匠、毯匠、毡匠等。明代末忠州(今重庆忠县)女将秦良玉蟒袍(秦良玉平金绣蟒凤衫)除蟒纹外,胸背绣双凤,裙角彩绣寿山福海,空白间绣彩云,两侧绣宝相花,有齐针、辅针、接针、对针、抢针,还有平金、镶金等针法,展现了蜀绣当时的技艺水平和特点。明代由于棉织物的大量使用,也使蜀绣的挑花、抽纱技法大大发展。

清道光十年(1830年),成都刺绣业成立由铺(店主)、料(领工)、师(工人)共同组成的专门行会"三皇神会"。它的建立,表明蜀绣已从家庭手工制作逐渐向市场化经营发展。其时根据经营的需要,蜀绣业分作穿货(黼黻、霞帔、挽袖及其他实用品)、行头(剧装、神袍)、灯彩(红白喜事用的围屏、彩帐等)三个不同的门类。晚清时,蜀绣业已经形成家庭个体、小作坊和官府经营相结合的格局。至清朝晚期,各县官府所办的劝工局也设刺绣科,生产品种主要是官服、礼品、日用花衣、边花、嫁奁、彩帐和条屏等。

清道光以后,成都的刺绣手工作坊在九龙巷、科甲巷一带

四、女工之业　覆衣天下

有八九十家。清政府于光绪二十九年（1903年）在成都成立四川省劝工总局，内设刺绣科，聘请名家设计绣稿，同时钻研刺绣技法。这以后蜀绣业更加兴盛；到劝工局时期，实用品外还增添了刺绣欣赏品类，如条屏、中堂、斗方、横披等，题材除以古代名家画作如苏东坡的怪石丛条、郑板桥的竹石、陈老莲的人物等为粉本外，还绣制流行图案。其既有山水花鸟、博古、龙凤、瓦文、古钱一类，又有民间传说，如八仙过海、麻姑献寿、吹箫引凤、麒麟送子等；也有隐喻喜庆吉祥荣华富贵的喜鹊闹梅、鸳鸯戏水、金玉满堂、凤穿牡丹等，十分丰富。

当时一批有特色的画家的画稿，如刘子兼的山水、赵鹤琴的花鸟、杨建安的荷花、张致安的虫鱼等入绣，提高了蜀绣的艺术欣赏性；这时也产生了一批刺绣名家，如张洪兴、王草廷、罗文胜、陈文胜等。

秦以后，在漫长的两千多年的历史中，蜀地虽多经战乱、变革，但扎根于民间的蜀锦、蜀绣技艺，由于受地理环境、风俗习惯、文化艺术等各方面的影响，仍世代相传。特别是蜀绣，历经两汉、唐宋、明清三个高峰期，逐步形成了具有浓郁川西地方特色的针法技艺，最终在清代确立了其在我国传统工艺中的重要地位。

蜀锦蜀绣被列为我国首批非物质文化遗产，这是因为，蜀锦蜀绣不仅历史悠久，而且具有丰富的文化内涵。因此，蜀锦蜀绣也是巴蜀文化的重要组成部分。

蜀绣来自民间。在蜀地城乡的院落和闺阁中，妇女们把精心设计的图案绣在嫁妆衣物和馈赠品上，世代相传，寄托对美的追求和对幸福生活的向往。

蜀绣是中华工艺美术中一颗璀璨的明珠，它与苏绣、湘绣、

北川羌绣（汪毅摄于"羌绣之乡"北川。羌绣与蜀绣同种同源，堪称"姊妹花"）

粤绣并称为中国的"四大名绣"。它们有许多共同点：同为我国知名的传统手工刺绣，都用针线在软缎或丝绡上刺绣图案或文字。到近现代，中国四大名绣艺人相互学习、借鉴，彼此的共同点越来越多，外行人一般难以区别。业内多数人认为，现代四大名绣最大区别在于各有擅长，如苏绣艺人擅长刺绣家猫、金鱼、乱针人像；湘绣艺人擅长刺绣老虎、狮子；粤绣艺人擅长刺绣花鸟、孔雀等；蜀绣擅长刺绣鲤鱼、熊猫等。当然，由于擅长不同，四大绣在针法、技艺上也是有区别的。

五、火井煮盐　上古奇事
——引领世界的盐井文化

（一）李冰"穿广都盐井"

盐是人们的生活必需品，古人将其称为"食肴之将""百味之祖"。长期以来，它都是历代王朝须臾不可或缺的战略物资，由朝廷专管专营。远古时代的巴蜀人所需之盐，主要来源于川东地区。但川西、川南区在漫长的地质结构演变中，也沉积下数万年的盐质，而且含盐层距地面并不远，从而为井矿盐的开采发掘奠定了丰厚的基础。川东地区在地质变化中，其岩盐层逐渐被地下水溶解，从山麓间涌出地面便形成盐泉。战国时代，盐泉相继在奉节、云阳、开县、忠县、巫溪（今均属重庆市）等地发现。不过，在一段较长时期内，川东夔巫地区属于楚国辖制。秦惠文王之时，秦国的战略目标是先征服巴蜀，再乘胜东进入楚统一全国。可是，当秦惠文王更元九年（公元前316年）征服了巴蜀后，巴东盐泉还在楚国手中，尚不能解缺盐之急。于是，秦国蜀郡的第二任（或说第三任）郡守李冰便自己来解决。

晋人常璩《华阳国志·蜀志》说李冰"能知天文地理，……又识齐水脉，穿广都盐井、诸陂池，蜀于是盛有养生之饶焉"。

北魏郦道元《水经注》卷三十三："江水东迳广都县，……李冰识察水脉，穿县盐井，江西有望川原，凿山崖度水，结诸陂池，故盛养生之饶。"

将《华阳国志》与《水经注》对勘，可知"识齐水脉"当为"识察水脉"。这里的水脉，不仅是河流走向，也包括地下盐水，即盐卤矿脉走向。四川盆地数百万年前是内陆湖，地下蕴藏有大量的盐水。那时的川盐开采还处于非常原始的状态，多依赖天然咸泉、咸石。李冰具有丰富的地理知识，使他能够辨识到蕴藏有盐卤矿的地脉。他受到川东盐泉溶于水涌出地面而成盐水的启示，推测到盆地下层会有盐卤，遂有"穿广都盐井"之举。广都县治位于今成都市的双流区境。乐史《太平寰宇记》卷八十五引《益州记》称，汉广都县东南有盐井："官有两灶，二十八镇，一日一夜收盐四石，如霜雪也。"广都盐井的具体位置，大致在今龙泉山脉南侧，即今双流区籍田镇和仁寿县交界的高家场。

关于李冰开凿广都盐井诸陂池的具体操作情况，虽然在《华阳国志》中没有记录，但由"诸陂池"之意，可推测当时所穿凿盐井只是一种浅井。根据成都羊子山和邛崃市（古临邛）花牌坊等地汉墓先后出土的画像砖和有关汉代盐井的史料，可证实早期开凿的盐井都是大口浅井，其特点是井口（径）大，"纵广三十丈"，其小者亦能容一人下至井底猫身作业；井身浅者数丈，深者不过数十丈；井壁裸露，一般尚无固井装置；吸卤采用滑轮、绞盘等简单提升工具。在历代史籍中记载较多的陵州古盐井，大体代表了这种原始井型。

五、火井煮盐　上古奇事

关于李冰开凿广都盐井的记载，是四川，也是我国有文献以来最早的开凿盐井的记录。虽然不能肯定凿井取盐是李冰首创，但四川的井盐业在这以后才大大发展起来，使四川成为两千多年来国内的重要产盐区，则是无可争辩的。

李冰开凿的大口浅井，结束了巴蜀盐业生产的原始状况，揭开了中国井盐开发史的序幕。自此以后，全川各地相山识脉，凿井采卤活动此起彼伏，相继生产出井盐。秦代，四川开凿盐井有三个县；到了汉代，随着社会经济的迅速发展，四川产盐地区不但扩大到十余州县，而且还出现了在一地区内大面积凿井的现象。据《华阳国志·蜀志》的记载，汉安县（今内江西）就"有盐井鱼池以百数，家家有焉"。而汉宣帝地节三年（公元前67年），则有一次大规模"穿临邛蒲江盐井二十所"的生产活动。当时四川很多富商因开凿盐井致富。据《汉书·货殖传》及《华阳国志》记载，西汉成帝年间（公元前32——前7年），成都罗裒"擅盐井之利"，"赀至巨万"；川东临江县（今重庆忠县）大开盐井，为"一郡从仰，其豪门亦家有盐井"；川西广都县"大豪冯氏有鱼池盐井"；什邡县"杨氏为大姓，美田有盐井"……

大口浅井采卤技术一直持续到北宋时期。也就是说，李冰创造的凿井汲卤煮盐法，延续了1200年。

（二）"盐火井"出现的时间

在四川盆地，地下不仅蕴藏有大量的盐水，还有大量的天然气；天然气、石油往往和盐卤伴生在一起，贮藏于地下的不同深度。凿盐井，不仅会发现可以煮盐的卤水，也会大概率地发现可以燃烧的天然气，即"火井"；古人往往是通过开凿盐井而发现天然气，这种盐井称为"盐火井"。既然汲卤煮盐需要大量的燃料，那么可以燃烧的气体被用来煮盐是太正常、太简单不过的事情了。

关于四川以外的"火井"，较早的记载有东汉班固的《汉书·郊祀志》：汉宣帝神爵元年，"祠天封苑火井于鸿门"；在《汉书》的《地理志》中，班固又自注："有天封苑火井祠，火从地出也。"

汉宣帝神爵元年为公元前61年。"天封苑火井"在哪里呢？郦道元《水经注》卷三《河水》引东汉应劭《地理风俗记》说："圜阴县西五十里有鸿门亭、天封苑、火井庙，火从地中出。"鸿门、圜阴均位于今陕北神木县与内蒙古接壤处。

不过，从上述记载看，四川之外的人乃把天然气的燃烧看作是神灵显示，并未加以利用，更不用说与煮盐相结合了。

其实，用"火井"熬煮卤水，让"火井煮盐收倍利"是蜀人的创举。一般认为，真正把天然气当作能源加以利用的明确记述首见于西晋张华的《博物志》，说的就是古称"临邛"的今成都邛崃市。张华《博物志》卷二说："临邛火井一所，从（纵）广五尺，深二三丈。井在县南百里。昔时人以竹木投以取火。诸葛丞相往视之，后火转盛热。盆盖井上，煮盐得盐。入以家火即灭，迄今不复燃矣。"

随着盐井的深凿，埋藏在地下含量丰富的天然气自然得到了开发和利用。晋人左思《蜀都赋》有"火井沉荧于幽泉，高焰飞煽于天垂"之句，这是古人对四川火井的着意描写，可见当年火井之盛。唐人刘良《蜀都赋注》说："蜀都有火井，在临邛县西

五、火井煮盐 上古奇事

东汉画像砖《盐井》（郫县出土）

南。火井，盐井也。欲出其火，先以家火投之。须臾许，隆隆如雷声，烂出通天，光辉十里。以筒盛之，接其光而无炭也。"文中提到用竹筒盛装天然气很奇特，类似于今天的储气罐或者天然气管道。从这些资料，我们至少可知，在晋代前，成都人民就已将自然资源综合利用，用火井中的天然气来熬煮盐井中的卤水。

晚明科学家宋应星的《天工开物》第五卷《井盐》记载说："西川有火井，事甚奇。其井居然冷水，绝无火气，但以长竹剖开去节，合缝漆布，一头插入井底，其上曲接，以口紧对釜脐，注卤水釜中，只见火意烘烘，水即滚沸。启竹而视之，绝无半点焦炎意。未见火形，而用火神，此世间大奇事也！"

将《天工开物》的记载译为现代文，即是：四川西部有一口火井，事情非常奇怪。那口井的水居然是冷的，绝对没有热气。不过用剖开的长毛竹，去除竹节，用漆布把竹管的缝包好，一头插入井底，另一头用曲管接到锅底正中，再往里倒入盐水，只见热烘烘的，水立即就烧开了。打开毛竹查看它，竹管内绝没有半点烧焦的样子。没有看见火花，却起到火的作用，这真是世界上少见的奇怪事情！

张华《博物志》写于西晋，它的记载还不是天然气使用的最早资料。成都人扬雄于出蜀前的汉成帝永始二至三年间（公元前15—前14年）作有《蜀都赋》，其中有"铜梁金堂，火井龙湫"句，这里的"火井"，大概指的是今邛崃火井镇的"火井"。

在四川成都东汉墓中，多次出土盐井画像砖，例如1954年成都羊子山、1980年郫县（今郫都区）、2014年邛崃花牌坊的出土。

井盐的生产，需先凿井取卤，而后设灶煎制。成都羊子山、郫县、邛崃花牌坊出土的画像砖都有相似的画面。它们形象地再现了东汉时期蜀地的自然生态和井盐生产的繁忙景象。画面上群山耸立、植被繁茂，其间歇息着禽类和哺乳动物，还有猎人追射的场面。左下角盐井上高矗着井架，架分两层，每层各有二人正用滑车和吊桶汲卤；右下角放置一灶，下有四根管排列，灶上有五口大锅，灶前一人正烧火熬盐；井架和灶间架有枧筒，盐卤经枧筒至灶上的大锅内；山麓有两个运盐者背负盐包行进。

这些画像砖的内容，可以用作汉代四川临邛等地开发利用天然气来煮盐的证明：画像砖上灶门处并排的直通锅底的管子，输送的应该是天然气，其置于盐锅下供燃烧用以煮盐。

东汉墓中多次出土盐井画像砖说明那时的"火井"煮盐已很普遍，也说明扬雄《蜀都赋》"火井"之说不虚。

治《华阳国志》集大成者任乃强先生在《华阳国志校补图注》中这样说："（临邛）火井场，公元前二世纪时曾出火井。

五、火井煮盐　上古奇事

盖作陂池盐井者掘出天然气。……此说明两千年前我国巴蜀地区已能利用天然气，载此科学奇迹的历史文献，甚可珍贵。"[①]公元前2世纪是西汉前期。我们认为，蜀人利用天然气的时间或许比之更早。

我们来看《华阳国志·蜀志》关于临邛县的记载：

> 临邛县　郡西南二百里。本有邛民。秦始皇徙上郡民实之。有布濮水，从布濮来合火井江。有火井，夜时光映上昭。民欲其火光，以家火投之，顷许，如雷声，火焰出，通耀数十里。以竹筒盛其气然之，可拽行终日不灭也。井有二水，取井火煮之，一斛水得五斗盐；家火煮之，得无几也。有古石山，有石矿，大如蒜子，火烧合之，成流支铁，甚刚，因置铁官，有铁祖庙祠。汉文帝时，以铁、铜山赐侍郎邓通。通假民卓王孙，岁取千匹。故王孙赀累巨万亿，邓通钱亦布天下。王孙女文君能鼓琴。时有司马长卿者，临邛令王吉与之游王孙家，文君因奔长卿。汉世，县民陈立，历巴郡、牂柯、天水太守，有异政。陈氏、郑氏为大姓冠盖也。

常璩所著《华阳国志》讲历史地理部分，乃根据历史发展的脉络，从古蜀—秦—汉—三国讲到晋。根据这条脉络，常璩"临邛县"下所记之事，不用说，汉文帝以降自是汉代之事；汉文帝以前，包括古蜀有邛民，秦代移民于此，布濮水、火井江，临邛有火井等事应为汉之前事。这里面也许就有秦代的事。

[①] 任乃强：《华阳国志校补图注》，上海古籍出版社1987年版，第160页。

（三）卓筒井的世界意义

　　李冰创造的大口浅井采卤技术一直持续了1200多年。到了北宋时期仁宗庆历、皇祐年间（1041—1054年），四川南部的井研等县在开凿盐井时，发明了卓筒井采卤技术，大口浅井的盐井逐渐被小口深井所替代。这项技术后来逐步向川北涪江沿岸的蓬溪（1997年划出老三区11个乡镇成立大英县）、射洪等县扩展。北宋文学家苏轼在《东坡志林》卷四《井河》中记载：

《蜀省井盐》之《下木竹》图（部分·选自清光绪《四川盐法志》摹《天工开物》图）

　　自庆历、皇祐以来，蜀始创筒井，用圜刃凿如碗大，深者数十丈，以巨竹去节，牝牡相衔为井，以隔横入淡水，则咸泉自上。又以竹之差小者，出入井中为桶，无底而窍其上，悬熟牛皮数寸，出入水中，气自呼吸而启闭之，一筒致水数斗。凡筒井皆用机械，利之所在，人无不知。《后汉书》有"水鞲"，此法唯蜀中铁冶用之，大略似盐井取水筒，太子贤不识，妄以意解，非也。

五、火井煮盐　上古奇事

卓筒井是古代四川人民勤劳、智慧的象征，造福了四川的千秋万代。

卓筒井的原理现在看来很简单，是利用古人舂米时的杠杆原理，通过人的足踏来带动一个钻头上下运动，从而达到打井的目的。

卓筒井主要靠三项技术：圆刃锉、表层套管、扇泥筒。有了这三个技术，盐井才能越打越深。卓筒井开创了人类机械钻井的先河，是世界钻井史上的里程碑。

要开凿一口生产盐井，必须完成三件事：破碎岩石；取出井内岩屑；固井。苏轼提到了这三方面的内容。文中所说提到的"圜刃"，即钻凿卓筒井的切削工具——钻头，旧称锉或钎。这是我国古文献中最早记载的专业性钻井工具。文中称"用圜刃凿如碗大"；"碗大"，是用以比喻钻头大小，又示意其形状为一种圆形带刃的钻头。按钻井工艺，主要分为顿钻与近世之旋钻两大类型。卓筒井所使用的"圜刃"堪称顿钻工艺的开山祖。所谓顿钻，即依靠井上所给的动力（人力或畜力）牵引传动装置井车、绞索等，带动钻杆钻头一起一落，顿而复始，使钻头在井底产生冲击运动，以冲击破碎井下岩石。[①]

顿钻凿井技术的发明，是我国古代盐井发展史在技术工艺上的重大突破，它使人类找到了开发富存于地下矿产资源的方法，对后世石油和天然气的开发具有重要的启发意义。

卓筒井一般深约130米，占地约2平方丈。井盐钻凿处的选择是有经验的老盐工根据山势来决定的。钻井分成两个阶段：一是打大眼；二是打小眼。卓筒井的构成即大眼小眼。上层是大眼，

---

① 鲁子健：《古井沧桑话川盐》，巴蜀书社2010年版，第31页。

口径15~20厘米，深约50米。大眼的作用是下放相衔接的楠竹筒（即套管）。楠竹筒的作用是隔绝洞壁上渗透出来的淡水，不许淡水进入井里。竹筒能否隔绝淡水，又是井钻是否成功的关键。隔绝了淡水就打（钻）小眼，将大杆（钻杆）顶端的大令牌头换成小令牌头，继续往下钻，直钻至100米深左右，大约就能每天生产浓度为7~10度的500~3000斤卤水的盐井了。

卓筒井充分利用了四川境内特有的楠竹。四川由于其独特的地理环境，气候温和，雨量充沛，空气湿润，极宜于竹子生长；而竹子尤其是楠竹的质密坚挺，具有较高的抗拉抗压强度，耐腐蚀力强，长期埋入地下不易变质，其形体又呈直立中空，圆径状等，使其兼有制作套管的天然优势。卓筒井工人将其竹节淘空，形成"筒"，筒筒相连，既起到固定井壁的作用，又方便淘取钻下的泥石。

扇泥筒安装有单向阀门，是世界上最早的单向阀门，这是卓筒井在工艺技术上又一个重要发明。

苏轼所说的"水鞴"，即《后汉书·杜诗传》所指的由杜诗创制的冶炼"水排"。这是利用水力激发皮囊来鼓风的机械，用于冶铁，即所谓水力鼓风炉。其原理即利用水排，通过皮囊的不断张缩挤压空气，以达到鼓风的功能。古代四

自贡盐井凿井汲卤作业（孙明经摄于1938年4月）

五、火井煮盐　上古奇事

川盐、铁俱产，盐铁矿冶方面在工艺技术上的经验交流或相互借鉴，是很自然的事情。[1]

随着深井工艺的不断革新，明清时期，四川地区的深井钻进自百数十丈发展到三四百丈。到了清代中期，已破了千米，相继出现相当数量的深井采卤采气井，有力地促进了人类对地下矿藏资源的开发，为人类社会的能源革命铺平了道路。

卓筒井的出现，不但为盐卤、天然气、石油和其他采矿业的发展开辟了广阔的前景，而且从现代深井钻凿工艺的角度来考察，卓筒井实际上已开创了现代钻井（盐井、油井、气井）技术的雏形。

中国卓筒井的钻井技术是世界钻探深井的始祖和活化石，是世界上唯一现存的历史文化遗产。这项技术比西方早800多年，与火药、造纸、印刷术、指南针一样对人类做出了不可估量的贡献。因此，被《中国钻探技术史》《中国科学技术史》《中国井盐科技史》三书誉为"世界近代石油钻探之父"，"开了机械钻井的先河"，"中国第五大发明"。[2]

随着盐井钻凿的不断加深，继天然气发现之后，又进一步促进了对同样与盐卤伴生的石油资源的开采。中国对石油的记载，最早出现在北宋科学家沈括所著的《梦溪笔谈》卷二十四："鄜延（今陕西延安）境内有石油。"从而最早提出"石油"这一称谓。

关于石油的用途，古人因其"燃之极明"而认识到其具有可燃性外，还以"膏车甚佳"，将其用作车轴的润滑剂，并提制

---

[1] 鲁子健：《古井沧桑话川盐》，巴蜀书社2010年版，第33页。

[2] 鲁子健：《古井沧桑话川盐》，巴蜀书社2010年版，第25页。

炭黑和制造发烟火药等。明代医学家李时珍称石油"以为石脑油",曾对石油的药用效能进行过研究。他在《本草纲目·石部·石脑油》里记载了四川地区因开凿盐井而发现石油的情况:

> 国朝正德末年,嘉州开盐井,偶得油水,可以照夜,其光加倍;沃之以水,则焰弥甚,扑之以灰则灭;作雄硫气,土人呼之为雄黄油,亦曰硫黄油。近复开出数井,官司主之。此亦石油,但出于井尔。①

这是第一口盐卤伴生石油的竖井,凿井深穿含油地层,深度至少达数百米,开创了我国钻井取油的时代。这一成就,比北美和欧洲早300多年。

---

① (明)李时珍:《本草纲目》之《石部》第九卷《石脑油》,辽宁民族出版社1999年版,上册第349页。

六、教化树人　书香流芳
——源远流长的文化教育

（一）先秦至汉晋的私学

宋代的吕陶在《经史阁记》里讲："自周道衰微，乡校废坏，历秦之暴，至汉景武间，典章风化，稍稍复讲。"[①] 即是说，四川原是有学校教育的，只是因为秦并巴蜀并实行文化专制政策，学校教育才被废弃的。

《史记·五帝本纪》说："黄帝居轩辕之丘，而娶于西陵之女，是为嫘祖。"《路史·后纪五》说："西陵氏曰儽（嫘）祖，以其始蚕，故又祀先蚕。"因为她教民养蚕缫丝，所以被祀为神。

《庄子·外物篇》说："苌弘死于蜀，（蜀人）藏其血三年，而化为碧。"苌弘学识渊博，是周代的天象学大家。由他在

---

① （宋）吕陶：《经史阁记》，载《全蜀艺文志》（中册），线装书局2003年版，第996页。

蜀地的故事所产生的成语"碧血化珠""碧血丹心""苌弘化碧"说明蜀人非常敬重这位学问大师，这自然也证明蜀人早就有尊重知识、尊重文化人的风气。

《华阳国志·蜀志》说："有王曰杜宇，教民务农。一号杜主。……会有水灾，其相开明，决玉垒山以除水害。"传授农耕技术、督促农耕生产的杜宇和治理成都平原水患的开明被蜀人尊为望帝、丛帝，至今还存在的郫县望丛祠就是蜀地人民为纪念他们的教民功勋而建造的。

《汉书·艺文志》说："《尸子》二十篇。名佼，鲁人，秦相商君师之，鞅死，佼逃入蜀。"尸佼是商鞅变法时的重要助手，变法失败后，逃往蜀地，在这里生活了近10年，写下了重要的著作《尸子》。尸佼将他后期安身立命的落脚点选择为蜀地，说明战国时期的蜀地生存环境较好，文化气氛较浓，便于教书授业。

……

不可否认，以上的教育活动，只能命之为"私学"。私学冲破西周以来"学在官府"、学校教育为官府垄断的局面，扩大了教育对象。私学作为另一种教育形式，打破了政教合一、官师合一的旧官学教育体制，使教育成为一种独立的活动。

秦惠文王更元九年（公元前316年）秦对巴蜀的征服，使这一地区包括文字、文化在内的教育转变为秦文化也就是中原文化的内容；不过，以私学为主要方式的教育活动仍然存在。

秦统治期间，在大量入蜀的移民当中，也有以私学讲授先秦华夏经典及文字的活动。官府有专门机构讲授法律，即所谓"吏师"制度，培养有关官吏。官私手工业生产作坊，则普遍以父子或师徒关系传承技艺。据《史记》记载，居住于成都的司马相如

六、教化树人　书香流芳

"少时好读书",他"以琴挑之"的秦移民卓文君居住于临邛,创立太初历的落下闳是巴郡阆中(今四川阆中)人,他们的读书学习都在文翁兴学之前。这样来看,即使没有后来的文翁兴学,司马相如、卓文君、落下闳、王褒、严遵这样的文人学者也是会涌现出来的。

汉武帝时虽宣布"罢黜百家,独尊儒术",但并没有禁止私学。在两汉时期,蜀地的私学极为发达。而当官学深入到县、道、邑、侯、乡后,则与私学发生混合乃至结合,这对官学、私学的发展都是有利的。

私学力量日益增强,至东汉末已到了压倒官学的地位。汉代太学生可以向校外的著名经学专家学习,经师大儒往往自立"精舍""精庐",开门授徒。学习经学是做官的唯一途径,经学极盛;无论官、私学,其经学大师的学庐大多门庭若市。

《华阳国志》卷十为《先贤志》,记载了当时蜀中的许多私学大师及浓郁的私家讲学气氛。例如:

> 严遵,字君平,成都人也。雅性澹泊,学业加妙,专精《大易》,耽于《老》《庄》。常卜筮于市,假蓍龟以教。与人子卜,教以孝;与人弟卜,教以悌;与人臣卜,教以忠。于是风移俗易,上下兹和。日阅得百钱,则闭肆下帘,授《老》《庄》。著《指归》,为"道书"之宗。扬雄少师之,称其德。……
>
> 李弘,字仲元,成都人。少读《五经》,不为章句。处陋巷,淬励金石之志,威仪容止,邦家师之。……
>
> 扬雄,字子云,成都人也。少贫,好道,家无担石之储、十金之费,而晏如也。好学,不为章句。初慕司马相

如绮丽之文，多作词赋。车骑将军王音，成帝叔舅也，召为门下史，荐待诏，上《甘泉》《羽猎赋》，迁侍郎，给事黄门。雄既升秘阁，以为："辞赋可尚，则贾谊升堂，相如入室，武帝读《大人赋》，飘飘然有凌云之志；不足以讽谏。"乃辍其业。以经莫大于《易》，故则而作《太玄》；传莫大于《论语》，故作《法言》；史莫善于《苍颉》，故作《训纂》；箴谏莫美于《虞箴》，故作《州箴》；赋莫弘于《离骚》，故反屈原而广之；典莫正于《尔雅》，故作《方言》……

总之，先秦至汉晋时的蜀地是全国私学教育最为发达地区之一，产生了许多领先全国的文化成果，时有"蜀学之盛冠天下"[①]之说。所谓"易学在蜀""天数在蜀""道教之源""蜀学"等，都是对蜀地私学教育的肯定。

（二）文翁兴学及其影响

汉景帝（公元前156—前141年在位）末年，朝廷任命文翁为蜀郡太守。此后即发生了对推动巴蜀地区乃至全国的文化建设都产生了重要影响的"文翁兴学"。

巴蜀在秦统一后，随着中原汉族的大量迁入，地区文化有了一定的发展，但是比起北方先进地区的文化来，还是落后。文翁

---

① （宋）吕陶：《经史阁记》，载《全蜀艺文志》（中册），线装书局2003年版，第996页。

六、教化树人　书香流芳

当过郡县吏,为人仁爱,重视教育。他到成都后,深感蜀地虽然政治稳定,经济发展,物产富饶,但文化不昌,"学校陵夷","有蛮夷风"(《汉书·文翁传》),决心从办教育入手,改变这一状况。

《华阳国志·蜀志》记载说:"文翁为蜀守……翁乃立学,选吏子弟就学,遣俊士张叔等十八人东诣博士,受七经,还以教授。学徒鳞萃,蜀学比于齐鲁,巴汉亦立文学。孝景嘉之,令天下郡、国皆立文学。因翁倡其教,蜀为之始也。"这里说,文翁任蜀守后,大力办学,首先选择官员的子弟们入学,然后又派张叔等18位优秀学生到京师长安去向博士学习"七经",学成归来后担任蜀地学校的教职。这样,蜀地学校大兴,入学者甚多,使蜀地文化飞速发展,几年之间,读书学习的人竟可以与当时文化最为发达的齐鲁地区相媲美。受蜀地文化发展的影响,巴郡、汉中郡也大力发展教育文化事业。汉朝廷对文翁在蜀地的举措予以

东汉画像砖《传经讲学》(成都地区出土)拓片

表彰，下令全国都向文翁学习，大办教育。所以说，地方办官学，是文翁在蜀地开了个好头。

《华阳国志·蜀志》说，文翁"立文学精舍、讲堂，作石室，一作玉室，在城南"。"精舍"即校舍。文翁所办学校的"讲堂"是用石料建造，所以称为"石室"；"城南"即成都南门，是校址所在地。学校之所以要建成石室，是因为学校有藏书。古代为了防火，在藏书的地方往往以石料筑室。由于文翁石室在历史上的巨大影响，以后的各个朝代都在文翁"石室"的成都旧址上建立学校，一直延续到今天，现在的成都石室中学就是原文翁办学的旧址。这种在同一地址连续办学两千多年的情况，不仅在中国，就是在全世界都是罕见的。

《汉书·文翁传》说："至今巴蜀好文雅，文翁之化也。"为什么文翁兴学能在短短几年间就取得巨大成功，彻底改变蜀地文化教育落后的局面呢？根据相关记载，大致可以归纳为四个方面的原因。

其一，以发展经济为首要任务，支撑起教育事业。《华阳国志·蜀志》说，文翁上任后所做的第一件事，便是"穿湔江口，溉灌郫、繁田千七百顷"。汉初，蜀中初定，由于秦末汉初战乱的破坏，加之汉初几任蜀守均平庸无作为，致使经济疲敝而社会动荡。文翁遂率领百姓在一百年前李冰治水成果的基础上，于今都江堰市东门外分湔江水东北流而过蒲阳镇（此谓"穿湔江口"），转而东南入彭州地界，至丽春乡境与青白江会合，使彭州及新繁（在今成都市新都区，汉时称繁县）过去未能受益的地区，亦可享受都江堰之利而能"水旱从人，不知饥馑"。文翁所做的这件事，其实不仅仅在于多灌溉农田1700顷，更重要的是表明了朝廷在蜀中休养生息、发展经济的决心与措施的落实。

六、教化树人　书香流芳

经过几年的治理,蜀郡面貌焕然一新,史称"世平道治,民物阜康"。文翁正是以此为支撑而大办学校、大兴教育。

其二,官府紧缩开支,财政全力支持办学、兴教。文翁在蜀地经济与社会秩序开始好转之际,即因势利导,在社会上兴起办学之风。他在成都大城南"立文学精舍、讲堂,作石室",从财政上划出专项资金,成立起中国第一所地方官办学校。用石料砌盖讲室,说明文翁当时已有意识地于学校集书、藏书,从而开创了古代中国在地方学校(包括官办学校与民间书院)设图书馆的优良传统。

为了加快培养步伐,开阔学生眼界,文翁派出18位学生去长安学习儒家经典,向吏师学习律令。财政经费不够,文翁便节省少府(郡掌财物之府)开支以资路费、学费;又用节约下来的部分资金置备蜀地特产,如有环"金马书刀"(作马形于刀环内,以金镂之)及细密的蜀布,委托去朝廷汇报工作的官员带进京赠送给博士,嘱咐他们认真教授这批蜀中弟子。有了地方财政的支持,无论是去京师学习的,还是留在成都石室就读的学生,都可以后顾无忧了。

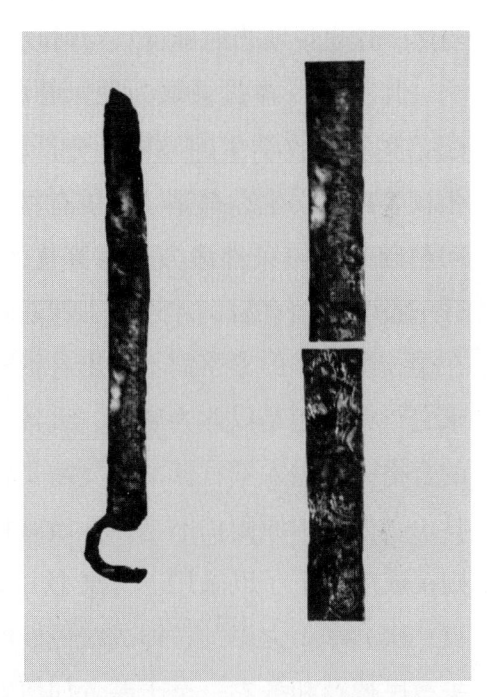

东汉错金书刀(成都天回镇出土。选自《巴蜀文化图典》,四川人民出版社1999年版)

由于文翁办学效果好，数年后，青少年们都"争欲为学官弟子，富子至出钱以求之"，说明当时学校是免费读书的（所以富人为了进入学堂而主动提出缴钱入学）。学校不仅为学生免支学费，而且还替他们免除徭役（汉制男丁每年要服一定时间的徭役）。这后一项，亦表明官府重视教育，舍得出大力气，花大价钱。因为免去一部分人的徭役，则势必会增加财政负担。但文翁主持的蜀郡官府却知难而上，将这一部分负担予以了自行消化。当然，这也说明当时蜀郡官府财政还是有实力的。

其三，以择优录取为原则招收学生，严进严出，又择优分配。文翁招收学生的原则十分严格。他第一次选拔入京学习的张叔等18位学生，都是"开敏有材"的"隽士"，即在道德、学问基础与身体条件诸方面都算优秀的青年。他还亲自对他们进行一番学前教育后，才送出去深造。在成都本地就读者，文翁重在德、智、体的考察而不问出身贵贱。虽然有钱人子弟"出钱以求之"，却还是以此为底线，大致没有降低标准。为了能使更多的合格人才进入学官读书，文翁又将选拔的视野扩大到郡属所有县份，但基本原则仍旧是"开敏有材"。学生学成毕业后，官府则视成绩高下予以录用。《汉书·文翁传》说，"高者以补郡县吏，次为孝弟力田"，即成绩最好的可选任郡县官吏，比较好的去教民德行和务农；至于差者如何安排，史籍未载，应该是不予录用。

其四，大力引进中原先进教材，强调理论联系实际，在实践中巩固知识，增长才干。由于秦代实行文化禁锢政策，而汉初数十年蜀郡又"学校陵夷"，广大百姓特别是广大青年对中原先进文化接触不多。文翁为了迅速改变这种状况，在张叔等18人入京学成归来后，即让他们登上讲台，向学生教授儒家经典、法令及汉语言文学。新中国成立后,在成都北郊发现的汉代画像砖中,有一幅表现课堂教学的图像(现存四川省博物院)。画面上有个长方形讲台,一位教师端坐台前讲学。台下三方分别跪坐着六个手执竹简的学员,其中一人的腰上还挂着用来修改竹简错字的书刀。[①]这大概是学员们在作老师口授课文的笔录。此幅石刻出土时,有人命名为《石室讲经图》,有的则以为是《文翁传经图》,但不论名称怎样,它反映的是文翁兴学时期,文翁石室的学生学习中原儒家原典与语言文字知识的场景,却是没有问题的。

文翁办学,不仅重视对中原先进文化的传授与引进,而且强调在实践中的应用。文翁在处理政务时,常选拔一些学生来旁听,有时还让他们见习一下。在下县、乡视察时,文翁还常带一些功课好、德行好的学员同行,让他们自由出入各级衙门传达政令。文翁采用这种方法,使学员们能及时接触基层,接触社会,接触对政务的处理,从而能学以致用,加深对书本知识的理解,开始积蓄工作经验。从这样的学堂毕业的学生,其实大多具备了应对实际工作的本领,一旦走出校门,即能派上用场。

文翁兴学的意义深远,影响巨大。一是文翁兴学在巴蜀地区掀起一股空前的办学热、求学热,使兴办教育不仅成为一种时尚,而且形成优良传统,薪火相接,代代相传;二是文翁兴学促进了巴蜀地区文化事业的飞速发展,使这一地区(以成都为中心)逐渐形成为古代中国的一个学术文化中心;三是文翁兴学将中原先进文化引进巴蜀地区,促成了巴蜀民风的转变和在此基础上的社会稳定。从此,巴蜀社会逐渐融入全国先进的主流文化

---

① 梁友君、魏红:《石室印象——四川省成都市石室中学采访散记》,载《人民教育》1999年第10期。

（以儒家文化为代表）中，有利于统一的中央集权的多民族国家的壮大和发展。即是说，文翁兴学奠定了此后巴蜀社会经济以及文化、教育、科学技术诸方面在全国长达1400余年（汉初至宋末）先进地位的坚实基石。

（三）扬雄《学行》的价值

扬雄画像（选自明弘治十年刻《历代古人像赞》）

一般认为，中国最早的教育理论著作是产生于战国时期的《学记》。但是，《学记》的广为流行却是在东汉以后，而在《学记》还没有广为流传的时期，系统研究教育理论的著作《学行》已经由蜀人完成。

《学行》的撰写者为西汉末年蜀郡郫县人扬雄。扬雄（公元前53—18年）是两汉时期著名的文学家、哲学家、语言学家、教育家，是西汉末至东汉初学术界的著名领军人物，著有《法言》《太玄》《方言》《训纂篇》等多种学术著作。后世对扬雄的学识和人品有极高的评价。《宋史·礼志八》载，宋神宗熙宁七年（1074年），诏封扬雄为成都伯，"令学士院撰赞文"；"判国子监常秩等请立孟轲、扬雄像

六、教化树人　书香流芳

于庙廷,仍赐爵号,又请追孔子以帝号"。可知扬雄是当时官方认可的孔子以下而与孟轲等地位相似的大儒。唐代诗人刘禹锡《陋室铭》有"南阳诸葛庐,西蜀子云亭"之句,可见后人对其评价之高。

扬雄深受孔孟教育思想的影响,故对教育问题的思考有与孔孟相似之处,但其中也有许多改革和创新。扬雄的教育思想,在《法言》中多处体现,最集中论述的则是《学行》。

《学行》载于《法言》。《法言》仿效《论语》而著,全书共13卷,标题依次为:学行,吾子、修身、问道、问神、问明、寡见、五百、先知、重黎、渊骞、君子、孝至。《法言》将《学行》作为第一篇,说明《法言》是以捍卫、宣扬孔子及其儒家理论思想为主题的著作。其体裁多为简短的答问、解说或反驳,应该是扬雄从事教学活动的实录;但也不排除作者设问自答的内容。《学行》约1500字,所阐述的教育思想博大精深,尤其是在重教、劝学、行道、修德和尊师等方面均有精辟的观点,在论述性与习、学与行、博与约等关系问题上更有自己的独立见解。其中引人注目者如对功利化应试教育的批判。原来汉代建立察举制度以选拔人才,在调动士人学习积极性的同时也助长了追求功名利禄的学习动机。扬雄在《法言·学行》中针对这种情况指出:"或曰:'书与经同,而世不尚,治之,可乎?'曰:'可。'或人哑尔笑曰:'须以发策决科。'曰:'大人之学也,为道,小人之学也,为利,子为道乎?为利乎?'或曰:'耕不获,猎不飨,耕猎乎?'曰:'耕道而得道,猎德而得德,是获飨已。'"这段话阐述了学习的目的究竟是为"道"还是为"利"。世人为什么不尚"书"而尚"经",是因为"发策决科"的诱导,用今天的眼光看,这就是应试教育。扬雄否定"发策决科"诱导士人"为利"而学习的选拔制度,他是历史上第一个批评应试教育的人。应试教育的一大危害就是考什么学什么,不考则不学,这是一种功利化的学习。它必然造成除了所考的知识外,其他知识的匮乏;除了考试的能力,其他能力的缺乏。

总括起来,如果通读扬雄的《学行》,会发现其教育理论有许多很契合现代理念。《汉书·扬雄传》说,载有《学行》的《法言》一书问世后颇受学者重视,在社会上广泛流传。或者可以这样认为,《学行》应该是比《学记》流行得更早的中国教育理论著作。它的价值,至今尚未被学界完全认识。

(四)诸葛亮与孟昶的廉政教育

东汉末年是历史上政治最为混乱和黑暗的时代之一。由刘焉、刘璋父子割据的四川,文化教育已经衰敝,史书说是"丧乱历纪,学业衰废"。这种状况,直到刘备集团入蜀建立蜀汉,国家政务由丞相诸葛亮所掌管、处理后才得到改观。

《三国志·尹默传》载:"先主定益州,领(益州)牧,以(尹默)为劝学从事。"劝学从事这一官职仅见蜀汉所置,具体负责学校的管理和教学的安排。可见,刘备集团入蜀伊始,即针对蜀中文化教育衰敝的情况,着手于整个益州教育的恢复和学校的开办了。经过几年的努力,蜀中各级学校已普遍恢复开办。《三国志·先主传》载有章武元年(公元221年)时官员们劝刘备称帝的"劝进表",其中竟有张爽、尹默、谯周三人共同担任劝学从事这一官职,这在历史上是鲜见的,这说明当时对教育十分重视。由于州郡各级学校迅速恢复开办,主管教育的劝学从事

六、教化树人　书香流芳

若仅一人难以适应，故而需同时设置三人。

正是因为蜀汉统治者尤其是诸葛亮对教育的重视，使仅处西南一隅，在三国中最小最僻远的蜀汉国，在教育与文化方面都有所发展并取得了一定的成就。诸葛亮作为丞相而身体力行，不仅在学校教育上有成果，而且在自身修养、在对子女的教育方面也取得了不凡的成就。四川最早的系统的"家训"就是诸葛亮留下的。

诸葛亮对子女的严格教育一直为后代感佩。他的《诫子书》说：

> 夫君子之行，静以修身，俭以养德，非淡泊无以明志，非宁静无以致远。夫学须静也，才须学也，非学无以广才，非志无以成学。淫慢则不能励精，险躁则不能治性。年与时驰，意与日去，遂成枯落，多不接世，悲守穷庐，将复何及！[①]

从这段话中不难看出，诸葛亮是以政治家的胸襟、远大的眼光，要求子弟从修身养德做起，苦志成学，将来做一番事业的。他特别告诫子弟不要虚度年华，否则到头来后悔莫及。诸葛亮这通书中的一些话，如"淡泊以明志，宁静以致远"等，为后世人当作座右铭来传诵。

诸葛亮还写有《诫外甥书》，文中有"志当存高远""绝情欲""忍屈伸"等句，意为从小要树立远大志向，有了明确目标，虽然身在浊世也可以出淤泥而不染，终成大业。

诸葛亮不仅口头上这么说，也要求子弟在行动上这么去做。

[①] 罗志霖：《诸葛亮文集译注》，四川人民出版社2011年版，第157页。

诸葛亮塑像（在成都武侯祠）

诸葛亮早年无子，过养其兄诸葛瑾之子诸葛乔为继子。诸葛乔娶了皇家闺秀，拜为驸马都尉。可是，诸葛亮却不让他安荣乐贵，平步青云，不但平常教育他俭朴度日，立志成学；就是外出打仗，也把他带在身边，让他和诸将子弟"宜同荣辱"，在山谷中做运输工作，一道过艰苦生活，经受锻炼。可惜这位经诸葛亮精心培养的继子在25岁时就去世了。当时亲生儿子诸葛瞻已出生，诸葛亮对他也从不骄纵，时时关注幼子的成长。《三国志·诸葛亮传》记载，诸葛亮直到死的那一年，还写信给他在东吴的兄长诸葛瑾说："瞻今已八岁，聪慧可爱，嫌其早成，恐不为重器耳。"但是，纵观诸葛瞻一生的作为，特别是在蜀亡时能阵战身殉，应该说还是成了"器"的。更可贵的是，诸葛瞻的儿子诸葛尚亦同时壮烈牺牲。无怪乎后世对诸葛祖孙"三世忠贞"赞叹不已。

诸葛亮一生忧国治家，严于律己。《三国志·诸葛亮传》载诸葛亮在生前给后主刘禅的一通表文中，谈到他的家庭和个人生活时说：

> 成都有桑八百株，薄田十五顷，子弟衣食，自有余饶。至于臣在外任，无别调度，随身衣食，悉仰于官，不别治生，以长尺寸。若臣死之日，不使内有余帛，外有赢财，以负陛下。

这可以说是四川，也是中国最早的"官员财产公示"。诸葛亮在表中说他家在"成都有桑八百株"云云，是指在占领益州之后，用刘备赐给他的那笔钱所购置的一份产业，一家人就靠此过活。至于他自己在外任职，并没有过多的开销。诸葛亮不因身居高位而随意增加私产这一点，为历代特别称颂。《三国志》本传称诸葛亮死后，"如其所言"。

在诸葛亮这种公忠体国的思想和作风影响下，蜀汉任事的官吏多能廉洁自律，从而在蜀汉军政界出现了一个廉洁群体。董和参与机要二十多年，忠勤治事，死后家无余财。尚书令刘巴身自清俭，不治产业。蜀郡太守杨洪忧公如家。邓芝做将军二十多年，素俭作风不变，不敛私财，乃至妻子不免挨饿受冻。大将军费祎雅好节俭，家不储财，对待子女极为严格，不让摆将军公子的架子，让他们布衣素食，出入步行，和普通人没有什么两样。继任者姜维忠于职守，好学不倦，清素节俭，住宅简陋，资财无余，不娶小妾，不置声乐，饮食节制，从不浪费，堪称蜀中楷模。

四川最早的家训、家风来自诸葛亮，而影响中国近千年的《官箴》则来自后蜀的孟昶。

后唐应顺元年（公元934年），孟知祥在成都称帝，国号"蜀"，史称"后蜀"。半年后孟知祥病死，第三子孟昶继位为帝。

孟昶继位时只有16岁,史称其"好学为文",《十国春秋·后蜀二·后主本纪》载他批评因荒淫而失政的前蜀皇帝王衍说:"王衍浮薄而好轻艳之词,朕不为也。"他在继位之初,很有一番盱食宵衣、励精图治的精神,尤其是在得到花蕊夫人之后。花蕊夫人的才思帮助和激励他做了不少闻名于历史的政绩。孟昶实行的扫除权臣,安定内部,阜财节用,起用才士,整饬官箴,发展经济等政治、经济措施的成效是显著的。

在孟昶的前期政绩中,最值得提说的是他为整饬吏治而著《官箴》,颁刻于全国衙署。其箴为:

> 朕念赤子,盱食宵衣。托之令长,抚养安绥。
> 政在三异,道在七丝。驰鸡为理,留犊为规。
> 宽猛所得,风俗可移。无令侵削,无使疮痍。
> 下民易虐,上天难欺! 赋舆是切,军国是资。
> 朕之爵赏,固不逾时。尔俸尔禄,民膏民脂。
> 为民父母,罔不仁慈。勉尔为戒,体朕深思!

孟昶的这首《官箴》,最早见载于宋太祖乾德三年(公元965年)成都人景焕所作《野人闲话》一书,以后又为宋人张唐英《蜀梼杌》、洪迈《容斋随笔》所载,亦见载于清人吴任臣的《十国春秋·后蜀二·后主本纪》。其虽然只有96字,却有非常重大的意义,因为它是封建统治者对廉政的公开倡导,十分难得,故有人将孟昶的《官箴》称为"廉政公告"。

《官箴》文中有典故四例:"三异"是指因施行德政而出现的三种祥瑞——害虫不犯境,鸟兽受教化,儿童有爱心;"七丝"指七弦琴,意为国泰民安,可以"鸣琴而治"。换言之,天下政通人和，百姓安居乐业，官员不必多加操心，就可以治理好国家。"驱鸡"一语即孟昶把"御民之方"比作赶鸡，主张缓急宽严要适度，过急过严会导致鸡飞，过缓过宽则会导致散漫。"留犊"典出三国故事——魏国的时苗带着一头牛到淮南寿春县上任，后来这头牛生了小牛，时苗离任时执意留下牛犊，他以为牛犊是"淮南所生有"，应是寿春县的财富，不应自己占有。由此可见其居官清廉。

孟昶在相当长的一段时期内，对自己提出的"官箴"能以身作则，践行不苟。为以通下情，广开言路，体恤民瘼，他还建立了"匦函"制度，即在公共场所设立铜铸的"匦"箱，号召民众检举贪官污吏，鼓励人们朝廷施政的得失进行评议，提出意见。孟昶曾采良家女子以充后宫，民间惊忧，枢密副使郭保贞谏以不可。他欣然接受，当即下令放归民女。

后来宋朝虽然灭了后蜀，但北宋皇帝对孟昶这首《官箴》却极为推崇。宋太宗于太平兴国八年（公元983年）录出（一说为宋太祖录出）《官箴》原文中的"尔俸尔禄，民脂民膏。下民易虐，上天难欺"16字，颁行天下，作为警戒官吏清正廉洁的《戒石铭》。这16字的意思是：官员们所领的俸禄，都是老百姓的血汗。百姓们虽然好欺负，天理却难以容忍。

16字的《戒石铭》被刻石立于各郡县官署"厅事之南"，凡坐堂理事，即可见其16字，"使守令僚佐，触目惊心"，"自修操检，勤政爱民"。宋哲宗亦曾御书《戒石铭》赐郡县。南宋的宋高宗也推崇《官箴》，绍兴二年（1132年），他诏令要求将黄山谷所书16字的《戒石铭》"置之座右"，"以为晨夕之戒"。

两宋以后，《戒石铭》遍布全国各州县流传日广，成为名言警句。明朝朱元璋称帝后，明令各府州县俱立"戒石"于衙署堂前并建亭保护，故有"戒石亭"之称。到了清代，因戒石亭居甬道正中出入不便，遂改为牌坊，架在甬道之上。牌坊无定制，大多是四柱三门的木牌坊或石牌坊，故又称为"戒石坊"。乾隆《武安县志》记载的衙署图在大堂前则标有"触目惊心坊""圣谕坊""天语坊"等名称。尽管名称不同，其目的都是起警示作用，以进出熟规，铭记不忘。

据说，旧时地方官在上任时，要在戒石铭下举行祭拜仪式，并带领僚属宣读戒石铭内容。戒石铭的设立，对为数不多的奉职守法的官吏，也确实起过积极作用。

（五）崇文兴教的孟蜀石经

后蜀时期，因为蜀地有良好的文化与教育基础，所以后蜀宰相毋昭裔在大抓学校教育的同时，又镌刻儒家经典于石壁。当时后蜀政局初定，府库并不充裕，刻经工程浩大，经费拮据。他于是慨然捐出自己的百万俸禄，以襄其事。孟蜀石经以"雍都旧本九经"即开成石经为蓝本，加以精心订正后书写于石，从广政九年（公元944年）开刻，历时8年，终于在历史上留下一大文化盛举。

据晁公武《石经考异》、赵抃《成都古今集成》、曾悙《石刻补叙》所载，各经字数为：《孝经》序439字，正经1798字，注2748字；《论语》序372字，正经15913字，注19454字；《尔雅》未记载字数；《周易》正经24052字，注42792字；《毛诗》正经41021字，注105719字；《尚书》正经26286字，注48982字；《仪礼》正经52802字，注79891字；《礼记》正经98545

字，注106049字；《周礼》正经50508字，注112595字；《春秋左氏传》序1617字，经传197265字。据记载，孟蜀石经实际上不是"九经"而是十种儒经和注解，后来之所以通称为"孟蜀九经"，是没有把《尔雅》计算在内，因为它是一种训诂方法的工具书，所以连字数也未具体标明。除去《尔雅》，其他九经的正经和注，加上《孝经》《论语》《左传》的序，共计达117.3万余字，用去碑石上千块，真可谓洋洋大观。

在印刷术没有发明和发明后使用不广的时代，由于儒经在政治、思想、教育各方面的特殊地位，由封建统治者出面刊刻石经，除了用作儒家经典的标准版本，供各地抄录和校勘以维护儒学的尊严外，也是统治者推行尊儒重教的方针，并用以昭示天下士人的重要措施。

在孟蜀石经之前，历史上有文字可考的总共有三种石经：一是汉灵帝熹平四年（公元175年）刻于京师太学的五经（《诗》《书》《易》《礼》《春秋》），通称"熹平石经"；二是魏齐王曹芳正始年间（公元240—248年）所刻的"正始石经"；三是唐文宗开成二年（公元837年）刻成于京师长安国子学的十二经（《易》《诗》《书》《论语》《孝经》《尔雅》和《三礼》《三传》），通称"开成石经"。这三种石经中的熹平石经和正始石经早已毁于战乱，到唐代即片石无成。孟蜀石经依据比熹平石经和正始石经更为完善、文字也更为准确的开成石经为蓝本，再对经文加以精心订正后而镌刻的，因而比前三种石经更加完善和准确。明代大学者杨慎在《丹铅录》中说："孟蜀石刻九经，最为精确。"这是比较了此前三种石经的钞本而做出的评价。

儒学经典属于影响我国两千多年的封建正统文化，共十三经。孟蜀石经是封建统治者刊刻石经中成刻较早，影响较大的儒学经文。但是，孟蜀所刻止于"十经"，到了北宋仁宗皇祐元年（1049年），成都知府田况继续将《左传》补刻完，又增刻了《公羊》《穀梁》二传，经注共计为16.3万余字。到了宋徽宗宣和五年（1123年），成都知府席旦又补刻了《孟子》14卷，未详其经注字数。至此，儒学十三经便齐刻于四川成都府学即汉文翁石室，后即通称为"石室十三经"，总计经石共1000余块，字数则在133万字以上，这还未包括《尔雅》和《孟子》的经注字数。

上千块的青石经碑，森然陈列，陈放在成都学宫石室礼殿的两庑和石经堂内，这是何等的肃穆与壮观！这种气氛与环境，使学宫内的莘莘学子，必然朝夕讲诵于石经之间、殿庑之下，其诵读之风该是多么虔诚与浓郁！成都学宫的读书环境如此优越，蜀中士子怎不倾慕向往，发奋攻读。

孟蜀石经是当时文字最精确，也是唯一刻有注解的儒家经典版本，又兼由蜀中的著名书法家、金石家书刻而成，字皆精谨而清婉，宋代著名学者洪迈以为"有卢观遗风"，所以后来各朝代都将它作为标准版本颁行全国，并作为各地官学的教本。全祖望在《鲒埼亭集》中对孟蜀石经做过深刻的评价。他说："宋人所称引，皆以蜀石经为证，并无唐陕本石经（即开成石经）。其故有二：一则唐石经无注，蜀石经有注，故从其详者；二则南渡后唐石经阻于陕，不至江左，故当时学官颁行之本皆蜀经。"

孟蜀石经及其后刻的石经，从后蜀广政七年始刻，到宋徽宗宣和五年全部刻齐，前后共历时177年，是中国文化史上的一项浩大工程。

（六）四川书院与近代教育

宋初到清末的近千年间，书院制度（最早出现于唐代）作为我国封建社会特有的一种教育组织形式，对当时的教育产生了重要的影响，甚至还传到日本、朝鲜及东南亚诸国。所谓书院制度，是一种以私人创办为主、积聚大量图书、教学活动与学术研究相结合的具有成人高等教育性质的教育机构，到了清代已大体官学化。据统计，宋代四川主要以私人讲学形式呈现的书院有27所，其中北宋所建为7所，南宋建20所。[①]在这27所书院中，最具影响力的当是沧江书院和鹤山书院。南宋名相虞允文之孙虞刚简（学者称沧江先生）在今成都合江亭一带建立起沧江书院后，虞刚简即于此"沉潜'六经'"达16年，包括他和范仲黼等在内的"二江九先生"及李心传、李道传等在内的知名学者亦在这里"会文讲学"，研讨理学，"相与切磋义理"达20年之久，使与朱熹齐名的蜀中学者、理学家张栻之学获得传播，"大行于蜀中"。鹤山书院则是蜀中另一著名理学家魏了翁（号鹤山）在蒲江县建立的讲学场所。他在此讲学近五年，培养出王万、吴泳、史绳祖、高斯等著名学者，还完成了洛、蜀二学的会通；程朱理学也由此得以在西蜀广泛传播。沧江书院是书院学术（时为理学）研讨的代表，而鹤山书院则是书院讲授学术（时亦为理学）的典型。

宋明理学大兴，书院因此迅速发展。但由于明朝中后期几次大规模查禁、捣毁书院，加之清初对书院"不许别创"的抑制政策，以致清初四川书院已较稀落。到了雍正十一年（1733

[①] 胡昭曦：《四川书院的发展与改制》，载《中华文化论坛》2000年第3期。

年），清廷诏令各省创建书院。至乾隆时期（1736—1795年），全国书院已有2000余所（一说1396所），四川地区则为394所，数量在各省中居第二位。另一统计数据是，整个清代共创建书院3878所，四川建有书院383所，在各省中仍居第二位（第一位是浙江，为395所）。迄至同、光之时（1862—1908年），四川著名的书院尚有涪州（今重庆涪陵区）的北岩书院、绵竹的紫岩书院、江油的青莲书院、射洪的金华书院、邛州（今邛崃市）的鹤山书院、蓬州（今蓬安县）的玉环书院、合州（今重庆合川县）的濂溪书院、泸县的川南书院、简州（今简阳市）的通材书院以及成都城区的潜溪书院、芙蓉书院、墨池书院、锦江书院、少城书院。其时成都郊县知名书院还有绣川书院（金堂）、崇阳书院（崇州）、万春书院（温江）、九峰书院（彭州）、唐昌书院（郫县）。整个成都地区从清初至清末200余年间先后建有21所书院。其中建于康熙四十三年（1704年）的锦江书院（地址在文翁石室故址）是清代四川地区的最高学府，为"通省教育人才之所"。它作为传统书院的代表，与后起的代表近代书院的尊经书院（分属两个时代教育的典型），共同在四川教育史上留下极富色彩的一笔。

尊经书院是在鸦片战争后兴起的洋务运动倡导改革的呼声中创建的。清同治十三年（1874年），丁忧守制在家的工部侍郎薛焕偕士绅15人条陈于四川总督、学政，请建书院以课蜀士。条陈获得四川学政张之洞与四川总督吴棠支持。翌春，规模宏大的尊经书院在成都南门文庙街西侧石犀寺旧址建成。新书院除讲堂、居室外，还建有藏书楼、尊经阁。张之洞不仅慨然捐俸购买书籍千余卷赠给书院，还专门为书院写了《书目答问》和《輶轩语》。《书目答问》是张之洞为书院学生开列的阅读书目，共两千余种。《𬨎轩语》汇集了张之洞对各地生员的教诫之语，其中许多是作者治学做人的经验之谈。在张之洞的建议下，书院除经史子集外，还收藏了一部分西方图书册籍、标本和仪器。

尊经书院所进行的教育改革，虽然并没有超出传统教育体制，但却在很大程度上改变了旧式书院为科举预备机构的状况。士子们在这里以实学为目标，不仅研习儒家义理，更讲求经世致用之术，学风也就为之一新。尊经书院是清末四川成效卓著，影响最大的一所书院，其教学思想和教学方式被各书院纷纷仿效。尊经书院在近代四川特定历史背景之下成为旧学向新式教育转化过程中的一个典型，是四川近代教育的萌芽。它的历史作用，一是为近代四川培养了大量人才，二是为维新思想的传播开辟了道路。

由于张之洞定下的教学指导思想，加上尊经书院历任山长、主讲都是博学多识的名士宿儒，他们在掌教实践中主张认真读书、深研学问，并以严格的教育砥砺意志，遂使"蜀学勃兴"。四川的知识界开始发生变化，原先封闭沉闷、冥顽守旧的风气开始打破，渐成"人文蔚起"、人才辈出之势。清朝296年间，四川共有进士近800人；其中光绪朝仅30年，进士就有180人之多，这与尊经书院的创设有很大关系。

尊经书院从光绪元年（1875年）落成到光绪二十八年（1902年）改建四川省城高等学堂，虽仅存在28年，却在四川乃至全国教育史上产生了重要影响，因为它培养出四川乃至全国近代化所需的大批优秀人才，其中著名的有："戊戌六君子"之一杨锐，中国近代经学大师廖平，四川维新运动领袖宋育仁，著名的维新思想宣传家吴之英，四川保路运动领袖蒲殿俊、罗纶，著名的民主革命家张澜，为民主共和献身的"大将军"彭家珍，功勋卓越的民主革命家吴玉章，新文化运动的领袖吴虞，清代四川仅有的状元骆成骧，近代中国著名的书法家顾印愚，等等，他们对近代四川甚至全国的政治、经济、文化和民主革命运动，都做出了突出的贡献。此外，还有岳森、刘子雄、胡从简、刘洙源、杜翰潘、方鹤斋、黄芝、谢无量、林思进、傅增湘、刘咸荣、徐炯、夏之飏等大批四川知识界的才俊，都曾受业于四川尊经书院，他们对四川近代社会，特别是四川近代文化教育的发展产生了重要影响。

　　尊经书院的办学理念是"通经致用"，张之洞主张以"经史"为一切学问的根底，但不拘泥于"经史"，希望诸生关心时务、关心国家危亡，揭露社会危机。19世纪中后期，面对国家多难，人们重视研究"时务"，倡言变法，改良社会。张之洞离开四川后，王闿运继薛焕出任尊经书院的第二任山长。他将湖湘浓

20世纪30年代的国立四川大学（在成都皇城，即今四川科技馆位置。四川大学前身之一为尊经书院）

厚的"经世致用"思想带进四川,加之中法战争的影响尊经书院逐渐向关心"时务"、传播"西学"方面转化。到光绪二十三年(1897年),尊经书院决定增设"西学"课程,如天文、地理、中外交涉、商务、测算等;考试办法也改用策论,要求诸生对"时务"各抒己见。但由于师资条件所限等原因,这些构想未能实现。光绪二十四年(1898年)戊戌变法前夕,宋育仁应聘出任尊经书院山长。他联络维新志士,开明官绅,组织"蜀学会",创办《蜀学报》,意在"开蜀中风气""昌明蜀学",宣传维新思想。百日维新期间,《蜀学报》及时刊载了光绪皇帝的变法上谕,虽然前后只出了13期,却对四川新思想的传播和维新运动的发展起了推动作用。其时,《蜀学报》就设在尊经书院,尊经书院实际上成了四川鼓吹维新变法的"基地"。

在维新强国的背景之下,近代新式教育的开办具有了更广泛的社会基础。其时的四川,不仅维新志士,进步的知识分子著书撰文,四处奔走,为发展新式教育而大声疾呼,而且上下积极响应,努力践行。一时间,四川各地相继兴办起一些新式学堂,主要有:成都的四川中西学堂、成都算学馆、成都武备预备学堂,重庆的重庆中西学堂,蓬溪的崇实学堂,荣昌的新亚书院,广安的紫金精舍、广安官立学堂,遂宁的遂宁学堂、经济学堂,江津的西文学堂,荣县的中西学堂,彭县的经济学舍,江津的算学馆,威远的农学堂,合川的合川书院数学班,等等。四川近代新式教育的产生,对启迪民智、开通风气、解放思想、培养人才,起了重要作用。但因毕竟地处半殖民地半封建社会且相对保守的西部腹地,使得四川近代新式学堂的办学时间都不长,数量也不多。尽管如此,四川新式教育的产生,仍将旧教育体制撕开了一个裂口。

光绪三十年（1904年），四川仅有各类新式学堂150余所，学生6000余人；到了宣统元年（1909年），四川全省就已有各类新式学堂8700余所，居全国第二；在校学生26.8万人，居全国之冠。

教育是一种影响力量，教育内容的改变必然改变社会的认识结构、价值观念。进入清代下半叶，传统教育背景之下的四川社会，文化守旧，风气闭塞，士林颓废而不思进取。近代教育兴起之后，这种状况大为改变：学堂迅速增多，近代书籍报刊相继出版发行，留学热潮汹涌，工商实业发展，水电光声、军事警政、男女平权和妇女解放比肩到来；还有图书馆、阅报所、戒烟会等等新事物在四川社会层出迭现，这些都是风气和观念转变的结果。而这种社会风气、观念的转变又为四川社会的进一步发展，特别是教育的进一步发展提供了良好的社会环境。

七、良史崛起　传诸不朽
——纪实求真的史学文化

（一）《蜀王本纪》与《华阳国志》

历史是文化的传承、积累和扩展，是人类文明的轨迹。研究历史的学问就叫历史学或史学。它存在的意义是"以史为鉴"，让人们科学地总结过去，充实地把握当下，满怀信心地走向未来。四川古代的史学文化非常发达，产生过一批颇有影响的历史学家和历史著作。

秦惠文王更元九年（公元前316年），秦国以它强大的军事力量，在不到一个月的时间里就摧毁了古蜀国。之后，秦在古蜀地域强力推行秦文化，曾经非常辉煌的古蜀文化灰飞烟灭，以致在两千年后的今天，虽然我们发现了三星堆、金沙这些了不起的古蜀文化遗址，却因为在文献资料上找不到相关记载，而造成今天关于古蜀文化研究的若干困惑。唯可让人感到欣慰的是，还有《蜀王本纪》和《华阳国志》可以稍作凭借。

《蜀王本纪》是最早记载古蜀历史的史书，它是两汉三国

扬雄《蜀王本经》局部（选自严可均校辑《全上古三代秦汉三国六朝文》，中华书局1958年影印本）

间蜀地学者整理和改写的古蜀国传说的辑本。参加过此书整理、改写的学者很多，《华阳国志·序志》记载："司马相如、严君平（遵）、扬子云（雄）、阳成子玄（子张）、郑伯邑（廑）、尹彭城（贡）、谯常侍（周）、任给事（熙）等，各集传记，以作《本纪》。"即是说，有八个学者都整理过《蜀本纪》，除题为扬雄所撰《蜀王本纪》因为所辑较完备，曾传于世外，其他的《蜀本纪》均散佚无考，仅见于《隋书》与新、旧《唐书》等著录。

流传到今天的《蜀王本纪》之所以署"汉侍郎扬雄撰"，是因为扬雄的学识和人品，他是当时著名的文学家、哲学家、语言学家，还是西汉末至东汉初那个时期学术界的著名领军人物。无

七、良史崛起　传诸不朽

论是学识、学力和研究兴趣，扬雄都必然会为刚刚在文字或典籍中消逝而在汉代社会中还有传言的古蜀文化进行寻觅，所以，历史上认定《蜀王本纪》为他所著是有充分理由的。

虽然扬雄等人距离古蜀历史、文化消逝是时间最近，但是，诚如任乃强先生在《华阳国志校补图注》中所说："《蜀王本纪》为汉代人所记蜀人传说，只得如此三四著名之酋长，非能列举其世系……"[①]这一是说明古蜀历史、文化在当时已经消逝得很彻底；二是尽管只有"三四著名之酋长"的资料，还是"传说"，但这已经是关于古蜀历史的最原始、最直接的文献资料了，必须予以足够的重视。

尽管流传至今天的《蜀王本纪》只有1333字，所记载的古蜀历史很有限，其中还有很多荒诞的不可信的神话，但是，仍然不可否认，它是关于古蜀历史的"现存最可靠之纂辑文字"，尤其是其中关于古蜀"五王"、大禹为汶山郡广柔县人、老子为关令尹喜著《道德经》并约见成都青羊肆、蜀守李冰作石犀等史料，对今天研究古蜀史、大禹与夏史、老子与《道德经》、李冰与都江堰等古史有非常重要的意义。

《华阳国志》原作《华阳国记》，由东晋常璩撰写于晋穆帝永和四年至永和十年（公元348—354年）。全书共12卷，约11万字，记录了从远古到东晋永和三年今四川、云南、贵州三省以及甘肃、陕西、湖北部分地区的历史、地理。此书体制完备，内容丰富，考证翔实，史料可靠，是研究古代西南地方史和西南少数民族史以及蜀汉、成汉史的重要史料。

《华阳国志》在撰述时参考了当时所能见到的许多著作，以

---

① 任乃强：《华阳国志校补图注》，上海古籍出版社1987年版，第119页注释2。

记载蜀地历史的《蜀志》而言，便"取材于扬雄《蜀本纪》，应劭《风俗通》，谯周《益州记》，陈寿《益部耆旧》，与扬雄、左思两《蜀都赋》、来敏《本蜀论》、赵宁《乡俗记》及常氏自所见闻，而以《史记》《汉书》《续汉书》《汉纪》《续汉纪》与陈寿、王崇《蜀书》之文参订之。"①

《华阳国志》全书大体由三部分组成：一至四卷主要记载巴、蜀、汉中、南中各郡的历史、地理，其中也记载了这一地区的政治史、民族史、军事史等，但以记地理为主；五至九卷以编年体的形式记述了西汉末年到东汉初年割据巴蜀的公孙述、刘焉刘璋父子、刘备刘禅父子和李氏成汉四个割据政权以及西晋统一时期的历史；十至十二卷记载了梁、益、宁三州从西汉到东晋初年的"贤士列女"。常璩将历史、地理、政治、

常璩塑像（在崇州街子古镇华阳国志馆。汪毅摄影）

---

① 任乃强：《华阳国志校补图注》，上海古籍出版社1987年版，"前言"第4页。

人物、民族、经济、人文等综合在一部书中，这点无论是从体例上还是内容上，都具备了方志的性质，但又明显区别于传统方志只偏重于记载某一地区的特点。这种区别，正是常璩之《华阳国志》在中国方志史上的一个伟大创举，也是《华阳国志》千百年来能挺拔于方志之林并成为方志之鼻祖的主要原因之一。

《华阳国志》自成书以来，受到历代学者的高度评价和推崇。唐代著名史评家刘知幾在《史通·杂述》中说："郡书者，矜其乡贤，美其邦族。施于本国，颇得流行；至于他方，罕闻爱异。其如常璩之详审……而能传诸不朽，见美来裔者，盖无几焉。"学术界认为，此书与《越绝书》是中国现存最早的地方志。

当代人对于古代西南的研究，都把《华阳国志》作为重要的史料；尤其是撰写四川、重庆、云南、贵州等地方的史志，更是离不开《华阳国志》。

（二）匠心独运的《三国志》

《史记》《汉书》《后汉书》《三国志》被称为"前四史"，在史学界有极高的地位。《三国志》的作者是巴西郡安汉县（今四川南充）的陈寿。陈寿一生著作不少，但最重要的也是影响最大的是记述自公元184年黄巾起义以后至公元280年晋灭吴约一百年历史的史学著作《三国志》。

三国时期是个头绪众多、内容繁杂的时代。陈寿沿用司马迁开创的纪传史体例把这个时代归纳为一书，比较客观地反映出这一时期历史的真实面貌。尤其值得肯定的是，在对三国历史特别是刘备创建的刘氏政权的历史进行撰述时，陈寿遇到的困难和压力较大，但是他却以一个"良史"必须忠实于历史的道德品质，匠心独运，设计出一套可以称为"瞒天过海"的撰写方案，终使最终的成品经住了历史的检验。

陈寿当时面临的两大困难，一是三国鼎立的客观事实当以谁为正统；二是对刘备建立的"汉"政权如何撰写和表述。对第一个困难的解决是"不敢"有争论。陈寿身处晋代，当然只能维护"魏—晋"这条政权传承线，但陈寿在表面以"魏"为正统的前提下仍然尽可能客观地记载历史的原貌。第二个困难的解决则更加不易。

应当说，撰写曹魏政权和孙吴政权的历史，对陈寿而言并不十分困难。这不仅是因为这两国积累有自己的史料，而且当时已经有人写出了各种有关魏、吴的历史著作，如王沈的《魏书》、鱼豢的《魏略》、韦昭的《吴书》等，陈寿可以参阅并在仔细鉴别的基础上再补充史料即可。陈寿为难的是刘氏政权的历史不好写。虽然陈寿早已为此做了准备并积累了一定的资料，如何对它自称为"汉"国的这一历史的表述却成了大问题。因为，"晋"是"继承"（实际是篡夺）"魏"而来的，而"魏"又是"继承"（实际上也是篡夺）"汉"（这里指的是东汉）而来的。封建社会特别讲究所谓皇权的正统性，所以"魏""晋"对政权明明不是"继承"而是"篡夺"却偏要美其名为"禅让"，也正因为如此，对刘氏政权的国号"汉"，曹魏政权是从来不承认的。陈寿为此大为踌躇：他既要忠实于历史，又要让晋朝统治者予以认可，如何处理？这便显出他的"匠心"了。

陈寿撰写三国时期的历史，采用的是司马迁的《史记》所开创的纪传体手法，但他又有创新。表面上，陈寿是以曹魏政权

七、良史崛起　传诸不朽

的历史为正统的,在《三国志》的三"书"中,他只在《魏书》中安排了曹魏政权的武帝(曹操)、文帝(曹丕)、明帝(曹叡)、三少帝(曹芳、曹髦、曹奂)这四个"本纪"来提挈这一时期历史的大事,全书其他的都是"传";但是在实际上,他将三国历史是分别撰写的,三个国家的历史是独自成书的,这在客观上就表明了三个国家在这一时期形成鼎立的历史事实。

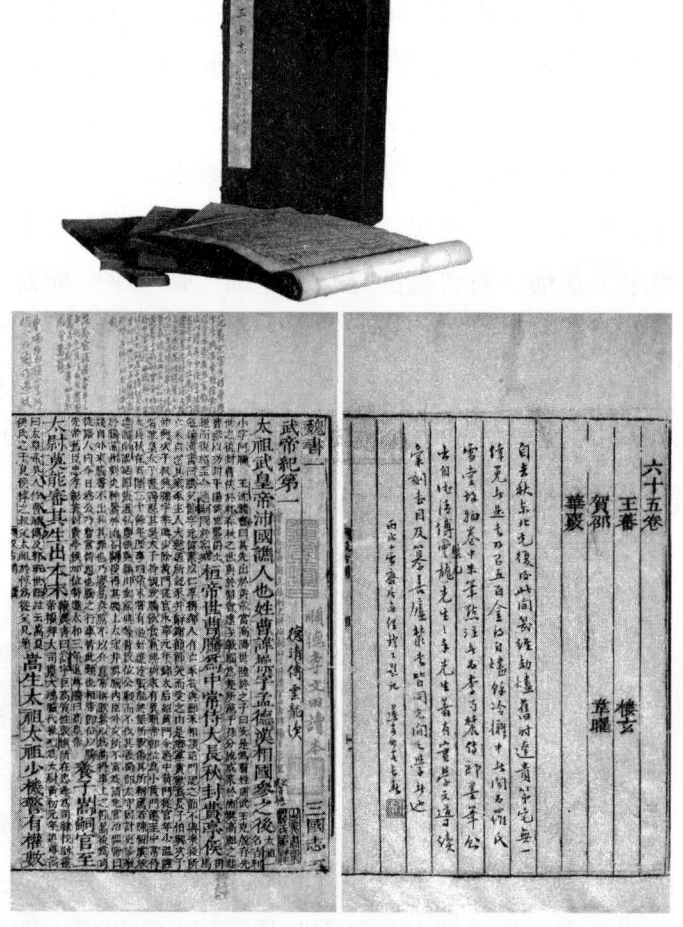

《三国志》(清毛氏汲古阁刻重修本。李文田朱笔批校,傅云龙墨笔批校)

陈寿采用三国历史并叙的方法，而且书名并列分署为《魏书》《蜀书》《吴书》，全书又统称为《三国志》，这就真实、准确地反映了当时三足鼎立的形势。能这样编写说明陈寿是有创见的、有胆量的。要知道，汉魏移鼎，乃至魏晋相替，台面上皆系非暴力的政权更迭，正因为如此，以臣凌君，得国不纯也就成为统治者的道德、法理软肋。陈寿是晋朝的官，而晋又是承袭曹魏而统一全国的。当时的朝中多为故魏遗臣，曹魏是否为正统，直接影响到晋朝是否正统的地位。在这种情况下，如果一味迎合晋朝统治阶级的需要就必须贬低刘汉、孙吴这两个政权的历史地位，而去违背三足鼎立的历史真实；反之，如果要反映历史真实，把三国地位并列起来，就会触犯晋代魏而立必须居于正统地位这一政治现实。为了解决这一矛盾，陈寿在形式上做了变通。他将《魏书》居前，对曹魏的几个帝王加"帝"字。而对刘汉、孙吴两个政权的皇帝不立"纪"只立"传"，称"先主备""后主禅""吴主权"等，皆不加"帝"字，但记事方法却仍与曹魏几个帝王的"本纪"基本相同，均按年叙事，这实际还是把刘汉、孙吴放在与曹魏同等的地位上了。

作为三国鼎立之一国的刘汉政权，是以"兴复汉室"为立国之基的，这还不仅仅是因为刘汉政权的开创者刘备是汉王朝的远枝后裔，更重要的是，可以充分利用刘备是"帝室之胄"这个政治上的有利条件，打出"兴复汉室"的旗帜，利用相当神圣的皇权去吸引人心，招揽人才，使其成为夺取政权的有力武器。这实际上是刘备集团在当时的形势下为谋国所能选择的最佳策略。所以，在三国中最后谋得一块地盘的刘备集团，始终抓住"汉"字不放。刘备先是打出"兴复汉室"的旗帜；夺得巴、蜀、汉中后，自称"汉中王"；传闻汉献帝遇害后，就自立为国，国号就是"汉"。当然，作为当时的其他也有野心的谋国者，尤其是当时已经统一了北方，占了大半个中国，完全有可能实现全国重新统一的曹魏政权，是深知刘备集团这张牌的厉害的，所以他们始终不承认刘备集团为"汉"，而以其地呼"蜀"。

陈寿自然明白其中的微妙，亦不得不将"敌国之丑称"的"蜀"字栽到国号为"汉"的刘氏政权头上，将记载刘氏政权历史的与《魏书》《吴书》并列那部分改称为《蜀书》（本该称《汉书》）。尽管如此，我们细读《三国志》，仍可发现，陈寿在原始资料的记载上还是处处保存了刘氏政权为"汉"国的充分依据。

《三国志》从全书来看，表面上是以曹魏为正统，实际上用"互见法"显示刘备所建政权为"汉"。在《三国志·蜀书》中，陈寿不仅记载了诸葛亮等人建议"汉"是"高祖本所起定天下之国号"，刘备"袭先帝轨迹，亦兴于汉中"，因此仍应定国号为"汉"；而且全文保留了刘备即汉中王和皇帝位时的告天地之文，其中的"以汉中、巴、蜀、广汉、犍为为国，所署置依汉初诸侯王故典"和"汉有天下，历数无疆……今曹操阻兵安忍，戮杀主后，滔天泯夏，罔顾天显。操子丕，载其凶逆，窃居神器。群臣将士以为社稷堕废，（刘）备宜修之，嗣武二祖，龚行天罚。（刘）备惟否德，惧忝帝位……佥曰'天命不可以不答，祖业不可以久替，四海不可以无主'……（刘）备畏天明命，又惧汉阼将湮于地，谨择元日，与百寮登坛，受皇帝玺绶……惟神飨祚于汉家，永绥四海"等语，充分表明刘氏政权是绍继两汉政权的。这即是说，该书实质上还是以刘备的"汉"政权为正统的，至少在《三国志·蜀书》中是以"汉"为正统的。

此外，在《三国志·蜀书·诸葛亮传》等记载中，类似于

"兴复汉室""还于旧都"这样明确表示刘备政权是绍继刘邦、刘秀两个"汉"政权的文字也相当多。这不能不说是作为"良史"的陈寿在那个特定的条件下的煞费苦心了。

魏晋以来许多史书写得芜杂,"时无良史,记述烦杂",而《三国志》叙事简洁,用辞精练,取材也审慎,不铺陈堆砌,所以一问世就得到好评。魏晋时期士大夫中间流行品评人物的风气,《三国志》对此有所反映。而书中对人物的评论既表现了人物的特点和地位,又塑造了人物的个性和才能,给读者留下深刻印象。如称曹操是"人杰""命世之才""非常之人,超世之杰";称刘备是"英雄","知人待士,盖有高祖之风……机权干略,不逮魏武";称孙权"屈身忍辱,任才尚计,有勾践之奇,英人之杰";称诸葛亮是"卧龙",等等。人们称赞陈寿"善叙事,有良史之才"。《晋书·陈寿传》说,当时谙熟魏事、正在著《魏书》的夏侯湛见到陈寿的书后,"便坏己书而罢"。刘勰在《文心雕龙·史传》篇中也说:"唯陈寿三志,文质辨洽,荀(悦)、张(华)比之于迁、固,非妄誉也。"可见,陈寿是可以与司马迁、班固媲美的。

与陈寿、常璩同时代的谯周,也是成就较大的历史学家。谯周学问渊博,在经学、史学、天文学等方面均有贡献,著作有《论语注》《五经然否论》《后汉纪》《古史考》《蜀本纪》《益州志》《三巴记》《巴蜀异物志》《法训》《五教志》等多种。其中最著名的是考述汉代以前历史的《古史考》。谯周很重视地方历史的研究,所著《蜀本纪》《三巴记》等书记述巴蜀地区的史地掌故,对后来四川地方史志的修纂有很大影响。

八、仰望星空　脚踏实地
——扎根民间的天数与易学

（一）天数传统

人类从蒙昧状态开始睁开眼睛，对自己所在的环境，对寒暑交替和日月星辰运行的形态，开始了思索和探寻。从"盘古开天辟地"的神话到盖天说、浑天说和宣夜说，再到《老子》《周易》《庄子》《墨子》《尸子》等春秋战国时期的诸子百家，都对世界本源和宇宙起始等根本性的哲学问题，进行探索和阐释。先秦思想家首先是对"宇宙"这个概念进行过科学的界定。"宇宙"一词最早见于《庄子·齐物论》，即"旁日月，挟宇宙，为其吻合"；《庄子·知北游》还说"以无内待问穷，若是者，外不观乎宇宙，内不知乎太初"。《尸子》一书解释说："四方上下曰宇，往古来今曰宙。""宇"指无限的空间，后来多以双音节"寰宇"指称；"宙"即无限的时间。"宇宙"是无限的时间和空间的总和，这就与今天现代科学所说的"时空"完全一致。汉代的《淮南子·齐俗篇》亦云："往古来今谓之宙，天地上下谓之宇。"所谓天文,是日月星辰在天幕上有规律运动的"天象"。而历法,则是人为根据"天象"变化,推算出调配生产生活作息制定的法则;反过来,一套正确的历法必然可以准确无误地预报天文现象(比如日、月食等)。湖南长沙马王堆出土的帛书"五星占"观测记录,便是以五星行度的异常和云气星慧的变化来占卜吉凶的术数类记录,是秦汉时期天文学研究的成果。

阴阳家是先秦诸子百家中专精于天文历算的一家。汉代司马谈《论六家要旨》把阴阳家列为六家之首,认为其特长是"序四时之大顺",而他的儿子司马迁则是这一学派的正宗传人。天文学是需要计算的,中国古代著名的天文学家中有许多同时又是著名的数术大师,如唐代李淳风、僧一行等。而汉代著名天文学家落下闳在数学方面,发明"连分数(辗转相除)求渐进分数"的"通其率",被现代学者称之为"落下闳算法"。这比采用类似方法的印度数学家爱雅哈塔早600年,比提出连分数理论的意大利数学家朋柏里早1600年。它影响中国天文数学长达2000年。又如陈继文的《中国数术结构》第五章第十节,就是专门论述《中国古代天文历法》。就"数"算之学而言,《算经十书》标志着中国古代数学的高峰,它包括汉唐时期的《周髀算经》《九章算术》《海岛

盖天说模型

算经》《张丘建算经》《夏侯阳算经》《五经算术》《缉古算经》《缀术》《五曹算经》《孙子算经》。

因此，古人把"天文历算"命名为"天数"，用今天的话说，大约就是天文学与数学的结合。作者已不可考的《周髀》（唐代将之经典化，称《周髀算经》）是中国最古老的天文学和数学著作，约成书于公元前1世纪，主要阐明当时的"盖天说"和四分历法。它在数学上的主要成就是介绍了勾股定理，及其在测量上的应用以及怎样应用到天文计算。该书采用最简便可行的方法确定天文历法，揭示日月星辰的运行规律，囊括四季更替，气候变化，包含南北有极，昼夜相推的道理，给后来者生活作息安排提供有力的保障。盖天说是华夏民族对宇宙最早的猜想解说，认为"天圆如张盖，地方如棋局"，这是讲穹隆状的天覆盖在呈正方形的平直大地上。共工怒触不周山和女娲氏炼石补天的神话背后所支持的正是这种盖天说。魏晋时期的北朝民歌《敕勒歌》唱道："敕勒川，阴山下，天似穹庐，笼盖四野。天苍苍，野茫茫，风吹草低见牛羊。"其所展示的就是这种宇宙观。

《周髀》诞生以后，历代"天数"学家无不以之为参考。《周髀》卷下第9节有这样的描述："中衡去周七万五千五百里，中衡左右，冬有不死之草，夏长之类。此阳彰阴微，故万物不死，五谷一岁再熟"等。这里所说的"中衡"应该就是赤道热带地区。而记载和描绘成都平原的《山海经·海内经》（它虽然长时期被视为荒诞不经的神话）也有同样的描绘："西南黑水之间，有都广之野，后稷葬焉。爰有膏菽、膏稻、膏黍、膏稷，百谷自生，冬夏播琴。鸾鸟自歌，凤鸟自舞，灵寿实华，草木所聚。爰有百兽，相群爰处。此草也，冬夏不死。"令人惊奇的是《周髀》卷下所言"极下不生万物……北极左右，夏有不释之冰""凡北极之左右，物有朝生暮获，冬生之类"等——这是直到明朝末年，来华的耶稣会传教士在他们的中文著作中，才使中国学者接受的地球寒暑五带之说。①

先秦各诸侯国都有自己的天文星象占卜专家，承担着沟通鬼神、解释天象、规划政治政策等职责。其中最具有代表性的，是春秋时期的蜀籍天文历算学家苌弘。汉代《淮南子·氾论训》记载说"昔者苌弘，周室之执数者也。天地之气，日月之行，风雨之变，律历之数，无所不通"；乃至于"周人之言方怪者，自苌弘"（《史记·封禅书》）。苌弘的主要才能和工作职责是观测天象、推演历法、占卜凶吉，并依此对周王室的出行起居、祭礼战事等重要政治活动做预测和安排，对自然变迁、天象变化进行预报和解释。作为一个著名的政治家，他不仅"以方术（鬼神之术）事周灵王"和"明鬼神事，设射《狸首》"，还首创了"岁星纪年法"，测知木星12年围绕太阳公转1周，这与用现代科学方法测出的11.86年的真实值已很接近。他又把周天分为12分，这在成都金沙遗址出土的"太阳神鸟"图像上得到确证。该图像上有四只金乌驮着太阳旋转，散发着12道光芒，显示每年分为春夏秋冬4季共计12个月。这说明古蜀人在天文学领域具有领先卓识。古代史籍与地下出土文物的互证，表明苌弘在天文学领域所提出的对宇宙运行规律的猜想合乎科学，在人类天文学史上具有开创意义。

先秦史专家蒙文通在《巴蜀古史论述》一书中指出："词

---

① 参见江晓原：《谁告诉了中国人寒暑五带的知识？——关于古代中外天文学交流的猜测之二》，载《新发现》2007年第7期

八、仰望星空 脚踏实地

赋、黄老和卜筮、历数，这才是巴蜀古文化的特点。"[①]苌弘是春秋时代音乐大师（孔子曾向他求教音乐问题）、阴阳家、术士、周景王的王畿大夫和敬王时内史大夫，又是先秦四川地区最著名的大学者，《左传》《国语》《庄子》和《史记》《淮南子》《华阳国志》等皆有关于他的记载。《庄子·外物》就说："苌弘死于蜀，藏其血，三年化为碧。"唐代成玄英注释为"被放归蜀"。在蒙昧的洪荒时代，为了避免灾厄，人们总是希望能预先得知天地变迁和社会人事异动，"阴阳五行说"的出现将这一愿望变成了现实。从这个角度来所，苌弘是中国先秦时期擅长"阴阳五行"研究的一个哲学家。《汉书·艺文志》在"兵阴阳家"归类中，收有《苌弘》15篇，今佚。回到蜀中的苌弘，必然要将自己的学说传播开去，影响蜀中。据重庆大学创始人、中国科技史研究专家吕子方教授统计，巴蜀通晓天文历法的学者，仅在汉代就有落下闳、扬雄、谯周、梁令瓒、胡秀林、张思训、黄裳、任文公、杨由、李郃、段翳、折象、董扶、杨厚、翟酺、任安、景鸾、何宗、杨宣、段恭、任永、周群、杜琼等。[②]这就是世人公认"天数在蜀"的一个重要原因。

[①] 参见蒙文通：《巴蜀古史论述·巴蜀史的问题》，四川人民出版社1981年版，第98页。

[②] 参见吕子方：《中国科学技术史论文集》上册，四川人民出版社1983年版，第265—268页。

（二）天数在蜀

巴蜀的天文学有深厚久远的渊源，也有广泛的社会基础，因此这里成为天文学人才荟萃的地区。从东周的苌弘起，历代涌现，汉初的落下闳、唐代的梁令瓒是其中的杰出代表。而东汉的张衡和唐代的李淳风等的天文学成就，也有着"天数在蜀"的影响。这些学有专长的天文学家，在我国天文发展史上，都做出过不同的贡献，都有文献可考。而卓有成就和具有开创性贡献的天文学家，必然是在"数"算之学领域浸润甚深的数学家。

南宋时期的四川安岳县人秦九韶，精研星象、音律、算术、诗词、弓、剑、营造之学，于淳祐七年（1247年）完成著作《数书九章》（原名《数术大略》），其"九章"分为：1.大衍类，一次同余式组解法；2.天时类，历法计算、降水量；3.田域类，土地面积；4.测望类，勾股、重差；5.赋役类，均输、税收；6.钱谷类，粮谷转运、仓窖容积；7.营建类，建筑、施工；8.军旅类，营盘布置、军需供应；9.市物类，交易、利息。用今天的话来说，它们似乎更具有"应用数学"的特点。《数书九章》采用问题解答的形式，涉及众多自然现象和社会人生难题，成为了解当时社会政治和经济生活的重要参考文献。其中的大衍求一术（一次同余方程组问题的解法，也就是现在所称的"中国剩余定理"）、三斜求积术和"秦九韶算法"（高次方程正根的数值求法）都是有世界意义的重要贡献。他在《数书九章·序》中，对自己所从事的数学研究，提升为"大则可以通神明，顺性命；小则可以经世务，类万物"的高度，今天我们熟知的"数学是一切科学中的科学"理论似乎就是秦九韶说法的翻版。学界公认他的研究概括了宋元时期中国传统数学的主要成就，标志着中国古代数学的高峰，也代表了中世纪世界数学发展的主流与最高水平，在世界数学史上占有崇高的地位。

让中国传统历法基本定型的，是被人们赞美为"春节老人"的汉代阆中人落下闳。"落下"是复姓，犹如我们熟悉的"诸葛、欧阳、司马、端木"等。当时在家乡精研天文学和数学多年、已经卓有成就的落下闳，由负责礼仪祭祀、文化教育等事务的皇家太常令、也是阆中同乡的谯隆以及谯隆的下属太史令司马迁共同推荐，被汉武帝征召入京，成为天文学研究的专职官员。他带领天文学家唐都、邓平等同僚一起研制出新历法。朝廷组织专家经过多次"数术"测算和反复验证，认为优于同时的公孙卿、壶遂、司马迁等其他17种方案而予以采用。汉武帝遂于太初元年（公元前104年）颁行，故称为"太初历"。这是中国历史上第一部有完整文字记载的历法，有着极其重要的地位和标杆性意义。太初历将原来以十月为一年的开始，修改为以正月为岁首，中国人从此开始有了"正月初一过新年"的习俗，这就是我们今天称呼落下闳为"春节老人"的由来。其法规定一回归年为一年，一朔望月为一月，所以又称"八十一分律历"。它以夏历的正月为新年开始，以没有中气的月份为闰月，第一次把二十四节气编入历法，完全对应春种秋收夏忙冬闲的农业节奏——这应该是得益于巴蜀大地四季变化分明的自然馈赠。由于该历法有利于农时的二十四节气划分，成为中国漫长的农耕时代一直遵守的法则；而以没有中气的月份为闰月，调整了太阳周天与阴历纪月不相合的矛盾。这就是《汉书·武帝纪》记载的"夏五月，正历，以正月为岁首"。太初历还根据天象实测和多年来史官的记录，得出135个月的日食周期等。

落下闳在天文学、数学、农学上的一系列开创性的贡献，已

落下闳塑像（在阆中锦屏山风景区观星楼前）

经被学术界公认，英国科技史学家李约瑟称他为"中国天文史上最灿烂的星座"。2004年9月16日，经国家天文学联合会小天体提名委员会批准，中国科学院国家天文台已将其发现的国际永久编号为16757的小行星命名为"落下闳星"，以纪念他对中国天文学的巨大贡献。中国科学史专家和中国天文学界一个基本共识是：落下闳主创的太初历基本确立了中国历法的体系，太初历是当时世界上最先进的历法。近代天文学史家朱文鑫留美多年，有《天文考古学》《史记天官书恒星图考》《历代日食考》《历法通志》《天文学小史》《十七史天文诸志之研究》等著作出版，对中西方天文学发展历史有深刻了解。他强调过"自汉落下闳作浑天仪，始立仪象之权舆"等标准化建设的历史意义。确实，落下闳完善了古代天文学说重要内容"浑天说"，奠定了我国古代宇宙结构理论基础。这个学说认为全天恒星都布于一个"天球"上，而日月五星则附丽于"天球"上运行，这与现代天文学的天体概念十分接近。他又研制出了观测星象的浑天仪和浑天象，后来的天文历法家如贾逵、张衡、祖冲之等人的理论，都是在落下闳的基础上加以改进和发展的。

扬雄《法言·重黎》篇里说："或问浑天。曰：落下闳营之，鲜于妄人度之，耿中丞象之。"落下闳能够对中国天文学做出如此重大的贡献，首先还在于巴蜀科技文化氛围的浓郁。在成为朝廷专职天文学官员之前，落下闳就在阆中建立了我国最早的民间观星台，改制了观测仪器浑仪。也就是说，在成为一个"体制内"专业人员之前，他已经在天文学和数学以及机械学等领域，奠定了技术性之"术"的坚实基础。落下闳在天文学、数学、农学上尤其是历法建设上的开创性贡献，也已被学术界公认。他的价值在于站在先秦到汉代这个历史阶段，总结归纳前人已经取得的成就，找出那些受时代局限的不足之处，进行创新。太初历的制定是以天文观测记录以及相关数据运算为依据的，并且切切实实地结合农耕生产实践。

需要强调的是"术"。落下闳的这些天文学知识以及相关的观测天象的仪器之作，绝非他一个人苦思冥想就能够完成的，必然有着本地深厚的学科基础和技术条件，至少他要向当地的工匠学习仪器的制作技术，甚至借鉴本地已经有人做过的简陋仪器；还要去求教这方面有研究的前辈等。如与他同时的阆中籍官员谯隆及其子孙谯玄、谯英，就在天文学等领域有极高造诣。落下闳又深刻领会《周易》观天象以明人事的基本原则，注重制历以为生产生活服务，而预言八百岁后太初历差一日。落下闳对易学的领悟与运用，体现了深厚的巴蜀易学传统，其天文历法对后世的易学带来了更深且远的影响。[①]到西汉末，阆中还出现了任文公、任文孙父子天文学家。他们能预测风雨水患，成就卓著。公元前16年和公元元年，我国发生两次日食，就是他们在阆中观察

---

① 参见金生杨：《落下闳学术中的易学因素》，载《西华师大学报》2018年第6期。

记录的。三国时期，阆中人周舒、周群、周巨祖孙三代，在宅院建楼台观测天文，积累了丰富的天文气象资料。

　　历史步伐匆匆地走到了唐代。汉代以来华夏大地所取得的一切文明成果，已经历了800年历史的检验。大唐盛世有资格也有能力，把中国社会再往前推进一大步。在天文学领域，响应时代召唤应声而出的是蜀人梁令瓒。相关典籍说他是天文学家、数学家、天文仪器制造家，还是声誉极隆的画家和书法家，但这些都是"业余"的。他的正式身份是"率府兵曹参军"，大约是一个"副处级"的军械仓库主任。唐开元十一年（公元723年），唐玄宗命僧一行另造新历，却因为没有黄道游仪测算天文现象而无法着手进行。这时以"精天文、数学"的盛名而被征调前来的梁令瓒，仔细研究了前人所制天文仪器，经过试验、比较，设计出图样，又用木料制成"黄道游仪"模型，通过常规检验演示很有效果。梁令瓒遂受命和僧一行等，用铜铸成黄道游仪，用来测量二十八宿距天球极北的度数，并在世界上第一次发现了恒星位置变动的现象。这比欧洲的哈雷发现恒星要早约1000年。黄道游仪的成功，解决了无由测候的矛盾。梁令瓒根据大量观测数据进行统一归算，使得新历终于完成，这就是"大衍历"。

　　梁令瓒在天文仪器制造史上另一伟大贡献，就是在制造浑天铜仪的同时，还发明了自动报时装置。李约瑟在《中国科学技术史》第四卷中说：这实质上就是最早的机械时钟，是一切擒纵器的祖先。中国古代是"观象授时"，皇帝颁布的历法如果与"天象"不合，就是重大的"政治事故"。既然皇帝"受命于天"，就必须使颁布的历法"合于天象"。天文历法向来被视为皇权得以确立的必要条件和象征。采用什么样的历法，是政治领域的问题。所以许多皇帝都着手过重修历法的事情，这也是中国天文学曾长时间领先世界的原因。梁令瓒贡献的浑天铜仪以及使用结果，使大衍历得以确立并颁行中国。先秦时期以苌弘为标志的阴阳五行说，遂被唐代浑天铜仪精确的数据统计和数学运算所取代，因而基本上退出了历法建构。汉代落下闳测定的28宿赤道距度（赤经差），一直用到800年后，才由唐代梁令瓒重新检测、改进。大衍历所定结构与方法，一直沿袭至元、明。从这里可以看到，中国文化"天数"之学的每个关键性节点上，都因为四川学者而产生新的跃升。这条"天数"轨迹大体是：先秦苌弘—汉代落下闳—唐代梁令瓒—宋代秦九韶。

中国制造浑仪的历史相当悠久，汉代末年张衡开始用水力推动齿轮，使圆球运转，正好一天一周。梁令瓒的浑天仪改进了张衡的设计，注水激轮，令其自转，昼夜一周，除了表现星宿的运动以外，还能表现日升月落，这就更加精巧、复杂和准确。

明正统四年（1439年）仿制浑天仪（在南京紫金山天文台）

这里还需注意的是，张衡的祖父张堪，曾被汉光武帝刘秀任命为蜀郡太守驻守成都，这使张衡有了认识了解巴蜀文化的条件。这也应当是他的天文、阴阳、历算知识的一个重要来源。如他对中国天文学最重要的基础"易学"的把握，就直接受蜀人扬雄影响，他自己坦然承认说"吾观《太玄》，方知子云妙极道数"，又"常耽好《玄经》"，还坚信"汉四百岁，《玄》其兴矣"。汉代成都郫县人扬雄曾经在汉赋创作获得巨大声誉，后来意识到"赋劝而不止"并且"辍不复为"，于是"大潭思浑天"，转向研磨"浑天之术"天文历法，其思考成果汇聚于《太玄》，并有专文《难盖天八事》来张扬"浑天说"。东汉桓谭的《新论》记载说："扬子云好天文，问之于黄门作浑天老工。"张衡的"天之包地，犹壳之裹黄"天文学理论，尤其是其专论"浑天说"的《灵宪》，实际上就是直接沿承落下闳的"浑天说"，再上溯则是受到扬雄的启示。巴蜀文化"天数在蜀"对中国天文学的影响和贡献，于此可见。

（三）易学环境

正如蒙文通所说，历法、术数、卜算、阴阳灾异之学，是巴蜀最早的土著学问，是古代巴蜀文化一个极为重要的特征体现。春秋时期精通天文地理和星象音律的天文历算学家苌弘最后"归藏于蜀"，其思想学说自然要在蜀中产生影响。大禹治水和李冰修都江堰的实践都表明他们精通天文和术数，这是他们治水能够获得成功的基本前提。

在中华民族真正大一统形成的汉代，蜀中易学、天文学、训诂学均居全国首位，这得益于严君平的"易学"研究和扬雄"太玄"以及胡安"经学"研究的成果。严君平（严遵）著述有《易经骨髓》，以占卜耆龟给人看相为谋生手段，"裁日阅数人，得百钱足自养，则闭肆下帘而授《老子》"。他在解释卦象时常常"因势导之以善"劝化众人，据说曾预测出"王莽篡权"和"光武中兴"两个重要的历史事件。他的《老子指归》对《老子》学说加以阐释和发展，把"道"定义为"无无之无"，认为宇宙从虚无中生出来，也就是"万物之生也，皆元于虚，始于无"。《指归》的哲学思想为扬雄、王弼、成玄英等人所继承，成为魏晋玄学所提出的"贵无""自然为本"的本体论与重玄学的萌芽。易学发端于宗教巫术性质的卜筮卦象。卜筮体现了先民的一种预知未来的强烈愿望，期盼通过某种手段沟通神鬼进而获得一种前瞻性视野与智慧，打通过去、现在和未来。这在后来成为易学知来藏往的哲学底蕴，令易学成为一种具有鲜明人文历史理性意识的高度哲学性的天人之学。这正如《周易·咸卦·象传》所说的："天地感而万物化生，圣人感人心而天下和平。观其所感，而天地万物之情可见矣。"

魏晋南北朝时期《周书》记载了当时一位反佛教急先锋"蜀郡卫元嵩者"的事迹，说他"著诗预论周、隋废兴及皇家受命，并有征验"。他"少不事生产，潜心至道，明阴阳历算"，曾经入过佛门，后又换上道袍。他的《元包经》由太阴、太阳、太阴、少阳、仲阳、孟阴、孟、连著、说源十各部分组成，前八部分即按坤、乾、兑、艮、离、坎、巽、震之序排列，是一本标准的"易学"著述。该书被唐代李江评说为："言乎天道，有日月焉，有雷雨焉；言乎地道，有山泽焉，有水火焉；言乎之人道，有君臣焉，有父子焉，理国理家为政之尤者。"可见他除了在易学研究的成就外，至少还是一个很有水平的天文学家和占卜预测家。宋代的洪迈在《夷坚丙志》书中，记有卫元嵩家乡的风俗："什邡风俗，每以正月五日作卫真人生日，道众皆会。"《旧唐书·方技传》记载，唐代成都人袁天罡在观测天象预测人间祸福等方面，有极高的声誉。最著名的传奇故事是为武则天看相。当时在四川广元做官的武父，让保姆抱出被打扮成男孩的幼婴武则天请袁天罡看相。袁看到襁褓中的武则天大为震惊，说她"龙瞳凤颈，极贵验也"，但又惋惜地说：可惜是个男子，若是女子，以后高贵程度不可限量，必然会是天下之主！《新唐书·袁天纲（罡）传》也有这个记载。

还有类似的故事。唐太宗得悉秘谶，言"唐中弱，有女武代王"，便问太史令李淳风。李淳风说："其兆既成，已在宫中。又四十年而王。"太宗问可杀否？淳风回答："天之所命，不可去也。"太宗只好作罢。此事见载于《旧唐书·李淳风传》。《旧唐书》本传还说李淳风"幼爽秀，通群书，明步天文历算阴阳之学"，因为提议修订《戊寅元历》历法并为改进《戊寅元历》做出贡献而受皇帝赏识，成为执掌天文、地理、制历、修史之职的太史令。这个经历，与落下闳相似。而李淳风的天文学知识，较多地受到蜀人袁天罡的影响。李淳风在朝中为官时与前辈袁大师多有交往，受教多多，辞官后即追随其后，前往阆中拜师袁门。李淳风辞官后不留京城也不回李淳风原籍陕西岐州，正是钦慕包括阆中在内的巴蜀大地"天数在蜀"与"易学在蜀"的学术氛围和科技环境。他辞官后定居阆中并长眠于此，其墓与老师袁天罡墓相邻。

宋代初年的邵雍以象数易学闻名于世，所著《皇极经世》是易学的经典名著，其哲学思想主要是他所谓的"先天学"。"先天学"及其所本先天图，是间接师承于蜀中名流陈抟的。其再传弟子朱熹在《周易本义》中把这种学术继承关系解释为："伏羲四图，其说皆出于邵氏。盖邵氏得之李之才挺之，挺之得之穆修伯长，伯长得之华山希夷先生陈抟图南者，所谓先天之学也。"这个"先天图"，即乾坤坎离的图式，就是从陈抟的道家易学创始的。所以邵雍在师承陈抟"先天图"后，把陈抟所传"心法"推演弘扬，创立起一套庞大完整的象数学体系，用以概括宇宙间的一切，即他自己在《观物外篇》中总结的："先天之学，心法也。故图皆自中起，万化万事生于心也。"这大约也是邵雍对蜀中学术文化环境极为推崇的原因，这表现在他要求儿子邵伯温移民入蜀，即《宋史·邵雍传》记载的："初，邵雍尝曰：'世行乱，蜀安，可避居。'及宣和末，伯温载家使蜀，故免于难。"其实，他的本意，应该像陆游晚年对儿子说的："蜀风俗厚，古今类多名人，苟居之，后世子孙宜有兴者。"

重庆人吕子方教授后来在《天数在蜀》（载其《中国科学技术史论文集》）里勾勒了巴蜀易学的发展脉络。该文首先认为《山海经·大荒经》是巴人的作品，重点又是讲天文，在西南地区流传甚广，"因此，这一带的人历来重视天文，测天之学流传民间。由于巴蜀的天文学是有渊源的，又有广泛的基础，因此，这里成为天文人物荟萃的中心，天文学者像灿烂的群星，从周朝的苌弘起，历代都一批批地涌现出来"。他在另一篇论文《五天廷》里对此进一步论证，认为四川古代天文学非常发达，是中国文化发展最早的地区之一。吕子方教授早年留学英、日，具有国际视野，也经受过严格的科学思维训练，专攻物理，博及数学、天文、历法等学科，长期从事中国科技史的研究，对四川历史上25位天文学家进行了认真梳理和研究。

(四)蜀学在蜀

宋代四川是"易学"的发达地区之一,易学研究也是宋代蜀学的一个重要组成部分,是巴蜀文化发展史上一个重要节点。两次入蜀的理学家程颐曾说"易学在蜀",这是基于他对四川易学发展的历史与现状的了解而言的,可以此概言两宋时期四川易学的繁盛。这个著名论断,是基于三个方面:一是从先秦肇始,以苌弘为开端,经由严君平、扬雄而至唐宋以苏门父子为代表的一大批蜀中文化人研习"易学"的高潮;二是四川民间研习《易》的风气浓郁,因为程颐本人就在成都街头亲历过草根平民研习《易》的事件;第三是虽未明说,但从周敦颐到弟子二程等,都因为一段蜀中生活而与蜀中易学有或多或少的关系。宋代理学和"洛学"的建构,直接或间接地受着"蜀学"特别是历史悠久风气炽热的"易学在蜀"的熏染。程颐自己的感受应该是深切的。

这里有一个著名的故事。据《宋史·谯定传》载,程颢、程颐的父亲在广汉做官,兄弟二人寻时去成都街头闲逛时,看见街边地摊上一个用竹篾片箍木桶售卖者正在看书。靠近一看,这本书却是《易经》。二程很不以为然,这种人也能读《易经》?就想出个题目为难卖桶人,不料对方先指着书中的"《未济》男之穷"问道:你们以前学过这段话没有?二程才发现对方是治易高手,于是谦逊地请对方解答,并且在答案"三阳皆失位"中极受启发。第二天,两兄弟再次去拜访,街边已经没有地摊和人影。后来袁滋到洛阳向程颐求教《易经》问题,程颐告诉说:易学本来就在蜀中,你怎么跑到这里来了?袁滋再往蜀中寻求甚久却无所获。这就是二程所说的"易学在蜀"的出处。

涪陵人谯定,"少喜学佛",后开始学习研究《易》,他的老师即綦江县人郭曩氏。郭在汉代的始祖是严君平的易学老师，郭家历代世传易学。谯定后来去洛阳请教程颐学术问题。第二次进四川的程颐，是犯事被贬到谯定的家乡涪陵"编管"，这让谯定有更多机会与程共同研讨易学问题，也有可能协助程颐注解《周易》。谯定留下的著作很少，但其学术影响却不小。清初黄宗羲的《宋元学案》列出其学术源流，列为"谯氏门人"的有张浚、张行成、冯时行等，其中刘勉之、胡宪二人都是朱熹的业师。"谯氏再传弟子"有朱熹、张栻、吕祖谦等；"谯氏三传弟子"有蔡元定、黄干、辅广、陈埴、杜煜、陈淳、袁燮、沧州诸儒159人、岳麓诸儒33人、二江诸儒10人、丽泽诸儒67人等；"谯氏四传弟子"有王应麟等。所以清代学者王梓材说谯定"固程门一大宗也"。

汉代严君平专精《大易》，耽于《老》《庄》，弟子扬雄"以为经莫大于《易》，故作《太玄》"。在哲学思想上，扬雄上承《易经》《老子》，下启王充、张衡乃至魏晋玄学，在中国思想史上有着重要的地位。唐代治《易》学者成就突出者，推"尤通象数易学，擅筮占"的资州人李鼎祚。他撰成的《周易集解》在易学研究史上有重要地位。他曾推演六壬五行，撰成《连珠明镜式经》十卷，说明他对象数易学及术数理论颇有研究。资州有四贤堂，祭祀本县先贤王褒、范崇凯、李鼎祚、董钧。程颐是了解四川的这一学术传统的，而且很推崇扬雄，他在《二程全书·遗书十八》中说："自汉以来，惟有三人近儒者气象：大毛公、董仲舒、扬雄。"程颐本人的名著《周易传》，也是在四川涪陵时完成的。

在四川地区研治和传播易学，除上文说到的周敦颐、程颐外，还有邵伯温等人。洛阳人邵伯温曾任果州（今南充）知府、提点成都路刑狱、利州路转运副使等官。他听从父亲邵雍的话，在宋徽宗宣和（1119—1125年）末，率领全家到蜀中犍为县落户，生活了约10年，死后亦葬在犍为县。邵伯温著有《易学辨惑》《皇极经世序》《观物内外篇解》等。这位晚年长期客寓四川的大学者，处于环境安宁、生活稳定条件下，得以从容进行理学研究和易学思考，推出不少学术成果。这里面应该有着"易学在蜀"的因素在起作用。

《东坡易传》书影

宋代四川学者的易学著述，《四库全书总目》作了较为集中的简介，如苏轼父子的《东坡易传》、张浚的《紫岩易传》及其儿子张栻的《南轩易说》、李心传的《丙子学易编》、魏了翁的《周易要义》、税与权的《易学启蒙小传》、李杞的《用易详解》、张行成的《皇极经世索隐》和《皇极经世观物外篇衍义》与《易通变》等。这些仅为很少的一部分现存著作，但可从中看到宋代蜀人研究易学之一斑。比如《东坡易传》(《苏氏易传》)是苏轼父子合作的力著,有相当大的影响。苏洵作《易传》未完成,由儿子苏轼续写成"多切人事"的《东坡易传》九卷行于世。苏洵的易学研究对两个儿子有决定性的影响,乃至于有人说"其易学乃传家学"。《四库全书总目》卷一说《东坡易传》:"今观是书……轼之说多切人事,其文辞博辨,足资启发,又乌可一概屏斥耶。李衡作《周易义海撮要》、丁易东作《周易象义》、董真卿作《周易会通》皆采录其说,非徒然也。"邛崃人张行成在《进易书状》里自谓:"杜门十年,著成《述衍》十八卷,以明伏羲、文王、孔子之《易》;《翼玄》十二卷,以明扬雄之《易》;《潜虚衍义》十六卷,以明司马光之《易》;《皇极经世索隐》二卷、《观物外篇衍义》九卷,以明邵雍之《易》;《通变》四十卷,取自陈抟至邵雍所传先天卦数等十四图,敷衍解释,以通诸《易》之变,始若殊途,终归一致。"(载《宋代蜀文辑存》卷四十九)又比如《宋史》无传的龙昌期,所存资料很少,但晏殊说他"博贯诸经",范仲淹说他"治《易》深达微奥"等,可见在当时的文化名流中,对龙昌期的学术成就评价是很高的。

前面说过,至少从严君平、扬雄等开始,至唐宋时期,四川地区的易学研究盛行,甚至普及到民间平民。二程在成都街头遇到的"治易"草根学者,即是一个典型的例子。宋代理学名儒如周敦颐、程颐兄弟等人,在形成和发展自己的学术思想时,都因为有过在四川的生活经历,自然会受到四川学者思想学说的影响。涪陵的钩深堂(旧称普净院)、点易洞、云畏斋和四贤楼等,都是当年程颐在涪陵被"管制劳教"期间研究易学的遗迹。在两年多的涪陵生活中,程颐的理学代表作《伊川易传》(1099

年）就在这里最终完成。这都为后来宋代学术汇融的"洛蜀会通"准备了一定的条件。

九、巴蜀情结　诗家气象
——云蒸霞蔚的古代文学

（一）巴蜀人的"先民之诗"

地球上各民族对自身文学历史起源的研究，都是从神话传说和原始歌谣的探寻开始的。神话，是一个民族在童年时期认识和感知世界的精神活动记录，是人类童年时期的"百科全书"。巴蜀先民创造了人类童年时代充满瑰丽奇幻想象的神话和传说故事，鲧禹治水、禹生石纽、嫘祖养蚕、杜宇化鸟、鱼凫仙道、大石崇拜、朱利出井、五丁开山、碧血化珠以及"蛇"形图腾崇拜等，构成巴蜀文化肇始阶段最具魅力和特色的内容，并且对中国文化和文学发生深远的影响。如《庄子·外物》记载的"苌弘死于蜀，藏其血三年，而化为碧"故事，就在中国历代演化出"碧血丹心"等。

当北方民族还在辗转迁徙，寻找一个合适的生存环境，还辛苦搏击于"载燔载烈""如火烈烈"的严酷自然中（如《诗经》中《公刘》《生民》所叙），当湘楚部族尚在"筚路蓝缕，以启山林"的荆棘丛中艰难垦殖，江南地区还处于"伐木而树谷，燔莱而播粟，火耕而水耨"时，巴蜀人已通过"先民之诗"夸耀着自己优裕的物质人生。这就是《华阳国志》所归纳并被明代第一才子杨慎在《全蜀艺文志》中强调的"蚕丛国诗四章"："川崖惟平，其稼多黍，旨酒嘉谷，可以养父；野为阜丘，彼稷多有，旨酒嘉谷，可以养母"，以及"鸾鸟自歌，凤鸟自舞。灵寿实华，草木所聚。爰有百兽，相群爰居"等。《涂山歌》歌唱的是：一只孤独的白狐狸在四处徘徊，九条毛茸茸又粗又长的尾巴分外耀眼，她就是要和大禹结为连理的涂山女儿，我们这里将永远发达兴旺！①汉代扬雄的《蜀都赋》、魏晋人常璩的《华阳国志》和郦道元的《水经注》等，都引述过蜀中的《先民谣》，即："大饥不饥，蜀有蹲鸱；大旱不乱，蜀有广汉。"蹲鸱是可食用大芋头，因形状如蹲伏的鸱而得名。清人沈德潜《古诗源》中收录很多上古歌谣，其《河图引蜀谣》曰："汶阜之山，江出其腹，帝以会昌，神以建福。"这与扬雄《蜀王本纪》记叙的"杜宇从天堕，其妻由井出"神话故事可互为印证。开明氏时期蜀王作有《东平之歌》《曳邪歌》《陇归之曲》《幽魄之曲》等多首歌曲。

（二）巴蜀文学的首次辉煌

"蜀之位坤也，焕为英采必斓"，"天下之山水在蜀"的美丽自然风貌，陶冶铸造着巴蜀人的美感心理机制。中华民族大

---

① 《吕氏春秋·音初篇》："绥绥白狐，九尾庞庞，成于家室，我都攸昌。"

九、巴蜀情结　诗家气象

一统形成的汉代，国土的广阔，水陆物产的丰盛，宫苑建筑的华美、都市的繁荣，都被文学描绘成鎏金溢彩的繁荣昌盛，衍化为司马相如等汉代蜀籍赋家那穷形极相的夸饰、铺张扬厉的铺陈和华美艳丽文风。司马相如、王褒、扬雄、卓文君等，就以大胆冲决的创造进取精神，成为大汉盛世精神的艺术代言人。司马相如有意识地使用夸张、排比、对偶、递进和渲染铺陈，注重描写的精细和体物的准确，运用充满色彩、声响的词语去穷形极相，摹状绘形；行文自由，骈散并用，多用虚字，句末常以虚字结尾，讲求句式的对仗和排比，形成一种强烈的气势和美感震撼力。空间的极度排比，繁细的铺叙、夸张的摹绘，其作品更是成为汉帝国赫赫声威的精神表征。那种"赋家之心包括宇宙"的盛大气势中，在"一经一纬"所形成的五色生辉、宫商回荡和"纹理交织"的华丽之美中。

《驷马高车》雕塑
（邓经武、周胜摄影）

扬雄《蜀都赋》在城市文学领域的开启引领意义、其《解嘲》《解难》和《逐贫赋》等对赋体文学的发展新开拓，而《酒箴》《嘲贫赋》等文体创新的意义在于，文学不再是正襟危坐地讲道理，而可以成为讽刺幽默的游戏之作。王褒的《洞箫赋》《九怀》《甘泉宫颂》及《碧鸡颂》残文以及最早最典型充满诙谐麻辣的游戏之作的《僮约》《责须髯奴辞》等，对后世小品美文的发展影响极大。东汉史学家班固说得更直接：巴蜀"民食稻鱼，亡凶年忧，俗不愁苦，而轻易淫泆，柔弱褊厄。景、武间，文翁为蜀守，教民读书法令，未能笃信道德，反以好文刺讥，贵慕权势。及司马相如游宦京师诸侯，以文辞显于世。乡党慕循其迹。后有王褒、严遵，扬雄之徒，文章冠天下"（《汉书·地理志》）。蜀中文人以南方文学的浪漫热情和巴蜀文化独异品格，以及那冲破一切藩篱大胆创造的豪气，应和了汉帝国强大声威的时代呼唤，成为汉代文学的霸主。魏晋时期刘勰的《文心雕龙·诠赋》把这一切概括为："相如上林，繁类以成艳，子渊洞箫，穷变于声貌，子云甘泉，构深玮之风"，"并辞赋之英杰"。其他如因《白头吟》而广为人知的卓文君、以大量试验"铭"如《东观赋》《东观铭》等和《函谷关赋》而知名的李尤等。

蜀人严君平、扬雄的哲学思想，成为魏晋思想主潮"玄学"而大行于世。汉代大赋作家司马相如等的"泙行无节"，以及被嵇康所仰慕"越礼自放"的人生形态，被魏晋人崇尚为"高士"而模仿着。这是一个动乱的时代，它给人们带来的是"人命危浅，朝不保夕"的生命短促危机感，蜀人李密《陈情表》所透射出的，是整个时代的悲音：庙堂的荣华富贵，何如平凡的切实人生？蜀人秦宓、杜微、杨厚、任安、彭漾、杨戏，李密、李兴父子和常璩等，继扬、马、王之流风而崛起。外地入蜀者诸葛亮、刘巴、许靖、陈震、马良，也在为巴蜀文化的繁荣而努力。曾经引发"洛阳纸贵"轰动效应的左思，在组诗《咏史》中说明自己"作赋拟子虚""辞赋拟相如"，还感叹过"长卿还成都，壁立何寥廓""寂寂杨子宅，门无卿相舆。寥寥空宇中，所讲在玄虚"等，其《蜀都赋》直接受扬雄的影响。梁简文帝萧纲也受影响写有两首《蜀道难》和《蜀国弦歌篇十韵》。被《昭明文选》收录"其辞甚伟，为世所称"的《江赋》则是郭璞的巴蜀题材代表作，张载有《剑阁铭》和《登成都楼》。其他还有庾信《别庾七入蜀》、鲍照的《蜀四贤咏》，尤其是北魏郦道元的《水经注·三峡》，都是世人论说巴蜀文化的重要材料。

（三）大唐华章里的巴蜀之音

从某种角度来说，大唐华章中充盈着浓郁的巴蜀方音。"初唐四杰"是在巴蜀大盆地的游历中唱出唐代文学序曲的，陈子昂的创作标志着唐代文学的正式开始，李白的青春"狂歌"所呈现的是典型的大唐时代精神。入蜀后诗风大变、艺术达到炉火纯青的杜甫，饱受蜀中山川景物以及民俗风习的侵染；陈子昂、刘湾的创作，对"边塞诗派"有着启迪和引领作用，李馀、刘猛的诗体试验引发了"元白诗派"跟进和模仿，还有白居易、刘禹锡对夔州民歌"竹枝词"的接受和再创造等，都为中国文学新诗体的问世做出了重要贡献；"青城道士"杜光庭剑侠传奇小说《虬髯客传》的先锋意义，还有"蜀戏冠天下"之称的巴蜀戏剧对中国戏剧发展的贡献等，莫不如是。

唐代的"行走文学"聚焦于三峡,在离情乡思之中,更有时代精神赋予的雄奇、壮丽,体现着盛唐文学的飞扬与灵动。白居易看到的是"两岸滟滪口""巴峡声心里"、戴叔伦惊奇于"巫山峨峨高插天,危峰十二凌紫烟"、李贺感受的是"峡色侵天去,江声滚地来"、孟郊咏吟着"轻红流烟湿艳姿,行云飞去明星稀"、刘希夷思考的是"巫山幽阴地,神女艳阳年"……"王孟"田园山水诗派的孟浩然,有《送梓州李使君》:"万壑树参天,千山响杜鹃。山中一夜雨,树杪百重泉。汉女输橦布,巴人讼芋田。文翁翻教授,不敢倚先贤。"王维还有《送崔九兴宗游蜀》《送杨长史赴果州》。李商隐先后两次入蜀,在蜀中生活了近5年,创作了《筹笔驿》《利州江潭作》《井络》《望喜驿别嘉陵江水二绝》,尤其是《夜雨寄北》,已经是世人耳熟能详的名篇。

自初唐射洪人陈子昂开始的唐代边塞诗人,一直都怀有浓郁的"崇汉"情结。他们用如椽大笔讴歌"天汉精神",包括卫青、霍去病、李广等名将的开边拓土的热血意志。这些边塞诗人,既有主政蜀川的高适和在嘉州(乐山)为官的岑参等盛唐达人,亦包括会聚于巴蜀大盆地唱出大唐精神序曲的"初唐四杰"等。"崇汉"的另一表现是巴蜀大赋作家群成为唐代诗人争相追摹的对象和文学创新的价值准绳。人们常将司马相如、扬雄并提,并且常常用这个标尺去检验和品评作家,如杜甫论李白的"公生扬马后,名与日月悬",韩愈《进学解》的"子云相如,同工异曲",刘禹锡的"南阳诸葛庐,西蜀子云亭"。会聚于蜀地时称"益州四才子"的王杨卢骆,成为唐代"天下诗人皆入蜀"的引领者。杜审言(杜甫祖父)和杜甫、刘希夷、沈佺期、张说、孟浩然、王维、崔颢、白居易、元稹、贾岛、岑参、李商

九、巴蜀情结　诗家气象

李白与杜甫、屈原塑像（在成都市浣花溪公园诗歌大道）

隐等著名诗人都有过入蜀的经历。又如长孙无忌流放黔州、李贤迁巴州、颜真卿贬蓬州、陆贽和白居易迁于忠州、元稹一生最值得一提的好诗和诗歌理论，大多是在通州（今达州）四年里完成的……唐代诗人或漫步巴蜀大地吟咏美景，或抒写巴蜀前贤迷人故事，即如白居易《长恨歌》的"蜀江水碧蜀山青"、韩愈的"蜀雄李杜拔"等。

被誉为"唐代诗坛的第一面丰碑"的陈子昂，对盛唐文学的开拓，可以从三个方面来看：标举风骨、提倡兴寄，导引出唐代文学的健康发展；开创边塞诗派，将时代精神和大唐帝国的盛世状貌表现出来；诗体和文体的创新实验，为唐代文学的体裁形式多元化和繁荣奠定基础。概言之，在理论和创作实践上，陈子昂都表现出鲜明的创造革新精神。陈子昂诗歌气象苍凉雄浑，诗思纵横驰骋，语言刚健质朴，即如"回中烽火入，塞上追兵起"（《赠赵六贞固》）、"负剑空叹息，苍茫登古城"（《赠韦五虚已》）、"晚风吹画角，春色耀飞旌"（《和陆明府赠将军重出塞》）等。这如《新唐书·陈子昂传》所总结的"唐兴，文章承徐庾余风，天下祖尚，子昂始变雅正"，被视为"唐音之始"。宋人刘克庄的《诗话前集》，对唐代文学有着转折拐点贡献的两位蜀籍作家评价说："太白《古风》六十八首，与陈拾遗《感遇》之作，笔力相上下，唐诸人皆在下风。"

  李白是盛唐时代精神的表现者和代言人，他集游侠、刺客、隐士、道人、策士、酒徒、诗人于一身，什么都敢于去尝试、去探究。他的艺术思维方式是把醉态变成生命方式，这就是他为人放诞、文风狂放的内在原因。"天生我才必有用，千金散尽还复来"的非凡自负和豪言壮语，以及自信狂傲的独立人格，豪放洒脱的气度，还有自由奔放的艺术幻想和想象，正是立足于李唐王朝选拔人才的不拘一格；敢想敢说、敢爱敢恨、敢笑敢骂，就有了赖以存活的土壤。只有唐代能接受李白的狂荡不羁，而李白则以这种狂荡不羁来照亮辉煌壮丽的唐代文明。其诗风雄奇豪放，想象丰富，语言流转自然，音律和谐多变。表现手法上常将想象、夸张、比喻、拟人等手法综合运用，从而造成神奇异彩、瑰丽动人的意境，这就是李白的浪漫主义诗作给人以豪迈奔放、飘逸若仙的原因所在。无论身在何处，蜀中山水故乡月，巴蜀人生形态和民俗风习都萦绕于怀，难以割舍。"巴蜀情结"催

九、巴蜀情结　诗家气象

生出如《登锦城散花楼》《蜀道难》《峨眉山月歌》《游子咏》《朝发白帝城》《送蜀僧晏入市》《听蜀僧濬弹琴》等数量颇丰的佳作。其《上皇西巡南京歌》对成都的赞叹曰："九天开出一成都，万户千门入画图。草树云山如锦绣，秦川能及此间无。"对故乡的自豪之情，于兹可见。杜甫评李白为："笔落惊风雨，诗成泣鬼神。"李白对巴蜀文学的繁盛和中国文学的发展，留下不可磨灭的影响。台湾余光中在其《寻李白》中说李白"酒入豪肠，七分酿成了月光，剩下的三分啸成了剑气，绣口一吐就半个盛唐"，绝非诳语。

杜甫艺术创作的最高成就——即被人们所喜爱的、许多可以脱口而出的作品，还是其蜀中之作。入蜀后的杜甫眼前都是"新人民"和"山川异"，一种"陌生化"的审美效应，导致其作品中的"狂""野"词汇和意象（如碧海掣鲸、百丈青松）开始多了起来，其《绝句漫兴九首》充盈着"颠狂""轻薄""狂""造次"等词语；《江畔独步寻花》七首绝句，亦有"乱""美酒""舞绣筵""金盏""戏蝶""娇莺""骂春色""骂春风""骂燕子""又骂桃柳"等意象。杜甫在巴蜀大盆地生活10年左右，其蜀中诗占其全部创作的64%，这使人们把他视为"半个蜀人"。无论是成都诗，还是梓州阆州诗、云阳夔门诗，都显出他浓郁的巴蜀情结和强烈的革新思想。他在诗歌体式的试验与完善方面，贡献犹多。他的乐府诗，促成了中唐时期新乐府运动的发展；他的五七古长篇，亦诗亦史，标志着诗歌艺术的高度成就；他在五七律上积累了关于声律、对仗、炼字炼句等完整的艺术经验，使这一体裁达到完全成熟的阶段。其"沉郁顿挫"艺术风格的成熟就是在入蜀后完成的，杜甫自己就说过"晚节渐于诗律细"，韩愈《城南联句》说得更为言简意赅——

"蜀雄李杜拔"！杜甫自己也承认巴蜀风物和地域风习以及人文表征对他创作的直接作用，如"登临多物色，陶冶赖诗篇"（《秋日夔府咏怀奉寄郑监审李宾客之芳一百韵》）和"陶冶性灵存底物"（《解闷十二首·其七》）等。他因为"万里巴渝曲，三年实饱闻"，也因为"江山如巴蜀""全蜀多名士""蜀酒浓无敌"，遂使他的诗艺突飞猛进。

唐代蜀籍或长时间寓蜀的女作家有武则天、薛涛、黄崇嘏、花蕊夫人、李舜弦，在诗词文创作上皆有不菲的成绩。元代人辛文房《唐才子传》中记录巴蜀才子有陈子昂、李颀、雍裕之、李远、雍陶、薛涛和唐求。明代杨慎的《升庵诗话》卷十一，给出了一个唐代巴蜀作家的名录：

> 唐世蜀之诗人，陈子昂射洪、李白彰明、李馀成都、雍陶成都、裴廷裕成都、刘蜕射洪、唐球嘉州、陈咏青神、岑伦成都、符载成都、雍裕之成都、王严绵州布衣、刘瞱绵州乡贡进士、李渥绵州、田章绵州、柳震双流、阮咸成都、刘湾蜀人、张曙巴州、僧可朋丹棱、扈处辰蜀人、毛文锡蜀人、朱桃椎蜀人、杜光庭青城，若张蠙、韦庄、牛峤、欧阳炯，皆他方流寓而老于蜀者。

晚唐"花间词"的出现，昭示出中国文学一种全新的体式"词"正式进入文学殿堂，为后来的宋词大繁荣，开启了道路。晚唐蜀中词人有个人专集者多，温庭筠有《金荃集》《握兰集》，韦庄有《浣花集》，孙光宪有《桔斋集》《巩湖集》，和凝有《红叶稿》，李珣有《琼瑶集》等，此外，孙光宪的《北梦琐言》《荆台笔偏》，都是记载两蜀词人创作逸事的词学专著，

九、巴蜀情结　诗家气象

毛文锡的《前蜀纪事》和《茶谱》，亦是巴蜀文化积淀之作。前、后蜀两朝皇帝以自己的创作推波助澜对花间词的勃兴和繁盛起着重要作用。王衍擅作艳丽之词，曾集其艳词为《烟花集》200首，孟昶亦有词作传世，其《玉楼春》就被苏轼再次铺展发扬。这是第一个地域文学流派，作者都是生活在蜀中主要聚集于成都的文化人；这标志着中国文学史上一种新型文学体裁的全面实现，"词"体文学从此成为中国文学一种独立文体，流布至今。[①]他们有着明确的创作美学意识，宣称自己的开山创派是"李太白之应制《清平乐》词四首"。他们要达到的目标是"庶使西园英哲，用姿羽盖之欢；南国婵娟，休唱莲舟之引"。花间词人极尽工笔对深闺华美奢侈场景进行铺陈夸饰，宣泄人事飘浮、好景难再的离愁别绪，又在及时行乐思想导引下，以大胆放纵的笔调去绘写男女床笫之欢。大量描绘楼、阁、台、庭，以及屏、帐、枕、镜、被、衾、襦、裙等，并且极尽夸饰之笔，用金、银、玉、锦、珍、奇等极富质感和色彩的语词，去渲染其华丽、精致和珠光宝气乃至于丝织物的细腻滑润，以求最大限度地营造一种美的氛围。《花间集》出版于后蜀广政三年（公元940年）。它收录了从晚唐到五代间的18位词人的500首词，选录对象是蜀人或长期寓蜀者，除温庭筠、皇甫松、韦庄已卒，薛昭蕴、牛峤、张泌生卒难考外，集中所录者大多还健在。这本同处一城作家的"当代诗歌选"，拥拱着它的，是更多未被选入的有着相当数量的作家群体和创作数量。此时，李氏南唐方建国三年，冯延巳尚未成名，李煜年方3岁。

---

① 参见邓经武：《花间丽词：巴蜀文化美学的一次聚焦狂欢》，《中华文化论坛》2014年第7期。

（四）两宋文学中的剑南风骨

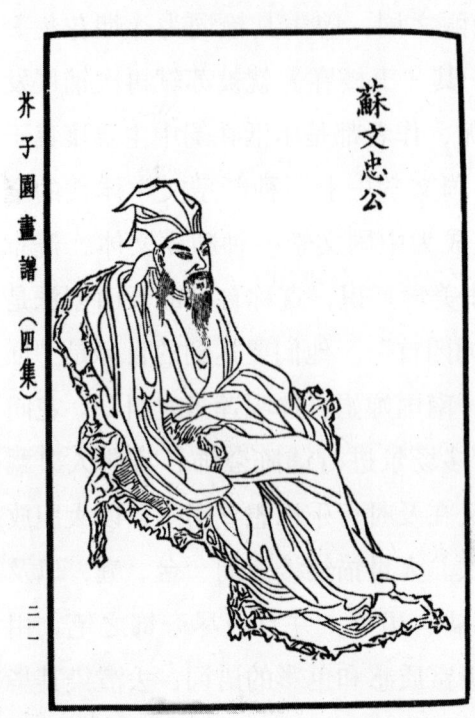

苏轼画像（选自清嘉庆二十三年刻《芥子园画谱》）

宋朝文学是中国文学从"雅"到"俗"的转变时期，主要体式有词、诗、散文、话本小说、戏曲剧本等，其中词的创作是宋代文学的主体并且成就最高。都市的繁荣，市民阶层的壮大，歌楼舞榭盛极一时，为文学艺术繁荣提供了更大发展空间。活字印刷使大量书籍迅速刊行，促进了文化知识的传播和交流。"皇帝与士大夫共治天下""宰相须用儒者"尤其是"不得杀士大夫及上书人"的宽松政治，使文人们自我实现的欲望，孵化为高谈激论和结党结派的社会风气。①古文运动的完成，儒学的复兴，理学的产生，宋词的兴起，方志学的形成，金石学的兴起，话本的产生与发展，佛教的中国化大众化，与官府传媒"邸报"相对立的民间"小报"的公开发行等，都是划时代的变革。这对社会整体文明程度的提

---

① 陈寅恪认为："华夏民族之文化，历数千年之演变，造极于赵宋之世。"见《金明馆丛稿二编》，上海古籍出版社1980年版，第245页。

九、巴蜀情结 诗家气象

升和促进知识阶层的扩大,作用甚巨。由苏轼、苏辙兄弟旗帜高举并获得众多文人追随的"蜀学",将一个相对完整、明显、强大的地方学术体系,置放于中华学术文化整体框架之中。巴蜀大盆地自西汉以降的以儒为主、融汇佛道,包括哲学、文学、史学、经学、宗教等的巴蜀学术文化,于此开始被世人所瞩目。

洪雅县人田锡,有"榜眼"功名,是宋代文学的开拓者和奠基人之一,文艺创作主张见于《贻宋小著书》《贻陈季和书》等。梓州铜山(中江县)人苏易简是宋代第一位蜀籍状元,与两个孙子苏舜元、苏舜钦,皆因文名显著而并称"铜山三苏"。"阆中三陈"陈尧叟、陈尧佐、陈尧咨因"兄弟状元""兄弟宰相"名噪一时。新繁(新都)人梅挚、成都华阳人范镇,以及文同、王珪、吕陶、张俞等,都在宋代文学大潮中有着自己的贡献。苏洵自称"西蜀匹夫",但"视同列者皆不胜己",是一生"尝有志于当世"却"久为天下之弃民,行年五十,未尝见役于世"。其文学创作以散文见称,尤擅政论,大多立论精辟,且能开门见山,发语惊人,笔势雄健,是宋人"以文为诗"的典型代表。他写有较多的长篇排律,亦即"以文为诗"的呈现,如长达110字的长篇五言排律《送陆权叔提举茶税》等。苏辙时人称"小苏",在文学上推崇"养气"说。文学创作以散文成就最高,行文之平稳淡泊似其貌,议论则反复曲折,穷尽事理,常能铺陈譬喻,情理兼到,波澜疏宕。诗歌创作风格以清丽见长,《诗病五事》对李白、白居易、韩愈、孟郊等有所批评,如说李白"华而不实",说"唐人工于为诗而陋于闻道"等。其《栾城集》存世。

苏轼在文学理论上,极为推崇创作灵感,谓"作诗火急追亡逋,清景一失后难摹"。他提倡"街谈市语,皆可入诗","意之所到，则笔力曲折，无不尽意"。这种重直觉，强调形象思维的论述，对后世文学理论建构影响极大。在词的创作上，苏轼不满于当时文坛纷扰于花间词派模式中，"出新意于法之外"另创新体，开创了词的豪放一派，写景、叙事、抒怀，议论说理，以及村夫农妇、民俗乡习等，皆纳入填词的审美范畴，从而扩大了词体的审美范围和艺术表现力。苏轼也有大量写得缠绵悱恻的婉约词，如《洞仙歌》《蝶恋花》《卜算子》《诉衷情》等。苏词最大的艺术特征是"波澜浩大，变化不测"，活泼多变，汪洋恣肆，具有鲜明的个性和独异的风格特征。他的诗"以文字为诗，以才学为诗"（严羽《诗辨》）和黄庭坚并称"苏黄"，开创了宋代诗歌新貌；在散文领域，他与父亲、兄弟并列为"唐宋八大家"之中，又和欧阳修并称"欧苏"；说绘画，其"诗画本一律"主张被后世标举并以善画枯木竹石而被人所宗，是中国文人画理论和实践的开创者；论书法艺术，他是"米蔡苏黄"四大家之一；在学术上，他熔铸儒、道、释三家，结合巴蜀文化传统思想，张扬起"蜀学"派大旗。他常常在作品中表现着故土情结："吾家蜀江上，江水绿如蓝""我家江水初发源，宦游直送入江海""我谢江神岂得已，有田不归如江水""瓦屋寒堆春后雪，峨眉翠扫雨余天"等名句，余如遂宁诗、阆中诗、戎州诗等，皆如是。

他嘲安石，讽程朱，对一切正统和规范乱开玩笑，"因嬉笑而成仇"树敌甚多，却仍能在"江上之清风""山间之明月"中得到乐趣，在"东坡肉""居有竹"的自然人生中闲庭信步。《东坡羹赋》《油水颂》《猪肉颂》《食豆粥颂》等诗作，都是用生动俚俗的口语"大白话"形式，描写普通群众日常人生的游戏之作。此外，《日喻》《黠鼠赋》《艾子杂说》等小品文，都

九、巴蜀情结　诗家气象

是以形象化的譬喻嘲弄世俗的杂文杰作；而《梁上君子》一文中的形象概括，则成为一类人物的代名词沿用至今。在朝廷政治纷争和官场倾轧中，苏轼能够做到随缘自适，达观处世。他宏博通达的学识才华和饱经忧患的人生体验，蒸腾于文学创作之中。他的通脱、达观、发达、率直、真诚，兼容并包的大家气度，既深情婉媚又雄浑阔大的艺术境界以及诙谐诡谲、化俗为雅的幽默风趣，为我们展现了可贵的生存方式和一种人生形态的辉煌。

苏轼第三子苏过，时人称为"小坡"，有"苏氏三虎，季虎最怒"的雅誉，有诗文集《斜川集》传世。眉山人程垓，现存词约150首录于《书舟词》。普州（安岳县）人冯山，存诗十二卷录于《安岳集》。井研（今仁寿）人李新，诗词文收录于《跨鳌集》。丹棱人唐庚，今传《唐子西集》24卷。仙井监（仁寿）人韩驹，是"江西诗派"重要成员，有《陵阳先生诗》四卷传世。简州（简阳）人张孝祥，是南宋蜀籍状元，他的诗有宋诗的明显气质，学杜，学苏，承受江西诗派影响，有《于湖集》和《于湖词》。成都广都（今双流）人宇文虚中，仕宋时作品存留不多，主要抒发个人的羁旅闲愁。入金被囚期间诗风一变，每多感愤之辞，今存诗50余首，收入《中州集》和《全金诗》。德阳人李流谦，有《澹斋集》。王灼、计有功、魏了翁、吴泳、程公许、史尧弼、牟子才、高斯得、家铉翁等蜀籍文人，都在文化创造领域有自己的贡献。

拥有一个煊赫的巴蜀名号"涪翁"的黄庭坚，50岁时被贬至涪州（今重庆涪陵区）、黔州（今重庆彭水县及黔江区），再任职于戎州（今宜宾市），历经了长达6年的蜀中生活，创作出120多首诗词，撰写了《大雅堂记》并书写300多首杜甫诗碑。当时的周必大把蜀中生活对黄庭坚的影响说得更清楚："世皆言文人流落不偶，乃刻意著述，而不知巫峡峻峰激流之势，有以助之也。山谷自戎徒黔，身行夔路，故辞章翰墨日益超妙。"黄庭坚与当地人交往频繁，这个江西人不经意间也学会四川话如："老子平生，江南江北，最爱临风曲。孙郎微笑，坐来声喷霜竹。"（《念奴娇》）他入蜀之后其词风豪迈、旷达，笔力纵横、雄壮，风格更近于苏轼，如《念奴娇》（断虹霁雨）等，而《醉蓬莱》（对朝云叆叇）词甚至被评为后期代表作。黄庭坚入蜀后诗作简放自然、平淡质朴。这一蜕变给予"江西诗派"的陈师道、陈与义、徐俯、谢逸、王直方、潘大临、吕本中以及方回等创作以启迪，并直接影响着宋代文学的发展。受命入蜀主政的范成大是极为兴奋的："成都以名都乐国闻天下，予幸得至焉。"（《桂海虞衡志·序》）"石笋新街好行乐，与民同处且逢场"，是他对主蜀时在成都进行大规模建设的记录。其晚年有百余首咏峨眉山风景人事的诗作，见于《石湖居士诗集》。范成大现存巴蜀诗总量为199题213首，占其诗总量的10%。其散文《吴船录》书名源于杜甫"门泊东吴万里船"，是他由成都乘船回京城杭州，沿途所见山川风物和名胜古迹的记录。

　　陆游入蜀是受命履职，兼有"万里西游为觅诗"。前40多年创作"山重水复疑无路"的多方探索，进入蜀中顿觉"柳暗花明又一村"！比较其早期的"奇巧"和晚期的"平淡"，世人充分注意到陆游入蜀后的"宏肆""雄浑沉着"等艺术创新，因此给予"小李白"之誉。陆游回顾蜀中生活对创作的影响有吟："六年成都擅豪华，黄金买断城中花。醉狂戏作春愁状，素屏纨扇传千家。当时说愁如梦寐，眼底何曾有愁事"（《后春愁曲》）、"二十年前客成都，酒徒诗社尽豪英，才名吏部倾朝野，意气成州共生死。废园探梅常共醉，遗祠访柏亦俱行，即今病卧寒灯里，欲话当时涕已倾"（《思蜀》）。陆游是宋代留存作品最多的作家，但其最重要的艺术创作时期是在巴蜀。"地胜顿惊诗律壮"，一旦身处巴蜀地域文化氛围之中，他顿觉"诗家三昧忽见前"。如"忆昔遨游蜀汉间，五十尚朱颜""当年走马锦城西，曾为梅花醉似泥。二十里中香不断，青羊宫到浣花溪""突兀球场锦绣峰，游人仕女拥千重""鼓吹连天沸午门，灯山万炬动黄昏"。陆游注意到黄庭坚词作中自称"老子"，他也学会了"四川话"："老子今年懒赋诗，风光料理鬓成丝。"他不仅把自己的诗集命名为"剑南（四川）诗稿"，更把蜀中所获的"放荡的老头"（放翁）名号使用终生，并且不无夸耀地宣称"门前剥啄谁相觅，贺我今年号放翁"。他"自计前生定蜀人""锦城旧事不堪论，回首繁华欲断魂"，乃至于"未尝举箸忘吾蜀"，甚至想到"不死扬州死剑南"。陆游晚年曾对儿子说，巴蜀"古今类多名人，苟居之，后世子孙，宜有兴者……乐其风土，有终焉之志"。（《剑南诗稿》陆子虡跋）陆游还有记录入蜀见闻日记体散文《入蜀记》6卷。

杨万里的"诚斋"，得自于蜀人张浚"正心诚意"的勉励题赠，故以之自名书室，这是又一个名号与巴蜀有关的例子。杨万里创作中与蜀相关的作品亦多，如《登牛者峨眉亭二首》《白头吟》《次东坡先生蜡梅韵》《跋眉山程仁万言书草》等。宋代入蜀文人或治蜀掌权的有：田况、范成大、宋白、张咏、蒋堂、宋祁、赵抃、石介、文彦博、张方平、王十朋、韩琦、范纯仁、黄庭坚、毕仲游、韦骧、李复、刘弁、王曙、京镗、张焘、程戡、张方平等，他们都全心全意地为蜀地的经济发展和文化繁荣而努力，且都有诗词文歌咏蜀中人物和民俗风情。如担任四川安抚制置使兼知成都府的京镗，就有"岁月晚，霜风急。嗟老子，为行客。念昔陪班缀，今亲辞色"（《满江红·次潼川漕刘殿院韵》）等。著名"通俗歌手"柳永，以《一寸金·成都》如此吟唱道：

> 井络天开，剑岭云横控西夏。地胜异，锦里风流，蚕市繁华，簇簇歌台舞榭。雅俗多游赏，轻裘俊，靓妆艳冶。当春昼，摸石江边，浣花溪畔景如画。梦应三刀，桥名万里，中和政多暇。仗汉节，揽辔澄清，高掩武侯勋业，文翁风化。台鼎须贤久，方镇静，又思命驾。空遗爱，两蜀三川，异日成嘉话。

（五）元明清文学与西蜀才俊

宋元易代战争对巴蜀造成巨大破坏，一批文化人纷纷外迁，他们身处"吴中"却在价值选择和文化认同上皈依"我蜀"。元代巴蜀文学创作，主要成就还在"流寓文学"。清人钱大昕《补元史艺文志》卷四统计的巴蜀作家，就有虞集、牟巘、邓文原、谢端、宇文公谅、程郁、支渭兴、王安民、杨如山、师余、任诏、王元明、刘有庆、徐梦吉、标龙游人等。此外还有袁介、蒲道源、曾允元、任士林、刘天迪、王学文、家铉翁等。青城人杨朝英编有《乐府新编阳春白雪》10卷，《朝野新声太平乐府》9卷，是元人选元曲之第一人。《全元散曲》辑有其小令27首。主要肇始于巴蜀西部甘孜地区的《格萨尔王传》，在元代写定完型，并开始在全国广泛流传。

"元诗四大家"居首的虞集，祖籍蜀中仁寿县，同时代的

九、巴蜀情结 诗家气象

欧阳玄在《雍虞公文序》中说："宗庙朝廷之典册，公卿夫之碑板，咸出公手，粹然自成一家之言，如获拱璧。"虞集的词现存31首，多收录于《全金元词》。千古名句"杏花春雨江南"，出自《风入松·寄柯敬仲》：

> 画堂红袖倚清酣。华发不胜簪。几回晚直金銮殿，东风软，花里停骖。书诏许传宫烛，轻罗初试朝衫。御沟冰泮水挼蓝。飞燕语呢喃。重重帘幕寒犹在，凭谁寄，银字泥缄。报道先生归也，杏花春雨江南。

"我家蜀西忠孝门，无田无宅唯书存""蜀山嵯峨归未得"

明·陈洪绶绘《什庵簪花图》
（北京故宫博物院藏）

等，都呈现出浓厚的思蜀之情。其艺术风格典雅精切，格律谨严，于精切典雅中见沉雄老练。今存收录其诗、文、词的《道园学古录》50卷和有《道园集》传世。原籍绵州的邓文原，幼年随父亲徙居钱塘，在南宋末参加科考，在"流寓"蜀士中居第一。他在中国文化史上的地位，主要在书法绘画领域。现存诗文多为奉和酬唱之作，诗集中题画诗较多，文集中又多为碑铭序记。其留存的约130首诗主要收录于《素履斋稿》。元代末成都华阳人费著，其《岁华纪丽谱》开篇即说"成都游赏之盛，甲于西蜀，盖地大物繁而俗好娱乐"，是研究唐宋元成都社会及民俗的著作。两次入蜀的元初诗人汪元量，现存诗歌480首，其中蜀中诗歌63首见于其《湖山类稿》《水云集》中。元代其他著名文化人如元好问、杨果、马致远、揭傒斯等，都有歌吟巴蜀之作。

《四川通志·经籍志》载，明代蜀人有别集者232家，清蜀人有别集者236家。如明代"著述第一人"的状元杨慎，以及与杨并称"蜀中四大家"的任翰、熊过、赵贞吉，"后七子"成员张佳胤，"闺阁诗人"黄峨，"景泰十才子"成员晏铎，"父子宰辅"陈以勤、陈于陛，明代蜀中唯一的榜眼周洪谟，以小说《效颦集》3卷名世的赵弼，"吴中四杰"杨基和徐贲等。旅居外省的杨基，以原籍为号称"眉庵"并将自己的作品命名为《眉庵集》，则正是出于对巴蜀故土的皈依意识以及对巴蜀文化的认同，诗文中常有"西蜀杨基""汉嘉杨基"等署名题款。徐贲是"明初十才子"和"吴中四杰"之一，诗有《北郭集》。赵弼的价值在于体现了蜀中作家对小说这一新型文学题材的尝试实践，有传奇小说集《效颦集》。富顺县人晏铎，是明代重要文学群体"景泰十才子"之一，著有《青云集》。铜梁县人张佳胤，为明文坛"嘉靖后五子""后七子"之一，其诗歌以七律、五律和七言古诗最具代表性，其作品主要见于《崌崃集》。长宁县人周洪谟，著有《南皋子集》何《箐斋集》。方孝孺、薛瑄、王士性、钟惺、冯梦龙、凌濛初等，都以自己的巴蜀书写，为人所重。

被世人誉为"明代三大才子之首"的杨慎，状元出身，满腹诗书的才子气和大胆冲破既有藩篱的豪气，是完成"百科全书"式文化创造的性格基础，如《四库全书总目》指出："慎以博洽冠一时，其诗含吐六朝，于明代独立门户。"《全蜀艺文志》是他编辑的一部有关四川的诗文总集。其"博雅宏丽"的诗风和"俊而葩"的散曲风格,以及"以曲入词"现象,都受到读者的欢迎。杨慎的雅文学创作有诗、文、赋作品及其他笔记类学术著述,诸如《丹铅总录》《丹铅续录》《谭苑醍醐》《艺林伐山》等学术笔记;其俗文学则包括弹词、杂剧、文言小说、散曲和民歌谣谚等,尤其是对于新兴的文学样式如弹词等讲唱文学更是情有独钟。他创作有散曲《陶情乐府》和《陶情乐府续集》,有杂剧《洞天玄记》,有弹词《廿一史弹词》;他辑录了民歌民谣如《古今谚》《古今风谣》等文学作品。杨慎之妻黄峨,擅长散曲,被誉为"曲中李易安",有文集传于世。杨慎之父杨廷和有《杨文忠公三录》《石斋集》等存世。

南充人任瀚,"嘉靖八才子"之一。又与新都杨慎、富顺熊过、内江赵贞吉,合称"蜀中四大家",其作品主要收录于《任司直诗钞》,著有《春坊集》《钓台集》《任文逸稿》等。富顺人熊过,亦为"嘉靖八才子"之一。作品多收录于《南沙文集》。内江人赵贞吉,《明史》载其"学博才高,然好刚使气,动与物忤",著述有《赵文肃公集》《赵太史诗抄》等。乐山人安磐的作品流传不多,清代王渔洋惋惜他"风神独绝,而世罕知之"。内江人高世彦,有诗文集《自得集》,清末傅增湘选录的《明蜀中十二家诗选》,共收录高世彦诗歌近百首。南充人黄辉是任瀚的学生、为标榜性灵的"公安派"的重要作家之一,其遗著有《铁庵集》《平倩逸稿》等。遂宁人吕大器是明代末期的"东川相国"兼西南战区总督,亦是极有成就的诗人。李调元《蜀雅》评之为"音旨俱极凄壮,逼似少陵",著有《东川诗草》《塞上草》《次梅集》《东川文集》。明代曹学佺《石仓十二代诗选》辑录有南充陈于陛的《万卷楼集》和陈以勤的《青居集》、乐山王毓宗的《玉磬山房遗稿》、简州曹日唯的《江园蔓草》等四本诗集。

在清代，成都费密、费锡璜父子"三费"、丹棱彭端淑昆仲"三彭"，罗江李调元和李鼎元兄弟"三李"，遂宁张问安和张问陶及问彤兄弟"三张"，"通江三李"的李蕃、李钟璧、李钟峨，"安岳三张"的张象枢、张象翀、张象华等，皆自成一家，有盛名于当时。家族作家群现象，在清代蜀中尤为明显。他们共同为巴蜀文学再度辉煌争得了莫大荣耀，正如梁启超所说"我国里头四川和江西，向来是产生大文学家的所在"。仅以不见经传的作家为例，就有刘慈的《鹭溪集》、龙为霖的《松荫堂文集》10卷和《橐驼集》2卷、周开封的《诗影》和《诗铄》、胡超的《军余纪咏》1卷、王清远的《修竹堂文集》、李惺的《西沤文集》、李世菜的《天瘦阁诗半》6卷和《天补楼行记》以及《同沤馆随笔》8卷、钟云舫的《振振堂集》、陈景星的《叠岫楼诗草》等，难以尽叙。康乾时期的郫县人许儒龙，现存诗歌约700首，交往的文友有新繁杨宏绪、杨玉山兄弟，彭县张希先、张学先，华阳毛翥苍，崇宁蔡时田、蔡时豫，温江韩崍等。光绪间绵阳人孙桐生编《国朝全蜀诗钞》，就列有清代蜀中作者362人。

"诗词雄川西"的费密文学成就，主要体现于《燕峰文集》《诗余》《燕峰诗钞》等作品集。作品抒写亲身经历，感情真挚，意境深远，文笔清新，朴实自然。费密的《荒书》是关于明清换代之际战乱尤其是他对蜀中社会惨景的亲历见证，具有极高的史料价值。费锡琮的名句"大江流汉水，孤艇接残春"为世人称道，著有《白鹤楼集》。费锡璜自称"有诗五千，文二百"，著有《道贯堂文集》《掣鲸堂诗集》。遂宁人吕潜是晚明兵部尚书吕大器之子，有"诗书画三绝"之誉，有《怀归草堂集》约

170首、《守闲堂集》约160首、《课耕楼集》约80首。达州人唐甄，是清初顺治年举人，与王夫之、黄宗羲、顾炎武并称明末清初"四大著名启蒙思想家"。其《潜书》以知识分子的卓识和敏锐，激烈地批判君主专制制度，其启蒙思想对文学的个性表现和性灵抒发的启迪作用。遂宁人李仙根，系清代四川唯一榜眼，撰有专书《安南使事纪要》《安南杂记》和《出使安南回朝》等纪行诗词。胡世安、李长祥、李以宁、傅作揖、何人鹤、孙赞 江国霖、李天英、周煌、唐乐宇、杨庚、孙鋕、张邦伸与张怀滩兄弟、马士骐、丈雪通醉等，都有大量诗文创作流传于世。绵阳人孙桐生编纂的《国朝全蜀诗抄》，是清代四川诗歌总集。

"遂宁三张"张问陶与兄问安、弟问彤同享盛名。张问陶在文学领域与袁枚、赵翼合称清代"性灵派三大家"，被誉为"青莲再世""少陵复出"、清代"蜀中诗人之冠"，有《船山诗文集》《船山诗草补遗》等，存诗3500余首、书画作品1000余件；"丹棱三彭"彭端淑和兄弟肇洙、遵泗皆进士及第。彭端淑将清代巴蜀作家作品搜集成集，编就《国朝蜀名家诗钞》，著有《白鹤堂文稿》《晚年自订诗稿》《白鹤堂诗话》《雪夜诗谈》等。彭遵泗将传说和文献记录整理为表现"张献忠屠尽川人"的《蜀碧》，常被世人引用。"绵州三李"的李调元、李鼎元、李骥元，以李调元名声最显。李调元为人旷达通脱，性好谐谑，世间流传大量有关他聪慧机敏、文思泉涌的故事传说。袁枚曾赞美他"西蜀多才君第一"。他的文化建树包罗历史、考古、地理、文学、语言学、音韵学、金石学、书画、农艺、姓氏学、民俗学等的研究成果。其在戏剧美学理论的系统整理和研究著述，特别是其躬耕于舞台实践的壮举以及"日挈伶人，逾州越县"演出，对"川剧"的发展兴盛，意义极大。《蜀雅》是李调元编纂的一部地域性断代体诗歌总集。①

入清以后以王士禛领衔，包括宋琬、杨潮观、吴省钦、王培荀、王闿运、张澍、吴伟业等入蜀诗人，都有大量的歌咏巴蜀之作。

---

① 子规：《巴蜀文化断想》，载《文史杂志》2009年第1期。

十、风云际会　共谱华章
——异彩纷呈的近现代文学

（一）西风东渐里的近代文学

1840年中英鸦片战争开始，以及"西风东渐"萌生的新因素，中国文学逐渐地具有了"世界"视野：在表现符号体系上开始逐渐地通俗化和白话化；在思想内容的表现上，自由民主平等博爱意识渐渐浓郁；文学体式方面，传统的格律诗词逐渐消隐，小说戏剧逐渐成为文坛主流形式。面对西洋文化的影响加剧，京城、成都、重庆等地四川文化人组织"蜀学会"，创办《蜀学报》《蜀报》《四川》等刊物，借以重造中国文化。廖平学术生涯"六变"创造轨迹和学术思想，影响着康有为、梁启超等的"变法"理论并作用于近代中国社会文化的变革，也成为"五四"时期吴虞、郭沫若等新文学作家的大胆创新、不断进取的思想前提，并开了现代"新儒学"的先河。廖平的《诗学质疑》与《四益诗说》等文学理论著述、宋育仁的《三唐诗品》以及新闻学传播思想等，都呈现着近代中国文化嬗变期的鲜明特征。

巴蜀近代文学的最初构成，就由京都"同光诗坛"中蜀籍诗人赵熙与林山腴、维新派杨锐与刘光第的诗文创作、旅日留学生邹容、雷铁崖、吴玉章等的"反满革命"文学，还有状元骆成骧为代表的成都"五老七贤"诗文，以及巴蜀竹枝词与民间创作等为主要内容。赵熙与林山腴以及成都"五老七贤"还有留日学生群体的反满革命作品，继续沿着传统诗、词、文的路子行进；邹容、李宗吾、刘师亮、吴虞、曾兰、李劼人等则开始着"由雅趋俗"的文体变革和新思想宣传的尝试。汪辟疆在论述晚清全国诗坛情况时指出："近代诗家，可以地域系者，约可分为六派：一湖湘派；二闽赣派；三河北派；四江左派；五岭南派；六西蜀派"，"今蜀中诗人之卓然自立者，并能本山川之灵秀，发轶世之清辞"。①

荣县人赵熙是京都"同光诗坛"重要作家与"西蜀派"代表人物，诗、词、文、戏剧等创作，都以鲜明的特色和精美的艺术风格，以及充满时代特征的情感书写，卓然而立。其作品多汇录于《香宋词集》（1917年）、《香宋诗前集》（1956年）等。富顺人宋育仁于1897年创办四川的第一份现代型报纸《渝报》，介绍世界政治经济新潮，宣传改良主义思想。他出任英、法、意、比四国公使参赞（副使），考察西方政治、经济、工商业、社会和思想文化，在回国后撰成《法意钞案》。他《三唐诗品》论述唐代诗作的研究著述。其著作有《问琴阁文录》《问琴阁诗录》《哀怨集》等。此外，这一时期集辑行世的川人作品有骆成骧的诗文集《清漪楼遗稿》、徐炯的《霁园丛书》、吴之英的《寿栎

---

① 汪辟疆：《汪辟疆说近代诗·近代诗派与地域》，上海古籍出版社2001年版，第44页。

庐丛书》、刘咸荥的《静娱楼诗文存》、方旭的《鹤斋诗存》、顾印愚的《顾印愚诗集》、顾复初的《顾复初诗文集》等,都是沿着传统格律行进的旧体文学。灌县羌族文人董湘琴著有《百花潭诗集》《腕腴精舍词赋》等,其长篇歌行体记游诗《松游小唱》,语言通俗、行文畅达,写景状物叙事,极富形象感。

(二)凤凰涅槃中的"五四"文学

文学是一个动态的过程,按发生学理论,文学发生是多种因素作用的结果。川中战乱和战乱中社会民生的艰辛,就成为作家创作反映的重要内容。郭沫若的大胆反叛,巴金的愤怒控诉,李劼人、沙汀的冷峻批判,何其芳的忧郁,陈铨的狷介愤激等,都是呼吸着这种地域风习的自然结果。

新繁(今新都)人吴虞学说中关于政治革命、思想革命、家庭革命的内容,正是"五四"新文化思想的特征体现,陈独秀、胡适赞誉其为"中国思想界的清道夫""四川只手打倒孔家店的老英雄"。吴虞的论文《吃人与礼教》与鲁迅的小说《狂人日记》构成了时代的最强音。吴虞的七言绝句与律诗曾名噪一时,主要收录于《秋水集》。其著述还有《吴虞文录》《吴虞文集》,编有《蜀十五家词》《宋元学案粹语》等。20世纪中国新文学的序幕,是1906年由成都人曾孝谷、重庆人唐濂江在日本东京发起的"春柳戏剧"拉开的。曾孝谷创作的《黑奴吁天录》(1907年)被公认为"中国话剧第一个创作剧本",那反民族压迫、颂扬反抗斗争的思想,以及改变移植《茶花女》对人格尊严的张扬和婚姻自主的要求,正是20世纪中国文学的两大基本母题。广安人蒲殿俊是"四川保路风潮"的领导人,与张澜共同创办的北京《晨报》是传播新文化思想的四大报刊之一。蒲伯英有《戏剧之近代的意义》《我主张要提倡职业的戏剧》等理论文章,六幕剧《道义之交》和四幕剧《阔人的孝道》,是"五四"时期难得的现代戏剧(话剧)佳作。同盟会员刘长述(觉奴)描写四川保路运动和辛亥革命事件的《松岗小史》(1915年),则是现代四川文学在中长篇小说体式上的初试。曾兰的短篇小说《孽缘》(1914年)和《铁血宰相俾士麦夫人传》(1912年),李劼人的短篇《游园会》(1912年)等,都是以现代白话文为符号载体,宣传现代思想的作品。王光祈、周太玄、李劼人、曾琦等蜀人发起创办《少年中国》《少年世界》等,乃是"五四"新思潮的重要刊物。他们作品均是初期新文学实绩的体现。

"五四"时期寓居京沪的一群川籍青年聚合为"浅草—沉钟社"。资中人林如稷1920年始在北京《晨报》发表短篇小说《伊的母亲》《死后的忏悔》,泸县人陈炜谟亦著有小说《狼筅将军》《破眼》《夜》《塞堡》等,重庆人陈翔鹤的小说多收录于《不安定的灵魂》中。李开先小说《埂子上的一夜》在一个绑票事件的叙述中,大量使用蜀中流行的袍哥语言和蜀方言,涪陵人高世华则有《沉自己的船》《绝处逢生》等问世。这批川籍青年作

青年郭沫若(1911年摄于成都)

家都获得过鲁迅、茅盾等的赞赏。鲁迅在《新文学大系·小说二集导言》里评述这个群体说："他们的季刊,每一刊都显示着努力;向外,在摄取异域的营养,向内,在挖掘着自己的灵魂,要发现心灵的眼睛和喉舌,来凝视这世界,将真和美唱给寂寞的人们。"该群体中的王怡庵、马静沉、陈竹影、赵景深等,也都有作品流传。

古蔺人邓均吾的《白鸥》(1923年)等诗以"清新流丽"(郑伯奇语)、"诗品清醇"(郭沫若语)而被人注意。作者还翻译过海涅诗、《歌德传》等。遂宁人敬隐渔将鲁迅、郭沫若、茅盾、郁达夫、冰心、落华生、陈炜谟等作家的9篇作品翻译为法文的《中国当代短篇小说家作品选》(1929年),由巴黎理埃德尔书局出版。他自己亦有小说集《玛丽》(1925年)出版。仁寿人黄鹏基的短篇集《荆棘》(1926年)收录短篇小说11篇,被鲁迅称赞为"用流利而诙谐的语言,暴露、描画、讽刺着各种人物,尤其是智者层",上海光华书局出版过他的独幕剧本《还未过去的现在》(1928年)。刘涟清先后发表的小说被集辑为《黑屋》(1937年)出版。

20世纪中国文学的正式突破是新诗的确认,具有里程碑意义的标志是郭沫若的崛起,而郭沫若却是在康白情的诗作诱发之下开始创作的。安岳县人康白情自1919年发表《雪后》《先生和听差》等开始步入诗坛,其作品多收于1922年3月出版的诗集《草儿》中。康白情于1920年3月《少年中国》上刊发的长文《新诗底我见》,对中国新诗的繁荣发展,有着重要影响。赴日本学音乐后回到成都从事音乐教学的叶伯和,将自己80余首"白描的歌"辑录成《诗歌集》出版,成为20世纪新诗史上继胡适《尝试集》之后第二本正式出版的诗集。他发起组织的"草堂文学研究会"及所创办的《草堂》杂志（1922年），受到周作人、茅盾和郭沫若的关注和称誉。江津人吴芳吉的《婉容词》（1919年）以"新歌行体"的创新试验，兼有通俗畅达与含蓄典丽之长，在中国社会尤其是青年知识分子中激起强烈共鸣。他自编有《白屋吴生诗稿》（1929年）。他逝世后，挚友吴宓等为其编订《吴白屋先生遗书》（1934年）等。

在20世纪中国文学史上，乐山人郭沫若（1892—1978），在新文化建设、新文学开创方面的巨大贡献，以及在中国现代诗歌、戏剧、小说、散文等领域的大胆实践和模式建构，都具有里程碑的意义，因而被视为与中国现代文学开山者鲁迅拥有同样的成就、地位。郭沫若文艺美学思想的核心，是崇尚自我表现，张扬个性，强调真情自然流露的"直觉"。他的诗歌真正做到了"形式上绝端的自由，绝端的自主"。《凤凰涅槃》中"凤歌"的雄浑激越，"凰歌"的哀怨婉约，长短错落的诗体和大量排比句式的设置，都贯融着对旧世界的愤怒批判和对新人生的强烈向往。一部《女神》以宇宙为对象的恢宏审美观照，使山川草木、海洋高山、太平洋与长江黄河等天宇苍穹意象并举，庄、老、孔与斯宾诺莎、达尔文、马克思、卢梭等古今伟人同现，以及凤凰天狗等神话传说与轮船火车电报等现代科技交辉，都成为反帝反封建民主自由思想的艺术符号。而《星空》《瓶》等诗集，则是郭沫若对诗体凝练浓缩的新尝试，生命体味的沉思和对青春将逝的迷恋。《战歌集》《前茅》等表现着对"粗鲁的诗"的探索以应和"革命文学"浪潮的需要。散文《小品六章》，用清新、优美、洗练和流畅的文笔，抒发着对青春的欢愉和执着，并流露着特定时代中的凄清苦寂心绪。在20世纪40年代尖锐激烈的政治斗争荡涌中，郭沫若文学创作的第二个高潮就以戏剧的形式呈现出来,《屈原》《虎符》《高渐离》《棠棣之花》《南冠草》《孔雀胆》六部史剧,立足于历史与现实"惊人相似"之点,通过塑造屈原、高渐离、聂嫈姐弟、夏完淳等仁人志士为真理为正义奋斗献身,通过剧中人物爱与恨、生与死、公与私的情感冲突,表现着当时中国"时代的愤怒"。郭沫若在80余年的人生历程中出版了近200部著述,留下皇皇大论达2400万字,在哲学、史学、文字学、文化学和文学等诸多领域都取得了令人仰视的成就。其诗歌、散文、戏剧创作为现代中国文学的发展提供着范式,从而对20世纪中国文化的建构产生着强烈的影响。

(三)世纪动荡间的现代文学

巴金纵贯大半个世纪的文学创作的基本内容,是将"人"置放于家庭、社会、世界潮流的矛盾冲突中,从政治解放、伦理解放、人性自由的解放这三大层面去思考。从《灭亡》《新生》的时代愤激开始,无论是取材于"家内人生"的"激流三部曲"及《憩园》《寒夜》,还是描写"家外人生"的"爱情三部曲""抗战三部曲",以及取材于异域人生的短篇集《复仇》《光明》《将军》《利娜》和象征寓言小说《海底梦》《幽灵》《狗》等,都毫不例外地表现着巴金对美好人性、青春生命的热情颂赞和对一切黑暗腐朽势力的愤怒批判。巴金小说在语言艺术实验中,以直白、畅晓、热情充盈的情感宣泄,树立了现代文学语言艺术的优秀范例。"激流三部曲"中"成都巷战"对蜀中军阀混战现实的描写,"血光之灾"及驱鬼、丧葬的陋习和"元宵舞狮"的民俗展现,还有对四川方言的运用,都在刻画巴蜀大盆地那"中世纪"闭塞、落后和愚昧的社会历史状貌和文化特征。其晚年的《随想录》从对封建专制主义的挞伐和对人类丑恶本性的批判，到对正义、真理、美好人性的颂扬，都是他对中国社会思想文化的"世纪末清扫"的可贵贡献。

出生于成都市民家庭的李劼人，自1912年发表短篇小说《游园会》始，以《盗志》《做人难》等系列短篇及《夹坝》《儿时

李劼人塑像（在成都市菱窠西路李劼人故居纪念馆。汪毅摄影）

影》等小说,进行社会人生的"实摹"与新型小说技巧手法的尝试。李劼人赴法国期间,先后翻译了莫泊桑、都德、福楼拜、左拉、罗曼·罗兰等著名作家的作品,归国后的短篇《好人家》和《编辑部的风波》等,受到鲁迅、茅盾的推崇。他于20世纪30年代创作的"辛亥三部曲"之《死水微澜》中关于封建专制的衰落,民间帮会势力的壮大,教民力量的兴起,社会道德心理的变易等,都集中地通过袍哥首领罗歪嘴、土财主顾天成、村姑蔡大嫂三个人物的性格塑造来展现。《暴风雨前》着眼于民智渐开的四川动荡社会状貌,全面展示辛亥革命前夕中国社会各阶层、各政治势力在历史剧变中的种种表现。《大波》以恢宏的构架,广泛的社会描写和众多的人物群像,言必有据的史实穿插,完成了超长篇"大河小说"体式的实验。在他的笔下,成都近郊小场镇集市的喧闹、成都东大街灯会、青羊宫庙会、劝业场吃茶、下莲池贫民的窘况等社会场景描写,以及蜀中婚丧嫁娶、饮食菜肴、陈设居室和街道地名的描写,还有对典章掌故、事物沿革的考证,都呈现着浓郁的地域文化特征。[①]

沙汀第一部短篇集《法律外的航线》(1932年)以及随后的《土饼》集,力图表现共产党领导的革命斗争和群众的抗日热情;于20世纪40年代奔赴华北的中篇《闯关》直接描写抗战的作品,可惜都不成功。而《丁跛公》《兽道》等对巴蜀农村基层官吏杂役粗俗、贪婪和残暴行为的绘写,以及对反动军阀肆虐残害民众的揭露,尤其是穿插蜀中袍哥帮会势力在社会政治活动中的作用,从而成功地绘写出中世纪般闭塞愚昧和阴冷的大盆地

[①] 参见邓经武:《论李劼人小说的巴蜀文化因子》,载《四川师范大学学报》1994年第4期。

的人生状貌。沙汀的代表作《在其香居茶馆里》通过小镇联保主任与乡绅豪强邢幺吵吵关于抓丁问题的矛盾,通过"不忌生冷"与"软硬人"两个独特性格的矛盾交锋,将冲突安排得波澜迭起,又通过陈新老爷、张三监爷、俞视学等人物的穿插,使整个故事情节张弛有致,结尾的"突转"更使小说呈现着强烈的喜剧效果。长篇《淘金记》以抗战时川西北农村北斗镇为背景,围绕着开采烧箕背金矿的矛盾冲突,广泛地展示国统区官吏大发国难财和腐败成风的黑暗现实。其客观冷峻叙述中让人物自行表现的形象塑造手法,还有那浓郁的巴蜀民俗场面和大量巴蜀方言的使用,呈现着浓郁的民族本土化和巴蜀地域文化色彩。沙汀晚年于20世纪80年代推出的《青杠坡》《木鱼山》《红石滩》三部中篇,是他回归自我艺术个性的体现。

  1925年,艾芜离开家乡"南行",漂泊于中国西南地区和东南亚各地,这些都汇聚于短篇集《南行记》《海岛上》等对中国西南边陲和东南亚异域风情的绘写,尤其是对一群挣扎于社会底层的"化外之民"人物的表现和歌颂。而《咆哮的许家屯》《左手行礼的士兵》《夜景》《张福保》《山中送客记》等,表现当时中国社会阶级斗争和揭示民众苦难的作品,带有"红色三十年代"政治批判内容。抗战时期艾芜陆续出版了《逃荒》《萌芽》《秋收》等小说。他的代表作《石青嫂子》对南方乡村景物、主人公内心活动的描写,体现出作者的艺术新特色。40年代的三部长篇《丰饶的原野》《故乡》《山野》,展现了抗战中错综复杂的民族矛盾和阶级矛盾,对农村的阶级关系有比较深刻的描绘。50年代开始艾芜紧追时代大潮,先后出版了工业题材长篇《百炼成钢》(1958年)、旧话新说的《南行记续编》(1964年)和《南行记新篇》(1983年)《春天的雾》(1985年)、《风波》

（1987年）等。

何其芳诗歌创作是从《汉园集·燕泥集》（1936年）开始的，1945年又推出诗集《预言》。他悲吟着秋天的相思，绘画着透明的忧愁（《秋天》），咀嚼着往昔的记忆，叹息着轻柔的寂寞（《昔年》），在缥缈的爱情中感味人生的寒冷（《爱情》），幻想着夏夜的微笑和甜蜜的私语（《夏夜》），在思忆、赠言、感喟中，充盈着梦境、病中、古城、风沙、花环、白鸽、鹦鹉等意象。他的散文诗集《画梦录》展示极具个性的"独语"和"梦中道路"艳秾华丽的奇幻。众多优美神奇的意象在强烈的情感浸润下，图案、物象、梦幻、典故、人物又无不成为他感味人生的符号，彰显出他特有的"独语"个性。20世纪40年代延安时期的《夜歌和白天的歌》《我为少男少女们歌唱》《生活是多么广阔》，是何其芳开始面向更切实人生的情感变移。《星火集》等作品体现着一个革命者政治思想的成熟和一个独异个性作家的迷失。

简阳人罗淑是20世纪30年代文坛上突然跃升星空、光华四溢而又迅疾消失的一位女作家，留给世人的只有《生人妻》《地上的一角》《鱼儿坳》三部短篇小说集，以及车尔尼雪夫斯基小说《何为》（即《怎么办》）与保罗·玛尔格里特的《白甲骑兵》两部翻译集。罗淑主要的艺术视角，聚焦于蜀中沱江流域那闭塞、偏僻、极度贫困却顽强搏击的人生形态。在她的作品中，社会贫困化的加剧，阶级矛盾日益尖锐，下层群众顽强的生存意志和最终不得已铤而走险的反抗斗争，都表现得棱角突凸，形象鲜明；而对人物生存环境如"橘林""草坡""盐场"等盆地中部丘陵景貌和蜀南盐业生产的描写，又给世人提供着一幅中国内陆"偏僻角落"（李健吾语）的世态风情画。《刘嫂》《橘子》等篇,都是作者对蜀中困厄人生及其奋勇挣扎搏击的表现,也正是罗淑小说那明确的地域指向和独异的性格塑造。

荥经县人周文,是以表现中国西部"川荒一隅"藏汉杂居人生形态和蜀中军阀混战现实的表现而一举成名的。1933年,周文的短篇小说《雪地》以"西康的兵"的独特题材和弥漫着雪岭蛮荒的雪域高原风情,尤其是对军阀的残忍以及士兵们抗争的描写引起广泛注意。他以《分》《父子之间》《多产集》等众多短篇集和中长篇小说《烟苗季》《白森镇》《爱》《救亡者》等,成为左翼作家中"高产者"。作品中那直插天际的连绵雪峰,深厚没膝的积雪,"灰黄的碗口大的太阳",崎岖弯曲山道上"方桌子似"的大驮包与艰难攀行的驮夫身影,还有在险恶条件中顽强搏击的生存欲望,都使周文小说弥漫着一种沉重和厚深的人生意味。雪域高原、羊肠古道、险关峡谷、挑夫马帮、军阀土匪、山民烟客、家族倾轧、同人暗斗、帮派火并等艺术意象,让当时社会阅读界为之瞩目。

被称为"奇人"的陈铨,首先是以小说显示出他那狷介狂傲、凌厉奋进的艺术个性。长篇小说《天问》(1931年)以民国初年川南富顺县作者家乡人生为背景,在雄浑而绮丽的蜀中山水的绘写与草莽竞雄、军阀混战的展示中,塑造了一个从药店学徒顽强进取官至旅长的林云章形象。稍后问世的《彷徨中的冷静》《欣迎》等长篇,都是以作者故乡背景,将人物置放于爱情或三角恋爱冲突中,表现性格与人生理想追求之间巨大反差形成的冲突,展示着人物自身追求的合理性与客观存在否定性之间不可调和的悲剧性冲突。他的小说有着大量的蜀南山水风物的绘写,蜀中民俗风习、婚嫁丧葬场面,与沱江急流险滩、饱经风雨剥蚀的大佛崖像,既是人物活动的空间背景,又成为触发人物情思的历史文化积淀物而化合参与人生悲欢。这种"思考"在20世纪40年代被发展为对"恐怖、狂欢、虔恪"强力意志的狂欢。陈铨以《野玫瑰》为代表,连续推出《金指环》《蓝蝴蝶》《黄鹤楼》等描写抗战斗争的剧作,张扬起"浪漫悲剧"的旗帜。"浪漫"作为一种"人生理想的无限追求"的表现,被陈铨聚焦于"力人"形象的塑造上。他同林同济、雷海宗、贺麟等教授在昆明创办《战国策》,形成了"战国策派",进行重造中国文化的探索。

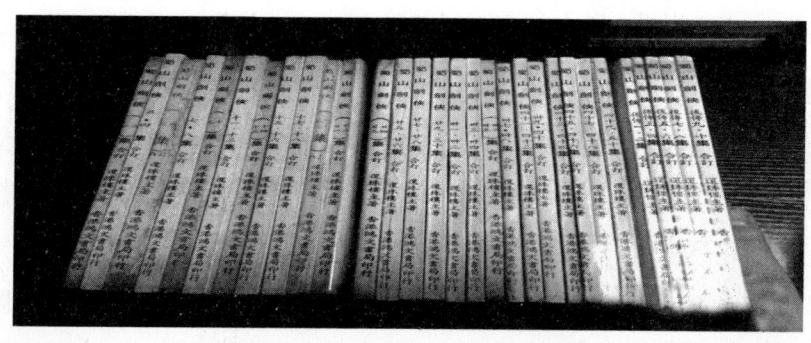

还珠楼主《蜀山剑侠传》书影

在20世纪中国文学史上,要说高产,要说最受读者欢迎并且其艺术生命力常履常新的,大约要数长寿县人"还珠楼主"。他一生创作36部武侠小说,如《青城十九侠》《云海争奇记》《兵书峡》《蛮荒侠隐》《峨眉七矮》《长眉真人专集》《北海屠龙记》《武当七女》《冷魂峪》(原名《天山飞侠》)等,都为世人所熟知。后来港台新武侠小说,都是在《蜀山剑侠传》系列小说的影响下繁荣兴盛的。从20世纪50年代始,他先后编写了《雪斗》《白蛇传》《岳飞传》等剧本,仍然被人称道。但最能代表他成就的,首推《蜀山剑侠传》。还珠楼主的小说融神话、志怪、剑仙、武侠于一体，用今天的话来说，就是"仙幻玄怪"题材。在今天，还珠楼主的小说作为一种文化产业资源，已经被当下最风行的卡通、动漫、影视等艺术吸纳为故事主题和表现方式。

1928年，从日本归来的李初梨（江津人）、沈起予（巴县人）等，以及李一氓（彭县人）、阳翰笙（高县人）等蜀籍中共党员，围绕在郭沫若身边加入"后期创造社"。他们联合以蒋光赤等中共党员组成的"太阳社"，发起"无产阶级革命文学运动"，在理论和创作上辛勤耕耘，成为中国"红色三十年代文学"的突出标志。他在《怎样地建设革命文学》《现阶段的文学问题》《科学的世界文学观》《"大众语"的建设问题》《革命与文学》等文章中提出的理论，都可以在后来毛泽东《在延安文艺座谈会上的讲话》中看到鲜明的印痕。阳翰笙创作的《地泉》三部曲（1930年）和短篇小说集《十姑的悲愁》和《最后一天》等，都是概念化宣泄革命热情的作品。他后来被派往电影界开展工作，创作了大量电影与戏剧作品如《李秀成之死》《天国春秋》《草莽英雄》等；峨眉县人章泯创作《东北之家》《黄浦江边》《生路》等话剧，以激发广大群众爱国义愤为价值指向。他在抗战初执导的街头剧《放下你的鞭子》，已体现出一种崭新的戏剧观。自贡人孙瑜留美归来后到上海从事电影活动，因编导处女作《潇湘泪》（1928年）引起大家注意。孙瑜执导的《野玫瑰》《火山情血》《天明》《小玩意》《体育皇后》《大路》六部电影，都成为默片时代的经典，被誉为"电影诗人"。他于1950年底完成的电影《武训传》，引发全国范围批判运动；笔名"戈丽"的重庆人李伯钊，1930年留苏回国转往江西苏区，改编和创作的话剧有《战斗的夏天》《扩大红军》等，成为"红军戏

十、风云际会　共谱华章

川籍电影导演孙瑜及其《武训传》

剧"的代表。他在20世纪60年代还著有歌剧《长征》、话剧《北上》等。

作为大后方以及中国战时临时首都所在地,郭沫若、茅盾、巴金、老舍等,都在重庆推出过"第二次创作高峰"式的名作;柳倩、曹葆华、陈敬容、方敬等回川诗人推出了新作;朱自清、叶圣陶等外来者对四川民生与风貌的描写,已经成为他们创作的重要内容;李劼人、邓均吾、罗念生、陈翔鹤、周文、毛一波、曹葆华、肖曼若、叶菲洛、萧军、任钧等,围绕刊物《笔阵》在成都继续文学活动;四川大学教授们创办的《工作》月刊,会聚着何其芳、谢文炳、方敬、卞之琳、朱光潜、沙汀、罗念生、刘盛亚、陈翔鹤等;《金箭》月刊,聚集着陈思苓、羊角、田家英、影质、东方曦等一批文学青年;《燕风》则是仲孙憬虹(朱枢)、萧赛们追求艺术唯美的园地;"华西文艺社"杜谷、方然、罗洛、芒甸等创办的《平原诗丛》《蚂蚁》《呼吸》,重庆的邹荻帆、姚奔主编的《诗垦地》等诗歌刊物,成为"七月诗派"的重要力量；芦山县人玉杲的叙事长诗《大渡河支流》、"冀察晋诗群"的资阳人邵子南的《文化的民众》和小说《李勇大摆地雷阵》，都曾经引发人们的关注。

十一、与时俱进　笔墨风流
——花团锦簇的书画艺术

（一）画像砖上的艺术

从古至今，四川一直是书画艺术的宝地。但是，在纸张发明以前，书画艺术的作品只能表现在例如石头、金器、玉器、木板这样的"硬件"上。三星堆二号祭祀坑出土过一件玉璋，璋的两面各有一幅长19厘米的浅线刻图案。图案内容生动刻画了原始宗教祭祀场面。而这两面的"祭山图"，并不是简单的记录，而是在各图之间用装饰纹线相隔，以区分不同的场景，人物姿态各异的动作则表现不同的仪式时段。隆起而相叠的山峰不只用来丰富画面，还表现了古蜀人的原始宗教观念。在茂县，出土了"人头像彩陶画"；在珙县、美姑县等地，原始岩画均采用矿物颜料作画，以狩猎、起舞等画面，深刻地表现了远古时代居住于蜀地的人们的精神世界与艺术理想。它们都应看作是四川古代书画艺术的滥觞。

画像砖始于战国，盛于两汉三国两晋南北朝时期。它们是在古建筑物上的一种模制、模印、雕刻和彩绘的装饰品,与画像石并称于世,被誉为"敦煌前的敦煌"。

四川是画像砖发现最集中的地方,在成都、新都、广汉、德阳、彭州、邛崃、彭山、宜宾等地都有发现,以成都西北平原地区出土最为精美。四川画像砖大多属东汉后期,其形制主要有三种,即40厘米左右的正方形砖和约46厘米×26厘米的长方形砖,还有一种是数量和种类最多的条形砖。每块砖都是一个完整的独幅画面,一次压印而成;一些砖要施彩,面貌接近绘画;正方形砖的浮雕较低,线面相间,通过线条勾勒细部,强调和夸张动态,使画面具有刚柔相济之趣,代表着四川地区画像砖造型的典型面貌;长方形砖则浮雕较高,立体感强。

东汉画像砖《庖厨》(彭县出土)

四川画像砖已知的题材有数千种之多。它们从各个方面表现了四川地区富庶的社会经济和丰富多彩的社会生活。与其他地区相比较,四川画像砖中的历史故事及祥瑞物较少,现实题材占了较大比重,其艺术形式得益于对现实生活的观察。它们主要有两种构图方式：一种是高视点构图，物象的空间位置清晰，三度纵深感表现得相当好；另一种是平面展开式构图，即散点透视法。

根据出土情况，四川画像砖的题材以画像类为主，内容大体可分为五类：一是反映汉代农业、副业、手工业和商业的，如以播种、收割、舂米、酿酒、盐井、桑园、采莲、市井等为主题的画像砖。这类画像砖，内容最为丰富，颇具研究价值。二是表现墓主身份和经历的，如车骑出巡图、丸剑起舞图等。三是表现当时社会生活和政治制度的，诸如以市井集市、杂技、讲学授经、尊贤养老等为主题的画像砖。四是表现墓主享乐生活的，诸如宴饮、庭院、庖厨、乐舞、百戏等画像砖。这也从一定的角度反映了汉代建筑、民俗风情等的实际情况。五是表现当时神话传说和

东汉画像砖《薅秧劳作》（拓片，新都县出土）

迷信思想的，诸如伏羲、女娲、日月、仙人六博等。

四川画像砖的题材除画像类外，还有文字类和花纹类。文字类以纪年、吉文、名号砖为主，文字有篆、隶、楷等多种形式。花纹类分为植物类、云纹类、火焰类、宝相花纹、几何纹等。画像砖中出现纹饰非常丰富，多种纹样常配合使用，具有很高的审美价值。

四川汉代画像砖以简朴、雄浑、奔放有力的艺术风格，反映出汉代蜀人奋发向上、满怀自豪感的精神面貌以及富于浪漫主义色彩的时代风格。那栩栩如生、活灵活现、富于动感、无与伦比的艺术表现技法，生动形象地展示了当时文化的厚重和博大精深，是研究两汉及两晋时期的蜀地民风、民俗的宝贵实物资料。

（二）富贵气派的益州画风

唐末五代的蜀地画家，以韦偃、王宰、赵公祐、孙位、滕昌祐、贯休等最为世人所瞩目。他们的画作代表了当时各种绘画流派的最高水平。在他们的直接影响下，四川绘画有了突破性发展，遂使唐宋时期的四川成为全国绘画最兴盛的地区。《益州名画录》卷上述说其原因说："明皇帝驻跸之日，自汴入蜀，嘉名高誉，播诸蜀川；当代名流，咸伏其妙。……蜀因二帝驻跸，昭宗迁幸，自京入蜀者，将到图书名画，散落人间，固亦多矣。"[①]

五代和北宋，是四川书画艺术发展的高峰。后蜀主孟昶在成都成立了中国第一座皇家画院——翰林图画院，任用黄荃掌管画

---

① （宋）黄休复：《益州名画录》，人民美术出版社1964年版，第8页、17页。

院事务。北宋平蜀以后,宋太祖除了北掳蜀主,还罗致了不少四川画工集中于京师开封。宋初,北宋的国家画院——翰林图画院的待诏(官职)中,后蜀画家就占了一半。

宋人陈师道的《后山谈丛》卷五记载:"太祖阅蜀宫画图,问其所用。曰:'以奉人主尔。'太祖曰:'独览孰若使众观邪!'于是以赐东华门外茶肆。"这是说宋太祖将蜀宫画图赐予茶肆,让后蜀宫廷绘画供大众欣赏。可见当时蜀中绘画是声名远播,中原百姓曾欲睹而不得。

唐末五代时期的四川地区,之所以吸引了包括艺术家在内的精英、人才纷至沓来,除了相对稳定的社会环境外,还因为拥有良好的农业基础、天然的地理屏障以及美丽宜人的景色。这一切都为聚集文化精英、物质财富,以繁荣艺术提供了广阔的空间。唐林在《四川美术史》(中册)里,根据《益州名画录》《五代名画补遗》和《佩文斋书画谱》等古籍的记载,推算出五代时期的川籍画家中,绝大部分出自成都本土,其数目甚至占南方画家总数的一半以上。

以成都为中心的蜀地成为当时画家分布最为集中的地区,也是全国最大的绘画中心。这些画家,在成都周围的佛寺都留下了画迹,其中最著名的有大圣慈寺(今成都大慈寺)壁画。这一时期,壁画已经不限于宗教题材,还有贵族们的容貌写真、帝后皇妃的休闲娱乐等内容。

当时已出现独立的花鸟壁画。最流行的是黄体花鸟画,被称为黄筌画派,它的创始人是黄筌。黄筌(公元903—965年),字要叔,是一位地道的成都人,也是五代十国最著名的西蜀画家。黄筌作为中国历史上第一位真正意义上的皇家画院画师,开创了中国院体画派。如今业界皆推崇后蜀翰林图画院为成都画院前身，市民和游客可以在成都支矶石街的成都画院门前看到黄荃的雕像。

黄荃从年轻至晚年，由后蜀至北宋，在皇家画院待了几近50年。他极重写生，为了塑造花鸟的动人形象，常常观察体会禽鸟的形态习性。《益州名画录》卷上记录他奉命将淮南所赠仙鹤画于偏殿之壁，作唳天、警露、啄苔、理毛、整羽、翘足等姿态，栩栩如生，甚至吸引真的仙鹤到壁前活动。该殿后被称为六鹤殿。

黄荃的画法，通常以细挺的墨线勾出轮廓后填彩，这种"双钩填彩法"最终形成具有大众性且极富生命力的黄荃画派。黄荃所画禽鸟造型精准，骨肉兼备，形象丰满，赋色浓丽，富丽堂皇。其工笔画法以极细的线条勾勒，配以柔丽的赋色，线色相溶，几乎不见勾勒墨迹，情态生动逼真。黄荃表现翎毛、昆虫等自然物态的精确性及其作为艺术形象的情趣性，令人叹止。

黄荃的画风也被称为黄体。当时的花鸟画，无不以"黄家体制为准"。其花鸟画"勾勒填彩，旨趣浓艳"，一路影响到近现代的于非闇、陈之佛等画家。在当时，成都的黄荃与江南的徐熙并称全国花鸟画的"黄徐"，形成五代、宋初花鸟画两大主要流派。黄荃供职宫廷画院，所见所画多为禁苑所有珍禽瑞鸟、奇花怪石，以适应宫廷欣赏趣味，因而形成工笔重彩的"富贵"风格，宋时被称为"黄家富贵"。后又因其子居宝、居寀，弟惟亮等的推波助澜，遂成为北宋初翰林图画院优劣取舍标准；而同时期的徐熙，笔下花鸟多为汀花野竹、水鸟渊鱼，从而形成了"野逸"之风。故有"黄家富贵，徐熙野逸"之谚。[①]后来此二者又

---

① 雷毅：《论黄荃与徐熙的艺术风格分析及其影响》，载《明日风尚》2016年第16期。

进一步演变成为院体画、文人画两大派系，影响千年。前者以造型精准、工致细腻、富丽堂皇为主；后者以写意抒情、水墨浅绛为主。今天所谓的工笔画、写意画也主要是指此两大门类。

黄荃的存世作品有《写生珍禽图》卷，绢本，设色，纵41.5厘米，横70厘米，现藏故宫博物院。

（三）蜀人开创的湖州竹派

中国绘画史上出现的诸多画派中，公认的、最具代表性的有15个画派，其中由四川人创立的就有两个：一是黄荃画派；二是湖州竹派。

"以竹入画"从魏晋时期就已开始，而真正使墨竹在画坛上自成一体，成为影响广大的"湖州竹派"，却是北宋时期的四川文人文同以及苏轼的功劳。

出生于盐亭的文同，生前曾奉命任湖州太守，尽管尚未到任便去世，却留下了"文湖州"的称谓。文同以善画竹著称，独创深墨为面、淡墨为背之法写竹叶，学者多仿效。文同是苏轼的表哥，也是他的挚友，还是他画竹的老师。文同曾经送给苏轼一幅《筼筜谷偃竹图》。宋神宗元丰二年（1079年）七月七日，苏轼在湖州晾晒书画时，发现已故的文同（字与可）送给自己的这幅图，见物生情，就写了一篇题画记《文与可画筼筜谷偃竹记》（载《苏轼文集》卷十一），其中说："今画者乃节节而为之，叶叶而累之，岂复有竹乎？故画竹必先得成竹于胸中，执笔熟视，乃见其所欲画者，急起从之，振笔直遂，以追其所见，如兔起鹘落，少纵则逝矣。与可之教予如此。"意思就是，现在

宋·文同绘《竹》，苏轼题款（汪毅摄影）

的人画竹时，却是一节一节地接起来，一叶一叶地堆上去，这样做哪里还有竹子呢？所以说画竹，一定要心里有完整的竹子，拿着笔凝神而视，就能看到自己心里想要画的竹子了。这时快速地跟着自己的所见去画，去捕捉看到的形象，就像兔子跃起、鹘鸟降落一样迅速。这是文同教给我的。这里苏轼首次提出"胸有成竹"的观点，而文同正是这样画竹子的。

文同的代表作《墨竹图》收藏于台北故宫博物院，现代著名画家黄胄称赞其"千古绝唱，笔笔精神，无一笔不佳，使人惊叹不已，千年竟无人过之"①。

湖州竹派延及宋、元两代，凡25人（不计被奉为竹派第一鼻祖和墨竹宗师的文同）。竹派在宋代即有苏轼、黄斌老（文同之妻侄）、黄彝（斌老之弟）、张昌嗣（文同外孙）、

---

① 余如波：《五代两宋时，四川美术妙笔冠天下》，载《四川日报》2017年9月22日。

十一、与时俱进　笔墨风流

文氏（文同第三女，张昌嗣母）、程堂等遐迩闻名的川籍墨竹大家。此外，宋代未被列入竹派的川籍墨竹大师还有李时雍。《图绘宝鉴》卷三说他："作墨竹尤高，与文同并驰。"入元以后，竹派则有李衎、柯九思、李倜、溥光等画坛高手。其实，师法文同者并不仅为元代吴镇《文湖州竹派》或明代莲儒《湖州竹派》等书收录的25众。如在宋代，还有王诜、黄璜、王世英、虞仲文、蔡珪；在元代，更有赵孟頫、高克恭、吴镇等，都可被视作湖州竹派的继承者。

有宋一代，还有不少文人因做官或贬谪来到四川。他们的艺术水准往往在四川获得飞跃，留下众多珍贵的作品。

宋哲宗绍圣二年（1095年），黄庭坚因修《神宗实录》落"不实"之罪，此后在四川度过了6年多的贬谪生活。他先后到访过宜宾、乐山等地。这是黄庭坚书法的上升阶段，是其艺人化境、人书皆老的黄金时代。黄庭坚被贬四川舟入三峡时，观察"长年荡桨，群丁拨棹"的场面，感受到草书虽满纸云烟、飞花乱坠，但仍需向背分明、笔笔周到，于是领悟到笔法要领，书艺大进。

据统计，黄庭坚存世墨迹有39件，其中在四川所作便有13件。收藏于台北"故宫博物院"的《题苏轼寒食帖跋》，作于黄庭坚由宜宾前往青神途中，历来被视为其行楷书代表作之一。作品中宫收缩而四周放射的特殊形式，被称为"辐射式书体"，从局部看一行字忽左忽右，从整体看却又浑然一体、气势贯通。值得注意的是，《题苏轼寒食帖跋》题于苏轼《黄州寒食诗卷》之后，与被誉为"天下第三行书"的后者一道，共同构成光照千古的书法"双璧"。

陆游在蜀中为官长达8年，四川由此成为其"第二故乡"。

他将自己的诗集命名为《剑南诗稿》。除了文学创作，陆游同样精于行草和楷书，与朱熹、范成大、张即之并称书法上的"南宋四家"。

北宋时期的四川人黄休复编撰有《益州名画录》（又名《成都名画记》）。这是一部记述唐、五代至宋初以西蜀寺院壁画创作为主要内容的地区性画史。书中阐述的"逸""神""妙""能"四格，是唐、宋以来历代评论绘画艺术风格和艺术理想的审美标准。它在中国绘画史籍中成为地方著画史的先声，是地区性绘画史开创时期的代表。南宋时四川双流人邓椿还写了一部中国书画史著作《画继》，收集了北宋熙宁七年（1074年）至南宋乾道三年（1167年）间的书画史料，收入219个书画家的小传。书中还列有《铭心绝品》一节，记录所见当时各家收藏的书画名迹；又于最后《论远》《论近》两节论述作者艺术见解，散载宋代画院活动资料，是研究中国美术史的重要文献。

（四）重新崛起的盆地美术

明清以后，四川的书画艺术渐渐走向衰微。1894年中日甲午战争以后，四川的社会经济发生了深刻的变化。到了民国初年，新文化运动在四川思想界掀起大波。但当时的四川书画艺术仍然还是清代风气的延续，活跃在艺坛的多为清朝遗老和社会贤达。其中被誉为"五老七贤"者，博通诗、书、画，名噪蜀中。他们虽没能开一代风气，却也担负起传统承继者的角色。不过，在20世纪上半叶，四川真正能跻身全国一流大家之列的书者，仅赵

十一、与时俱进　笔墨风流

张善子绘《中国怒吼了》（汪毅摄影）

熙、谢无量而已。

赵熙为前清进士，曾任国史馆纂修、御史，支持维新变法；辛亥革命后潜心诗文书画，不再出仕。梁启超曾从赵熙学诗，其门人还有郭沫若、向楚等。赵熙的书法初出于颜、赵，后融合六朝，遒秀朴厚，潇洒绝俗，一时风从。他也偶作水墨，疏落清雅，有云林之气。

谢无量是近代著名学者、诗人和书法家。他早年与邵力子、李叔同、黄炎培有同窗之谊，后又结识章太炎、章士钊等人，出任多所大学的教授和文学院长，著作等身。他的书法上溯魏晋之雅健，下启一代之雄风，轩昂超脱，奇丽清新，被于右任誉为"当代第一"。

　　五四运动提出的革新思想，为中国美术提供了新的历史选择，也为四川盆地美术的重新崛起输入了动力。四川当时处在文化重建的艰难困境中，虽然没有上海、广州和北京等城市文化中心那样的大格局，但毕竟还是在向前艰难开拓、进取。1930年，冯建吴、段虚谷在成都创办东方美术专科学校，主办美术刊物《太阳在东方》，并开办浣花草堂书画社。1931年，易均室创办《艺甄》。1933年，向楚等人创办成都最早的书画团体——蓉社。以后南虹艺专、岷云艺专也相继创办。比较而言，四川早期的美术活动不但在时间上滞后于前述几个文化中心地区，而且在规模和实力上也难以匹敌。但四川毕竟是一个有很深历史底蕴的地方，在入20世纪中叶后，川人在汲取自然乡土的灵气，并向西方美术学习后，便逐渐产生出能领一代风骚的大家。蒋兆和、张善孖、张大千等的成长史都是例证。

　　出身于泸州的蒋兆和于青年时代去到上海、南京从事美术教育工作。1936年他回到家乡，在重庆半年多作画数十，创作了《朱门酒肉臭》《算命》等佳作，成为走在现实主义道路上的一位杰出的"无声诗人"。蒋兆和在传统中国画的基础上融合西画之长，创造性地拓展了中国水墨人物画的技巧，其造型之精谨，表现人物内心世界之深刻，在中国人物画史上达到了一个新的高度。《流民图》是蒋兆和在全民族抗战中的最重要的代表作，从1941年开始构思，至1943年完成。作品高2米，长约27米，表现逃难群众悲惨的生活。在画面中，蒋兆和塑造了100多个无家可归的、社会底层的劳苦大众形象，与真人等大。构图多为半身特写，重个性刻画，使形象有呼之欲出之感。这幅"为民写真"的现实主义杰作，以其前所未有的宏大、悲壮气势，浑厚有力的笔触，倾泄对日本侵略者的愤怒，表达了对正义与和平的呼唤，为现代中国水墨人物画在世界艺坛上确立了光荣的地位。

内江人张善孖与张大千是兄弟。两人曾经一道东渡日本学习，回国后张善孖曾任上海美专教授。张善孖善画虎。为了能随时观察虎的形态、习性，他寓居苏州网师园时，在家里精心养了一只小老虎。其自号"虎痴"，人皆尊其为"虎公"。张善孖在剧烈的时代变迁中能勇立潮头，用笔墨书写人民的历史。他宣传抗日救亡的国画多取材于中国历史上的爱国故事和爱国英雄人物，如《苏武牧羊》《精忠报国》《文天祥正气歌图》等。他创作的《双马齐驱图》，热情表现和称颂国共合作。1937年秋，面对日本飞机狂轰滥炸重庆，张善孖画了一幅猛虎扑日图。图上28只斑斓猛虎，象征着当时中国的28个行省，生气勃勃，奔腾跳跃，正扑向一抹落日。此画题为《怒吼吧，中国！》。他还在画的左下角题道："雄大王风，一放怒吼；威撼河山，势吞小丑！"该画充分表达了全国人民坚决打败日本帝国主义的气概和决心，是一幅宣传民族精神、鼓舞抗战士气的优秀国画。[①]时人评述，张善孖的抗日国画，是美术界在国画形式上开抗日宣传画先河的作品。1940年初，美国空军上校陈纳德率美空军志愿队援华作战，张善孖嘉其行，画《飞虎图》赠陈纳德。陈遂将志愿队改名为"飞虎队"，并按《飞虎图》做了许多旗帜和徽章分发部下，以鼓舞战士。后来"飞虎队"在华作战十分勇敢，连连重创

---

① 子衿：《我们以热血润色河山——文化抗战之美术活动篇》，载《民主》2015年第10期。

日机，日军飞行员闻风丧胆。陈纳德对《飞虎图》原图更加珍惜，视同拱璧。该图现珍藏于美国国家博物馆。

张大千（汪毅供图）

张大千是中国现代画坛最具影响力的大师。他青年时代负笈东瀛，以后足迹遍布大半个中国，20世纪30年代即有"南张北溥（即溥心畬）"之誉。张大千在中年时代返回四川，在青城山隐居近三年，筑亭植梅。家乡山水苍翠凝碧，给了他取之不尽的创作源泉。巴山蜀水成为大师终身为之赋彩的题材。他垂暮之年还发出"五洲行遍犹寻胜，万里迟归总恋乡"的慨叹。张大千一生致力于传统绘画艺术的整理、发掘、革新和发展，同时又吸纳了世界当代艺术之长，在笔墨语言、意境上拓展了一个新的境界。

张善孖性情刚毅，广交友人，有游侠仗义之风。早在1925年，他就与张大千磋商不做官而专攻书画，以笔墨为生。他崇敬由亭长起事，后统一天下的刘邦，尤对其《大风歌》的"大风"二字感兴趣。而张大千素来敬仰清初大画家张大风。两兄弟遂以"大风堂"三字为张氏弟兄画室名称。自那时起，两兄弟旅次不论有多远，所创作的书画大多题款"写于大风堂"字样，或盖大风堂印章。[①]这是"大风堂画派"形成的一个标识。

在20世纪30年代，黄宾虹、齐白石两位大师入川传道，推动四川现代美术的发展做出了贡献。1932年，年近古稀的黄宾虹入蜀，在青城写生发现夜山之美，即其所谓"宵深月下，层峦更奇"。这种发现开拓了他的艺术天地，为其"浑厚华滋"的艺术风格的确立奠定了基础。齐白石则于1936年来川。白石老人不仅是诗、书、画、印俱精的全才，更为可贵的是其作品具有质朴纯真的农民情感和浓厚的人道主义精神，使得笔下的文人画富有鲜明的时代特色、活泼的生命力和刚健清新的风格。齐、黄两位大师在变革传统绘画方面的先导作用，影响了四川几代艺术家。陈子庄、姚石倩、余中英等人亦与时俱进，追慕大师精神而终有所成。

---

① 汪毅：《论大风堂画派》，载《内江师范学院学报》2010年第7期。

十二、建构巍巍　赋彩熠熠
——百伎千工的造型艺术

（一）美轮美奂的房屋建筑

造型艺术（plastic arts），指以一定物质材料（如绘画用颜料、墨、绢、布、纸、木板等，雕塑、工艺用木、石、泥、玻璃、金属等，建筑用多种建筑材料等）和手段创造的可视静态空间形象的艺术，包括建筑、雕塑、绘画、工艺美术、设计、书法、篆刻等种类。其存在于一定的空间，是以静态形式展现，作用于人的视觉。

巴蜀房屋建筑可以分为民居庭院、会馆祠堂、权贵府第、皇家宫殿、宗教寺观等种类。

先说皇家建筑，古蜀时期的蜀王应该建有自己的宫殿，仅仅从三星堆和金沙遗址出土文物的辉煌，就可以推测古蜀皇家宫殿会是何等的富丽堂皇。但自秦惠文王更元九年（公元前316年）张仪和司马错率领秦军灭蜀并把它作为秦国的一个属地后，古蜀皇家宫殿荡然无存。西汉末期的公孙述、魏晋时期的獠人首

十二、建构巍巍 赋彩熠熠

领李特李雄父子、五代的前后蜀等，都曾建都于成都，却都是短命王朝。上档次的只有三国蜀汉政权，把成都作为首都；然后，就是朱明王朝分封的蜀王。明末张献忠占据四川时，焚毁蜀王宫，康熙四年（1665年）将之改建为贡院。但要看到皇家宫殿也不难，中国汉族地区每个县的文庙，其建筑材料和形制以及色彩，都完全享用皇宫等级。同时，成都市内的王建墓永陵、北郊磨盘山的孟知祥和陵，还有外东十陵镇的明蜀王陵等，都是帝王等级陵墓建筑。再说宗教寺观，无论是佛寺、道观、清真寺、教堂等，都是按照定制，四川亦不例外，故本地特色不明显。权贵府邸亦同。

成都市羊子山出土
汉代画像砖《庭院》

数量最大且最具有四川特色的，是普通民居。"木（或者竹）骨泥墙"、屋顶盖草，是四川最古老的民居构成方式。商周时期的成都十二桥干栏木结构建筑群遗址，反映了川西平原典型住居形态：架空的住屋满足了防潮避水的要求，"木骨泥墙"有利于潮湿空气的散发以及材料成本的降低。三星堆遗址也发现了干栏式木骨泥墙式建筑遗址。其以圆木搭建出房屋结构，嵌入竹条编制的墙体，再在墙体两面糊上草泥。到了汉代，发展出了高脚或架空木地板的木构架楼居，以及廊院庭园式民居。从汉画像砖《庭院》可见当时的民居已有廊庑院庭、重门厅堂的庭园式民居，整座宅第以围廊划分院落，有前庭、后院、厨房、库房及木质瞭望楼，各区功能明确。唐宋时期廊院式民居进一步发展为宅园，李德裕在新繁的"东湖"和房琯在广汉的"房湖"，宋代崇州的"罨画池"等，至今仍保留着唐宋园林的建筑格局。现代四川处处可见干栏建筑的遗风。如阿坝州藏族的木楼、蜀南地区的竹楼等，土家族的吊脚楼（也包括一些傍山临河的汉族地区），常在斜坡上和河流边建两楼一底，底层为牛栏猪圈，中层住人，顶层贮藏粮食瓜菜。四川民居中的邛笼（石碉），主要是岷江流域的氐羌民族就地取石堆砌而成，今天阿坝州羌族和部分藏族

木骨泥墙（西充县张澜故居）

十二、建构巍巍　赋彩熠熠

还保留着这种富于民族特色的民居建筑。邛笼大体可分为几种类型：一是独户的石砌住房，一般分为三层，下为畜厩，中为居室，上有"照楼"和平台；内部则有独木梯或木桥梯作各层交通之用。另一种是集居寨子。寨子里往往建有数十米高的土墙或乱石墙筑成的碉堡，称为"大碉""高碉"。

明清时期，四川民居已显出特色，常常采用毛石墙、乱石墙垒砌半人高以解决地面潮湿问题。用竹篾片编制墙面再两面抹泥，涂上石灰获得美观效果。四川地区黏土资源丰富，可用于烧制黏土砖、小青瓦等为民居的建筑材料。四川多桐树、漆树，盛产桐油和土漆，常常用于房屋建筑和装修。悬山顶、小青瓦（或麦秸秆覆盖，为草房）、穿斗架、夹泥墙、大出挑是其显著特征。富有之家的瓦房屋脊多用小青瓦叠空花脊，或叠脊线脚；也常用灰塑嵌贴碎瓷片，即"瓷片贴"，以宝瓶形、葫芦形等最为常见，颜色则以青、蓝、白等多种颜色组合交相辉映；屋面常常安放亮瓦以加强房屋光照。"天井"式建筑是四川民居的一大特色，既采光又通风，是纳凉、休息的"共享空间"。大邑刘氏庄园、崇州宫保府、江安夕佳山民居是现存的明清民居的精品。

四川民居有已经定型化的四合院。四合院在四川叫作"四合头""三合头"，川东地区叫作"天井"。四川四合院具有南北兼容的特色，既具有北方封闭型的四合院特色，又兼容南方的敞厅、敞廊和封火墙，有的大型民居还有花园、楼阁、家庭戏台等建筑。四合院或沿丘陵和山地而建，或沿曲回河流而建的古集镇，沿街一般都有较宽的檐廊，可遮烈日或风雨，便于沿街摆摊设点。犍为罗城镇雄踞山脊，形似旱船。资中铁佛镇古朴典雅，双流黄龙溪沿两江汇流布局，石柱县西沱镇沿山逶迤而上。还有沿街联排民居，有单纯居住式民居，也有下店上宅式民居。

四川地区现存的楼阁堂馆类多是公众性建筑，宜宾市中心的大观楼被誉为"西南之最"，清代自贡的西秦会馆的复合大屋顶，和内部极为精湛的木雕石刻，在国内外都享有盛名。成都市陕西街因为陕西会馆而得名。其时旅川的陕人祭奉先贤、议事会商、请亲宴友、会试借宿等需要设置一个办事处或招待所，光绪十一年（1885年）的陕西籍四川省布政使程豫便邀约在成都的庆益、益泰等33家陕人商号集资建成会馆。自贡的西秦会馆，更是经商艺术极高的陕西盐商们的杰作。明清以来商贸交通信息的发展，各省区之间往来者增多，引发会馆的出现。如在进入少数民族地区咽喉要道的灌县（今都江堰市），就有秦晋馆、湖广馆、广东馆、贵州馆、江西馆、福建馆、川主宫等"七省会馆"，戏台是其标配。民国《灌县志·礼俗志》说："所谓七省会馆，是旧以客长轮总之，享荐各有其时焉……其在场集之会馆大率类是。"杜甫草堂在明清时期成为"草堂寺"，由僧人管理"工部祠"。而"汉昭烈皇帝祠"附属的"武侯祠"被人翻转，世人只知武侯祠而不知刘备的惠陵。这两处成为中国南方园林的代表。①

　　忠县清代建筑石宝寨位于忠县东的长江北岸玉印山，孤峰突起，四周如削，形若玉印，故名。全寨由寨门、寨身层楼和寨顶古刹三部分组成。寨门用瓷嵌有"小蓬莱"三字。寨中九层楼阁全为木结构。寨顶为平坦石坝，有三重建筑的古庙名天子殿。合川钓鱼城是南宋名将余玠为抵抗进攻四川的蒙古军队而筑。城周围20余公里，现仍保存内城、外城、一字城城墙和七座城门，有水师码头、演武场、皇城、敌楼、炮台等遗址。隆昌县郭氏家族

---

① 参见邓梦：《三难成都之"唯一"》，载《文史杂志》2017年1期。

的云顶寨，山上垒石筑墙有垛口用以防备，建有寨楼、炮台、兵棚、武器库、仓库、马房、蓄煤池、蓄水池等，整个古寨有六道山门。被誉为"川西第一客家庄园"的金堂县曾家寨子，其中三寨之一的老寨子，保留客家山寨石拱圆门、深沟、高墙、碉楼。寨内有园林、池塘、亭阁、戏台等，布局精巧。其四周有恒墙，绕墙是丈余宽的护城河，河内置莲养鱼，并有东西城门，俨然一座城堡。1939年3月，曾家寨子接纳山西省内迁的铭贤学院（今天山西农业大学的前身）办学，借出300余间房屋作学校，直至1945年。就此便可见其规模之大。

（二）气势恢宏的石刻和雕塑

留存至今的中国最古老的地面建筑是汉代石阙，是古代建筑的"活化石"。石阙一般成对地建在城门、建筑群大门外或祠前、墓前，用以表示威仪等第。每阙由主阙和子阙组成，多有阙墓、阙身、阙顶三部分。

雅安高颐阙

汉阙既是古老的建筑艺术，又是特殊的石刻珍品。中国现存汉阙29处，其中21处在四川，而高颐阙是全国唯一碑、阙、墓、神道、石兽保存最为完整的汉代葬制实体，分台基、阙身、阙楼、屋顶4部分，实为石砌却皆仿木雕刻。著名的还有渠县沈府君阙和冯焕阙与蒲家湾无铭阙，赵家村西、东两处的无名阙以及王家坪无名阙，绵阳的平阳府君阙，梓潼的李业阙和贾公阙，芦山樊敏阙，新都的王稚子阙，德阳的上庸长阙，乐山的杨公阙等，以及重庆忠县的乌杨阙、丁房阙、无铭阙等。

巴蜀地区的牌坊亦随处可见。牌坊又称牌楼，是门洞式纪念性建筑，系封建社会为表彰忠孝节烈或祈祝功德福寿而建的石坊，一般都具有很高的建筑工艺与雕刻工艺水平。[①]巴蜀地区的牌坊多为明清时期所建，著名者如今重庆市隆昌县城至今完好的20余座各式牌坊，包括孝义坊、贞节坊、孝女坊、棂星坊、功德坊、德政坊、报恩坊等，皆高大雄伟，巍然集一地。隆昌因之被誉为"牌坊城"。

殷商时期的广汉三星堆遗址出土有大量陶器、青铜、玉器、金器及石器，造型精美，既具有强烈的巴蜀地域特色，亦不乏外来因素，如金沙遗址所出两件大玉琮，"其造型风格竟与浙江良渚遗址所出大玉琮完全一致"[②]。彭州和新都汉代画像砖上的《酿酒图》，成都凤凰山汉墓陶酒罐上刻的"甘酒"二字，显示出巴蜀早期酒文化的盛况，则展现了四川上古时期造型艺术的高超。

荣县37米高的大佛是世界第一大释迦牟尼佛（现世佛）、第二大石刻大佛，从规模来说说仅次于71米高的乐山弥勒大佛（未来佛）。始建于东汉的新都县宝光寺，以其造建于清咸丰元

---

① 参见邓经武：《大汉盛世文化建构中的巴蜀贡献》，载《文史杂志》2016年4期。

② 陈信远主编：《巴蜀文化与西部四川开发》，四川人民出版社2001年版，第38页。

十二、建构巍巍　赋彩熠熠

年（1851年）的五百阿罗汉塑像闻名遐迩。罗汉计518尊，另有佛、菩萨、祖师59尊，总计577尊。每尊高约2米，其中还有康熙帝、乾隆帝塑像各一尊。它们形态迥异，栩栩如生，造型优美，以彩绘贴金，妙趣横生。它是中国罗汉堂中历史最久、规模最大的泥塑罗汉堂，在中国雕塑史上有着极其重要的地位。重庆市渝中区民族路的罗汉寺，是光绪十一年（1885年）重修时，仿新都宝光寺泥塑五百阿罗汉，方改名罗汉寺。中国为五百罗汉造像是从唐代开始，至五代时期罗汉造像兴盛并见诸绘画。现存造像以北京香山碧云寺、四川宝光寺、苏州戒幢律寺为大，造像艺术上各具特点，其中宝光寺是历史最久、规模最大的泥塑罗汉堂。它以塑像奇巧多姿、生动形象而令人叹为观止，充分体现了四川人

荣县大佛　（图片提供：余刚）

民的创造力与工匠精神。

四川盆地中,大型的石刻造像群首以重庆的大足石刻称著。它是兴建于唐末宋初的宗教摩崖石刻,以佛教题材为主,儒、道教造像并茂,共有石刻群75处,5万余尊宗教石刻造像,总计10万多躯,铭文10万余字。其中以宝顶山和北山摩崖石刻最为突出。它们以佛教造像为主,是中国晚期石窟造像艺术的典范。雕刻艺术手法主要是高、浅浮雕,少数圆雕,极个别阴线刻。大足石刻与敦煌莫高窟、云冈石窟、龙门石窟、麦积山石窟等中国四大石窟齐名,是著名的艺术瑰宝、历史宝库和佛教圣地,有"东方艺术明珠"之称。其集佛教、道教、儒家"三教"造像之大成而异于前期石窟鲜明的民族化、生活化特色,在中国石窟艺术中独树一帜。它以大量的实物形象和文字史料,从不同侧面展示了公元9世纪末至13世纪中叶间中国石窟艺术风格及民间宗教信仰的重大发展、变化,对中国石窟艺术的创新与发展有重要贡献,具有无可替代的历史、艺术、科学和鉴赏价值。

堪与大足石刻媲美的安岳石刻在安岳县境,有各类石窟造像140余处,其中保存较好的有69处,共有造像约10万尊,石刻佛经40余万字。现存最早的造像题记为唐开元十一年(公元723年)。唐至北宋时期为安岳石刻的极盛时期,以后一直延续到明清甚至现代。它在中国石刻艺术史上具有上承云冈、龙门,下启大足石刻的特殊地位。造像风格除少数敦朴、粗犷的魏晋风骨外,大多是体态丰满、雍容华贵的唐代风格,也有一些精细华美、璎珞盖身的宋代特征。美学家王朝闻誉之"古、多、精、美"。造像内容以佛教造像为主,有少量道教造像,包括少数儒、释、道三教合龛的造像;也有表现社会现实生活的造像。北宋摩崖造像是安岳石刻的又一鼎盛时期,以毗卢洞、圆觉洞、华

十二、建构巍巍　赋彩熠熠

严洞、茗山寺等处为代表。①

（三）琳琅满目的器物群

秦汉时期四川的器物生产已经达到辉煌，尤其是漆器，战国时期即开始享有盛名。在汉代，蜀郡与广汉郡已成为国家漆器生产的中心，产量大，制作精美，装饰花纹更程式化、图案化，注重装饰效果，具有强烈的节奏感，工整、精致而又富于韵味；有时形象已抽象化到只见线的动感。装饰手法则以彩绘为主，所用颜料，或调油或调漆，经久不脱，色泽鲜艳。新都战国墓出土的绘有"巴蜀图语"图形的漆耳环，为考古中发现最早的成都漆器。青川县战国墓中发现了漆酒器177件，多件漆器上有"成亭"戳记。在新都、荥经、成都及外省贵州、湖南、湖北甚至远至朝鲜乐浪郡（治今平壤）和蒙古诺音乌那，都发现过成都和广汉制作的巴蜀漆酒器。大量使用漆酒器，是先秦巴蜀上层社会生活的一个特点。2000年，从成都出土的战国船棺中发现大量做工精细、纹饰斑斓、亮丽依然的漆器。举世闻名的湖南长沙马王堆汉墓发掘的180多件精美漆器，有许多烙着"成市草""成市饱"（即"成都造"）等戳记。成都漆器在胎型上，采用了木胎、麻布脱胎、竹篾编织胎等；在髹饰技法上以雕填见长；具有不裂口、不变形、光泽明亮、抗腐蚀性能强的优点。金沙遗址出土的漆器残片现在依然文饰斐然、色彩鲜亮。四川漆器为手工制作，主要以木材、土漆为原料，根据设计要求将木材削制成形，

---

① 参见汪毅：《安岳石刻艺术》，巴蜀书社2019年版，第10页。

再施以各色漆加工而成。其装饰技法有：雕、嵌、描、绘、堆、贴等。其中雕花填彩、银片丝光是成都漆器的独有风格，技艺在全国同行业绝无仅有。

秦代巴蜀地域的"巴寡妇清"三代经营朱砂矿，以"富敌祖龙"名世，遂使秦始皇"筑台怀清"进行笼络。按当时的科技水平程度，朱砂矿最主要的用途应该是印染颜料和化妆品材料。巴寡妇清那宏大的经营规模，实际是由巴蜀民众对色彩和颜料的消费规模决定的。"西蜀丹青"（见李斯《谏逐客书》）成为秦宫贡品，也正说明巴蜀工匠对色彩的敏感和颜料生产工艺上所达到的领先水平，为世所称羡。在这样的基础上，汉代漆器无论是数量还是质量皆居全国第一，广汉、成都被汉朝皇室指定为漆器生产基地并设专门机构进行管理，其基本色调为红、黄、黑、棕、绿等浓烈色调，且"花纹精致，色彩斑斓，华而不浮，缛而不艳，轻灵幻美，悦目怡心"，"奇制诡器，胥有所出，非中原燕赵三晋古墓中所有者"[1]，因而受到世人广泛喜爱甚至远销日本、朝鲜等国家。汉代扬雄《蜀都赋》曾极尽繁文丽词地夸耀道："雕镂扣器，百伎千工。"

四川的陶器亦以造型唯美、历史悠久成为川人的骄傲。四川新石器时代及夏商时期的陶器以红陶和灰陶为多、黑陶、灰黑陶次之，也有少量彩陶。到夏商时期，制法以轮制为主，兼有手制和模制。新石器时代的器形主要有：炊煮器，包括釜、甑、鼎等；食用器，包括杯、豆、簋、碗、盘、碟、盏、器盖、支座等；盛物器，包括瓮、罐、壶、盆、钵、瓶等；生产工具主要是纺轮、网坠。四川新石器时代的彩陶，造型端庄简朴，形式多

---

[1] 参见商承祚：《楚漆器集·考释》，载《文物》1993年第11期。

十二、建构巍巍 赋彩熠熠

样,纹饰素雅,笔画细致工整,排列有序,具有对称美、均衡美,具有高度的艺术技巧,在我国美术史上占有极其重要的地位。最具代表性的是1958年10月四川省博物馆在巫山县大溪遗址发掘的"大溪文化"彩陶。唐代,四川陶瓷业发达,著名的有邛窑、彭县窑、成都琉璃窑、广元窑等。其中以邛崃生产的"邛三彩"彩陶最为有名,时谓"北有唐三彩,南有邛三彩"。邛三彩器物面向市场,为满足社会人士不同需要而生产,既有陈设器、实用器,也有明器,种类繁多;相对来说,小件器物居多,其工艺复杂多样,作品乖巧耐看。邛三彩的一个显著特点是:均以多色釉料交错、间隔施用,烧成后色料垂流交融,釉面斑驳淋漓,斑块、点线交错,色彩艳丽晕散,多彩多姿。其有瓷胎,也有陶胎,但大多是瓷胎。邛三彩是用铜、铁、锰、钴等色料在釉上和釉下绘画或点染,多色料的交错和间断施用,在高温或低温中焙烧,烧成后,成品既有原色,也有复色和兼色,斑块、点线交错,青、白、黄、绿、褐、黑、蓝、红等多种颜色流动交融、晕散,相互辉映,形成独特的斑驳淋漓的彩色釉面。邛三彩在隋代创烧出来后工艺技术日趋成熟,在四川一直延续至明清。瓷胎邛三彩工艺水平的最高峰是在

东汉说唱俑(成都天回山1957年出土,中国国家博物馆藏)

五代前后。属于邛窑系并深受邛窑工艺影响的成都琉璃厂窑在宋代大量烧制陶质三彩明器（主要是人物俑），在四川被称作"宋三彩"；琉璃厂窑于明代生产的三彩琉璃陶器（以建筑构件居多），则被人们叫作"明三彩"或"琉璃器"。①

包括三星堆遗址、金沙遗址出土文物在内的四川先秦时期的青铜人造型、石人造型等，证实了史籍所载上古巴蜀先民"椎髻左衽"的形象。无论是巴地的双椎髻还是蜀地的单椎髻发型，都与当时本地的陶器、铜器的高、尖（如小平底和尖底罐）造型的审美意趣相一致，从而与中原地区崇尚鼎、盒及与荆楚地区偏好鼎、敦一类厚重、稳固、合比例的器物形制构成鲜明对比。窄长细似柳叶的"巴剑"和窄长无胡的三角援"蜀戈"，都饰有手心纹、虎纹等繁复花纹。这种喜好华美的审美取向，有别于北方民族尚质朴节俭，"实发实秀、实坚实好"（《诗经·生民》）的审美标准。

四川出土的陶俑亦具有鲜明的地域特色。有人说全国其他地区"出土的陶俑有各种各样的表情，唯独四川出土的陶俑很奇怪，几乎千篇一律笑得非常灿烂"。其中最具代表性的要数成都出土的东汉说唱俑。这个说唱俑应是一位说书艺人。你看它眉飞色舞，五官舒展，上身袒露，鼓腹挺胸；左臂抱一鼓，右臂握棒指向前方；右足蜷曲，左足前伸，一副无忧无虑、满溢幸福感的神态。学术界有定评的是汉代陶俑以四川陶俑最为典型，造型生动活泼，手法简洁洗练，具有浓厚的生活与时代气息。

---

① 参见赵殿增：《四川古文化序列概述》，《中华文化论坛》2003年第2期。

（四）各具风神的金石造型

四川上古文化偏好华美精致的美学观念，也体现在本地出土的青铜器中，其中又以青铜人面像和人立像最具特色。它们着眼于光影透视，以色彩绘饰和雕刻并举，都典型地体现着巴蜀文化美学对具象的重视和对艳秾华美价值标准的偏爱。这种文化美学观念运行流布，影响甚深，制约着后世四川文学艺术的表现特色。三星堆遗址和金沙遗址出土的青铜器，多为祭祀用的礼器，造型丰富，精美奇巧，异彩纷呈，反映了当时古蜀王国高度发达的文明和高超的工艺水平。在人体雕塑艺术领域，三星堆的青铜大立人像是当前世界上出土最大、最完整的青铜立人像，连座通高2.62米，重180千克。铜人身高1.72米，高鼻深目、阔嘴大耳，耳垂各有一处穿孔，头戴太阳纹冠，身穿三件上衣，佩戴饰品，手足戴镯，光脚站立于祭台之上。双手造型夸张，似乎持有特殊的祭祀用品。青铜大面具高72厘米，宽132厘米，额间有方孔，整体厚重沉稳，端庄严谨，体现了古蜀人对神明的崇拜和其高深的艺术造诣。三星堆金杖内部是木芯，外部用纯金包裹，全长1.42米，直径0.023米，重约500克。金杖表面精细雕刻有人头、鱼、鸟等图案。三星堆出土的6件青铜神树中，最大型的一件修复后为395厘米高，缺顶部部件；树干笔直，上套三层树枝，每一层又有三根枝条，全树共有九根树枝。树枝上共栖息9只神鸟，照应了《山海经·海外东经》中的神树——扶桑"九日居下枝"的景象。

在金沙出土的太阳神鸟金饰也印证了这个传说。太阳神鸟金饰外径12.5厘米、内径5.29厘米、厚0.02厘米，重20克。该金饰类似现代剪纸，通过镂空的方式制作为内外两层，内层为顺时针旋转的十二道太阳光芒，外层为四只逆时针展翅飞翔的神鸟。它的神幻造型充分说明古蜀人当时已经拥有精湛绝伦的金器制作工艺水平，还拥有丰富多彩的想象力和高深莫测的创造力。金沙出土的金冠带高2.83厘米、厚0.03厘米，锤揲成形，表面錾刻出四组相同的图案，每组图案由一个人头像、一支箭、一只鸟、一条鱼组成。此图案与三星堆遗址出土的金权杖上的图案十分相似，应象征至高无上的王权与威仪。黄金面具宽19.5厘米，高11厘米，厚0.04厘米，重46克。其造型接近长方形，前额较平，眉部较凸，眼眶较大，双眼镂空似菱形，鼻梁高直，嘴部镂空呈扁长方形，耳朵上宽下窄，耳垂穿孔，表情威严。此件面具与三星堆遗址一、二号坑中出土的青铜人头像、青铜人面具在风格上基本一致。金沙遗址出土的两件大玉琮，其中一件高22.2厘米，上端长6.94厘米，下端长6.3厘米，上孔径5.55厘米，下孔径5.14厘米，采用青玉制成，整体温润通透。玉琮为长方柱体，外方内圆，上大下小，中间贯穿一孔；分十节，每节表面转角处雕刻有简化人面纹，其上射部阴刻一人形符号。[①]

1965年成都百花潭出土的嵌错赏功宴乐铜壶，高40厘米，重4.5公斤。此壶以壶肩两环耳为标志分为两面，两面的图像对称。每面有三层图画，每层又分左右两个图案。第一层左图是一幅竞射图，右图是采桑图；第二层左图是一幅宴乐舞武图像，右图为弋射和习射图；第三层左为攻防图，右为水战图。在整个壶面上，刻画200多人的形象，人人各有分工，表现了宏大的布局与精湛的技艺。

---

① 参见邓经武：《巴蜀文化的肇始：神话和上古传说》，载《西华大学学报》2004年5期。

十二、建构巍巍　赋彩熠熠

扬雄《蜀王本纪》记载："江水为害，蜀守李冰作石犀五枚。二枚在府中，一枚在市桥下，二枚在水中，以厌水精，因曰石犀里也。"2016年在成都天府广场工地出土了一座石犀，其或是李冰当年所作，身高1.7米，长3.3米，宽1.2米，体重约8.5吨，由浅红色粗质砂岩制成。这是迄今为止西南地区发现的形制最大、时间最早的石犀，填补了战国至秦代石刻犀牛艺术的空白。

1974年都江堰出土的李冰石像，通高2.9米，肩宽0.96米，重约4吨。石像底部有一方榫，残长0.18米。细看之下，石像五官端正，面带笑容，头戴冠，身穿长衣，腰间束带，拱手垂袖，平视而立。最让考古工作者惊喜的是，雕刻手法集圆雕、浮雕、线刻于一体，两臂及胸前皆有隶书刻字。左臂刻字"建宁元年闰月戊申朔廿五日都水掾"；右臂刻字"尹龙长陈壹造三神石人珍（镇）水万世焉"，胸前刻字"故蜀郡李府君讳冰"。从物质形态上看，今天的四川文化还明显地保留着"石器时代"的深刻记忆，如在石笋、石棺、石陵、石镜的人工制作上；而成都现在的许多街道地名，如天涯石、地角石、支矶石、五担石、五块石、石室巷、石笋街、红石柱街、石羊场、石马巷、石灵（十陵），与中国第一家官办地方学堂"石室"等，以及新都的旱八阵、双流的八阵图、新繁的飞来石等列石，还有金沙遗址出土的石蛇、石虎等，都是这种文化遗存的远古余韵的呈现。

十三、渊源有自　独树一帜
——个性鲜明的传统戏剧

（一）蜀戏冠天下

戏剧起源于原始歌舞。上古原始社会图腾祭祀的宗教仪式，原始狩猎中自娱娱人的歌舞，都是戏剧艺术发生的重要源头。拟兽的、持戈的、伴有鼓声的仪式性舞蹈"戯"，以虚戈"扮演"方式和两两相斗的"矛盾"冲突，讲述一个故事。劇者，从虍从豖，表示老虎和野猪相斗死拼，难分胜负。王国维在《戏曲考源》中提出："戏曲者，谓以歌舞演故事也。"他又在《宋元戏曲考》中定义为："必合言语、动作、歌唱、以演故事，而后戏剧之意义始全。"

四川盆地丰裕的物产条件涵蕴出"天府之国"，为人们的精神活动提供了坚实的基础。而处于亚热带气候的良好自然环境，哺育出一年四季变化分明的优美自然景观，这又陶冶着大盆地民众的美感敏锐性。概而言之，四川戏剧（戏曲）的发生与发展，是有着"天然沃土"的。因为，三星堆、金沙遗址的出土文物已经昭示，古蜀先民在人物造型和雕塑艺术，在色彩运用，尤其是艺术想象和审美等方面，为戏剧的产生准备好了很多条件。《华阳国志》载"巴师勇锐，歌舞以凌殷人"，说的是巴地民众即使在作战时也载歌载舞地冲锋陷阵；又有宋玉《答楚襄王问》透露出的巴地民众喜爱歌舞的盛况，即"其为下里巴人，国中属而和者数千人"等；还有"巴渝舞曲"被刘邦等汉王朝显贵视为最高的艺术娱乐形式；杜甫初到成都时对"笙歌入云"音乐盛况的震惊，白居易、刘禹锡对"巴渝竹枝词"的迷恋等，都显示着蜀中音乐艺术的发展高度。而巴蜀先民创造的充满瑰丽奇幻想象的神话和传说故事，鲧禹治水、禹生石纽、嫘祖养蚕、杜宇化鸟、鱼凫仙道、大石崇拜、朱利出井、五丁开山、碧血化珠以及"蛇"形图腾崇拜等，也为戏剧的文学审美准备了众多要素。可以说，四川是戏剧这种大众艺术发生发展的最佳土壤，戏剧艺术应该是与巴蜀上古民众"与生俱来"的。成都平原出土的"汉代百戏画像砖"和那形神兼备、神采飞扬的"说唱俑"，都体现着蜀人雕塑艺术的惊人成就并透露出说唱艺术风行。汉代广汉成都的漆器绘画在色彩、线条构图的高妙精美，《益州名画录》对蜀中绘画艺术发展盛况的描述，都说明着巴蜀戏剧有着一个极好的产生前提。

老舍先生在20世纪50年代曾感叹道："川剧有如此强烈的戏剧氛围，如此高超的表演艺术和如此美妙的舞蹈姿态，我看这是川剧优于其他剧种的几个显著特点。"汪曾祺对"能将观众与舞台融为一体，观众也能成为舞台的参与者""表现手法非常现代"的川剧艺术推崇备至，甚至认为"真正能代表中国戏剧艺术的剧种，正是川剧"。①

四川戏剧的源头中，巴渝舞、傩戏见于先秦，"角抵戏"汉代已有，灯戏、傀儡戏、皮影、杂技、猴戏的幼苗在唐宋时就破土而出。从唐代"蜀戏"，到宋代"川"渐渐替换"蜀"，宋元明的"川杂剧"，流布运行于四川盆地，以及云南、贵州、湖北等地。

戏剧史家认为，四川戏剧最早出现于三国时期的蜀汉宫廷上。《三国志·蜀书·许慈传》记载的戏剧故事原型是："慈、潜并为学士，与孟光、来敏等典掌旧文。值庶事草创，动多疑议，慈、潜更相克伐，谤讟忿争，形于声色；书籍有无，不相通借，时寻楚挞，以相震撼。其矜己妒彼，乃至于此。先主愍其若斯，群僚大会，使倡家假为二子之容。效其讼阋之状，酒酣乐作，以为嬉戏。"蜀汉政权两位大臣胡潜与许慈，因为政见不同常常在朝廷议事时，寻找对方的一些小问题互相刁难，诽谤怒争且形于声色。皇帝刘备设计安排，找来两个专业演员化妆成二人的容貌，在一次群臣宴会上，两个演员仿效他们平时争讼互骂的场景，还有音乐伴奏烘托气氛，文武官员们一边喝着酒，一边欣赏着这场喜剧演出。这个剧有矛盾冲突，有台词对话，有角色扮演，为代言体，并且还有导演（皇帝刘备）以及剧作主旨思想（政治讽喻），有观众群体（朝廷众官员）和演出场地（朝廷议事大厅），已是较完备的戏剧了。况且，成都社会已经出现了专业性演戏的"倡家"，可供宫廷征调服务。戏曲史专家任半塘在其《优语集》弁言中指出："蜀戏语可追者，自三国始；今欲集地方戏之优语，先从川语之楷模，正为其历史基层之深厚也。"

---

① 参见程宝林：《川剧艺术高、实在是高》，载《四川日报》1997年4月29日。

《汉书·霍光传》认为"击鼓说唱作俳优",按照戏剧史专家周贻白的观点,中国戏剧乃滥觞于汉代。

极富于表演元素的汉代巴蜀石俑群

整个汉代的主旋律艺术,是巴渝舞。前有武王伐纣"牧野之战"的庸、卢、彭、濮、蜀、羌、微、髳等八支巴蜀军队执着戈矛"歌舞以凌殷人",后又有秦末的阆中人范目率七姓巴人帮助汉高祖伴着巴渝舞"还定三秦"。这就是《华阳国志·巴志》记载:"阆中有渝水,民多居水左右,天性劲勇,初为汉前锋陷阵,锐气喜舞。武帝善之曰:'此武王伐纣之歌舞也。'乃令乐人习学之,今所谓巴渝舞也。"汉代首席文学家司马相如的《子虚赋》亦有"巴渝宋蔡,淮南于遮,文成颠歌,族举递奏,金鼓迭起。铿锵铛鏜,洞心骇耳"等关于巴蜀歌舞盛行的记叙,扬雄也有"巴人土歌"记载。《汉书·西域传》记载说汉帝国把巴渝舞作为招待外国宾客的首选舞蹈节目:"设酒池肉林以飨四夷之客,作巴渝都卢、海中砀极、漫衍鱼龙,角抵之戏以观视之。"魏晋文学"建安七子"中的王粲,受命将巴渝舞整理成《矛渝本歌曲》《安弩本歌曲》《安台本歌曲》和《行辞本歌曲》乐舞。《盐铁论·刺权》记录大汉帝国王公大臣和贵族们的时尚风气是"中山素女，抚流徵于堂上，鸣鼓巴渝，交作于堂下"。《汉书·礼乐志》载，汉代第十三位皇帝汉哀帝即位时，汉高祖刘邦设置的皇宫歌舞团"巴俞鼓员三十六人"仍然在运行。

唐代，出现了"蜀戏冠天下"的局面。最高统治者唐玄宗喜爱戏剧引领时尚风气，还专门建立了从事音乐歌舞演出的梨园和教坊，中国戏剧因此出现了有固定场地的专业剧团，有了戏剧和歌舞演出的专业教育机构。蜀中各类表演艺术元素发展迅猛。在盆地东部夔州做官的诗人刘禹锡在《竹枝词·序》中言："余来建平（今巫山县），见里中儿联歌竹枝，吹短笛，击鼓以赴节，歌者扬袂睢舞，以曲多为贤。……含思宛转，有淇濮之滟。"广为人知的还有杜甫《赠花卿》，描写成都音乐盛行与品位："锦城丝管日纷纷，半入江风半入云。此曲只应天上有，人间能得几回闻。"晚唐前蜀皇帝王建的墓中"二十四伎乐"浮雕，表现出宫廷乐队的盛大规模及壮阔场景。"怪僧"贯休的《蜀王入大慈寺听讲》，描写自己陪同前蜀王建率臣民欣赏说唱艺术的盛况："百千民拥听经座，始见重天社稷才。"唐人卢求《成都记》说："管弦歌舞之多，伎巧百工之富……扬（扬州）不足以侔其（成都）半。"任半塘先生认为凡唐人"俳优歌舞杂奏"皆为歌舞戏，他在《唐戏弄·歌舞戏总》里指出："一旦内容有故，或技艺涉说白，虽记载简略，表现模糊。亦非认为歌舞戏不可。"

段成式因父亲两次出任四川最高行政长官"剑南西川节度使"，所以对蜀中社会人生极为熟悉。其《酉阳杂俎》记载，唐代四川出现了以干满川、白迦、叶硅、张美和张翱等"五人为火"戏班——这也是中国戏曲史上最早有正式记载的戏班。这个

十三、渊源有自　独树一帜

演出组合显示出生、旦、净、丑角色分工当已俱备。而《刘辟责买》《麦秀两歧》《灌口神》等剧曲目此时开始从蜀中流行全国。极具讽刺意味的《刘辟责买》，讲述中唐发生的真实人物和事件：西川节度副使刘辟在正使韦皋死后，向皇帝要官未果而起兵造反，攻下梓州城，后来被新任的西川节度使高崇文抓住杀了头。后蜀时出现的《灌口神队》，是由教坊编排而成，龙与龙打斗，人与龙打斗，剧情精彩激烈。《麦秀两歧》就是一出独幕歌舞讽刺戏。皇帝王衍在导演《蓬莱采莲舞》时，让人先在台上布好彩绸"地衣"，一条管子伸到后台，再采取机械方法，用皮套子朝管子里鼓风，台上的彩绸吹起来，形成了活灵活现的波浪，彩船在碧波间荡漾。这种机械化、智能化的舞台设计与运用，正可看出蜀中戏剧演出活动所达到的辉煌程度。这就是宋代"右谏议大夫兼成都知府、充蜀、梓、利、夔路兵马钤辖"的田况，在其《儒林公议》中记载的："王建子衍，嗣于蜀，侈荡无节，庭为山楼，以彩为之，作蓬莱山。画绿罗为水纹地衣，其间作水兽芰荷之类，作折红莲队，盛集锻者于山内鼓橐，以长篝

成都市永陵浮雕：二十四伎乐图

引于地衣下，吹其水纹鼓荡，若波涛之起。复以杂彩为二舟，辘轳转动，自山门洞中出，载伎女二百二十人拨棹行舟，周游于地衣之上，采折枝莲到堦前出舟，致辞长歌复入，周回山洞。俄而

唐庄宗遣使李严入蜀,复作此舞以夸之。严归贡策,未几灭王氏。"田况所记录的,大约类似于今天的《印象·刘三姐》舞台设计。田况甚至认为前蜀王朝是因戏亡国。

任半塘在《唐戏弄》里提出"蜀戏冠天下",认为在戏剧演出方面,"天下所无蜀中有,天下所有蜀中精"。[①]巴蜀戏剧艺术的相对完美博得世人喜爱,唐太和三年(公元829年)南诏军队攻占成都,抢掠财物与专业人才,其中就有"杂剧丈夫二人"。应该说,唐以前戏剧仅作为宫廷和上流社会娱乐的一种"杂耍",被士大夫所轻贱;唐以后转入市民世俗生活的戏剧,因其审美实现的大众性和通俗性而显示出巨大生命活力,尤受蜀人喜爱。

(三)诙谐始姓"川"

用"戏剧鬼才"魏明伦的话说,川剧"敢于把白粉抹向最高统治者的鼻梁,并且抹了几十个皇帝,形成独特的'帝王丑',这在其他剧种实在罕见"。川剧有传统剧目和创作剧目6000余个,尤以喜剧著称,以《黄袍记》《九龙柱》《幽闺记》《春秋配》《东窗修本》《五子告母》《神农涧》《情探》等为代表,其中不少是宋元南戏、元杂剧、明传奇与各种古老声腔剧种留存下来的经典剧目,具有很高的文学和历史价值。宋元时期四川流行南戏、川杂剧,比较有名的曲目为《酒色财气》。

宋真宗咸平四年(1001年)的中国行政区划调整,巴蜀大

---

① 任半塘:《唐戏弄》,上海古籍出版社1984年版,第189页。

地形成"川峡四路",简称"四川路"。宋徽宗大观三年（1109年）的诏书正式使用了"四川",蜀中戏剧开始逐渐姓"川"。中国现存最早的戏剧剧本是约产生于南宋的《张协状元》,由"温州九山书会才人"记录整理。因为被明代《永乐大典》第13991卷收录而今存全本,是至今发现最早、保存最完整的戏曲剧本,被誉为"中国第一戏"。这是一个"四川故事",叙述蜀中富家子张协进京赶考,途中遇到强盗拦劫受伤,被王姓贫女搭救,两人成婚。后妻子剪发售卖资助其进京赶考中了状元,张协却嫌寻夫至京的妻子"貌陋身卑,家贫世薄",甚至于赴任蜀中梓州路上剑劈王氏。受伤的王氏被太尉相救,收为义女。太尉在梓州设计将她许嫁张协,夫妻破镜重圆。该戏是南戏的标本,写男子发迹负心、名利熏心、心狠手毒,贫女勤劳善良,最后大团圆结局。穿插在剧中的一个情节是：山神命令判官、小鬼充当庙门,两扇"人肉门"便乖乖地安上了,但不安分,要叽叽喳喳对事评论几分,挨打时还要急忙忙喊声"痛"。敬谢神灵时没有桌子,李小二就被安排当了桌子;缺椅子时也拉个人来做椅子,等等。此类情节的插入,增加剧作幽默诙谐的味道,后来的川剧中,这类情节和场面甚多。

宋代四川戏剧演出活动繁盛,诗人陆游在蜀中有丰富的看戏经历,如其《初夏闲居》记录的"夜行山步鼓冬冬,小市优场炬火红""高城薄暮闻吹角,小市丰年有戏场"。南宋时涪陵僧人道隆（冉兰溪）也有"戏出一棚川杂剧,神头鬼面几多般；夜深灯火阑珊甚,应是无人笑倚栏"[①]等记录。宋代庄绰《鸡肋

---

① 《大觉禅师语录·马大师与西堂百丈南泉玩月》,见《大日本佛教全书》第95册,第一书房版,1978年。

篇》说当年成都的戏剧演出情况："使宅后圃名西园，春时纵人行乐。初开园日，酒坊两户各求优人之善者，较艺于府会，以骰子置于合子中撼之，视数多者得先，谓之撼雷。"川剧注重审美的群体性和世俗化，"品戏"的传统悠久，如《鸡肋篇》的品戏盛况场面描绘，"坐于阅武场，环庭皆府官宅看棚，棚外台作高凳，庶民男左女右，立于其上如山。每浑一笑须筵中哄堂，众庶皆嵘者，始以青红小旗各插于垫上为记。到晚，较旗多者为胜。若上下不同笑者，不以为数"，且"至日至暮，唯杂戏一色"。一个整天，各种剧目同一处演出竞胜，要做到雅俗共赏、"上下同笑"，如果没有精巧的结构和情节、生动风趣的语言台词、优美的唱腔和高超的演技，是难以吸引观众的。蜀中戏剧活动的盛况及审美接受的广泛性，于此可见。

　　元代本是一个戏剧的时代，但四川的戏剧运行和发展却少见记载。宋元易代战争，以合川钓鱼城为代表的抗元阻击战耗尽了巴蜀地区的元气，一大批文化人躲避战乱远走江南，许多却成为元代文学大家。如清人钱大昕《补元史艺文志》卷四所统计的，就有虞集、牟巘、邓文原、谢端、宇文公谅、程郇、支渭兴、王安民、杨如山、师余、任诏、王元明、刘有庆、徐梦吉、标龙游人等。由于汉唐宋蜀中文学艺术的高度繁荣，尤其是蜀中戏剧发展繁盛和品质优良的传统，元代四川戏剧应该和其他地区一样繁荣；只是由于印刷和传播的限制，中州文人遗漏了巴蜀戏剧。元末费著的《岁华纪丽谱》记录他所看到的成都："凡太守岁时宴集，骑从杂沓，车服鲜华，倡优鼓吹，出入拥导，四方奇技，幻怪百变……岁率有期，谓之故事。"元代《事林广记》收录的《成都魔术》诗亦曰："点石成金也不难，神仙留诀在人间。剪成人物能吹火,画出鱼儿也上竿。白纸自然成黑字,明珠立地走金盘。韩湘去后知音少,泄破机缄是笔端。"青城(今都江堰市)人杨朝英,编有《乐府新编阳春白雪》10卷和《朝野新声太平乐府》9卷,是元人选元曲之第一人,元人散曲多赖以传世,人称"杨氏二选",是研究元散曲的重要资料。同时代的绵阳人邓子晋曾为他的《太平乐府》作过序,胡适将之列入《一个最低限度的国学书目》之中。元人杨维桢的《东维子集·周月湖今乐府序》曾云"士大夫以今乐府鸣者,奇巧莫如关汉卿、庾吉甫、杨澹斋、卢疏斋",即赞许他为元曲四大家之一。

明代川剧的声腔有两种:一是高腔;一是灯戏。它们都是土生土长的四川"土戏"。川剧高腔的母体是宋元南戏,其"遗

成都武侯祠大戏台(汪毅摄影)

传基因"则是宋代的"川杂剧"。①明代以前，有不少关于四川戏剧演出活动的记录，却没有剧本流传下来。到了明代，四川戏剧的身影清晰地映入世人眼帘。明代南京"乐王"陈铎的《朝天子·川戏》《北耍孩儿·嘲川戏》两支套曲，对"川戏"演出方式和特色做了全面的评论，于中我们可以看到："川戏"之名明确地被人们接受了；已有川戏戏班经常演出，并且至少有"靳广儿那一班""韩五儿这一起"两个剧团远赴京城（南京是"留都"）竞艺争胜；艺术特色尤其是唱腔已经呈现出明确的"川戏腔调"；演出剧目至少有"《刘文斌》改了头，《辛文秀》换了尾，《刘电光》掺和着《崔君瑞》"；音乐伴奏"也弄些歪乐器，筝儿乱弹乱研，笙笛儿胡捏胡吹"；已经有"戏报"（海报）"妆生的道将身去长街上看黄宣张挂，妆旦的说手打着马房叫保子跟随"等。

明代开始的四川戏剧已经明确地姓"川"，这不仅是当年的南京"剧协主席"陈铎感受的"不南不北"以及"士夫人见了羞，村浊人见了喜"诙谐风趣的川味，著名文论家王世贞的《艺苑卮言》也看到杨慎戏剧作品"不为当行所许。盖杨本蜀人，故多川调，不甚谐南北本腔也"。王骥德《曲律·论腔调》也注意到各地方戏的不同特色："乐之筐格在曲，而色泽在唱。古四方之音不同，而为声亦异。于是有秦声、有赵曲、有燕歌、有吴歈、有越唱、有楚调、有蜀音、有蔡讴。"杨慎创作的川剧曲目《文武打》《兰亭会》《游赤壁》等流传至今。杨升庵、杨右、张岱等蜀中文人组织家庭戏班，进行演出。演出场所，除了

---

① 参见邓运佳：《关于川剧形成于明代的论争》，载《中华戏曲》第37辑，文化艺术出版社2008年版。

在麦地上临时搭台外，一些寺庙已建有"乐楼""戏楼"等演出场所。杨慎在《元夕前·辰江市观试灯和章后斋》诗中记载了他在泸州看到盛况："遏云清转杜韦娘，剪灯秀句元才子，喜看小市小升平，旗亭曲坊人如蚁。"嘉靖丙寅年（1566年）《阆中县志》记载："五月十五日瘟祖会，旧在城隍庙，后移太清观。此会较诸会为甚。酷天之夕，锣钱箫鼓，响遏云衢。演灯戏十日。"嘉靖四十一年（1562年）《洪雅县志》记载："元夕，张灯放花，结彩栅，聚歌儿，演戏剧""元夕演戏剧，结彩棚，箫鼓常达旦……盖其时家给人足，民不愁苦，故靡费不惜也"。《芦山县志·重建飞龙山张公祠碑记》记载，明代隆庆年间，芦山县"中元圣诞，演戏赛会，第见远近朝睹，老幼皆欢"。

（三）五腔喜共和

清代四川戏剧进入定型阶段，标志有四个：金堂人魏长生远征京城引起轰动，再下江南万众瞩目，其演艺对中国戏剧如京剧等产生直接的影响；李调元自办昆班招收川昆学徒并率之四处演出，又如江南戏剧界在成都举办庆华班和舒颐班等专业教育，使川戏进一步"融汇昆弋"；清末"三庆会"的成立，康芷林、杨素兰、萧楷臣等重组的十大名班，一切都开始有了制度"规矩"；大诗人赵熙、文人黄吉安"下海"执笔撰写川剧剧本，川剧发展于是开始有了"根本"。黄吉安是第一个专业创作出川剧剧本的。他曾在清朝为官，触犯上司被解职，留居成都。光绪二十八年（1902年），清朝四川官员周善培推行新政改革，在成都成立"戏曲改良公所"，聘黄吉安入所创作和整理剧本，共创作川剧剧本80多部,四川扬琴唱本20余个,文白相错,诗词谚语信手拈来,称为"黄本"。他的剧作有提倡改良社会风习的,有揭露清王朝黑暗统治的,有抨击袁世凯复辟的;且着力歌颂英雄好汉,鞭挞逆贼、贰臣;还刻画了一批在川剧舞台上熠熠生辉的妇女形象。四川省戏曲研究所编校的《黄吉安剧本选》于1960年出版,收优秀剧本18种。

锦江剧场的一次川剧演出

一代怪才李调元以《剧话》《曲话》对中国戏曲尤其是巴蜀戏剧的发展轨迹及艺术特征的理论的阐发,贡献殊多。他除了对流行于蜀中的剧目进行搜集整理和改编外,更亲自"下海"躬行实践,导演剧目、训练演员乃至粉墨登场,从"家有数僮,皆教之歌舞"引进昆曲,到"旧掣伶人,逾州越县"巡回演出,皆亲力亲为,是"自敲檀板课歌童"的乐师和训导那些"遇笑即哑"演员的戏剧导演。他创作的《花田错》《苦节传》《春秋配》《梅绛裹》《凌云渡》等,都成为川剧经典曲目,演唱至今。其《雨村诗话》卷十说:"近日,京谓梨园以川旦为优","如在京者，万县彭庆莲，成都杨桂芝，达州杨五见，叙州张莲官，邛州曹文达，巴州马九儿，绵州于三元，王升官，而最著者金堂魏长生，其徒成都陈银官次之，几乎名震京师"。魏长生带着地方戏曲新鲜活泼和大胆变革的"乱弹"以及高超的表演艺术，"使京腔剧本置之高阁，一时歌楼，观者如堵。而六大班几无人过问，或至散去"。日本汉学家青木正儿在《蜀伶之跳梁》中叙其事迹："演滚楼等剧，名声动都城，观者日千人，其他六班，亦顿为之减色云。"① 魏长生是乾隆时期的著名花旦，创用的"踩跷""梳水头"等，对梅兰芳的表演艺术有直接影响。

在四川简州、泸州、邛州等地任知州的杨潮观，在邛崃县建戏台"吟风阁"演唱剧目，召集众演员和文化人"品仙"，分为"观众品""名角品""自我品"等，创作出《吟风阁杂剧》共32种，多取材于历史故事及神话传说。它们用优美夸张的文字，反映人民疾苦，讽喻世态炎凉，大受公众欢迎。清光绪二十八年（1902年）赵熙辞官返荣县，途经自贡时客胡汝修家，观《活捉王魁》，不满其过分狰狞，改成《情探》，盛行至今。例如王魁的念白："更阑静，夜色哀，月明如水浸楼台"。又如焦桂英的唱词："梨花落，杏花开，梦绕长安十二街。夜间和露立苍苔，到晓来辗转书斋外"——其幽婉的意境，可以在今天流行的《梨花颂》中看到。赵熙还写了《渔父辞剑》《香莲闯宫》《除三害》等，世称"赵本"。卢冀野《明清戏曲史》将尹仲锡的《离燕哀》与赵熙的《情探》并列，又特引其唱词为证："风一程来雨一程，处处都是愁人境。满目黄沙草木深，南来飞雁多孤影。好男儿当立马千山万仞，南关凄楚，却变作个塞外流人。不堪回

---

① 青木正儿：《蜀伶之跳梁》，见《中国近代戏曲史》，作家出版社1958年版。

首处，引涕独怆神。"与赵、尹同列"三大川剧名作"的是冉樵子《刀笔误》。民国时期的川剧作家还有刘怀叙、李慎余、李明璋等。

民国十三年（1924年）的《蜀伶杂志·班目·庆华班》的记载，"雍正二年（1724年），有二十余人由沪来省，住棉花街之药师殿，招聚生徒教授，因成立庆华班，注重高腔，继舒颐班而别树一帜，名亦相等。今之名角康子林（即康芷林）乃庆华班之数传弟子也"。民国元年（1912年）在成都悦来茶园成立"三庆会"，参加的戏班主要有长乐、宴乐、宾乐以及顺乐、翠华、彩华、桂春、太洪等，约180人。各以昆腔、高腔、胡琴、弹戏、灯调声腔为偏重的，以及生、旦、净、末、丑、杂行当的，都在"五族都要共和"口号下，进行资源共享与艺术整合，川剧的"五腔共和"于此彻底完成。川剧在剧目上向来有"唐三千，宋八百，数不完的三列国"之说；川剧生、旦、净、末、丑，每个行当的服饰，以明代服饰样式为基础，"宁穿破，不穿错"；表演技巧方面，如"变脸""吐火""滚灯"等民间杂戏绝活。

由于四川盆地幅员辽阔，民俗风习的"百里不同俗"，清代川剧在不同地区也略有差异而形成"四大流派"：一是"川西坝子派"，以成都为中心，以胡琴为主，形成独特的"坝调"；二是"资阳河派"，包括内江、自贡、泸州一带，以高腔为主；三是"川北河派"，包括南充、绵阳、德阳等地区，以弹戏为主；四是"下川东河派"，包括以重庆为中心的川东一带，声腔多样化。这实际上是以川西岷江、川东长江、川北嘉陵江和川南沱江等四大河流为盛行区域。有民谣唱道："上坝丝弦，中坝腔，川北老儿唱恍恍……"需要注意的是，很多人在谈到四川文化时不免涉及川剧，却把川剧的"五腔共和"说成是"湖广填四川移民"的结果。其实川剧从根本来说,乃是四川盆地土生土长的戏剧文化,尽管其在发展变化中大量汲取过外地文化的营养,但其本色未变,所以它姓"川"而不姓"移"或"杂"。它有自己独树一帜的鲜明特征。诚如清道光元年(1821年)湖南《辰溪县志》所说:"庆元宵,有采茶歌及川调、贵调之属。其词理俗,操土音。"又如清代道光二十二年(1842年)贵州《松桃厅志》上说:"川调、楚调不一,各操土音歌咏。"清同治《巴县志》说得更明白:"川调,呼曰高腔。伶人曼声抗喉,后场之人就其尾声从而和之,间以锣鼓。"民国十三年(1924年)的《蜀伶杂志》刊有《高腔维持会宣言书》也说得很清楚:"同时以腔调争鸣于各省者,有西梆陕腔、广东调、山东调、汉调、辰河调、湖南调、云南调、贵州调,各搜一长……吾川高腔之兼搜其长矣!……今人誉京调而毁川调,已浸成风气……更询以川调劣处如何,亦桥舌不能对也……川调之牌子多至一百余种,唱法、帮腔各不相袭。"还是那句话:川剧姓"川",以高腔为主;川剧高腔渊源有自,其母体是宋元南戏,其"遗传基因"则是宋代的"川杂剧"。

川剧始终立足于川语蜀籁,发挥着四川方言擅长"涮坛子"的幽默机趣,创造性地运用"帮、打、唱"相结合的艺术手段,以及变脸、吐火、藏刀、踢慧眼等多种特技,还有"三分唱,七分打"川剧锣鼓的渲染烘托,如此种种,形成川剧独有的艺术积淀和表现形式,并使自己巍然屹立于中华传统戏剧之林而大放异彩。

十四、铜鼓蛮歌　别样风采
——多姿多彩的少数民族文化

（一）民族识别与种族融汇

华夏民族，是在漫长的历史进程中，逐渐融汇化合的，今天中国的主体民族汉族，实际上也是在漫长的历史进程中，由于战争、饥荒以及各类自然灾害导致人口大迁徙，逐渐化融了许多其他民族，才形成今天的规模。1939年秋，赴成都就任齐鲁大学国学研究所主任的"疑古学派"创始人顾颉刚，在其《中华民族是一个》中，提出一个著名论断："汉人是许多民族混合起来的，他不是一个民族。"就少数民族而言，也有一个不断变动的过程。如任乃强的《四川上古史新探》中认为大西南及大西北的大部分民族，都是古时康、青、藏高原上居住的羌族的支派。古代典籍也有这样的视角，如《后汉书·西羌传》有这样的记载："至爱剑曾孙忍时，秦献公初立，欲复穆公之迹，兵临渭首，灭狄獂戎。忍季父卬畏秦之威，将其种人附落而南，出赐之河曲西数千里，与众羌绝远，不复交通。其后子孙分别，各自为种，任随所之。或为牦牛种，越嶲羌是也；或为白马种，广汉羌是也；或为参狼种，武都羌是也……"汉朝在沈黎郡（治所在今四川汉源县）下设立牦牛县（今汉源县），辖东部康区的泸定、康定等地，后又于安宁河流域及雅砻江下游置越嶲郡，故又称牦牛羌为越嶲羌；广汉郡即"广至汉水"之意，治所先后设在乘乡、雒县（今广汉市）、梓潼（今四川梓潼县）、广汉（今四川遂宁东北），是四川盆地中与巴、蜀并列的汉代三郡之一，管辖今天的绵阳、广元、遂宁，重庆的潼南，陕西的宁强，阿坝的九寨沟县，甘肃陇南的文县等，"白马羌"主要活动于绵阳北部与甘肃南部武都之间的白龙江流域。明、清时有"白马番"称谓，今四川平武县、九寨沟县及甘肃文县等地，有"白马藏人"。

四川生活着藏、彝、羌、土家、苗、回、蒙古、满等14个世居少数民族，并各有聚居地；即彝、藏、土家为主，苗、羌、回次之，另有蒙古、傈僳、纳西、满、布依、白、壮、傣等近40个散居的少数民族。藏族人口仅次于我国西藏；彝族人口略少于云南省；羌族几千年来聚居于川西北高原。①

上古时期的四川，巴与蜀属于彼此不同的两个族群，后来逐渐融汇化合，成为一体。从苍凉的黄土高坡走出来的"西方牧犊儿"秦国，看清楚了四川的重要性："取其地足以广国也，得其财足以富民，缮兵不伤众，而彼以服矣。"（司马错语）占领四川后实施"羁縻"让步政策："秦犯夷，罚黄龙一双；夷犯秦，输清酒一钟"；又以"移秦民万家实之"等掺沙子方式，改变四川人的人口基因。在北方中原主流社会的人眼中，"蜀地辟陋有

---

① 参见四川省人口普查办公室编：《四川省第四次人口普查手工汇总资料》，四川科学技术出版社1991年版，第52—72、141页。

蛮夷风"，这就是汉帝国派驻蜀地的最高行政长官文翁的看法。至少在汉代初期，人们还是把当时的四川人看成一个少数民族；甚至到了东汉班固撰写《汉书·地理志》时，还念念不忘"巴、蜀、广汉本南夷"。所谓的"文翁化蜀"就是使蜀地与北方中原"同质化"，包括改变蜀地方音"蜀左言，无文字"乃至于"椎髻左衽"的状况，而营造"蜀人始通中国，言语颇与华同"的效果。三国时期，诸葛亮《隆中对》为立足巴蜀图谋中原的蜀汉政权设计的战略是"西和诸戎，南抚夷越"。

自朱元璋大规模实行"改土归流"，把少数民族"世袭"土司管理的方式改为"流动委派"政府官员管理方式，丈量土地、征收赋税、编查户口、组织乡勇、设立学校等，使这些地区与汉族社会达到同样形态，"普天之下莫非王土"真正在许多少数民族地区实施了。明清开始大力推进的这种政治改革，使一些少数民族的生存空间受到挤压，他们的生活习俗和宗教信仰，都受到政权暴力手段的摧残，自动或被动地开始"汉化"。如清末"钦命头品顶戴尚书衔川滇边务大臣武勇巴图鲁"赵尔丰签名的告示："照得巴理二塘已经改土归流，有各事自应向汉官声诉，惟语言不通须通事传达"，"民子女入学堂学习，先习官话"，"优秀者多读汉书，亦可出身做官，即与汉官一样，人皆不敢轻视"，"学堂中书籍纸笔衣服均系官为制"等。《巴安县图志》记载，巴塘"所属全境百姓不足五千户，学生竟有千数人，书声不断，成为一文化之区"。

（二）本地汉族的其他种族基因

民族问题，实际上也是一个时空问题。不同的历史时期的民族划分并不完全以种族为依据。同在一个盆地之中，巴与蜀两大族群进入一个汇融空间，是迟早的事。而秦王朝的统一，让独立的两个方国，成为有共同上级的地方政权。大汉帝国"承秦制"继续推进国家化进程，有力量对各方国的地域文化进行整合，华夏民族的主体成分"汉族"因此形成，巴与蜀的文化形态逐渐汇融一体。如《后汉书》记载夜郎"东接交趾，西有滇国，北有邛都国"包括蜀地的犍为、牂牁、武陵等郡的少数民族"西南夷"，在汉武帝时期的唐蒙、司马相如等的具体操作下，都开始逐渐汇融到汉族之中。像曾经具有鲜明种族特征的巴地"板楯蛮"也逐渐失去了自己的特征，即如《华阳国志·巴志》所言"宕渠郡长老言，宕渠盖为故賨国，今有賨城、卢城。始皇时，

荣县大佛寺掠影（胡智斌供图）

有长人二十五丈见宕渠";王象之《舆地纪胜》卷一百六十二亦说:"巴西宕渠,其人勇健好歌舞,邻山重叠,险比相次,古之賨国都也。"

《后汉书》记载的四川南部以及贵州等地濮人、僚人沿袭下来的仡佬族,和今天的彝族、苗族、土家族等,都奉行的图腾是"竹王崇拜":"有竹王者兴于遁水。有一女子浣于水溪,有三节大竹流入女子足,推之不肯去。闻有儿声,取持归,破之,得一男儿。长养有才武,遂雄长夷狄,以竹为氏。"唐代女诗人薛涛的《题竹郎庙》,就是记录她在川南荣县看到当地民众祭祀竹王的情况:"竹郎庙前多古木,夕阳沉沉山更绿。何处江村有笛声,声声尽是迎郎曲。"宋代《太平寰宇记》也有"荣州旭川县竹王庙"记载。清代王渔洋,于康熙十一年(1672年)39岁时出任四川乡试主考官,在嘉州(今乐山)观摩到当地竹王崇拜的盛况:"竹公溪口水茫茫,溪上人家赛竹王。铜鼓蛮歌争上日,竹林深处拜三郎。"这种以"竹图腾"崇拜为价值评判特征的汉唐时期的少数民族,有许多今天已经化融到汉族中。例如川南的荣县,清末著名文人赵熙的《竹王祠碑》所追忆的"荣县城东溪上有竹王祠",在清代已经改变成基督教的福音堂。他的《竹王祠》(1915年)对本地传说中的民俗很不以为然:"此去夜郎千里外,行人争拜竹王祠。"他就没看到古代典籍中关于荣州曾经属于夜郎国势力范围的记载,也不知道古荣州曾经有过"夏人少,蛮僚多"的历史。

汉唐宋时期,中国西南地区汉族之外的众多族群,被史家统一记录为"獠",从人口比例来说,似乎还难以被称为"少数"。《说文》曰:"獠,猎也。""獠",本意是指面貌凶恶之人,汉族之外的各种族皆统称为"獠"。进入现代以后,为了尊重少数民族而改写成中性词"僚",但已经丧失了原意。僚人广泛地分布于四川各地,而尤以川东的夔、涪、綦江县、南川县,以及川南的泸州、叙州等最为集中,包括"叙州三路蛮"和"泸州蛮"甚至也囊括了盆地西部的"黎州诸蛮"。概而言之,古代汉族中心视野下的"非我族类",他们皆为面目狰狞、茹毛饮血的不开化之"獠"人。自汉末开始,四川土著濮僰賨等被卷入了一个大流徙中。曹操占据汉中时,川东北渠县的賨人中不少"移於略阳,北土复号曰巴人"。后来,"略阳、天水六郡民李特及弟痒、阎式、赵肃、何巨、李远等,及氐叟、青叟数万家,以郡土连年军荒,就谷入汉川。诏书不听入蜀,益州敕关禁之。而户曹李苾开关放入蜀,布散梁州及三蜀界"(《华阳国志·大同志》)。西晋元康八年(公元298年),李特率十余万賨、氐、羌等流民涌入四川,攻城略地,李特子李雄在四川建立了成汉政权。李膺《益州记》(《蜀记》)也记录有"李寿从牂牁引

凉山州美姑县街头的彝族汉子:锥髻是彝族男子的英雄髻

僚入蜀境"。成汉后期，战乱不断，原来居住在贵州及川南深山丘陵地区的少数民族大量涌出，迁居到川东、川中丘陵、川西平原一带。宋代郭允蹈的《蜀鉴》卷四说过："蜀本无僚，至是始出巴西、渠川、广汉、阳安、资中、犍为、梓潼，布满山谷，十万余家。"

宋代《太平寰宇记》载：川南地区（含滇东北，黔西北）少数民族"皆为乌蛮……女既嫁，便缺去前齿"，"又有僚子，巢居海曲，每岁一移，椎髻凿齿"，男子左衽露发赤脚等。宜宾蛮僚的风俗是"不识文字，不知礼教，言语不通，嗜欲不同，椎髻跣足，凿齿穿耳，衣绯衣、羊皮、莎草，以鬼神为征验，以杀伤为戏笑，少壮为上，衰老为下，男女无别，山岗是居"。1974年，在四川宜宾发掘出10具悬棺尸骨，其中7具成人尸骨有6具都被打掉了两个上门齿。泸州的夷僚"与汉不同，性多犷戾，而又好淫祠。巢居山谷，因险凭高，著斑布，击铜鼓，弄鞘刀。男则露髻跣足，女则椎髻横裙，夫亡妇不归家，葬之崖穴。刻木为契，刺血为信，衔冤则累代相仇，乏用则鬻卖男女"。古为牂牁郡、元明时期皆隶属于四川的今天贵州普定县①，其窝子乡和高阳乡的仡佬族，到19世纪末仍然还保留有"打牙"习俗。简阳、资中的僚人，"言语与夏不同，嫁娶但鼓笛而已，遭丧乃以竿悬布，置其门庭，殡于别所，至其体骸燥，以木函盛置山穴"；荣县"夏人少，蛮僚多，男不中栉，女衣斑布，姓名颠倒，不知礼法"；重庆彭水"多是蛮僚"，杂居山洞，"其性犷悍，其风淫祀，礼法之道，故不知之"；重庆忠县"夷僚颇类黔中"；重庆大足"无夏风，有僚风，悉住丛青，悬虚构屋，号'阁栏'。男

---

① 清雍正五年（1727年），将四川的遵义府及其所属各县改隶贵州。

十四、铜鼓蛮歌 别样风采

则蓬头跣足,女则椎髻穿耳。以生处山水为姓名,以杀为能事,父母丧不立几筵";重庆"蛮界乡村有僚户","山谷中有狼猺乡,俗构屋高树,谓之'阁栏'。不解丝竹,唯坎〔击〕铜鼓,视木叶以别四时。父子同讳,夫妻共名,祭鬼以祈福"。其他如乐山、邛崃、雅安、重庆綦江等地均有僚人的记载。但到宋末,有关四川僚人的记载寥寥无几。四川主体民族对其他族群的同化收到切实的功效,汉族之外,其他种族开始逐渐地成为"少数"。

曾是青衣羌人主要活动地又是唐代安置"獠户"地的洪雅县瓦屋山民居

一个具有独特文化特征的种族消亡和被彻底汉化的个案,是川南兴文县和珙县的僰人。我国古代的南方民族中,百越、干越、僚人、僰人(山都蛮)等民族都有悬棺葬的习俗,川南僰人悬棺的年代未知上限,但下限为明代。这在"嘉靖八才子之一"任瀚的《平蛮碑记》中可找到答案:"山都群丑,聚恶肆氛,虽在往日，叛服不常，未着近日猖獗尤甚。都蛮近日长驱江、纳，几薄叙、泸。拥众称王，攻城劫堡，裂死千百把户，虏杀绅监生员。所掠军民，或卖或囚，尽化为剪发凿齿之异族；或焚或戮，相率为填沟枕壑之幽魂。村舍在在为墟，妻孥比比受辱。六邑不禁其荼毒，四川曷胜其侵凌。"实际上是改土归流政策，遭到川南僰人的强烈反抗，朱明王朝调集大军进行清剿，于明朝万历元年攻克九丝僰王城，"克九丝计大小寨以百数，俘馘及所焚坠死者以万数"，"蛮巢鞠为焦土"，即《明史·戚继光传》记载的"万历改元三月，毕集叙州，诱执阿苟，攻拔凌霄，进逼都都寨……克寨六十余，获贼魁三十六，俘斩四千六百，拓地四百余里，得诸葛铜鼓九十三，铜铁锅各一"。幸存者或化身于苗族或隐身于汉族，这个曾经雄踞云贵川三界咽喉地的庞大种族，从此不再存在。

（三）主要少数民族的文化

唐宋时期四川地区的少数民族主要有吐蕃、羌、僚、诸蛮、西南夷部等，但不同历史时期有不同的称谓，如唐宋的吐蕃（元代的番、西番，明清时期称"藏蕃""藏人"等）、彝（史籍上称夷、乌蛮、倮倮、罗罗等）、羌（史籍上称羌、羌戎、羌蛮等）、苗（史籍上称苗、蛮夷、夷民等）、土家（史籍上称西南七蕃、诸洞蛮等）等。甘孜、阿坝是以藏族为主的藏、汉、羌、回、彝等多民族的杂居。藏族主要聚居在红原、阿坝、若尔盖、壤塘、马尔康、黑水、雅江、道孚、炉霍、甘孜、新龙、得格、白玉、石渠、巴塘、色达、理塘、乡城、稻城、得荣等20个

十四、铜鼓蛮歌　别样风采

道孚县藏族劲舞：格萨尔王的传说　（肖明摄影）

县；彝族主要聚居在九龙县；回族主要聚居在松潘县、金川县、小金县。

唐代开始统一的吐蕃即今天藏族的先民，也是对吐蕃王朝崩溃后分散的古代藏族各部的总称。清代创设了册封藏传佛教格鲁派两大活佛为达赖喇嘛和班禅额尔德尼的制度。乾隆十六年（1751年），清朝又在西藏设立了噶厦政府，政府中设四名噶伦，正式授权达赖喇嘛管理西藏地方行政事务，政教合一的制度从此正式确立。在今四川甘孜州、阿坝州及雅安市的部分地区，凉山州的木里藏族自治县等，主要都是藏族的聚居地。今天四川境内的安多、康巴藏族，与西藏的卫藏并列为三大藏地。藏传佛教是藏族文化最核心的部分，现行藏文是7世纪初根据古梵文和西域文字制定的拼音文字，藏语分卫藏、康、安多三种方言。藏历是阴阳合历，将一年分为四季，以冬、春、夏、秋为序，全年354日。藏族在文学、音乐、舞蹈、绘画、雕塑、藏戏、建筑艺术等方面都独具特色，藏医药学也是人类重要遗产。最早流行于甘孜州的《格萨尔王传》是民间说唱体英雄史诗，是已知世界上最长的说唱史诗。在藏族古代神话传说、诗歌和谚语等民间文学的丰厚基础上产生和发展起来的，是关于藏民族部落战争和藏地统一战争的神话；藏族文学经典《仓央嘉措情歌》也已享誉世界。藏族服饰的基本特征是长袖、宽腰、长裙、长靴，白天气温上升可脱出一个臂膀，方便散热，所以，脱掉一只袖子的装束便形成了藏族服装特有的风格。把雪白的织品"哈达"看作是最珍贵的礼物，每有喜庆之事，或远客来临，或拜会尊长，或远行送别，都要献哈达以示敬意。藏族男女特别讲究饰物，饰品的质地有银、金、珍珠、玛瑙、玉、翡翠、珊瑚、琥珀等，广泛运用于头饰、发饰、耳环、项链、腰饰和戒指。流行四川藏地的安多藏戏（南木特）、德格藏戏，是藏戏四大系统的组成部分。安多藏戏的唱念均采取安多方言，以民歌、民间说唱、民间歌舞、藏传佛教义化为基础，表演时人物的台步，上下场动作，吸收安多民间舞蹈、法会舞蹈及汉族戏曲的因素较多。除扮演神怪、动物偶尔用一下面具外，其他全部采用面部化妆，不像西藏藏戏多数角色要戴面具。元代八思巴赴京讲学途经这里时赐名"德格"，后因18世纪几代德格土司创建，发展印经院，使之成为我国藏区三大古文化中心之一。《中国戏曲志·四川卷》（1998年）确认，四川有德格藏戏和传自甘南的阿坝和安多藏戏，还把传自西藏的"刃区藏戏"确定为一个单独的康巴戏剧。

  羌族主要聚居在茂县、汶川、理县、松潘、黑水、绵阳市北川等县。自秦汉以来，羌人就居住于岷江上游地区，即《明史》所载："自宋迄元，皆为羌人所据。"宋和明清的官方都称羌人为"蛮""夷""蛮民"等。羌族民间流传的古老史诗《羌戈大战》说,在远古的时候,西北大草原的羌人因躲避战争及自然灾害向西迁徙,最后来到了"热兹(松潘)水草园"。这里也是《蜀王本纪》所说的蜀山氏以及蜀王的发迹地,即所谓"蚕丛始居岷山石室中"。碉楼、吊脚楼等建筑,是羌族特有的标志。神职人员"释比"为本族最权威的文化人与知识的集大成者,且被尊奉为能连接生死界、直通神灵之人,其作法被当地人认为能够传神谕、达民情、逐病疫及驱邪魔等。释比在祭祀活动中,除按照开坛请神、显示神力,还要手敲羊皮鼓,足踏禹步,驱邪逐魔,有些还要表演一些踩犁铧头、踩红锅、耍火炼、打油火等巫术技艺。羌族男子着绣花白袍黑褂花布鞋,黑白布巾绑头,捆绑腿。女子是一身深色绣花的布裙,裹绣花头巾。有羌绣、羌笛、口弦、萨朗等羌族民间艺术。每年农历十月初一的羌历年,

美姑县彝族毕摩密藏法器:高度抽象化的史诗性英雄支格阿龙神像

羌语称"日麦节",时间长度3~5天,是羌族一年中庆丰收、送祝福、祈平安的最为隆重的节日,大型活动有感恩、祈福和吉庆的程序。对山歌、跳沙朗、释比敲响羊皮鼓,神圣的咂酒开坛仪式,全寨子男女老少围在火堆旁喝羊肉汤等。古羌"卦卧"节,释比唱经是核心,也就是羌族口传史诗包括《创世纪》《羊皮鼓》《请山神》《斗安珠与木姐珠》《羌戈大战》《赦罪》《请祖师爷》《升天》等,最后祈福全寨幸福安康、风调雨顺、五谷丰登。还有山歌、酒歌、邵西（多声部对唱）、牛山歌（犁地歌）、农事歌（劳者歌其事）等众人参与的活动。

四川凉山彝族的谚语中有"人从北方来"之说,民间也传说"彝族最初住在西北高原某处",贵州古代彝文典籍《德布氏史略》称,彝族过去"住在世界北方"。《宋史》所记载的马湖一带黎州诸蛮"俗椎髻,披毡,佩刀,居必栏棚。不喜耕稼,多畜牧。其人精悍善战斗,自马湖、南广诸族皆畏之",让人们看到今天的彝族在服饰装束与生活方式的沿袭关系。支格阿龙是彝族民间口头文学中一位传奇式的神话般英雄人物。民族的识别,主要在于文化。一个民族的存在关键就在于这个群体有着自己独特的文化传统,并且还因为这个文化传统的黏合力使这个民族今天得以存在。中国的民族识别,曾经完全依据斯大林在《马克思主义和民族问题》一书中的标准:"民族是人们在历史上形成的有共同语言、共同地域、共同经济生活以及表现于共同的民族文化特点上的共同心理素质这四个基本特征的稳定共同体。"[①]斯大林的话并不完全对。笔者曾亲耳听见云南红河州的彝族汉子对凉山州美姑县的同胞说自己"已经听不懂彝语"了,但这并不影响

---

① 参见《斯大林全集》第11卷,人民出版社1955年版,第286页。

十四、铜鼓蛮歌　别样风采

那位红河州彝族在种族习俗等其他文化范畴坚守彝族文化。又如2014年8月15日的《凉山城市新报》以《彝族人学说彝族话：64名云南贵州彝人来凉山学标准彝语》为题，报道了"贵州派出了52名学员，云南派出了12名学员，学员多由当地从事彝汉双语教学的一线教师和民族教育、民族文化管理人员组成"事件，其中还涉及"贵州彝语一直处在濒危边缘，有可能在其他民族强大的语言冲击中加快边缘化速度"。因为凉山州的喜德（喜铎拉达）县的彝语"使用人数较多、现实活态性较强"早被公认为"彝语的标准发音地"。又如同样是在藏地，卫藏、安多、康巴三个地区，语言差异就很大。最典型的是回族，在没有推广普及普通话的时代，青海的回族与广东的回族，完全无法进行语言交流，但这并不影响他们在法定日子进清真寺做礼拜以及都同样地坚守某种特有饮食禁忌等。

四川几乎遍及全省，或者说几乎每个县城的南街都有"清真"饭馆，很多地方还有清真寺供当地穆斯林做礼拜。康熙年间建成的阆中"巴巴寺"，是中国汉族地区享有盛名的清真寺。"巴巴"即阿拉伯语"祖先"或"祖师"之意，多年来河州、汉中等地轮流派阿訇迁往驻守，已历300余年。每逢开斋节、古尔邦节和圣纪，常有川、陕、甘、青、宁等地的穆斯林前往朝觐。

近年来在社会经济发展以及广大民众富裕程度普遍提升的前提下，聚居或散居于四川各地的少数民族，开始逐渐恢复本民族的一些传统文化；亦在发展第三产业动力的驱动下，于民族歌舞、特有的饮食产品，乃至于民族服饰、民族村寨建设等方面，都努力地彰显自己的民族文化个性。

十五、道脉仙源　洞天福地
——效法自然的道教文化

（一）巴蜀道教人物

1. 玄门仙音：容成公与李八百

四川的道教文化是巴蜀文化深厚底蕴的重要组成部分。蜀地区是道教产生、传播的重镇，历来高道辈出，有着许多著名的道教名山宫观。

先秦时期的神仙家与神仙思想影响极大，长生不死、羽化登仙成为古代帝王乃至普通百姓孜孜以求的目标，神仙思想也是道教思想的重要来源和组成部分，"神仙信仰"成为道教的最高信仰。因此，传说中的仙人总是与道教有着密切的关系。他们或被纳入道教体系，或成为道教神仙传说中的仙人；而蜀中八仙在蜀中道教文化中就是道教"宗教氛围"的开启者，其中以容成公与李八百为典型。

容成公是中国古代神话传说中的仙人，谯秀《蜀记》称其为

十五、道脉仙源　洞天福地

蜀八仙之首，曾隐居在青城山，传说容成公是黄帝的老师，教习黄帝养生之术并一同修习炼养，《广黄帝本行记》中称黄帝慕其道，曾特地造五城十二楼以迎候这位仙人，《列子·汤问》中记录其与黄帝隐居崆峒山，斋戒三月，炼得"心死形废"之术。

容成公到底有何道术，使得黄帝这位传说中的华夏始祖也甘愿师之？据史籍所述，容成公最初于太姥山修行，而后转徙至崆峒山，擅长导引之术，懂得从天地万物的本源中取其精髓，能够达于心性空虚，不老不死之境界。其修为可使头发白了变黑，牙齿脱落又出新，具有极强的生命再生和更新的能力。他颖悟超绝，早早便得道，从而逍遥遨游于天地之间。容成公的神仙形象应该是道教仙传中神仙形象的典型，神通广大、来去无踪又为帝王师，为帝王所追慕，是一种理想化的神仙形象。

李八百也是神话传说中的蜀中八仙之一，因其活了八百多岁或日行八百里而得其名。葛洪《神仙传》中有关于他的传记：蜀人李八百，没有人知道他的真实姓名，好几个时代的人都说见过他，推算起来他已经活了八百多岁，因此称其为"李八百"。

他的行踪极其飘忽不定，要么隐居山野，世人难觅；要么现身世尘，混同流俗。他听说陕西汉中有个叫唐功昉的有志修道求仙，但却不得名师指引，于是打算前往教授其修仙炼道之术。不过李八百并不打算直接表明来意开门授徒，而是准备先试试他，于是他就以仆人的身份受雇于唐功昉家。由于李八百对唐的侍奉周到，很用心思，完全不同于其他仆人，因此极受唐的偏爱，心里十分满意。过了些时候，李八百开始装病，给人感觉生命垂危，命悬一线。唐功昉立即为他请医生诊治抓药，花费了几十万钱也毫不吝惜，其为李八百的担忧焦虑之情溢于言表。李八百又开始让自己全身长满恶疮，发脓流血，发出阵阵恶臭，使人不忍心靠近。见此情景，李功昉哀从心来，哭着说："你到我家来当仆人，勤恳辛苦了好几年，现在得了这样的重病，我请医生想让你痊愈，但是还是没有办法，让我应该怎么办才好！"李八百于是说："我的疮好不了，须要人帮我舔才好得了。"唐功昉于是就令三个婢女为他舔疮，李八百说："婢女舔疮还是好不了，如果你帮我舔就好了。"于是功昉就为他舔疮，还是不见好，李八百又说："如果能让你的夫人为我舔疮，那就最好了。"于是唐功昉又让他的夫人帮他舔疮。李八百说："我的疮想要痊愈，还要几十斗美酒用来沐浴才行。"于是唐功昉为他准备好美酒和酒器，李八百跳入其中，疮立即就好了，皮肤白得像凝住的油脂，没有一点疮疤的痕迹。他随后便对唐据实相告："我是仙人，听闻你有志修道，所以特地来试试你，看来你的确值得我教授于你，现在就教授你成仙超脱的秘诀。"于是李八百让唐功昉和为他舔疮的三个婢女都用他洗过澡的酒来沐浴，他们立即变得年轻许多，漂亮许多；然后又赠送一本丹经给功昉。功昉后来进入云台山炼制丹药，药成，服药仙去。

李八百试唐功昉的故事很典型。在道教中，收授徒弟是有条件的，道教认为传非其人，授者必殃，因此讲求"密传"。在传授道法之前必须对所传授者有所挑选测试，能够通过师傅测试的才能得见真经！

2. 正一宗祖：张陵与张鲁

道教作为中国的本土宗教，它的创立者就是大名鼎鼎的张天师——张陵。张陵创立的道教被称为"五斗米道"或"正一道"。作为创教祖师，后世道书对其生平和创教事迹有着远较正史更为丰富详细且充满神异色彩的描述。据《汉天师世家》《神仙传》等道书记载，张陵（后改张道陵）字辅汉，沛丰邑（今江苏丰县）人，据说是汉留侯张良的后人。一日，其母梦神人从北斗魁星中下降并授其香草，衣服居室异香四溢经月不散，其母感而有娠，于汉建武十年（公元34年）正月十五夜生张陵于吴天目山。张陵出生之时，黄云覆室，紫气满庭，充满着神秘祥和的色彩。张陵从小就聪慧颖悟，喜欢研读《道德经》并通晓其意，对于天文、地理、谶纬之书皆能贯通，对于三坟五典的古代典籍皆有涉猎，从其学者有千余人。张陵后入太学，博通五经，25岁时，以"直言极谏科"拜江州（治所在今重庆江北区）令。不过心慕长生、志趋大道的他终归与官场缘浅，没多久就辞官归隐，于洛阳北邙山修炼长生之术。朝廷闻其才学名声，欲征其为国所用。章帝时即征其为博士，他称疾不起。和帝继位，征其为太傅，并封冀县侯，他皆不为所动，三诏不就。

张陵拒绝了朝廷的征召，带领弟子王长周游四方，修炼长生之道。二人来到江西贵溪县龙虎山（当时还叫云锦山），修炼九天神丹。传说"丹成而龙虎现"，龙虎山之名由此而来。后世天师道也把龙虎山视为其祖山。曹操招降张鲁以后，天师道的一支就回迁龙虎山继续传衍，时至今日，宗脉未绝。后来，道法日益精进的张陵愈感"世道失宁，妖厉不戒"，而自己于世无益，未立分毫道功；又听闻巴蜀沴气成灾，且蜀人淳朴敦厚，容易教化；况蜀中多名山，利于修道，因此携弟子不辞辛苦，跋涉千里，由河洛入蜀，来到大邑鹤鸣山。

张陵在鹤鸣山造作道书，精修道法，其至诚之心感动了太上老君。老君于汉安元年（公元142年）正月上元夜亲自降临鹤鸣山，并让其建立二十四治，分别命仙曹主掌世人罪福生死，并告之今蜀中鬼神各据其所，人鬼不分，命其统一治理，分别人鬼。为使其顺利完成"任务"，老君特赐他道教的符箓经文、斩邪雌雄剑、都功印、二仪交泰冠、通天玉简等重器，命其代天为师，替天行道，斩妖除魔，造福百姓。时值蜀中鬼怪横行，百姓凄苦。传说当时青城山有鬼城鬼市鬼众，且各有鬼帅带领，为百姓之大害。张天师与之多番大战，大败鬼卒，并于青城山皇帝坛下订立盟约，使人处阳明，鬼处阴暗，违者必诛！由此才有了青城山的安宁。西城白虎饮人血以人为祭，天师召而戒之。梓州有大蛇，鸣则山谷震，嘘气则中者死，天师诛之。陵州有毒龙、神女危害百姓，天师驱除毒龙得盐井，并以计策将神女诱入井中以法术令其永做井神，从此陵州百姓得以免除祸害。

李远国教授认为，这些离奇的传说，曲折地反映了张陵吸取改造当时巴蜀氐羌的原始巫教，创立中国道教的历史事实。所谓"鬼魔龙虎"，即是指古代巴蜀地区的土著氐羌族的巫师。[1]

张陵扫荡蜀中群魔，使蜀中恢复了宁静，"于是百姓翕然，奉事之以为师，弟子户至数万"。此后，张陵又建立了二十四治以更好地统领教区民众，并设立"祭酒"一职分领各教区。张陵在各教区带领弟子、民众开山修路，发展生产，百姓争先恐后随其清整道路、挖掘河道。惠利百姓的同时，张陵也治民有术，利用百姓的羞耻心，建立制度，不施刑法。比如百姓如遇疾病，都要把自己有生以来犯过的罪过写在纸上，然后扔到水里，与神明盟约永不再犯；再犯则死。于是百姓们就记住这条制度，生病时就要把自己的罪过都交代出来，一是为了使病能痊愈；二是由此产生羞愧心，不敢再重犯，因为惧怕天地神灵而改过自新。从此

---

[1] 参见李远国：《四川道教史话》，四川人民出版社1985年版，第35页。

十五、道脉仙源　洞天福地

以后，凡有罪过者，都改恶向善了。

东汉永寿二年（公元156年），张陵在鹤鸣山羽化，其所创立的天师道自此汇入中华民族跌宕起伏的历史洪流之中。

张陵死后，其子张衡、其孙张鲁先后继承其事业，道门中人称张陵为"天师"，张衡为"系师"，张衡为"嗣师"。经过张陵祖孙三代的努力，天师道在川北、川东和汉中发展迅速，建立了政教合一的汉中政权。

对于天师道在蜀地汉中的发展稳固做出极大贡献的是张陵之孙张鲁。张鲁起初投身益州牧刘焉帐下。史书说其母"有姿色""兼挟鬼道""往来焉家"。凭借其母同刘焉的密切关系，张鲁顺利得到刘焉的信任。随后，刘焉任张鲁为都义司马，与别部司马张修一起领兵攻打汉中太守苏固；灭苏固后又截断斜谷道，杀害朝廷使者。张鲁顺利拿下汉中以后，又杀掉张修，兼并其部众。刘焉死后，刘璋因张鲁不听其调遣，杀掉张鲁母亲及家室，张鲁以此为契机摆脱刘璋在汉中割据，并夺取巴地，将汉中、巴地连成一片，建立起政教合一的地方割据政权。

张鲁在汉中的统治，因袭天师道旧法且有增益。张鲁自称"师君"，前来学道者，初称"鬼族"，后号"祭酒"。"祭酒"各领部众，领部众多的称为"治头大祭酒"。"祭酒"算是天师道的基层管理者。由此建立起从祭酒到治头大祭酒再到师君的金字塔权利结构。张鲁在汉中教民诚信不欺诈,凡有病者,则令病人自首其过;对犯法者可以宽恕三次,三次后再犯则加以惩处;如果有小的过错,就命其修路百步以为惩罚;又依照《月令》,春夏两季万物生长之时禁止屠杀,禁酗酒。同时,张鲁还设立义舍,放置米肉于其中,凡路过者皆可取食;但腹饱则可,若贪食则令鬼神使之生病。张鲁的治理颇有成效,史书记载"民、夷便乐之"。在张鲁治下,汉中地区相对安定,成为许多灾民逃亡的首选地。史书记载,韩遂、马超之乱以后,有数万流民进入张鲁治地,进一步扩大了他的势力。

汉末,朝廷自顾不暇,力不能征,遂封鲁为镇民中郎将,领汉宁太守,通贡献而已。民有地中得玉印者,群下欲尊鲁为汉宁王。鲁功曹巴西阎圃谏鲁曰:"汉川之民,户出十万,财富土沃,四面险固;上匡天子,则为桓、文,次及窦融,不失富贵。今承制署置,势足斩断,不烦于王。愿且不称,勿为祸先。"张鲁从之。不过,张鲁的保身之策最终还是未能持久。建安二十年(公元215年),曹操亲率十万大军征汉中。张鲁愿降,但其弟不肯,以数万众拒守阳平关,为曹大败。张鲁遂降曹。因张鲁本有降意,又将府库宝物尽数封存,曹操便封其为镇南将军、阆中侯。张鲁降曹后,大量天师道道众随其北迁,天师道的势力遂发展到北方;后又进一步发展到南方,继续扩大其影响力。

3. 天地太师:范长生

范长生,青城山道士,涪陵丹兴(今重庆黔江县)人。《经典释文叙录》引《蜀李书》云:"姓范,名长生,一名贤,隐居

十五、道脉仙源　洞天福地

青城山，自号蜀才。"《华阳国志》卷九《李特雄期寿势志》说："贤名长生，一名延九，又名九重；一曰支，字元，涪陵丹兴人也。"蜀汉时期，涪陵郡豪强徐巨谋反，车骑将军邓芝率兵征讨平定。为解后顾之忧，蜀汉朝廷将涪陵五千余户迁往蜀郡，其中就有范氏一族；而范长生家族就是那时迁入灌县青城山的。[①]

范长生在当地享有盛誉，是当地天师道的首领，其在道教方面颇有造诣，《十六国春秋·蜀录》说范长生"求道养志，甚有名德，兼善天文，颇晓术数……为蜀人所重，奉之如神"。《晋书·周访附子抚传》说："初，贤为李雄国师，以左道惑百姓，人多事之。"《列仙传》说："年百余岁，人奉为仙，称曰长生。"由此看来，范长生在当地是位颇有影响力的人物，不仅精通天文术数，而且据史书记载，还著有《道德经注》和《周易注》。据说刘备想要征之为己用，他推辞不去，就封他为逍遥公。后主刘禅还把自己住的地方改造为"长生观"。

范长生在蜀中本来就颇有势力，在民众中也极有名望，而其与李雄流民政权的结合则可看作历史的佳话。西晋惠帝永宁元年（公元301年），略阳、天水六郡流亡入蜀的流民在李特、李流兄弟带领下发动起义。李氏兄弟本是巴西宕渠人，巴人称赋为賨，因此又称賨人。賨人本身就有很浓厚的巫教传统。当时张鲁在汉中传播五斗米道教，賨人多有信奉者，可以说李氏兄弟与道教颇有渊源。李特起义进入后期，流民军的粮食供应出现了严重的问题，而住在青城山的范长生世代掌握部曲，领有千余户人家。在义军游说之下，范长生决定鼎力支持起义军，由此解决了

[①] 参见李远国：《四川道教史话》，四川人民出版社1985年版，第40页。

军粮问题，最终帮助李特之子李雄在成都建立了成汉王朝。

李雄成都称王以后，基于范长生立下的汗马功劳以及范氏在蜀中的名望势力，遂拜范为丞相，加封"天地太师"。其时，"范长生自西山乘素舆诣成都，雄迎之于门，执版延接，即日拜丞相，尊之曰：范贤，故又名贤。劝雄称尊，寻加长生天地太师之号，封西山侯"。李雄在位30年，在范长生"休养生息，薄赋兴教"宗旨的影响之下，成汉王朝政令宽和，事役稀少，赋税低廉。相比于战乱频繁的中原地区，蜀中人民过上了较长时期的安稳生活；而这种局面的出现，范氏及其领导的天师道功不可没。

4. 女仙传奇：谢自然、杨正见与董上仙

道教尚柔，而道教可能是世界主要宗教中女性地位最高的宗教。道教中有为数众多的女仙，比如众人熟知的西王母、南岳魏夫人、九天玄女、何仙姑、麻姑等；而四川也有诸多著名女仙，比如南充人谢自然、眉州通义县杨正见和遂州方义县董上仙。

谢自然从小就聪颖异于常人，好音律且有文采，显出与道有缘。她7岁的时候，其母令其跟随尼姑越惠，一年以后就因病回到家中，又让她追随尼姑日郎，仅仅十个月就要求还家。而人以黄老仙经示之，就好像以前读过一样，再看就能背诵；平常就多喜欢谈论道家之事。

谢自然家住大方山下，山顶有古像老君，自然就去拜见行礼，不愿下山回家。其母只好跟随她徙居山顶，谢自然从此以后就常常诵读《道德经》《黄庭经》。唐德宗贞元三年（公元787年）三月，自然于果州（治今南充市）开元观拜访绝粒道士程太虚，并受其五千文的《紫灵宝箓》。自然精修道法，刺史李坚在

果州金泉山为她建造金泉道场。贞元十年（公元794年），传说谢自然于金泉道场白日升天，无数民众亲眼所见，其时"天乐异香，散漫弥久"。

眉州杨正见从小就聪明颖悟，富有仁慈怜悯之心，崇尚清虚之道；成年后，父母将其嫁给了同郡的王生。王生家也是当地巨富，喜好宾客。一日，杨正见的公婆聚会亲朋故友，命其做鱼脍。正见因怜惜活鱼不忍杀害而延误了晚饭的时间，因此被公婆责备。正见因害怕而出走，于蒲江县主簿化附近的山中遇一女道士。女道士收留了她。某日，正见在常打水之处遇见一洁白可爱的小孩儿，因常逗弄他，所以经常晚归。女道士觉得可疑，就问正见，正见据实以告。女道士就让正见若再遇小孩儿就把他抱回来，果然不久以后正见将小孩儿抱回居所，不过，原先可爱的小孩儿已经变成僵死的树根。女道士告诉正见，这是人形茯苓，是世上难得的灵药。女道士让其洗净饭锅蒸食，食后可以百日升天。正见食后愈加光彩照人、状态奇异；一年以后，于唐玄宗开元二十一年（公元733年）壬申十一月三日百日升天。她升天的地方，就是现在邛州蒲江县主簿化，据说那里还有汲水处存在。

遂州董上仙，年方十七，生得神姿艳丽，生性好安静平和，乡里人因其容貌品德，都说她是上仙之人，称其为"上仙"。传说忽一日，紫云低垂密布，连同天上的仙乐一起降到她家院子里。两个青衣童子领着她上天，她的父母哭号着呼喊女儿。这时上仙已离地几十丈，又下来回到家中，几月以后又是如此。唐开元年间，玄宗皇帝喜好神仙之事，听闻此事，于是下诏书派使者征召上仙入长安，与皇帝谈论仙道养生之事。一个多月后上仙请求回归故里，不久以后上仙尸解而去，皇帝下令在上仙居住之处设置上仙、唐兴两座道观。这两座道观在州遂州城北十多里，涪江之滨。

5. 仙影帝师：罗公远

唐代著名道士罗公远，又名思远，彭州九陇县人，筑室修道于漓元化，常往来于青城、罗川之间，传说其历经周至隋唐，年龄有数百岁，时老时少，可谓活神仙。

其时唐玄宗崇好仙术。因公远声名颇大，法术颇灵，刺史遂推荐给玄宗皇帝。皇帝召见公远并屡有策问，其无不对答自如。罗公远常与叶法善、金刚三藏比试法力，无不胜出，而其出入禁中大内，多施除祟驱妖、召龙致雨等法术，皆灵验，因此深得玄宗喜爱。基于此，罗公远不时于朝廷政事，或以微言规讽，或以直言献策，劝政于玄宗。

罗公远道法高妙，玄宗又好仙道之术，自然希望学其道术，然而公远却劝诫玄宗道："陛下玉书金格已经记录在九清了，你是真人下凡，为的是叫你保国安民，实在应该学习唐尧虞舜的无为而治，继承文帝景帝的俭朴节约作风，放弃宝剑不佩带，放弃名马不乘坐，怎么

唐代道士罗公远塑像

可以凭着万乘的尊位、四海的富贵，如此重要的宗庙，如此之大的社稷，轻率地去循蹈小术，做游戏玩耍的事呢？如果你学尽我的道术，必将像揣着玉玺走进别人家，被困在平常人的服饰之中那样。"罗公远后来又夜醮降雨有功，玄宗大悦，又问及治国之要，公远对曰："圣人道在心，不在他求。"

名传千古的《霓裳羽衣曲》，也与罗公远有着密切的关系。开元年间某年八月十五中秋月夜，罗公远以手杖化银桥，引玄宗入金光耀眼、寒气袭人的广寒月宫，只见月宫之内，几百位仙女，素衣宽袖，仙乐飘飘，翩然起舞。玄宗深为其中的曲调韵律所悦，就暗自记下，回宫后即召来乐官，按其所记之韵调谱成《霓裳羽衣曲》。而宋词牌《月宫》则是因罗公远引玄宗神游月宫的故事而得名。

6. 绝迹青城：谭峭

谭峭，字景升，五代泉州人，其父是唐国子司业谭洙。谭峭自幼聪明颖悟，涉猎经史，并能融会贯通，文风清丽。谭父对其期望颇高。然峭不慕仕进，独好黄老、诸子及《穆天子传》《汉武帝内传》《茅君列仙内传》等仙道之书。他以后出游终南山，经终南游太白、太行、王屋山、嵩山、华山、泰山等诸多名山，不复归故里。谭峭入嵩山学道十余年，得辟谷养气之道，唯以酒为乐，常醉醺醺；夏服乌裘，冬则绿布衫；或卧于风霜雪中多日。人以为其已死，但仔细看还气咻咻然。谭峭多次入蜀，后入青城山不复出。

蜀中历来被誉为仙真聚会之所。道教近两千年的历史，蜀中亦是高道辈出。他们出入蜀地，书写了一段段的仙道传奇。除上所列外，还有唐代重玄派的代表人物绵竹道士李荣；注疏阐发老子奥义的剑南道士文如海；眉山道士任太玄；成都道士黎元兴、张惠超；著有《遁甲四合图》《老经口诀》的绵竹道士王玄览；隐居青城山，被玄宗封为赤城王显应侯的赵昱；精通天文地理、阴阳术数的古代杰出科学家、成都人袁天罡；著有《太极图》《先天图》，创立先天易学，影响宋明思想界至深的安岳人陈抟等，都是蜀地思想史和道教思想史上不可磨灭的人物。

（二）巴蜀道教名迹

1."道源圣城"：鹤鸣山

神仙信仰是道教的终极信仰，而那些风景秀绝、人迹罕至的名山大岳又是道门中人理想的修仙悟道之地。入深山修道，成为道门中人求得仙真理想的重要方式。那些充满仙道气息的山岳，道教称之为"洞天福地"。道教有十大洞天、三十六小洞天、七十二福地之说，是道教的仙真居住聚会之所。在这些幽远僻静的山岳之中，道士们建造了许多宫观，用于祭祀神灵，迎接神灵的降化。而四川就有著名的道教名山青城山、鹤鸣山、瓦屋山、老君山，著名的道观有成都青羊宫、二仙庵等。

鹤鸣山，三国志称为鹄鸣山（鹤与鹄古通用），中国道教的发源地，在今大邑县西北12公里的鹤鸣乡三丰村。这里山势雄伟、林木繁茂，双涧环抱，形如展翅欲飞的立鹤；景区内松柏成林，苍翠欲滴，山涧溪流，泠然有声，实为仙家胜地。

鹤鸣山得名有三个来源：山形似鹤，山藏石鹤，山栖仙鹤。

十五、道脉仙源　洞天福地

鹤鸣山具备仙鹤的完整形状，平坝前的石峰为鹤之顶，整个山体就像是鹤的躯体。大坪山，山顶平坦，为鹤之背，冠子山为鹤之尾。明嘉靖应天巡抚张景贤《修鹤鸣观醮台公记》："鹤鸣山因起伏轩翔，状如仙鹤，故名。"《大邑县志》载："邑北有山曰鹤鸣，有身、有颈、有头、有翼、有嘴，口衔丹书，形如飞鹤，故名。"据说民国时期，乡人于文昌宫庙后，无意中挖出一石块，状甚似鹤鸟，嘴、头、翼、尾、脚、颈俱全，唯双脚并在一起未分开，乡人甚喜，视为灵物，将其置于文昌宫花园内并保持其原始形状，以供游人欣赏。鹤鸣山所藏石鹤在文献中亦有记载，《四川通志》载："山形如覆瓮，有石类鹤，故名。"明代罗洪先《广舆图》："鹤鸣山岩穴中有石鹤，鸣则仙人去。昔为成子修炼于此，石鹤一鸣；汉张道陵登仙于兹，石鹤再鸣；明张三丰得道于斯，石鹤又鸣。"中国文化中，仙鹤是祥瑞的象征，仙鹤的出现往往伴随着仙人，道教中就有"王乔控鹤""方储驾鹤"等传说。仙鹤通常或是仙踪显迹，或是得道升天的象征；有仙鹤的地方就意味着有仙气、有仙缘。相传曾有老子后人隐士李傕隐居于此，弈棋悟道，养鹤相伴，梁代李膺在《益州记》中载："鹤鸣山常有麒麟百鹤游翔。"明逸名《鹤鸣山怀古诗》有"树老曾栖鹤"之说。

　　鹤鸣山仙缘浓厚，是著名的仙山，许多高道仙人都来此修炼。据说先秦的广成子和西汉的周义山都在这里跨鹤飞升。而真正奠定鹤鸣山在道教界地位，使之成为"道源圣城""道国仙都""道教祖庭"的则是张天师。东汉顺帝汉安元年（公元142年），沛国丰（今江苏丰县）人张陵（张道陵）于鹤鸣山倡导正一盟威之道（俗称五斗米道，天师道），并在山中造作道书二十四篇。张天师建立"二十四治"，而"鹤鸣山神山太上治"

就在山中。

自张陵创道教于鹤鸣，鹤鸣山就成为历代高道隐居、修真、游览的胜地，比如唐代著名道士杜光庭，曾留诗"五气云龙下泰清，三天真君已功成"；陈抟老祖也曾游仙访道于山中，并于天柱峰上题"龟鹤齐年，福寿康宁"。到了明代，传说隐仙张三丰也曾隐居于此。明成祖朱棣对其颇为推崇，派礼部尚书胡濙前来鹤鸣山迎请，张三丰避而不见；后又让龙虎山道士吴伯理前往蜀中迎请张三丰，然而也未能邀动仙驾，只好在鹤鸣山山脚处修建了一座迎仙阁，以表敬祀之情。

2. 川西首观：青羊宫

成都西侧的青羊宫，被誉为"川西第一道观""西南第一丛林"，传说这里是太上老君降生说法的地方。青羊宫始建于周朝，初名青羊肆。据史书记载，老子西出函谷，遇关令尹喜，著《道德经》五千言，临别之时对其说："子行道千日后，于成都青羊肆寻吾。"三年后尹喜如约而来，老子降临此地，为其敷衍道法。

到唐代，青羊宫已经颇具规模，唐玄宗入蜀，就住在里面。唐中和元年（公元881年），唐僖宗为避黄巢之乱入蜀中，逃至成都，也在观中扎营。传说当时忽见红光入地，遂挖得一块玉砖，上面刻着古篆文"太上平中和灾"，僖宗便将古篆玉书砖石的发现，当作天降吉祥的象征，以此安定人心，聚集力量。后唐僖宗返回长安，认为这是太上老君的恩典，于是特下诏令，赐内外库钱二百万，大建殿堂，改观为宫，今天青羊宫的宏大格局就是那时形成的。时至明代，青羊宫已经残破颓败不堪。现存殿宇主要重建于清代。主要建筑有三清殿、混元殿、斗姆殿、唐王殿和八卦亭。

青羊宫东侧是著名的全真道十方丛林、全真龙门派碧洞宗祖庭二仙庵。二仙庵山门所悬"二仙庵"匾额乃清康熙皇帝御笔亲书。二仙庵灵官殿后坝中有一石碑,传说是张三丰遗迹,笔势飞舞,如龙蛇出没,当年二仙庵的捐建者成都府臬宪(按察使)赵良璧就是慕名此碑而来。二仙庵主要祀奉祖师吕洞宾和韩湘子,因此其主体建筑就是吕祖殿,每逢初一、十五,祖师生日,重大节日,均于此殿诵经礼拜。

清彭定求编辑《道藏辑要》,共收道书两百多种,道教的重要经典、历代高道祖师的著作、戒律科仪等都有收录;实际上是

成都青羊宫八角亭(汪毅摄影)

《道藏》的节录本，其中也包括《道藏》之外的一些晚出道书。光绪三十二年（1906年），因原版《道藏辑要》已经罕见，二仙庵将其重刻。现在是道教的重要文物，保存在青羊宫成都道教协会。

3. 第五洞天：青城山

青城山是道教十大洞天的第五洞天，即"宝仙九室第五洞天"。由于其群峰环绕起伏，林木葱茏幽翠，青城山历来是神仙高道聚会之所。传说黄帝曾访道青城山中，拜仙人宁封子为师，学习能御风云的"龙跻之术"。后黄帝筑坛拜宁封子为"五岳丈人"，统管五岳鬼神。现在天师洞绝壁上有轩皇台，传为黄帝当年访道求仙的遗址。传说东汉桓帝年间，张天师在山中摆阵，与六天魔王、五部鬼帅决战，天师笔断丹崖，降服群魔，从此人鬼分途，百姓安居，青城山从此才成为洞天福地、"神仙都会之所"。青城山中的宫观大多始建于晋、唐间，年代久远，兴废迭见。现存38处宫观以天师洞为核心，包括建福宫、祖师殿、上清宫、朝阳洞等较为有名。

4. 文昌祖庭：七曲山

梓潼县北的七曲山也是道教名山。唐天宝十五载（公元756年），唐玄宗幸蜀途经此山时，侍臣中有人留下了"细雨霏微七曲旋，郎当有声哀玉环"的诗句，从此便有了"七曲"之名。

七曲山上有一座宏伟的文昌宫，就是文昌帝君的祖庙。清咸丰年间的《梓潼县志》说："文昌灵应祠在七曲山顶，即梓潼庙，俗称大庙。""神姓张，讳亚子。其先越西人，因报母仇徙居是山，自秦伐蜀后，世著灵异。宋、元历封辅元开化司禄宏仁帝君。"《辞海》梓潼帝君的条辞则说："梓潼帝君，道教所奉的主宰功名、禄位之神。传说姓张名亚子，居蜀七曲山，仕晋战死，后人立庙纪念。唐、宋屡封至英显王。据道教传说，玉帝命梓潼掌管文昌府和人间禄籍，故元仁宗延祐三年（1316年）加封为辅元开化司禄宏仁帝君。按传说梓潼原是人，死后被封为神，同天上文昌星无关，但后来经乩坛一番制作，并在元代加封，与文昌星合而为一，即成文昌帝君。"宋元道士《清河内传》说文昌神生于周初，后经十三化，晋末降生四川越西，名张亚子，玉帝命其掌管文昌府和人间禄位，宋以后，遂成为巴蜀民间普遍信仰的神。

文昌宫内有殿堂楼阁二十三处，主要殿宇有桂香殿、天尊殿、关圣殿、家庆堂、文昌殿、大悲楼、天尊殿、关圣殿等。山顶的天尊殿结构精巧，宏伟壮丽。宫内有十尊明代生铁铸像，最大的文昌像高达一丈四尺，重约三十吨，其余神仙高六尺，重约万斤，这些造像面形丰满，体态匀称，工艺精湛，是十分珍贵的道教文物。

蜀中作为道教的发源地，道教遗迹宫观众多，除以上所列之外，还有江油的窦圌山，是唐代窦圌真人修道成仙的地方，山中云岩寺保存着道教文物——宋代道教飞天藏；三台县南云台山有云台观，观中有铜铸玄武像和香炉；绵阳东郊富乐山，唐代著名道教思想家李荣曾经住在这里。李荣是唐代道教重玄学派的代表之一，在道教思想史上享有重要地位，与卢照邻、骆宾王多有交道。绵阳西山有西山观，传说唐尔朱真人曾修炼于此，观下的玉女泉石壁上有唐代道教石刻二十龛，极为珍贵；剑阁东南的鹤鸣山，有唐大中十一年（公元857年）神像数十尊，县内的希夷观，是宋人所建，观后有麻姑洞，传陈抟曾修炼洞中。①

总之，蜀中乃仙家会聚之所，既有传说中的仙人，又有道教史上著名的高道，他们都在蜀中留下了他们仙踪玄影；同时，蜀中又遍布数十座道教名山和千年古观，承载着四川的道教历史和深厚文化底蕴。

---

① 李远国：《四川道教史话》，成都，四川人民出版社1985年版，第100页。

十六、北迁南徙　内突外入
——融汇交流的移民文化

（一）远古迁徙的脚步

巴蜀大地，是人类初始阶段多元发展的一个聚焦点，也是华夏民族的发源地之一。在华夏大地西南部，由西向东降低的三大阶梯的第二阶梯上，随着地壳隆起、陆海下沉，逐渐形成了一块大盆地。在沧海桑田的几番轮回中，地球在运行化合过程中渐渐形成了生命体。"资阳龙""合川龙""达州龙"在天空中飞翔，在大地上奔跑、觅食。在大盆地南部那个后来被叫作自贡大山铺的地方，庞然大物的恐龙们在恣意地嬉戏、追逐

自贡大山铺恐龙博物馆：恐龙化石

着，直至某一天，一场巨大的自然变故突然爆发，恐龙们瞬间成为一个群体定格，地球生命史一个重要阶段的里程碑，至今以化石的形态赫然耸立在人类眼前。

穿越5000年的时空隧道，我们看到一群从青藏高原迁徙下移的人群，扶老携幼地走过来，在一个后来被称为阿坝州茂县营盘山的地方停留下来。他们修建巨大的广场，竖立起一根根高大的柱桩，垒起一个个巨大的石堆进行膜拜，这就是历史家们称为"蜀山氏"的原始群落。汉代扬雄的《蜀王本纪》说："蚕丛始居岷山石室中。"魏晋时的《华阳国志》说："有蜀侯蚕丛，其目纵，始称王。死，作石棺石椁，国人从之，故俗以石棺椁为纵目人冢也。"这些都是人类在石器时代的生活记录。羌族民间流传的古老史诗《羌戈大战》说，在远古的时候，西北大草原的羌人因躲避战争及自然灾害向西迁徙，最后停留在"热兹（松潘）水草园"。四川凉山彝族的谚语中有"人从北方来"之说，传说"彝族最初住在西北高原某处"。任乃强认为大西南及大西北大部分民族皆是古时康、青、藏高原上居住的羌族支派。①《后汉书·西羌传》有这样的记载："秦献公初立，欲复穆公之迹，兵临渭首，灭狄獂戎。忍季父卬畏秦之威，将其种人附落而南，出赐之河曲西数千里，与众羌绝远，不复交通。其后子孙分别，各自为种，任随所之。或为牦牛种，越嶲羌是也；或为白马种，广汉羌是也；或为参狼种，武都羌是也。"在大盆地东部的大巴山麓、米仓山谷、从神农架密林深处走出来的"巫山人""大溪人""铜梁人"等度过了漫长的新旧石器时代，逐渐进化为活动在鄂西、三峡、大巴山地区的巴人，他们以采集、渔猎为生产方

---

① 参见任乃强：《四川上古史新探》，四川人民出版社1986年版，第3页。

式。他们较早地发现了盐,从而使自己的生活变得更加有滋有味。中国最早的"上古之书"《山海经·海内经》有"西南有巴国。太昊生咸鸟,咸鸟生乘厘,乘厘生后照,后照是始为巴人"等记载。

随着"巴蜀湖"水向东流泄,以及人们在以大禹为代表的各部落酋长领导下的治水活动,巴蜀大盆地尤其是平原河谷地区逐渐成为最适合人类生息的地方,"汶阜之山,江出其腹,帝以会昌,神以建福",这支古蜀歌谣咏唱着古蜀先民顽强探寻美好生活的步履。鲧是中国神话传说中最早的治水者。《山海经·海内经》载:"鲧窃帝之息壤以堙洪水。"即是说鲧使用了一种土石材料拦河筑坝,去堙、障洪水的泛滥。童书业先生在《古史辨·七》中认为鲧为巴蜀人:鳖,即玄鱼,也就是鲧,鳖灵治水实为鲧治水的另一种神话版本。鳖灵,实为鳖令,即大盆地南部一个部落"鳖"的首领,他带领的一群人迁移到成都平原,与蜀望帝会合,即《蜀王本纪》所说的"鳖令尸亡随江郫,与望帝相见,望帝以为相,而禅国,号曰开明"。《孟子》说禹是"西夷之人",《史记·六国年表》则更具体地指明"禹生于西羌",在"北川石纽山",今四川汶川县尚有"剖儿坪""石纽山""禹穴"等遗址留存,重庆也有"涂山""禹王宫"等遗迹。从青藏高原迁徙下来的黄帝后裔昌意"蜀山氏"和成都平原土著的汇合,形成了被后来命名为"宝墩文化"展示的原始农耕文明盛况。宋代黄休复《茅亭客话》说:"耆旧相传,古蚕丛氏为蜀主,民无定居,随蚕丛所在致市民。"三星堆出土的当时具有货币功能的5000枚海贝——这些只产生自印度洋深海,还有大量出土的象牙,以及一大堆造型怪异、风格迥异于同一时期中原地区青铜器和玉器的种种,尤其是具有典型的西亚或埃及文化特征的金权杖的出土，都让人们猜想，在5000年前西亚或埃及文明曾经进入巴蜀大地。①众多精美的玉器和青铜器所呈现的精湛的技术水平，在当时整个华夏其他地方是难以企及的。金沙遗址出土的与三星堆文物类似金面具以及太阳神鸟金箔，再次显示出一种外来异质文化的影响痕迹。

（二）国家化过程中的规模化移民

四川历史上大规模的人口迁入有七次：秦灭巴蜀后，迁秦民万家充实巴蜀，以便控制巴蜀；东汉末到西晋，大规模境外移民迁居四川，导因是战乱；唐末五代、南宋初年，大批北方人迁入四川，亦因战乱；元末明初，长江中下游的移民大批入川；明末清初，因为战乱，四川人口大减，土地荒芜，大批长江中下游及南方移民迁入；全民族抗战爆发后长江中下游为主的移民大量迁入；1949年后，为加强国家工业布局的合理及三线建设，大量的技术人员移民迁入。

在北方中原大地诸侯割据、群雄争霸的壮怀激烈之时，巴蜀大盆地却因为地理的四周阻隔"无事偷着乐"……只是后来却被战国后期一个叫司马错的人中止了。秦惠文王更元九年（公元前316年），秦使司马错与张仪伐蜀，据有巴蜀之地，以"戎伯尚强，移秦民万家以实之"，从而改变了巴蜀的人口构成元素。秦始皇的"相父"吕不韦失势后被贬往蜀地，他的家人和众多门客随行入蜀。司马迁说"不韦迁蜀，世传《吕览》"，即吕

---

① 参见叶舒宪：《图说中华文明发生史》，南方日报出版社2015年版，第242页。

十六、北迁南徙　内突外入

不韦的思想学说在蜀中流传下来。嫪毐一案，除二十人枭首、车裂和灭宗之外，"夺爵迁蜀者四千余家"（《史记·秦始皇本纪》）。"不遵先王之法，不循孔子之术"的思想家尸佼，按照《史记·孟子荀卿列传集解》所引刘向《别录》的说法是："商君被刑，佼恐并诛，乃亡逃入蜀。自为造此二十篇书，又六万余言。卒，因葬蜀。"吕不韦、嫪毐、尸佼等门下的文化人，以及难以接受"以吏为师"的异端邪说者，每次上千人被流放进巴蜀，这就是《汉书·高帝纪》注引如淳语："秦法：有罪，迁徙于蜀汉。"还有将关中豪门强行迁移入蜀以及"移秦民万家实之"等。这次大规模向蜀地移民一直持续到西汉。其中最为人知的，是司马迁《史记·货殖列传》以全国富豪排行榜方式，记载了一个被强迫迁移入蜀却因此发大财的案例：司马相如的岳父卓王孙被迁移入蜀在临邛，"运筹策，倾滇蜀之民，富至僮千人。田池射猎之乐，拟于人君"。这些移民措施，对加强华夏民族的融汇，对改良巴蜀人口素质和基因，以及对巴蜀文化的发展和特色的形成，都起到直接作用。

"鸿门宴"后的刘邦，被迫移往蜀、汉之地，一大批北方军人以及相关人员跟随进入巴蜀大地，这又一次促进了南北文化的交流。在刘汉王朝建立之初的社会危机中，刘邦曾下令饥民"就食蜀、汉"，导致有相当数量的人群迁徙进入巴蜀地区。类似的情况，在唐代也多次发生，大唐王朝一旦出现危机，皇帝就躲往巴蜀大地，或下诏让民众进入巴蜀"就食"。《旧唐书·高适传》记载唐代主政蜀中的高适之言："比日关中米贵，而衣冠士庶，颇亦出城，山南、剑南，道路相望，村坊市肆，与蜀人杂居，其升合斗储，皆求于蜀人矣。"安史之乱时，唐玄宗曾入蜀避难，之后又有多位唐朝皇帝入蜀避难，如唐德宗避朱泚之乱、唐僖宗避黄巢起义等。几位皇帝进入蜀地带来一些高僧、画家和能工巧匠，使已在北方开始衰落的石窟艺术在四川以摩崖造像的形式继续发展，尤以安岳、大足、荣县等地石窟造像为代表。这就是宋代司马光所指出的"是时唐衣冠之族多避乱在蜀"现象。

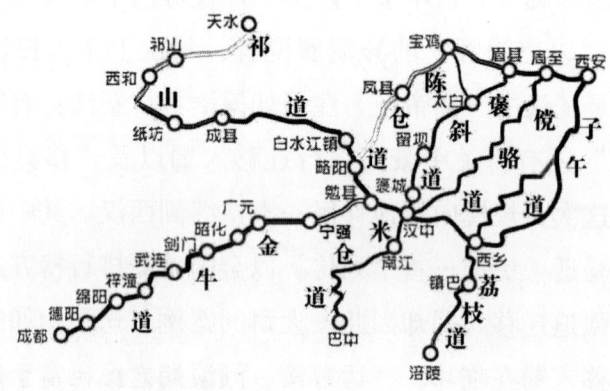

蜀道线路（源自2017年12月1日《四川日报·蜀道往事并不如烟》）

前蜀王建招贤纳士，韦庄、毛文锡、牛峤、牛希济、孙光宪等晚唐时期优秀的文化人，因缘际会，集结于蜀中。这批其时悠闲地漫步在成都街头的文学家吟出的小令及中调，被时人汇编成《花间集》并刻印出版，这就是震响文坛的"花间词"。它后来导引出宋代文学的主流诗体"词"；"青城道士"杜光庭、诗僧贯休等人也被吸引到了成都。贯休的《陈情献蜀皇帝》说得很清楚："河北河南处处灾，唯闻全蜀少尘埃。一瓶一钵垂垂老，万水万山得得来。"这使得前蜀成为当时中国少有的文化中心之一。晚唐时期已经在蜀中生活三代的著名"花间词"作家李珣，"本蜀中土生波斯也"，其妹子李舜弦是后蜀皇帝王衍的昭仪。

文友尹鹗曾有诗笑他:"异域从来不乱常,李波斯强学文章。假饶折得东堂桂,胡臭薰来也不香。"西蜀历来,就是文人避难之所,如扬雄祖上逃罪入蜀,李白父亲避仇入蜀以及陆贽、元稹、白居易、刘禹锡等皆遭贬至蜀中短暂生活;至于像遭贬至蜀的苏味道留居下来,还繁衍出苏轼一脉,则成为美谈。余如游学、为官履职、经商等原因入蜀而发达者,为数也不少。

西晋元康八年(公元298年),在僚人原籍"巴西宕渠(今渠县)人"李特、李雄父子率领下,天水、略阳、扶风、始平、武都、阴平等6郡流民南下入蜀乞食求生,6年后在成都建立起李氏成汉政权,其中不少是祖籍巴郡的濮僰賨人。李特引50万僚人入蜀,使得整个巴蜀"尽为僚居,大为民患"。《华阳国志·李特雄期寿势志》说:"蜀土无獠,至是始从山出,自巴至犍为、梓潼,布满山谷。"甚至形成误解如晋张华之《博物志》卷二言:"荆州极西南至蜀,诸民曰僚子。"西晋秦雍6郡流民入蜀,使得巴蜀原住之民四处流散,即《资治通鉴·晋纪》所说的:"蜀民皆保险结坞,或南入宁州(今云贵地区),或东下荆州,城邑皆空,野无烟火。"如此说来,西晋时的僚人入蜀运动,让巴蜀原住民消失殆尽,简直成了一次人口大换血。宋代《太平寰宇记》卷七十九载,戎州(今宜宾)的僚人,还保留着"椎髻跣足,凿齿穿耳"等习俗。

宋末巴蜀大地顽强抗击蒙元铁骑的战争,付出了高昂的代价,元代蜀籍文人虞集说得很清楚:"蜀人受祸惨甚,死伤殆尽,千百不存一二。"[①]《元史·汪惟正传》载:"蜀土数罹兵革,民无完居,一闻马嘶,辄奔窜藏匿。"《续资治通鉴·宋

---

① 虞集:《史氏程夫人墓志铭》,见《道园学古录》卷二十,四库全书本。

纪·嘉熙元年》载:"淮蜀重遭于侵扰,道路流离之重,惨不聊生;室庐焚毁之余,茫无所托。"吴昌裔《内江县志》载:"宋元争蜀,资、内三得三失,残民几尽。迨元一统,则已地荒民散,无可设官。一时资州、内江、资阳、安岳、隆昌、威远,州县并省,终元代九十年未复。"如此,应该有一个大规模的移民入蜀活动。

汉画像砖(成都市羊子山出土)

内迁与外移,促进各地域文化的碰撞交汇,例如四川汉画像砖、石上的画面,便描绘了有显著外域特点的乐舞和乐器。1978年新都东汉墓出土的"驼舞"画像砖,砖高36厘米、宽42厘米。图中骆驼身披羽饰,背上两驼峰之间置鞍,鞍上树一建鼓,鼓上饰有羽葆,鼓座两端兽头上翘,丝帛从兽头束至驼脖及驼尾,成八字形,既可以固定建鼓,又能起装饰作用。鼓两侧各有一名舞者,头戴高冠,身着长袖舞衣,一边击鼓一边起舞。五代前蜀王建墓中石刻浮雕"二十四乐伎图",其乐伎演奏的乐器有中国传统的古筝、箜篌、笛、笙等,又有来自西域如古龟兹国的琵琶、羯鼓、靴牢鼓、答腊鼓等20种,共有23件。

汉代扬雄在《方言》中把巴、蜀、汉中划为一个方言文化区，他说："蜀"就是"獨"，就是"不与外方同"，说明至少在汉代，巴蜀大地包括长时期属于巴蜀的汉中（元代始将汉中—南郑，从巴蜀行政区划中划出给陕西），经过一定时间长度的融汇，已经基本形成极具地域特征的巴蜀文化，如"好文讥刺"（汉·班固）、"嗜好语言"（宋·何邺）等。杜甫当年进入蜀道后，满眼都是"新人民"的"殊俗"："仰凌栈道细，野人半巢居。"他或许对黄土高坡的窑洞以及北方的平顶屋很熟悉，却难以理解那种干栏建筑、吊脚楼等建筑形制。直至清代乃至于民国时期，四川地区诸如祭蚕丛、祭杜主，祀灌口二郎神、马头娘、金马碧鸡神以及都江堰"放水节"，成都人日游草堂、春游锦江、举办花会等民俗活动，仍然还在流布、延续。它们中有的是蜀中古已有之的民俗，有的是属于"新人民"及以后的民俗，古今交织，顽强传承，使蜀地风俗底蕴深厚而又丰富多彩，为广大民众所喜爱。

（三）走出大盆地

《华阳国志·巴志》记载了巴蜀人首次在中国政治舞台上的亮相："周武王伐纣，实得巴、蜀之师，著乎《尚书》。巴师勇锐，歌舞以凌殷人，前徒倒戈，故世称之曰'武王伐纣，前歌后舞'也。武王既克殷，以其宗姬封于巴，爵之以子。"宝鸡青铜器博物院副书记肖琦于2018年8月在成都博物馆举办的"秦蜀之路　青铜文明展"活动中说："宝鸡出土的青铜器有巴蜀文化的特色，在当时极有可能是从巴蜀而来。"

在张仪等成功占有巴蜀后，司马错曾"率巴蜀众十万，大舶船万艘，米六百万斛，浮江伐楚，取商于之地为黔中郡"。这是巴蜀向外移民的规模化事件。此外还有商贸活动的移民，《史记·西南夷列传》载："巴蜀民或窃出商贾，取其筰马、僰僮、髦牛，以此巴蜀殷富。"《汉书·地理志》亦有"南贾滇僰僮"句，颜师古解释道："言滇僰之地多出僮隶也。"这就是今天人们所说的"南方丝绸之路"的商贸路线。《史记·货殖列传》将之解说为："汉兴，海内为一，开关梁，弛山泽之禁，是以富商大贾周流天下，交易之物莫不通，得其所欲。"

　　在至少两次大规模的向北方移民之后，又出现一次向南方的规模化外迁移民。《史记正义》引《谱记》记载说："蚕丛国破，子孙居姚、嶲等地。"秦惠文王更元九年（公元前316年），巴蜀被秦吞并时，一支多达三万余人的蜀族在安阳王的率领下南迁，一直到了交趾（今天越南北部地区），在越南北部高原建立"瓯雒国"，其王朝统治延续了百余年。[①]这就是《交州外域记》所说的"蜀王子将兵三万，来一讨雒王雄侯，服诸雄将。蜀王子因称为安阳王"。汉代贾谊《新书·修政语上》记载："尧教化及雕题、蜀、越，抚交趾。"这里把"蜀、越、交趾"链接一线就值得注意。《续汉书·郡国志》"交趾郡"下刘昭补注说："即安阳王国。"确实，越南北部红河流域发现有形制与三星堆文化相同的歧锋牙璋，越南北部永福省义立遗址发掘出土过与三星堆文化相似的多边形有领玉璧形器、石璧形器、A

---

① 越南史籍《大越史记全书》载，巴蜀人名泮者，率众屡攻貉王（雄王）京都文郎，于公元前257年击败貉王，据其地，改国号为"瓯骆"，迁都封溪（今河内东英县），自立为安阳王，在位50年。

类灰坑等,在四川凉山州、云南以及越南青铜时代东山文化发现有蜀式三角形援青铜戈;《水经·叶榆水注》所引《交州外域记》以及越南史籍《大越史记》《安南志略》等文献亦载有蜀王子安阳王南迁交趾建立"蜀朝"等事。它们都说明战国末至秦代蜀人在红河流域立足建国的事实。在越南自己的史书上,安阳国被认为是越南第一个朝代。

《史记·六国年表》有言"汉之兴自蜀汉"。在楚汉相争时,刘邦利用巴蜀地区优裕的物质条件和丰富的人力资源,"暗度陈仓"去与项羽争夺天下。跟随刘邦北走中原的部分巴蜀青年,后来由于各种原因留在北方。《隋书·地理志》记载说:"自汉高发巴蜀之人定三秦,迁巴之渠率七姓居于商洛之地,由是风俗不改其壤。其人自巴来者,风俗犹同巴郡。"直至隋代,一些在北方的巴蜀移民仍然保留和延续着自己的地域文化特色,如1986年,陕西汉中紫阳白马石村汉墓发掘,发现属于"巴蜀文化"系统的墓葬八座。

汉初巴蜀文化人有一次集体移居京城的活动,颇值得注意。汉初在长安活动的"汉赋四大家"(王、扬、枚、马),蜀人即占其三。班固《汉书》说:"西蜀自相如游宦天下,而文章冠天下。盖后之扬雄、王褒、李尤,因皆蜀人也。"《北史·文苑传》称:"汉自孝武之后,雅尚斯文,扬葩振藻者如林,而二马、王、扬为之杰。"《华阳国志·公孙述刘二牧志》又告诉我们,一直到东汉时,大汉帝国的许多重要城市都是"府盈西南之货,朝多华岷之士"。自魏晋开始,西南地区的土著濮僰賨又被卷入了一次大流徙中,被称为僚("僚""獠",作为族称读为"佬"),曹操占据汉中时,賨人中不少"移于略阳,北土复号曰巴人"。在西晋社会急剧动荡中,永嘉五年(公元311年)

元月，巴蜀流民4万至5万家的10多万人流入湖北地区，这是史料明确记载的大移民活动。由于荆湖土著的压迫，以杜弢为首领"四五万家一时俱反"的斗争历时5年之久。清人严如煌的《三省山内风土杂谈》专门说到清代初年涌入湖北西北地区的移民情况："北则取道西安、凤翔，东则取道商州、郧阳，西南则取道重庆、夔府、宜昌，扶老携幼，千百成群，到处络绎不绝。"这是说陕西、四川有大量流民进入这一地区。大移民的结果遂使当地"杂有吴、越、川、广之风采"（《汉阳县志》）。

"游人出三峡，楚地尽平川。北客问南贾，吴樯间蜀船。游人多问卜，伧叟尽携龟。日暮江天静，无人唱楚辞。"这是苏东坡当年在湖北地区看到的蜀船往来、蜀人拥挤的情景，这说明蜀人在湖北地区有很大的实力。杨慎说："自古蜀之士大夫多卜居别乡。"明代徐霞客在《徐霞客游记》中记录他在贵阳远郊的水车坝发现，有许多"川人结茅场侧，为居停焉"，他还曾"饭于川人旅肆"。

（四）明清"湖广填四川"

人类历史的进程匆匆步入14世纪。朱元璋与蒙元王朝的争夺政权战争，令华夏大地遭受一场大浩劫；接着又是明清之交的战争。学者常说，两次战争，巴蜀地区人口消耗特别严重，几乎成为无人区，因此需要向四川大移民，因而今天的四川人多是移民的后裔；并且这两次由皇帝下诏国家主导的大移民运动，移民来源地都是"湖广省麻城县孝感乡"。笔者认为，一个小小的"孝感乡"居然在明初、清初，两次移民去"填充"偌大的四川大盆地，令人不可思议！当然，许多四川人的家谱，的确都记载说是"洪武二年，应诏入蜀"；还有如民国《简阳县志》称"洪武二年，湖广麻城居民迁至简州者众多"等。其实这些说法很不可靠。因为直到洪武四年（1371年），朱明将领傅友德与汤和才率军攻占四川。而在此前，元朝至正十八年（1358年）明玉珍攻下重庆建立大夏至明洪武四年灭亡，共统治四川13年，明氏大夏政权不可能与"敌占区（元朝治下的湖广）"在珍贵的人口资源上去互通有无的。

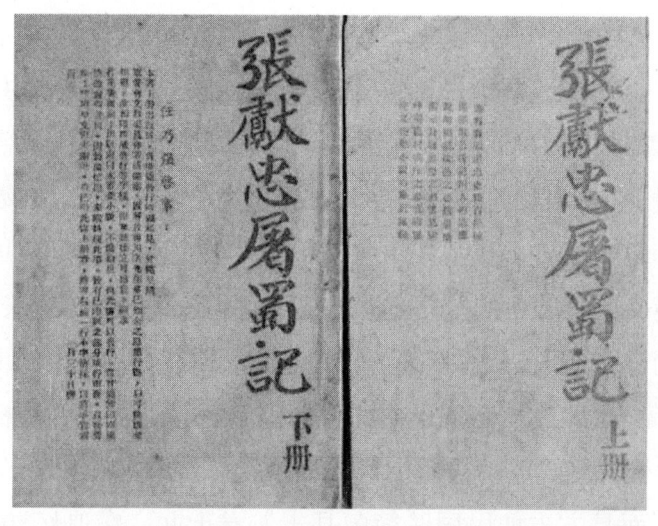

反映张献忠与四川关系的《张献忠屠蜀记》（长篇历史纪实小说，成都至诚书局出版，中流印刷厂1958年印刷）

再说所谓清代"湖广填四川"移民大潮。有人说因为明末张献忠"屠尽川人"导致四川一片荒芜，故有"湖广麻城县孝感乡移民填川大潮"发生；但此说的问题在于："孝感"这个"乡"

在康熙初时并不存在——它此前已被撤销近300年之久。[①]清初江苏太仓人吴伟业的《绥寇纪略》卷十说："蜀乱久，城中杂树皆成拱，狗食人肉，多锯牙若猛兽，聚为寨，利刃不能攻。虎豹形如魑魅饕餮，穿屋逾颠，逾重楼而下，搜其人，必重伤且毙，即弃去，又不尽食也。荒城遗民几百家，日必报为虎所暴，有经数十日而一县之民俱食尽者。其灾如此。叙州人逃入深山，草衣木食久，与麋鹿无异。见官军以为献忠复至也，惊走上山，步如飞，追者莫及，其身皆有毛云。"这些不知是作者吴伟业听闻还是亲见？清朝官员张廷玉等撰修的正史《明史·流贼传》统计过四川被杀人数，"（张献忠）将卒以杀人多少叙功次，共杀男女六万万有奇"，结果使"川中民尽"。也就是说，张献忠共计杀掉6亿多四川人，没有人能够存活下来。其实整个明代最盛时人口也不过1亿多点！这应该是一个17世纪"毁灭地球"的数字。广安县庠生欧阳直是战乱亲历者，他的《蜀乱》还肯定四川有些地方如遵义、雅安、武隆等地"免遭屠戮"，邛州、嘉定、眉州一带"稍存孑遗"。近百年后丹棱人彭遵泗的《蜀碧》、再后来的道光年中举的内江人刘景伯的《蜀龟鉴》等，更多的是根据民间传说，强调的是张献忠屠尽川人的残暴以及四川的荒芜。

一方面是方志如民国《简阳县志》卷十九，在追忆300多年前的历史时说"明末兵荒为厉，概成旷野，仅存土著十四户"；另一方面是当时的亲历者、甲申年（1644年）已经18岁的简阳县

---

① 康熙九年（1670年）版《麻城县志》首次记载了孝感乡，但却是回溯288年前的明成化八年（1472年）将孝感乡并入仙居乡之事。嘉靖四十二年（1563年）这个仙居乡又划归黄安县（今红安县）。清代"湖广填四川"的移民，还念念不忘这个近300年前早已不存在的"孝感乡"祖籍地，岂非笑话哉。

十六、北迁南徙　内突外入

文人傅迪吉在日记《五马先生纪年》中，记录发生在顺治四年（1647年）——张献忠撤离四川并战死的当年——很有趣味的事件，原文是：

> 一日，地方人相约，仁寿（县）鸭子池，石板河、白土镇等地方人烟绝了，隔生米豆尽多，有去采回者，每人每日可有一二斗之获。因而男妇有千百余人，高招旗号，居然一营头也。余父子与俱。到彼，果然遍地皆有。

很不幸的是，张献忠的部队被数量更大的当地人包围，其结果就是"此番有二千余人，走脱不过数十人"。①

确实，改朝换代的战乱对中国大地包括四川的破坏是极为严重的，战后的社会恢复也是急迫的，如《清史稿·食货志》记载清初顺治年间，"直隶，山东、江北、山西，凡驻满兵，给无主地令种。四年，给事中梁维本请开秦、豫及庐、风荒田。六年，令各省兼募流民，编甲给照，垦荒为业，毋豫征私派，六年后按熟地征粮。十年，定四川荒地听民开垦。陕荒则酌调步兵，官给牛、粮。于是湘、鄂、闽、鲁、晋、豫等省空荒任民播种，限年垦齐"。今天四川省内一个个"客家方言岛"的残留，记录着明清移民入川活动的真实历史。但它毕竟处于四川土著的汪洋大海之中，否则何以称为"岛"？康、雍时期，清廷多次重申外逃避难的"四川乡绅应回原籍"，对川民逃亡外省者，给付引照和路费，准其返回原地。如康熙三十九年（1700年），梁

---

① 傅迪吉的日记《五马先生纪年》，原件现藏于四川省图书馆。参见《圣教入川记·五马先生纪年》，四川人民出版社1981年版。

永祚任四川蒲江县令时"按籍招徕，计日授食，且给以牛种，履亩劝耕，复业者众"。康熙四十五年（1706年）李维翰任中江县令，"拨真荒以安新民，禁侵夺以安土著，不逾年而尘案一清"。康熙四十八年（1709年），徐缵功任四川蓬溪县令，因为"楚民无业者入蜀垦荒"与当地土著发生冲突，徐善调解之，不数月"四境晏然"。这些史料证明清初四川其实还存在相当数量的土著居民；这也就意味着今天的四川人有相当多数还是土著后代（并非"湖广填四川"时的移民后裔）。他们传承四川本土文化至今。① 诚如1927年著名学者刘咸炘《新年》总结的："春游蜀俗千年旧，暂息干戈便若狂。昭烈庙中齐下拜，不知几个识东皇。"

全民族抗战爆发后，大量国土沦陷，四川成为战时中国的大后方和政治经济文化中心。长江中下游为主的移民大量迁入，一大批工厂、学校和学术单位也迁入四川，例如宜宾郊外一个名不见经传的小镇李庄，一下子就涌入了同济大学、中央研究院历史语言研究所与社会科学研究所、中央博物院筹备处、中国营造学社等。当时中国社会名流如傅斯年、陶孟和、李方桂、梁思成、梁思永、林徽因、董作宾、李济等，就漫步在李庄街头；而江安县城则迎来了中国戏剧教育首府的国立戏剧专科学校，接受了应云卫、应尚能、陈治策、曹禺、杨村彬、田汉、马彦祥、宗白华、吴梅、赵元任、徐悲鸿、梅兰芳、程砚秋、陈白尘、叶圣陶、焦菊隐、黄佐临等。后来以《回延安》《桂林山水歌》等政

---

① 参见邓经武：《"麻乡约"考辨》，载《文史杂志》2009年第1期；《"湖广填四川"献疑》，载《巴蜀史志》2009年第6期；《"川主"李冰祭祀与"湖广填四川"》，载《文史杂志》2019年第2期。

治抒情诗驰名的贺敬之，在全民族抗战时期就读于"四川省立绵阳中学"。其时燕京、金陵、齐鲁几所教会大学亦迁入成都华西坝。由孔祥熙于1907年创办的山西铭贤学院（1951年改为山西农学院），于1939年迁到金堂县曾家寨子办学；国立东北大学也在1938年迁到三台县办学。这批迁徙入川的工厂和各类学校，许多人由于各种原因留在了四川，对四川社会的现代文化素质提升和现代科学技术的发展，都有着极为重要的推动作用。

十七、沧海横流 英雄本色
——烽火岁月中的抗战文化

（一）抗战内迁与地方文化转型

　　反侵略的全民族抗日战争乃是1937—1945年这一历史阶段的主旋律。中国以此首次进入世界共振圈，所有行为都具有世界性的连带意义。长达八年之久的全国性全民族性的反侵略正义战争，对当时四川文化的影响是极其深刻而全面的。在"国家和民族生存"根本性问题面前，一切党派和政治利益集团之间的争斗暂时隐形。在中华民族面临生存危亡的严重时刻，在激烈的战争条件下，因民族立场、民族意识、民族精神的彰显和高扬，民族文化的意义和价值被突出了。重庆"战时首都"的地位，使四川成为中国政治经济文化文学艺术的中心，大量全国第一流的各界人士纷纷会聚于此。在这里所发生的诸多文化活动、现象、作品等，都具有全国意义上的示范性、代表性和影响力；因为一个国家的代表性文化人士集中之地，便是这个国家的文化中心。中国第一流的众多政治家、科学家、哲学家、教育家、作家、艺术

十七、沧海横流　英雄本色

奉节夔门（瞿塘峡入口）的抗战题刻（选自《巴蜀文化图典》，四川人民出版社1999年版）

家等，就在这个特殊时期的四川盆地中，进行着以反侵略战争为主要内容的文化创造活动。他们共同书写着中国全民族抗战文化史，同时也建构了四川的抗战文化。区域性的四川盆地所发生的一切，实际上已经成为当时中国社会运行的基本内容。这就是四川抗战文化研究的意义和价值所在。

1937年全民族抗战的爆发突然改变了中国人生存的地理空间。全民族抗战时期的人口内迁是20世纪中国最大的一次人口西迁运动，至少有超过一千万的东南沿海以及中国主要的大城市人口，为躲避战乱纷纷迁入西部大后方。大量政府官员、知识分子、学生、技术工人的迁入，不仅带来了技术、资金，也有力地推动了大后方的城市化、教育现代化和社会风气的现代化，极大地提升了四川社会的科学技术水平和先进观念。人口内迁是抗战时期四川地区现代化加速的主要动力。人的生存空间结构和构成要素的改变，必然产生一定的新型文化运行的秩序。四川本地人面对眼前这些操着"吴侬软语"、一副"文明派头"的下江人，在"鸟语"和"奇怪"的生活方式震撼下，不得不思索自己习以为常的人生形态，并开始学习模仿让自己"摩登"起来。

在社会生活习俗方面，内迁人口的生活方式，直接影响了大后方居民的生活方式，加速了大后方社会习俗的现代化。对于现代化生活方式的出现，当时人描述的重庆，可谓一个侧面："从下面逃来的摩登太太和摩登小姐一多，无形中就把这都会的'水准'普遍化了起来。加之春天到了，风和日暖，时装宜人，马路上艳丽的点缀颇不少。"① "重庆主要商业市场，汇集于城区陕西街、武库街、都邮街、小梁子及新街口等街道的两旁……因此热闹情况，较上海南京路有过无不及。"② "成都城内，街衢宽阔，市廛节比，一到夜晚，在东大街、总府街一带，灯烛辉煌，珠光闪耀，真是一幅诱人的景象……自抗战发动后，这平素幽静和古雅交织的成都市街，平添了六七万人，顿时有许多红男绿女点缀着。入夜后，在热闹的春熙路上，恍如十里洋场，大有上海都市的风光。"③ 伴随着外来者进入四川的，还有各种饮食，标明自己特色的各类饭馆跟随着难民们从沿海地区来到这里。在草草搭成的肮脏的棚子里，你可以买到福建海味、广东糕点、湖南

---

① 沧一：《重庆现状》，载《宇宙风》1938年第69期，第152—153页。
② 顾梦五：《闲话战时首都》，载《旅行杂志》1939年第13卷，第10页。
③ 《飞跃中的西南建设》，国民出版社1939年版，第33页。

辣子鸡、北京烤鸭。到战争的中期，奢侈品逐渐增多了。只要有钱，就可以在重庆吃到只有北京皇宫里才有的名贵食品。

城市景观开始发生改变，沧一的《重庆现状》描绘道："她正和香港一样，迂回的马路和高矗的洋房，都是建筑在山顶上的，只是富丽堂皇不及香港罢了……重庆真是一个大上海的缩影。除了没有洋鬼子的租界外，这里几乎应有尽有。不曾到过的人总以为她是内地落伍的不堪想象的一个城市，但实情一经他眼帘之后，他就要疑心他是置身于繁华的上海了！"1940年，四川公路局开办成都至广元、成都至乐山长途客运班车。1941年，开办川康及川滇东路两干线长途客运业务。1943年至1945年上半年，仅四川公路局各种车辆最多达318辆。不仅公路运输迅速发展，内河航运和航空运输也发展迅速。在内河航运方面，仅四川一省在1945年抗战胜利前夕，轮船航线就发展到28条，投入运输的客货班轮90艘左右。

据当时的四川省民政厅的统计，仅四川，从1938年至1941年期间，迁川的技术工人总共就有25430人。这些技术工人遍布机械、纺织、化学、电器制造、矿业和钢铁等各个工业部门，迅速弥补了大后方各厂技术力量的不足，改变了产业工人中技术水平的结构。

在文化教育方面，大量高素质人口迁入，壮大了四川各类学校的师资力量，大幅度地提高了师资水平，亦充实了大后方学校的生源质量，进而推动了大后方教育的现代化进程。四川作为高校迁入的中心省份，1938年上半年16所迁川高等学校共有学生4647人，教职员1063人。以后历年均有所增加。1940年，26所迁川高等学校共有学生10772人，教职员2782人；到1942年，30所迁川高等学校共有学生13510人，教职员2686人。内迁的大学教师中，包括大量著名的科学家、工程师、大学教授。其所属著名高校有中央大学、复旦大学、武汉大学等，真正是大师云集，人才荟萃。四川大学、重庆大学等川内高校利用这些有利条件网罗西迁教授，学校发展非常迅速。

战时由内迁重庆的中学教师组建成的第三教师服务团有880人，占其时20个服务团总人数的35%；所辖5个分团分布在北碚、永川、江津和重庆城区。由于大量外地教师进入重庆，以致合川、北碚等地涌进许多无锡、常州人。这些地方的中小学教育，差不多完全由江苏籍的中学教员主持，所以有许多四川儿童，那时说话都变成苏音了。① 在重庆设置的陶行知的育才学校、张伯苓的南开学校、黄炎培的中华职业学校等，都是全国最顶尖的中学。由于生源数量增加，重庆的中学的数量增加很快，从1938年到1945年，重庆市的普通中学由16所增加至46所，实增30所，七年中平均每年增加4.2857所。

（二）抗战大后方与战时文化中心

一般而言，四川抗战文化，就是二战时期中国抗战文化的主要呈现。1937年11月18日，蒋介石的《国府迁渝与抗战前途》明确"将国民政府迁移到重庆"。12月1日，国民政府开始在重庆正式办公形成"陪都"效能，中国历史上一次空前的大规模西迁运动，由此开始。

全民族抗战初期的高校内迁，是当时社会重心西移的重要

---

① 邹秉文、王志萃：《到西南去》，民众书店1939年版，第77页。

十七、沧海横流　英雄本色

组成部分，也是国民政府为保护教育和人才，尤其是坚守中国文化命脉所实施的一项重要措施。全民族抗战时期迁入四川的高校，共计48所，占战前中国108所高等学校的44%。迁到重庆、万县、江津的高校达21所，如中央大学、中山大学、交通大学、复旦大学。同济大学师生乃至中央研究院、中央博物院、中国营造学社、中国大地测量所、金陵大学文科研究所等研究机构，分别从北京、南京、上海等地，辗转内迁到李庄，直到1947年才先后迁回原处。当时仅有两三千人口的李庄小镇，却一下子接纳了一万二千多人组成的各类学者大师和高等院校师生，使中国的一脉文化得以薪火相传，也由此被称为"民族精神的涵养地"。著名学者李约瑟探访李庄时，看到童第周等学者在艰苦简陋的条件下，用金鱼做生物实验，坚持科研。中国考古学之父李济完成了《殷墟陶器》《西阴村史前遗址》《李济考古论文集》，以及英文著作《中国民族的起源》《中国文明的起源》等大著；甲骨文学家、古史学家董作宾最后完成了耗费他十多年心血的巨著《殷历谱》；国立中央博物馆大学者李霖灿在李庄编辑出版了《么些象形文字字典》；其他学者共同在李庄出版了学术论集《六同别录》（上、中、下）等。这些都是中国文化进入现代发展历程后极其重要的成就，甚至可称作具有学术史标杆式的成果。

　　国立戏剧专科学校于1938年春迁重庆，再于1939年4月迁江安县，一直到1946年回迁南京。该校在新中国成立后与延安鲁艺合并，成为赫赫有名的中央戏剧学院。当年在江安这个偏僻山区小城的街道上匆匆走过的，有余上沅、曹禺、应云卫、洪深、杨村彬、焦菊隐、黄佐临、吴祖光、陈白尘、张定和、陈治策、马彦祥、贺孟斧、陈瘦竹、吴晓邦、刘静沅等。小城的人们也偶尔可以与梁实秋、徐悲鸿、程砚秋、田汉、梅兰芳、赵元任、宗白华、潘光旦等社会名流及艺术界知名人士擦肩而过。当时的江安，真可谓群星璀璨，光彩夺目。

1937年，金陵大学最早迁入成都，继后有金陵女子文理学院、山东齐鲁大学、北平燕京大学，与原有的华西协和大学资源共享、联合办学，形成名噪一时的"Big Five"（华西坝五大学）。在这里会聚的人文学者有陈寅恪、吴宓、萧公权、李方桂、顾颉刚、钱穆、蒙文通等；理工科有生物学家刘承钊，地理学家刘恩兰，数学家赖朴吾、魏时珍，天文学家李晓舫，皮革学家张铨等。"Big Five"是战时中国规模最大、学科设置最完整的大学联合体之一。其时随北方和沿海高校内迁入川的著名学者中还有李安宅、姜蕴刚、梁仲华、冯汉骥、蒋旨昂、曹燕仪、冯德美、许衍梁、罗荣宗、徐蕴辉、梁仲华、孙则让、谷韫玉、葛维汉、梁文瑞、赵适、梁猷堂、阮立卿、程国辉等。南京中央大学医学院及附属国立牙医专科学校、国立清华大学航空研究所、上海光华大学、山西铭贤学院等亦迁往成都；另有国立武汉大学、国立中央技艺专科学校、江苏省立蚕丝专科学校迁四川乐山，中央工业职业专科学校迁往自贡，私立东亚体育专科学校迁往泸县。1944年，以李四光为所长的中央研究院地质研究所，从广西迁来重庆磁器口。

抗战时期中国文化的发展轨迹，是在淡化着西方文化的影响，逐渐向着自己的民族化方向迈进，并在探索民族化与现代化结合的问题上，做出了相当的成绩。在全民动员抗战的形势要求下，中国各种抗日势力都竭力调动一切力量进行抗战。抗战思想的宣传，覆盖到中国的每一个角落。当时民族整体文化素质普遍低下，民族文化心理中的惰性和"接受"习惯，使"五四"以来那种"欧化"暂时难以发挥作用。中国文化要服务于抗战，要宣

十七、沧海横流　英雄本色

传动员全民，尤其是占绝大多数的普通民众参加抗战，就必须考虑到后者的思维定式和审美接受习惯。中国文化"民族化"重要性的问题，就此显露出来。于是，自1938年开始的关于中国文化"民族化问题"的讨论，便一直持续到抗战尾声。从武汉、桂林、重庆……一直到延安，参加者几乎遍及政治、军事、学术思想界、文学艺术界。学者及主管当局通过讨论，澄清认识，使中国文化经由通俗化、大众化而渐趋民族化。木刻、年画、通俗唱词等民间艺术形式的复活、旧剧的改编、小说的章回体回潮，其原因皆在于此。文化的活动主体是人，知识分子是社会群体文化的传承者和创造者。人又是社会存在的产物。客观情势的变化，导致意识观念的变化。全民族抗战爆发后，上海、南京、武汉、北京等大城市相继沦陷敌手，原闭锁于大城市"象牙之塔"亭子间的中国知识分子被战火驱赶流散到中国内地和穷乡僻壤。战火迫使他们去直接感受真实的人生。蒋兆和的《流民图》（1943年）长卷以一片瓦砾为背景，刻画了一百多个深受战争灾难之苦

泸县玉蟾山风景区石刻：蒋兆和《流民图》

的难民形象，描绘了战乱中劳苦大众流离失所的惨状，记录着日本侵略者给中华民族带来的深重灾难。战争的创伤、民众的生活疾苦、普通群众的生存状态和情感行为方式，都使颠沛流离的中国文化人感受殊深；中国知识者的文化思维方式和审美情趣由是发生位移。

战争的严酷现实，将中国知识阶层的生存条件轰毁，原来的"知止而后有定，定而后能静，静而后能安，安而后能虑，虑而后能得"的修身方式和入世途径，不再适应时代的需要。"画梦"诗人何其芳开始从虚无缥缈的个人白日梦转向"也要叽叽喳喳地发议论"，闻一多的《西南采风录》一洗"新月"的唯美而对中国文化的世俗形态披沥甚厉，张恨水小说不再囿于公子小姐模式而向民众贡献出《大江东去》等现实性极强的力作。曹禺的《北京人》、巴金的《寒夜》《憩园》、夏衍的《法西斯细菌》《芳草天涯》，尤其是郭沫若的历史剧，都在民族化与艺术现代化创新结合上，达到了新的高度。在20世纪30年代崭露头角的作家如沙汀、艾芜、张天翼、艾青等，都在切近现实，摆脱欧化影响，在民族化、乡土地域化的努力上确立了自己的特色，渐次达到艺术的巅峰。概而言之，战火轰毁了纯理论研究的象牙之塔，战争的进程将文化人驱赶至内地僻壤穷乡，现实生存的需要迫使文化人面对大众。由此，中国文化思想界自然地加强了同社会人生现实的具体联系，形成了文化思想界与普通群众的情感沟通和交汇。"五四"以来现代思想文化由此才实实在在地影响着民族集群的绝大多数。而普通群众的思维方式、意愿情感形态，又为中国现代文化的发展方向和表现方式，提供了新的动力并注入新的血液。

（三）牺牲与奉献

民国建立以来内战不息的四川大小军阀，在国难当头，就开始以国家民族为重而捐弃前嫌。从1937年"七七事变"后刘湘率领30万川军出川抗战，八年全民族抗战中，四川共征兵300多万，补充到国军各系列，可以说每4个战士里就有1个川人。四川为抗日战争的最后胜利贡献了巨大的兵源。根据国民政府统计，川军在抗战时期的伤亡人数高达64万，约为全国抗日军队伤亡总数的1/5，居全国首位。在全民族抗战时期，川军很多部队都是师长甚至是军长率领部队和日军打到全军覆没都不投降。四川还承担了当时中国三分之一的赋税和军粮，是中国反侵略战争坚强的大后方。

四川普通民众自愿出人、出钱、纳粮、出力、修路，忍辱负重，倾其所有，参与到全民族抗战救国的行动中来。1944年4月，《大公报》一则关于川省节约献金运动的报道："大县小镇，每次献金会中无不争先恐后，或罄其所有以献，其中有清苦的公教人员，身无长物的战区学生，脸上带着伤痕的荣誉军人，白发苍苍的征人父母，衣裳破烂的小工人，还有妓女，僧尼，乞丐，以及看守所的犯人；他们不但献现钞，献手表钢笔，献结婚戒指，且有脱毛衣，脱皮鞋，甚至还有要把棉被捐献的。有时逼得主持人赶紧闭会，以免大家脱光卖尽。"安县人王者成，为当兵出川抗日的儿子王建堂送上一面白布旗，正中写了个大大的"死"字，旗上写道："国难当头，日寇狰狞。国家兴亡，匹夫有分。本欲服役，奈过年龄。幸吾有子，自觉请缨。赐旗一面，时刻随身。伤时拭血，死后裹身。勇往直前，勿忘本分！"1945年日本投降时，《新华日报》还专门发表《感谢四川人民》社论。

李庄人的慷慨，也得到很好的回报：从幼儿园、小学、初中、高中、大学，直到研究生这些学业的完成，都可以不出李庄。1940年，16岁的本地人罗哲文考入迁驻李庄的中国营造学社，从一个平民子弟成为大师级专家梁思成的入室弟子，终于成为古建筑学的一代泰斗。出生于简阳（今成都龙泉驿区洛带镇下街）的王叔岷，当年由四川大学考入李庄的中央研究院史语所读研究生，后来成为台湾大学等大学教授、"庄学"和校勘学大师。[①]抗战时高校的内迁，给四川留下文教复兴的火种。东北大学迁回沈阳时，由于各种原因留在四川的师生在东北大学校址（现三台中学）创建了川北农工学院（1946年），后于1950年再建为川北大学，并迁到四川省南充市。1952年，川北大学合并川东教育学院（原乡村建设学院）、四川大学和华西大学的部分专业，组建四川师范学院，1956年本科专业迁到成都现址，即今天的四川师范大学。上海迁入成都的"光华大学成都分部"，为四川地区的经济类高等专业教育带来新的资源，抗战胜利后成为"私立成华大学"（50年代一度为成都大学），现为西南财经大学，是西南地区财经类院校的领头羊。光华大学原由沪海道尹、后来光华大学副校长、担任过江苏省政府财政厅长、国民政府财政部次长的财经专家张寿镛于1925年创办。当时由抗战中入川主持正则会计师事务所的光华大学副校长、原商学院院长谢霖，全权组建入川后的光华大学成都分部。中华民国第一届中央研究院院士、1949年底赴美出任西雅图华盛顿大学教授的萧公权，那时就是该校的教授。今天的"西财"把1925年上海光华大学成立时

---

① 参见邓经武：《巴蜀重道与王叔岷的"庄子研究"》，载《阿坝师专学报》2015年第4期。

间作为自己的建校时间,树立光华大学首任校长张寿镛的铜像,把"光华村"地名彰显到校园文化建设中。张寿镛曾经允诺抗战胜利后学校"永久留川"。

四川作为抗战大后方,云集了全国的文化精英,容纳了全国最多的西迁工厂和机关学校。它作为被誉为"历史上最大规模的民族战争之大后方的重要基地",给后人留下了富含历史内容的抗战遗址、遗迹和深厚的文化传统。大批文化机构、高等院校的迁入,给当地民众打开了一扇照见现代科学文明之窗。如处于江安的国立戏剧专科学校为当地民众带来丰富多彩的戏剧演出,招收本地学生,传播先进文化。李庄的同济大学和中央研究院各大机构,培养了罗哲文这样的建筑大师,治愈了当地民众多年未愈的地区流行疾病。考古展览等多维度、多层面的文化构成,则开阔了民众眼界,增长了他们的见识。

在实业家卢作孚帮助下,回到四川的晏阳初于1940年在重庆北碚歇马乡建成私立中国乡村建设育才院,后扩建为中国乡村建设学院,设乡村教育、社会学、农学、农田水利学4个系。这些抗战文化遗产,成为1950年以后的西南师院、四川师院、西南农学院兴办的重要资源。中央大学教授伍非百,在全民族抗战爆发后率家小返川,担任过四川大学、华西大学教授,创办了西山书院(1943年)和川北文学院(后并入川北大学),聘请李源澄、汤炳正、蒙文通、徐振羽等为教授。数学家魏时珍于1939年创办以科学技术专业为主的川康农工学院(后为成都理学院),努力为川康地区等大后方的社会发展服务,虽以私立名义,但经费获得国民政府军委会兵工署拨付。学院设国防化学专业承担有关课题,聘请张群、邓锡侯、刘文辉、魏时珍等十三位川康军政领导和社会名流为董事,设置应用化学、农业垦殖、工商管理三学系,再增设数学、物理两系,后来成为四川大学的组成部分。

一方面,由于战时特殊的局势决定,动员全民抗战的强烈要求,推动着战时中国政治民主运动的不断高涨。思想的自由和社会的民主,激发着四川知识阶层巨大的创造活力;而四川文化与文学艺术的繁盛,自然地要表现出民主自由的内容。抗战时期中国文化再次发生转型,中国文化的民族特点开始确立并体现出现代新特点,这就是广大群众长期以来的习惯接受的形式和情感表达方式,与世界反法西斯战争带来的全球意识和自由民主意识融汇一体。另一方面,抗战时包括四川文化在内的中国文化则因对国家民族应担负的责任,在这一历史阶段出现了对"五四"文化的逆动,个体精英意识被大众群体意识掩盖,个人意识被国家意识所取代。

(四)战时学术之花

"二战"时期,以陪都重庆为中心,巴蜀大地成为中国文化精英的会聚之所。1937年"七七"卢沟桥事变是日本全面侵略中国的开始。大中城市的相继沦陷和大半国土的丧失,使中国作家失掉了在"象牙之塔"潜心创作和出版的条件。生存的需要和服务于民族抗战的责任感,使中国作家在辗转流浪中更切实地体味着现实的人生。在这种时代背景下,寓旅于京沪等地的蜀籍作家纷纷返归故里,如郭沫若、巴金、张善孖和张大千昆仲等。当时中国一流文学家,如郭沫若、茅盾、巴金、老舍等,都在这里推出过"第二次创作高峰"式的名作。"天下诗人皆入蜀"的盛况,使本时期中国文学运行的主要状貌与巴蜀文学发展几乎完全

十七、沧海横流　英雄本色

重合。朱自清、叶圣陶等外来者等对巴蜀大地民生与风貌的描写,已经成为他们创作的重要构成内容,如"三湘才子"易君左所吟:"天回镇上看尘扬,彩笔轻描画粉香。店冷难逢幺姑蔡,冢荒谁吊贵妃杨。山川接壤通秦陇,烽火连天望湘鄂,结伴本为探桂去,未妨掩泪学轻狂。"(《新都一勺》)毛一波主持的《巴蜀日报》《新蜀报》,叶菲洛主持的《新民日报》副刊,金满城主持的《新蜀报》文艺副刊,以及如《沙龙》《山城》,尤其是纯文学刊物《春云》等杂志的涌现,显示着新文学在全民族抗战时潮荡激下的新发展。《春云》刊发郭沫若的《文学与大众握手》和沈起予的《从全国统一的文艺作家组织谈到地方文艺的建立》等文章,体现了中国新文学在大众化、通俗化趋向下,朝着普及化、地域化,最终走向民族化的意识自觉。

话剧《家》的演出海报
Playbill of the modern drama *Family*

1943年中华剧艺社在成都演出话剧《家》的海报(选自《巴蜀文化图典》,四川人民出版社1999年版)

自沪返蓉的左联作家周文发起成立"文协成都分会"并创办刊物《笔阵》，参与者有李劼人、邓均吾、罗念生、陈翔鹤、周文、毛一波、曹葆华、肖曼若、叶菲洛、萧军、任钧，使该刊成为四川文学创作的主要阵地。与《笔阵》比肩的是四川大学教授们创办的《工作》月刊，多是精致的散文和杂文，成员有何其芳、谢文炳、方敬、卞之琳、朱光潜、沙汀、罗念生、刘盛亚、陈翔鹤等。1937年创刊的《金箭》，聚集着陈思苓、羊角、田家英、影质、东方曦等一批文学青年，宣称："我们认定非发动全民抗战不足以阻止敌人的侵略，及争取民族的生存与解放，'局部抗战'及'不抵抗'是会使中国灭亡的。"成都的"华西文艺社"以及杜谷、方然、罗洛、芒甸等创办的《平原诗丛》《蚂蚁》《呼吸》，在重庆的邹荻帆、姚奔主编的《诗垦地》等诗歌刊物，都会聚着一大批青年诗人，成为"七月诗派"的重要力量。在专县地区出版的抗战文艺刊物，当首推刘石夷、水草平主持的《流火》文艺月刊，以及灌县芜鸣主持的《挥戈文艺》等。李广田主持下的罗江县（今属德阳）诗刊《锻冶厂》，聚集着方敬、白峡、孙跃冬、贺敬之等一群年轻的诗人。

　　峨眉县人章泯执导的街头剧《放下你的鞭子》，是抗战初期的名作。该剧在演出时通过化装成普通观众的演员活动，在街头营造一种逼真的生活氛围，使观众和演员共同参与戏剧情境的创造，这恰好符合在世界另一方构筑"推倒第四堵墙"理论体系的布莱希特的戏剧观。自贡人孙瑜所执导的电影大部分都成为默片时代的经典，被誉为"电影诗人"。他在全民族抗战时期拍摄了《长空万里》《火的洗礼》。他于1950年底完成的《武训传》，讲述清末平民教育家武训乞讨要饭为穷孩子办免费"义学"的故事，引发全国范围批判《武训传》的运动。阳翰笙的戏剧电影创作也在这时达到鼎盛期,其《李秀成之死》《天国春秋》等"太平天国史剧",表达了对破坏抗战、制造分裂、投敌卖国的愤怒批判;其《塞上风云》《天玄地黄》等表现抗日军民顽强抗战的剧作,都以强烈的爱国主义思想和极好的戏剧结构而受人欢迎。

"四川旅外抗敌演剧队"的丁洪、陈戈、吴雪等创作的四川方言剧《抓壮丁》,通过性格鲜明的人物形象塑造以及诙谐风趣的巴蜀方言的使用,成为长葆艺术魅力的经典作品。

四川灌县空军幼儿学校球队(肖雨扬供图)

在四川盆地为中国文化延续与再造贡献努力的,如在三台县东北大学任教的陆侃如、冯沅君、姚雪垠、赵纪彬、董每戡等;有出任国立三台中学校长的"创造社"作家段可情。山东省几所著名中学迁来绵阳新组建的国立六中,教师中有当时著名作家李广田、陈翔鹤、方敬等。六中还培养出后来的激光专家马祖光院士、徐叙瑢院士、昆虫学家张光学院士、自动化控制专家张嗣瀛院士、驻外大使章署以及文化部副部长贺敬之等。六中北返后,留下的人员办成今天的绵阳南山中学。1939年国民政府在四川灌县（今都江堰市）蒲阳镇，设立空军幼年学校，招收小学毕业或初中肄业的学生。"空幼"于1949年迁往台湾。曾在该校就读的罗门是台湾十大著名诗人之一。罗门在青城山下、在游历蜀中的八年时间中，对巴蜀风物的体味是深刻的，流沙河就说他30年后的《山》《河》等诗"有青城山、岷江水的影子"。后任台湾"行政院院长"的唐飞就是"空幼"六期学生，李济深和白崇禧都曾先后把儿子送到该校学习。二期学员傅京荪最终成为机器智能专家；首期的段一士是新中国首批博导、理论物理学家，王克铭是有名的学者；楼世正作为五期学员，后来成为西北工业大学教授。

　　梁实秋关于巴蜀风情的描写，见诸《鸟》《狗》《萝卜汤的启示》等篇章。他在《鸟》的篇末慨叹道："自从离开四川以后，不再容易看见那样多型的鸟的跳跃，也不再听到那样悦耳的鸟鸣。"可以说，正是巴蜀大地的一段人生体验，孕育出他的《雅舍小品》，并以此奠定了他日后作为台湾散文一代宗师的历史地位。流沙河在《台湾诗人十二家》（重庆出版社1985年版）一书里写台湾著名诗人余光中在创作《当我死时》之际，"他想起了四川重庆江北的悦来场，抗日战争时期他在那里读过哲学，那里多山多树多鹧鸪，鹧鸪在春雾迷蒙的林中啼唤着'行不得也，哥哥'……在这首诗里他却不想南京而想重庆——多鹧鸪的山城，该是啼鸟唤人归吧"。而余光中在写给老友流沙河的《蜀人赠扇记》中，则倾吐对四川的"乡愁"："川娃儿我却做过八年"，"对四川，我有很深的感情，所以《乡愁》才有那么深刻的四川印记，四川给了我很多灵感！"余光中的夫人范我存女士年少时也在乐山念书。旅美作家聂华苓女士在抗战时期生活在巴蜀，有着深深的巴蜀记忆和三峡情结。她关于巴蜀地域文化和三峡风物的书写，就集中表现在其著名长篇《失去的金铃子》中，也涌激于《桑青与桃红》《千山外、水长流》等长篇名作与《珊珊，你在哪里》等短篇小说中。台湾作家白先勇少时在重庆生活了四年。他的《台北人》散发出诸多"川味"，如对"麻婆豆腐"的描绘。他还自称"会说四川话"。

曹禺的《北京人》《蜕变》《正在想》《三人行》的创作和《家》的改编构思，都是在江安完成的；《北京人》《蜕变》中的一些情节和人物原型，还是曹禺在江安茶馆、酒肆等深入生活搜集所得；吴祖光的《正气歌》、杨村彬的《清宫外史》、沈尉德的《民族女杰》等作品，也是在江安剧专执教中创作和排演的。因此人们说江安是"中国戏剧家的摇篮""中国现代戏剧的圣地"。当年江安国立剧专的学生中，有后来的全国剧协副主席刘厚生，湖北文联主席骆文，辽宁文联主席闻攻，上海歌剧院院长李世仪、党委书记丹敏，上海青年话剧院著名导演伍黎，上海戏剧学校教授徐里，南京著名导演严恭、关世楠，浙江的王媛、石港，北京的吕恩、胡浩、陈永祥、朱平康等。1941年考入国立剧专学习的谢晋，在江安街头度过了美好的青春时代。他自中华人民共和国成立以来，先后执导电影《女篮五号》《红色娘子军》《舞台姐妹》等，尤其是80年代以来的作品《啊！摇篮》《天云山传奇》《牧马人》《高山下的花环》《芙蓉镇》等，形成"万人空巷"审美效应。他的夫人是当年在江安女子中学读书的徐大雯。谢晋的同学、在四川家喻户晓的谐剧创始人王永梭，也是江安国立剧专的学生。王永梭的弟子沈伐、凌宗魁、涂太中、景雯等，在新中国成立以后，一直活跃在四川舞台上，是深受民众喜爱的喜剧明星。

抗日战争的全面爆发，导致全国文化中心迁徙入蜀，中国第一流文化人对国家命运与民族危亡的焦灼，对战乱苦难的忧虑，以及对"五四"新文化运动以来中国文化的反思等，这些又都成为对四川这个新型文化中心的重新建构。这些成果既留存于有形的物质形态如建筑、学校、艺术品中，也呈现在思想的结晶如各类出版物之中。这些丰富文化资源，对四川当代文化发展乃至于对中国文化的再造都产生了深刻影响，如陈寅恪的《唐代政治史述论稿》（1941年）、蔡仪的《新美学》（1946年）、朱光潜的《诗论》（抗战版，1943年），王朝闻与刘开渠等在成都的雕塑木刻等现代艺术活动，画家洪毅然开始构建的"大众美学"理论如《新美学评论》（1949年）。当时在重庆的宗白华有《中国哲学史提纲》和蔡仪的《新艺术论》（1942年）、柳诒徵有《中国礼俗史发凡》（1947年）、李长之有《迎中国的文艺复兴》（1944年）等，它们都成为中国现代文化重构的基石。

1941年到成都华西协和大学任教的李安宅，创办了华西边疆研究所。他是我国最早运用现代西方科学方法实地考察和研究藏区的前辈学者之一，为近代中国边疆研究的重要代表人物，其研究成果至今在人类学、社会学、藏学界有很大影响。严峻的抗战局势使四川成为民族复兴基地，西南民族地区的"边疆性"开始凸显，边疆开发为当时"抗战建国"所急需。冯汉骥、任乃强、蒋旨昂、谢国安、刘立千、于式玉、于文华等，都开始了对康藏地区（在今所谓藏羌彝走廊区域内）的实地田野考察，其学术成果成为今天藏羌彝走廊社会经济文化发展的重要参考资源。1939年秋，顾颉刚赴成都任齐鲁大学国学研究所主任，其《中华民族是一个》提出"汉人是许多民族混合起来的，他不是一个民族"。1941年顾颉刚赴重庆主编《文史杂志》，发表《古代巴蜀与中原的关系说及其批判》（1941年），首次提出"巴蜀文化独立发展说"。考古民间学术团体"说文社"理事长卫聚贤，1943年在重庆创办学术月刊《说文》，开拓了巴蜀文化研究的新局面。金祖同曾展望说："溯自抗战军兴，国都西徙，衣冠人物，群集渝蓉，巴蜀一隅，遂成复兴我国之策源圣地……奋起有人，使巴蜀新文化衍而为中华新文化，其光华灿烂与国运日新不已。"[①]被日本考古学家水野清一教授誉为"四川考古学之父"的郑德坤，有剑桥大学博士论文《四川史前考古》（1941年）。其《四川古代文化史》（1946年）是巴蜀文化研究史上的第一部专著。他预言的"华大博物馆地处古蜀国首都，居川省之中心，在考古学上为未开发之原野，千百原始文化遗址，尚无人问津，其能成为人类学研究中心，当可无疑"等论断，被今天的三星堆遗址、金沙遗址、成都平原史前城址群等考古发掘所证明。

1944年1月，历时近三年在敦煌临摹壁画的张大千回到成都，举办"临摹敦煌壁画"展，主流媒体《中央日报》《新新新闻》《新中国日报》《成都快报》以及"国民通讯社"纷纷报道其事，谢无量、沈尹默、张群、林思进、陈寅恪、马鉴、叶绍钧、闻宥、刘开渠、蒙文通、陈觉玄、冯汉骥、芮善、庞熏琹、雷圭元、吴作人、周太玄、罗文谟、冯若飞、郭有守等名流纷纷著文评价。张大千敦煌之行对其画风改变、对中国画的发展都有重要意义。他在民族危亡之际，通过敦煌之行发掘中国的优秀传统文化，再次让大众认识到敦煌壁画的珍贵。这是他在抗战背景下坚守与再造中国文化极其重要的举措。著名雕塑家刘开渠等，从意大利文艺复兴的原因与走势，来阐述张大千敦煌壁画展与中

---

① 参见金祖同：《说文月刊·巴蜀文化专号·冠词》，1941年第3卷第4期。

国文化再造的关系，提出"成都系中国文艺复兴发祥地"的论断。其"文艺复兴权舆，肇于成都""中国文艺复兴之翡冷翠城"等语，表达了当时中国文化界对四川文化繁荣的厚望。国民政府教育部于1944年5月在重庆再次举办《张大千临摹敦煌壁画展览》，徐悲鸿、黄君璧、柳亚子、沈尹默等社会名流以及广大民众踊跃前往观展。敦煌研究院名誉院长、著名敦煌学专家段文杰，当年就在那次观展中萌发投身"敦煌学"的志向。他说："没有想到看了张大千先生的敦煌壁画临摹展，竟坚定了我的人生志向，便一头扎进敦煌忽忽就是五十年。"①张大千看到敦煌壁画"集东方中古美术的大成"，具有"促进新中国的文艺复兴"重要意义，因为"现代中国因抗战而促进文明增长"。张大千特别强调："莫忘记成都是四川文化的中心，也是中华民国的文化中心。我们在这抗战期间，所负艺术使命责任很大……我愿追随同人一致努力，来促进新中国的文艺复兴！"②

---

① 汪毅：《从张大千临摹敦煌壁画展 论成都系中国文艺复兴发祥地》，载《文史杂志》2009年第5期。

② 参见《美协会昨庆祝美术节张大千演讲》，成都《新新新闻》1944年3月26日。

十八、血沃巴蜀　气壮山河
——光耀千秋的红色文化

（一）先驱者之歌

四川近现代革命先驱者、领导人、文化名人、社会活动家层出不穷，灿若星辰。仪陇朱德故居纪念馆、广安邓小平故居纪念馆、乐至陈毅故居、江津聂荣臻纪念馆、荣县吴玉章故居、南充张澜故居、乐山沙湾郭沫若故居等，可以见证他们的生平和功勋。

五四运动后前后，为了拯救中华，探索改造社会的道路，广大四川青年如"蛟龙出川"，到大专院校进修或出国留学，为强军强国报考各类军校，学习先进的理论和专业技术，出现了人才辈出的一时盛景。1918年，四川人王光祈、周太玄、曾琦等6名青年和李大钊在北京筹组"少年中国学会"，先后有毛泽东、恽代英、赵世炎、张闻天、刘静仁等加入。少年中国学会发展到120多人，几乎囊括了后来中国政坛、学坛的精英人物，很多人成为1921年中国共产党成立时的骨干。当时李劼人组织成立

少年中国学会最初成员

了成都分会,周太玄组织成立了巴黎分会。少年中国学会成为"五四"时期人数最多、影响最大、分布最广、持续时间最长的全国性青年团体。马克思主义启蒙运动的先驱王右木深受中国传统文化精华的影响,热爱教育事业,在接触到马克思主义后,立志利用思想文化传播革命,进行革命的启蒙、宣传和组织工作。1921年初,王右木在成都组织成立了马克思读书会,手抄、油印马克思著作,学习《共产党宣言》英文版,创办《人声》报,这是四川第一份以马克思主义理论为宣传宗旨的报刊。1922年2月,王右木在读书会的基础上建立了马克思学会,培养了大批的骨干,为后来四川的建团、建党奠定了基础。

2. 全国第二大苏区

1927年"四·一二"反革命事变后,中国共产党与代表资产阶级利益的国民党反动派分道扬镳,以农村包围城市的战略

十七、沧海横流 英雄本色

进行土地革命战争。1932年鄂豫皖苏区的红军进入四川,在川北建立了革命根据地,并成立红四方面军。目前通江沙溪有全国最大的红军烈士陵园,巴中市有川陕革命根据地博物馆和全国最大的红军将帅碑林,纪念红军在川北的艰苦斗争及光荣岁月,包括反"三路围攻""六路围攻"的胜利,"空山大捷""万源保卫战""清江渡会议""木门会议"等重要战役和重要军事会议的历史。巴中境内还保存着大量红军标语石刻,中华人民共和国成立时尚保存4000余幅,现基本保存完好的有600余幅。如通江至诚乡佛尔崖上有全国最大的石刻"平分土地",沙溪乡有全国最具影响的石刻"赤化全川"。川陕革命根据地博物馆还保存着当时油印的《中华苏维埃共和国宪法大纲》《中国革命十大纲领》《怎样分配土地》等文献资料。

通江至诚乡佛尔崖全国最大的红军石刻"平分土地"

通江沙溪红军石刻"赤化全川"

巴中红军将帅碑林

1935年3月28日—4月21日,红四方面军在川北发起了气势恢宏的嘉陵江战役。红四方面军共歼敌1万余人,相继攻克9座县城。这次渡江作战,红军强渡的江河之宽,渡过的人数之多,取得的战果之大,在红四方面军的战史上是空前的,在整个红军战史上也是不多见的。这次战役打乱了蒋介石的战略部署,策应了中央红军的作战行动。

"红军就是穿上军装、拿起武器的穷人,是穷苦人自己的队伍,是全心全意帮助穷人翻身解放的。"红军领袖、广大红军将士在进行激烈战斗的同时,不忘向群众宣传这些革命道理,使群众看到革命成功的美好前景。在革命老区,红色文化的影响深入人心,扎根巴蜀大地。如广为传唱的《十送红军》"一送红军下南山……二送红军大道旁……十送红军转回来,巴山顶上搭高台",代表了贫苦群众对工农红军离开根据地的依依不舍。邛崃西南山区流传的群众热情歌颂红军的歌谣,唱道:"映山红儿满山开,红军一到幸福来。肚里不再填糠菜,走路不再把头埋。"在革命老区的红色土地上,有数不清的有明显的时代背景和鲜明四川风情的红色歌谣还在口耳传唱,有数不清的歌颂红军的故事在流传。

(二)红军长征在四川

1. 红军的战斗

行程二万五千里的红军长征被誉为地球上的红飘带。长征史诗中最光辉的篇章是红军长征经过四川。其历时一年又八个月,

十七、沧海横流　英雄本色

行程一万五千里，途经近70个县。四川是红军经过的14个省中，自然环境最险恶、敌我战斗最惨烈、党内斗争最激烈的省份，在这里留下了四渡赤水河、巧渡金沙江、彝海结盟、强渡大渡河、飞夺泸定桥、翻越夹金山、穿越大草地等辉煌篇章。在四川，中央红军最终"确立北上方针，奔赴抗日前线"。红军长征与四川血肉相连，鱼水难分。

红军长征在四川，把曙光送到四川的通都大邑、穷乡僻壤，唤起了全川人民群众对革命的向往，促进了四川各族人民的大觉醒。红军长征在四川期间，全川各族人民为了创立新中国的共同目标而付出了惨重的牺牲，做出了巨大的贡献。据不完全统计，至少有15万四川儿女汇进了红军的铁流。红一、二、四三个方面军的十多万人马，先后在川的一年又八个月，每天食用的粮食，都是各族人民群众无私奉献出来的，展现了四川人民心系红军、跟随中国共产党的颗颗红心。

红军长征在四川，外有强大而凶恶的敌人追堵，内有错误路线干扰破坏，还有雪山草地等极其恶劣的自然环境，其形势之严峻、矛盾之复杂、斗争之激烈，是人类活动史上罕见的。1936年9月26日，周恩来对美国记者埃德加·斯诺说："红军在长征途中最大的损失，是在途经四川的路上。"数以万计的四川儿女与红军将士一道，为支援长征、保护红军及其失散的战士，血洒丛林，用鲜血和生命为红军长征的胜利铺垫下坚实基础。

红军在四川留下了许多珍贵的革命文物和活动遗址。这些文物和遗址，不仅是红军广大指战员英勇奋斗的历史见证，而且是我们今天向青少年进行革命传统教育的生动教材，是鼓励我们刻苦奋发，努力建设有中国特色的社会主义社会的巨大精神财富。

四渡赤水　遵义会议后，党中央决定，率师北渡长江，前出川南，与活动在川陕革命根据地的红四方面军会合，开创川西或川西北革命根据地。1935年1月至3月间，红军在毛泽东的指挥下，四渡赤水，在各路强大敌军围追堵截的情况下，纵横驰骋于川、黔、滇边境广大地区，迂回穿插于敌人数十万重兵之间，积极寻求战机，有效地歼灭敌人，从而摆脱了敌人的围追堵截，粉碎了敌人妄图围歼红军于川、黔、滇边境的计划，使中央红军在长征的危急关头，从被动走向主动，从失败走向胜利。这是中国工农红军战争史上以少胜多变被动为主动的光辉战例。美国作家哈里森·索尔兹伯里在所著的《长征——前所未闻的故事》中写道：长征是独一无二的，长征是无与伦比的。而四渡赤水又是"长征史上最光彩神奇的篇章"。

巧渡金沙江　红军从四川古蔺二郎滩、太平渡等渡口四渡赤水河后，从贵州向云南进军。为了摆脱敌人的围追堵截，必须抢时间，渡过金沙江。金沙江位于长江的上游，穿行在川滇边界的深山峡谷间，江面宽阔，水急浪大，两岸是悬崖绝壁。1935年5月3日，红军派出两个排智取了江对岸敌人的哨卡，随后利用仅有的7条渡船，经过七昼夜的抢渡，大队人马全部过江。从此，红军跳出了80万敌军包围的圈子，取得了战略转移中具有决定意义的胜利。

彝海结盟　1935年5月，中央红军巧渡金沙江后，主力部队决定取道四川冕宁至安顺场，中间必须经过大凉山彝族地区。1935年5月22日，中央红军北上先遣队司令刘伯承与主动走出崇山峻岭的彝族首领果基·小叶丹在冕宁县彝海边歃血为盟，结义为兄弟。刘伯承赠送给小叶丹"中国夷民红军沽鸡支队"队旗一面，任命他为支队长，并当场写下委任状。果基·小叶丹派部下护送红军历经七天七夜通过百里彝区。由于正确执行党的民族政

十七、沧海横流　英雄本色

策，红军大部队得以顺利通过冕宁北部彝区，为抢渡大渡河、飞夺泸定桥赢得了宝贵的时间，粉碎了蒋介石妄想让红军重蹈石达开大渡河覆灭之路的阴谋。这场名扬后世的彝海结盟，是中国共产党统一战线政策和民族宗教政策的一次成功实践。现今"中国彝民红军沽鸡支队"的队旗作为这一实践的见证，珍藏在中国人民革命军事博物馆里，供后人瞻仰。

强渡大渡河，勇夺泸定桥　红军长征经过彝区后，便面对天堑大渡河。他们与围剿红军的国民党军队都明白，红军正走近72年前太平天国石达开部全军覆没之地。1935年5月24日夜，担任先遣任务的红军第一方面军第一师第一团抵达大渡河畔的安顺场，并从敌人的手中夺得了一只小木船。红军渡河的唯一希望就寄托在它身上。25日凌晨，红一团营长孙继先挑选了17名红军战士组成突击队，强渡大渡河，夺取了北岸渡口。其后，第一师大部队陆续渡河，沿东岸北进。为了使主力更迅速地渡过大渡河，红军以第二师沿西岸北进，抢夺上游的泸定桥。

在红军到达之前，泸定守军已将铁索桥上的木板拆除，只剩下13根铁索链悬在大渡河上。1935年5月29日，红军第二师先头部队红四团一营二连22名英雄，在连长廖大珠率领下，冒着敌人密集火力，攀缘铁索，成功占领大桥。红军后续部队跟进，迅速击溃守敌一个团，攻占了泸定桥城，与第一师一部胜利会合。这样，蒋介石企图使中央红军成为"石达开第二"的阴谋彻底破灭。

过雪山草地　1935年6月14日，红一方面军翻过终年积雪、空气稀薄、人迹罕至的夹金山，到达阿坝州懋功县（今小金县）的达维镇，与红四方面军会合了。此前3月，红四方面军退出川陕根据地开始长征，于6月8日先第一方面军到达懋功。此后的10

月27日，红四方面军红八十八师从懋功县再次翻越夹金山，南下西康。1936年2月，红四方面军又从宝兴翻越夹金山，经达维、懋功、丹巴向西转移去康北。

红一、四方面军主力会合后，共同北上，于8月下旬通过水草纵横、沼泽松软的大草地，到达若尔盖县的巴西、包座及阿坝县。其后红军进行了包座（在若尔盖县东南部）战役，于1935年8月31日歼灭包座地区守敌及敌援军第四十九师大部，扫清了红军北上的障碍，打开了向甘南进军的大门。

1935年9月，红一方面军通过草地后，进迫腊子口。腊子口在甘肃省迭部县东北部，是四川通往甘肃的重要隘口，素有天险之称。腊子口两边是悬崖峭壁，中间是一条水深流急的腊子河，河上架有一座木桥，这是进入腊子口的唯一通道。1935年9月17日，红军先头部队第一军第二师第四团（团长王开湘、政委杨成武）攻占腊子口天险，突破敌人封锁线。红一方面军终于走出了雪山草地。

百丈关恶战　1935年6月中旬，红一方面军与四方面军会师后，党中央决定，兵分左右两路北上。张国焘领导的左路军（以红四方面军为主，包括红第一方面军的第五、第三十二军）却于9月下旬从阿坝地区回师南下，向川西平原进军，号称"打到成都吃大米"。他们在天全、芦山取得一定胜利后，即迅速向名山、邛崃猛进，当即震动了四川各路军阀。后者为保住地盘，集结20多万川军到名山、邛崃、大邑、蒲江、洪雅一带阻击红军的进攻。

11月中、下旬，左路红军在以名山县重镇百丈关为中心的10公里内的弧形地带与川军展开了殊死恶战，史称"百丈关大战"。经过七天七夜激战，虽然毙、伤敌15000余人，但红军伤亡也近万人。红军被迫向后方撤退。经过南下系列战役，红军由8万人减至4万余人。南下行动失败，红军被迫再度进入雪山草地。

2.红军的重要会议和影响

会理会议 巩固遵义会议的成果。1935年5月12日，中共中央政治局在会理县城郊铁厂举行扩大会议。毛泽东总结了红军四渡赤水、抢渡金沙江的经验，阐明了运动战略的正确思想。会议总结了遵义会议以来在川滇黔边实行大规模运动战的经验，讨论了渡江后的行动计划，决定立即北进，抢渡大渡河，向红四方面军靠拢。会议统一了认识，维护了党和红军的团结，巩固了毛泽东在党和红军中的领导地位，坚持了正确的军事路线。

两河口会议 指明红军正确的前进方向。红一、四方面军会师后，为了统一战略思想，中共中央政治局于1935年6月26日在懋功以北的两河口举行会议。周恩来代表党中央和中央军委首先作关于战略方针问题的报告。在讨论周恩来的报告时，张国焘虽然勉强地接受了中央政治局决定的北上在甘肃南部建立根据地的战略方针，但对此实际持半信半疑的态度。会议最后通过了北上建立川陕甘苏区的战略方针。两河口会议确定的北上建立以甘南为中心的川陕甘苏区的战略总方针，为红一、四方面军共同北上，深入发展革命运动，指明了正确的前进方向。

芦花会议 总结经验，增强团结。为了增强红一、四方面军的团结和信任，中共中央政治局于1935年7月21日至22日在芦花（今黑水县城）举行会议。会议的中心议题是总结红四方面军从鄂豫皖根据地到川陕根据地这段历史的经验教训。为加强前方部队作战的统一组织与指挥，利于迅速北上，中央军委决定组织前敌总指挥部。红一、四方面军领导人在芦花会议上开诚布公地交换意见，对于增进红一、四方面军之间的相互了解与兄弟团结，统一部队组织与指挥，起了一定的作用。

沙窝会议　坚定北上信心。为了推动张国焘执行中央的北上方针，1935年8月4日至6日，中共中央政治局在毛儿盖以南的沙窝举行会议：一是讨论红一、四方面军会合后的形势与任务；二是讨论组织问题。会上，张闻天作关于红一、四方面军会合后的决议草案的报告。毛泽东就决议草案做了补充说明，着重分析了西北地区的有利条件和困难条件。沙窝会议对于加强红一、四方面军的统一领导与团结，坚定创建川陕甘根据地的必胜信心，起了积极的作用。同时，这次会议也开始公开暴露出张国焘与党中央的政治分歧。

毛儿盖会议　重申北上方针。1935年7月，毛泽东率领中央红军（即红第一方面军）翻过梦笔山、长坂山等大雪山，到达毛儿盖。此时张国焘仍反对北上，并妄图改编红军，搞分裂活动。8月20日，中共中央在毛儿盖召开了政治局扩大会议，重申了两河口会议决定，反对悲观失望、动摇逃跑的机会主义倾向，强调必须加强党对红军的绝对领导；批判了张国焘破坏党、破坏红军的分裂主义错误。通过党中央在毛儿盖会议上的坚决斗争，张国焘被迫同意北上，但此时原定从松潘北进的大道已被胡宗南控制，红军只好改道通过草地北上了。

巴西会议　决定党和红军的前途命运。1935年8月底，右路红军（中央红军）穿过茫茫草地到达若尔盖县的巴西一带，等待与左路军会合。但张国焘率左路军到达阿坝后，违抗中央命令，拒不与右路军会合，并要挟右路军和党中央南下。针对这种情况，中共中央于1935年9月2日至9日在巴西班佑寺内连续召开政治局会议，决定中央离开危险区域，继续北上建立川陕甘根据地。9月10日凌晨，党中央率领、第一、第三军和军委纵队离开巴西地区向甘肃迭部县俄界进发，同时发布《共产党中央为执行北上方针告同志书》。巴西会议再度将红军从危机中解救出来。所以说，巴西会议是又一次决定党和红军前途命运的重要会议。

红军三大主力会师和西路军　红四方面军于1932年10月第四次反"围剿"失败后，从鄂豫皖革命根据地转移到川陕边界地区，创建了川陕革命根据地。1935年5月红四方面军离开川陕苏区向西转移，进行长征。毛泽东率领的中央红军翻过夹金山，先头部队红2师4团于1935年6月12日与红四方面军25师74团在四川懋功县达维会师。1936年6月，红二、四方面军在甘孜县胜利会师。7月，召开了由红二、四方面军领导参加的甘孜会议，会议做出了立即北上与中央会合的决定。会后，红二、四方面军分三路并肩北上。10月，两个方面军分别到达甘肃会宁（红四方面军）与静宁以北的将台堡（红二方面军），与红一方面军胜利会师。历时两年的红军长征胜利结束。中国革命从此出现一个新局面。不过，红四方面军在北上途中，张国焘屡次想另立中央，搞分裂路线，拒不执行北上方针。红军会师后，根据中共中央和中央军委的命令，部分红四方面军两万余人组成西路军远征，于1937年3月在西进至甘肃中西部时，遭到军阀马步芳等部队10万兵力围攻，最终失败，大部牺牲。西路军在战略上有力地支援了河东红军主力的斗争。他们在极端艰苦条件下与国民党军队殊死搏斗，视死如归，可歌可泣。

松潘红军长征纪念总碑　历时两年的二万五千里长征，在经历的14个省份中，红军在四川停留的时间最长，经过的地域最广，所处的环境最艰险，物质条件最缺乏，进行的斗争最严峻，付出的牺牲也是最大的。叱咤风云的红军将士和四川各族人民在一年零八个月的时间里，共同谱写了雄浑激昂、气壮山河的英雄诗篇。

中国共产党和中国工农红军在川西北实施的统一战线政策和民族宗教等政策，比过去任何时候都更加系统而具体。其中在大小金川建立的格勒得沙中央政府、革命军、革命党，分别是中国革命史上第一个省级少数民族革命政权，第一支藏族的常备革命武装，第一个以政党形式出现的、由少数民族先进分子所组成的革命组织。红军在甘孜帮助藏族人民建立了"波巴政府"。随着红军的足迹，革命真理和红色文化第一次传播到藏羌山寨。民族平等、民族解放的宣传，宗教信仰自由的主张，对民族上层的争取与团结，唱响了几十年后民族地区天翻地覆的社会变革的前奏曲。

在长征胜利50周年之际，党中央、中央军委基于四川在红军长征中具有重要战略地位和作用这方面的考虑，决定在四川建立一座纪念红军长征的"总碑"。这不仅是四川各族人民的骄傲，也是中华民族的骄傲。

1985年，受党中央、中央军委委托，中共成都军区党委和四川省委负责建碑工作。勘察设计人员和决策者几经勘察，反复比较，将碑址选在阿坝藏族羌族自治州松潘县北17公里处的川主寺附近的元宝山。川主寺是红一、二、四方面军都曾经过的地方，背靠雪山，面对草地，既是前往"人间仙境"——九寨沟和黄龙自然风景区的交叉路口，也是前往若尔盖和红原草地的岔路口。海拔3100米、形似金字塔的元宝山，山势突兀，地势开阔，红军长征通过的亚克夏山，走过的水草地，著名的包座战斗，以及长征史上重要的毛尔盖会议、巴西会议会址，都距此不远。

红军长征纪念碑奠基于1988年6月12日，落成于1989年10月。其红军长征纪念碑碑园占地面积19.27万平方米，由主碑、大型花岗石群雕、陈列室三大部分组成。主碑高41.30米，耸立于元宝山顶，由红军战士铜像、碑体、基座组成。红军战士铜像高14.80米，双手（一手持步枪，一手执花束）高举呈"V"字形，象征胜利。碑体高24米，亚金铜贴面，三角立柱体，象征三大主力红军。汉白玉基座高2.5米，墨绿色磨石地面。主碑背靠雪山，面向草地，气势恢宏，当夕阳西下时，金光四射，尤为壮观，被誉为"中华第一金碑"。大型花岗石群雕刻画的人物共九组，分别为开路先锋、勇往直前、团结北上、山间小憩、草地情深、征途葬礼、前赴后继、回顾思考、英灵会聚，艺术地再现了红军长征的战斗历程，是我国规模空前的现代艺术群雕。邓小平同志亲自为碑园题写了"红军长征纪念碑碑园"。松潘红军长征纪念碑不同于其他地区修建的纪念红军长征某一事件或某一战斗的纪念建筑，而是对整个红军长征予以全面概括、进行总结性纪念的历史雄碑、时代丰碑。

（三）红色文化代表人物

全民族抗战时期，中共中央为建立统一战线，要求共产党员"应实际成为各地救亡运动与救亡组织之发起人、组织者、宣传者"，乐山人郭沫若、高县人阳翰笙参加了国民政府政治部第三厅、中华全国文艺界抗敌协会、文化工作委员会的工作，在抗日民主运动和抗战文艺运动中发挥了巨大作用。郭沫若的话剧《屈原》的上演，其他爱国文艺工作者的抗战电影、戏剧、书籍、版

乐山沙湾郭沫若故居

画、字画、石刻的不断推出，充分表达了中华民族自强不息、抵御外敌的强烈心声。

1937年7月17日，成都以车耀先（大邑人）组建的秘密团体"成都各界救亡联合会"为基础，扩大为包括共产党、国民党、地方实力派和各界知名人士共同参加的"四川各界抗战后援会"，接着还建立了"四川省妇女抗敌后援会""四川省工人抗敌宣传团""成都文化界救亡协会""大声抗敌宣传团""星芒宣传团""群力社""天明歌咏团"各大中学生组织亦成立起"成都学生抗敌宣传团"。同时在重庆有"重庆各界抗敌后援会""重庆文化界救亡协会""怒吼剧社"等；在自贡有"自贡抗敌话剧歌咏团"，在宜宾有"晨呼队"，在万县有"三一剧社"，在邻水有"救亡歌咏团"，在渠县有"渠县妇女抗敌救亡协会"等。各爱国进步团体广泛在城镇、乡村、工矿、兵营组织歌咏、戏剧、讲演等各种形式的宣传活动，鼓舞军民的抗日热情，宣传中国共产党的抗日救亡主张、民族英雄的光辉事迹和中华民族不屈不挠、抗御外敌入侵的光荣传统。

著名新闻记者、内江人范长江于1935年间，跨雪山、越草地、穿森林、过大江，追随红军长征路线采访，成为报道红军长征的第一人。他撰写的《松潘战争之前后》《红军之分裂》《从瑞金到陕边》《毛泽东过甘入陕之经过》等总共2万多字的通讯，及时客观公正地向外界报道了红军长征的英勇业绩，反映了红军战士的英雄形象与中国共产党人的精神风采。1937年2月9日，范长江以《大公报》记者身份采访延安，受到中共领导人的欢迎，并与毛泽东在窑洞里叙谈，后以《动荡中之西北大局》公布了西安事变的真相，介绍了共产党的统一战线主张。他又以《陕北之行》详细记述了苏区见闻、二万五千里长征，以及与毛泽东彻夜长谈的全部内容。文章发表后风靡全国。范长江在周恩来的参与和筹划下，创办了"中国青年记者学会"与"国际新闻社"，后者成为中共直接领导的新闻发布机构。他后来担任过中共代表团新闻处处长，主持过延安《解放日报》工作。1991年，中国记者协会与范长江新闻奖基金会联合设立了"范长江新闻奖"，首届奖项也于这年在北京颁发。

荣县人吴玉章于1946年担任中共四川省委书记，并负责《新华日报》的工作。他利用报纸宣传中国共产党的政策、宣传广大人民的正义呼声，使《新华日报》"成了暗室的明灯"。吴玉章的"英勇

新华日报旧址

与成绩，并不亚于解放区自卫战线的战士"。

曾任中共四川代理省委书记的张秀熟（平武人），以"舌战王灵官（王陵基）"，揭露军阀统治的黑暗、贪官污吏的横行不法闻名全川。他在全民族抗战时期从事党的抗日民族统一战线工作，以民族大义为重，出任刘湘的顾问，起草《为民主救亡抗

战告四川各界人士书》，呼吁四川人民支持川军出川抗战。张秀熟还是著名的教育家。他以渊博的学识、高尚的情操、模范的言行，影响了广大青年学子，为国家培养了罗瑞卿、任白戈等一大批英才。中华人民共和国成立后，他长期领导四川史志和文史资料工作，留下许多精辟的论述。

彭州人李一氓参加过北伐战争、南昌起义、红军长征、抗日战争，是资深的革命家，同时又是一位文化素养深厚的共产党人。他在传统文化上造诣很深，善于撰文、译书、评论诗词、鉴赏书画文物，著述甚多。他曾担任世界和平理事会常务理事、书记，国务院外事办副主任，古籍整理出版组组长，中国国际交流协会会长，是将传统优秀文化和红色文化进行融合的探索者之一。

成都人李劼人是激进的革命民主主义者，共产党的友人。他用文艺探索国家和民族的前途，采用西洋小说艺术手段、现实主义的创作方法，传承乡土文化、传播新文化思想。李劼人的"大河三部曲"（《死水微澜》《暴风雨前》《大波》）被郭沫若誉为"小说的近代史"。郭氏还称他为"中国的左拉"。中华人民共和国成立后，李劼人作为成都市副市长，认真贯彻马列主义、毛泽东文艺思想、党的文艺政策，领导和参加成都市的文化、市政建设，积极保护了杜甫草堂等文物古迹。

革命英雄主义和理想主义在解放战争和中华人民共和国成立后一段时间内成为主流文化的主题。特别是1949年以来的70多年，新中国翻天覆地的变化，革命烈士、英雄人物成为文化宣传和表现的重点。

四川有全国爱国主义教育示范基地28个，另有省级爱国主义教育基地125个。四川省第一批省级文物保护单位140处，就包括

十七、沧海横流　英雄本色

红岩革命纪念馆

有革命遗址及革命纪念建筑33处。这其中大部分是中华人民共和国成立初期保存下来的革命遗址、遗迹、遗物。省民政厅有记载的革命烈士有12.7万名。通过对革命先辈、烈士、英雄的宣传和纪念，红色文化逐渐普及，对青少年树立革命理想和信念起到了积极的推动作用，如现在成为红色旅游经典的中江县黄继光烈士纪念馆、巴中市川陕革命根据地博物馆等，为引导青少年牢记使命，为共产主义奋斗终生产生了重大影响。

十九、喧然都会　知足常乐
——怡然自得的休闲方式

（一）汉代以来的安逸生活

有民俗学家这样评价四川人：喜欢大家族式群居生活，好热闹、新鲜、刺激的东西，热情奔放，自由散漫，知足常乐……为什么会这样？一是四川地处内陆，四面高山环绕，在古代交通困难的时候，也就成为相对安宁与安全的地区；二是都江堰的建成，使成都平原成为"水旱从人，不知饥馑，时无荒年，天下谓之'天府'"（《华阳国志·蜀志》）之地，自汉代起，就一直是全国的大粮仓；三是四川人大致由不同时期的移民构成，有包容之心，特别好相处。于是，四川人就自然把兴趣放在如何享受生活上了。

从古至今，但凡第一次进入蜀地的人对四川总会有耳目一新的感觉。唐肃宗乾元二年（公元759年），诗人杜甫逃离战火

十九、喧然都会　知足常乐

纷飞的中原，从华州经秦州、同谷，来到成都，不禁大感惊奇。他在《成都府》一诗中甚至忘了抱怨蜀道难，而只是大声叹道："我行山川异，忽在天一方。但逢新人民，未卜见故乡。"他觉得同他刚刚离开的那个硝烟弥漫的中原相比，这个"曾城填华屋，季冬树木苍。喧然名都会，吹箫间笙簧"的城市，简直是一个前所未见的新天地，四川人是前所未遇的新人民。这个新人民的生活是那样的休闲，"我何苦哀伤"？杜甫当时的感受，至今在入川客人心中，仍会唤起共鸣。

四川人对生活的乐观态度与享受方式，早在都江堰建成后的汉代就已形成。

进入20世纪后在四川发现的大量东汉时期的说唱俑，不仅证明当时已有说唱音乐的存在，更说明其时的四川经济很发达，给人们的享乐提供了条件。从散见于史籍之中的一些零星记载，可以看到一些与蜀地音乐、舞蹈有关的人和事。例如：

《史记》《汉书》有相同的《司马相如传》，记载了西汉时期的文学家、成都人司马相如，"以琴心挑"卓文君。后者虽"好音"，但像司马相如一样亦非专攻音乐，却能隔窗听懂琴音。可见当时的人们，起码是文人或殷实人家，于音乐皆有高深的造诣。

《汉书》有《王褒传》。资阳人王褒也是当时著名的文学家，《汉书》本传讲他"作《中和》《乐职》《宣布》诗，选好事者令依《鹿鸣》之声习而歌之"。《鹿鸣》是《诗经·小雅》的首篇，是一首可以吟唱的宴饮诗。王褒能依《鹿鸣》的旋律而作出可照样吟唱的《中和》《乐职》《宣布》，当然是有很高的音乐造诣的。

西汉初年，四川东北部地区有賨人（板楯蛮），勇健好歌舞。汉高祖刘邦平定"三秦",以勇猛善战的賨人做前锋。賨人善舞,即使在作战过程中也要以舞助战,令刘邦很是喜欢。战争结束后,刘邦便命乐工学习,改编了賨人的舞蹈,并命名为"巴渝舞"。

四川的城市商业,以成都最为发达。秦统一古蜀后,张仪、张若等人就在成都筑城置市,其城甚至与秦的国都"咸阳同制"。自此以后,成都就一直是整个西南地区的商业中心。

唐朝时期的成都,经济发达,文化繁荣,佛教盛行。中唐以后,成都与扬州并列为全国最繁华的两大商业都会。唐末五代时期,由于蜀中社会的长期安定,成都人能享有与战火中的中原迥然不同的和平环境,富足而安乐。

也许正是乱世中人,最懂得珍惜和享受难得的平静生活。前后蜀时期的成都人,游乐是生活的重要内容。当时的成都人并不是没有辛勤劳作,而是以一年的艰辛换来自己的欢乐。苏东坡有诗吟道:"蜀人衣食常苦艰,蜀人游乐不知还。千人耕种万人食,一年辛苦一春闲。闲时尚以蚕为市,共忘辛苦逐欣欢……"(《和子由蚕市》)宋初在四川做官的张咏,也曾作诗描述前后蜀到北宋初成都的风气说:"蜀国富且庶,风俗矜浮薄。奢僭极珠贝,狂佚务娱乐。虹桥吐飞泉,烟柳闭朱阁。烛影逐星沉,歌声和月落。斗鸡破百万,呼卢纵大噱。游女白玉珰,骄马黄金络。酒肆夜不扃,花市春渐作……"(《悼蜀四十韵》)

四川盆地的富庶集中在成都,成都人颇会享受生活。前后蜀时成都人的游乐,出城北有学射山和万岁池。学射山即今天的凤凰山,传说是隋代成都著名道士张百子的成仙之处。万岁池则是秦代张仪取土筑城,积水成湖后的风景胜地。成都人出城西则有百花潭和圣寿寺,这里有唐代浣花夫人的传说,有李冰为镇成都的洪水所雕凿的石犀，还有祭祀蚕丛神的神祠；出城南有江渎祠和玉局观，是历代祭祀江神的神祠和道教著名宫观；出城东有海云山，是市民摸石求子的好去处。城内还有大慈寺。而蜀王宫阙，则独占城中的风光佳胜摩诃池和宣华苑。韦庄《清平乐》描写当时成都的游乐说："何处游女，蜀国多云雨。云解有情花解语，划地绣罗金缕。 妆成不整金钿，含羞待月秋千。住在绿槐阴里，门临春水桥边。"这般良辰美景，独钟于蜀地蜀人！

史书记载，当时的"蜀人富而喜邀"。每逢春季，"夹江皆创亭榭，都人士女倾城游玩"。时至初夏，成都二江（郫江、流江）之滨，欢歌笑语，人头攒动……这种期会，往往与买卖活动分不开。如成都青城山的道会，"会者万计，县民往往旋结屋山下以鬻茶果"。（洪迈《夷坚丙志·饼店道人》）所以，期会也是一种定期集市。

除了游乐外，逛集市大概是前后蜀时期最普遍的大众娱乐活动。那时的成都，可以逛的集市确实是太多了。

早在唐代就有了"成都市"，不过，那时成都的"市"，指的是四川最大的物资集散中心，包括三个综合性的大市场。在这三个市场之外，还有米市、炭市。这说明当时已经出现了专卖一种商品或主要卖一种商品的专业性市场。

由综合性市场向专业性市场的转化是一个重要的经济现象，是先秦以来的传统的旧市制度开始分化的表现。当然，在分化过程中，旧的综合性的市场依然存在。它与专业性市场互相补充，共同发展，推动了商品经济的繁荣。

成都还有一种带季节性的特殊市场：卖花果、蚕器的叫蚕市；卖香、药的叫药市；卖器用的叫七宝市。它们在传统的市区以外，既有商品经济的性质，也有游玩观山的乐趣。

蚕市的规模很大，与生产、生活尤为密切。宋人《五国故事》说："蜀中每春三月为蚕市，至时货易毕集，阛阓填委，蜀人称其繁盛。"蚕市在成都市内及郊县循环举行，货物非常之多，颇有今日赶场的风貌。黄休复在他所著的《茅亭客话》里对前后蜀时期的蚕市也描述说："蜀有蚕市，每年正月至三月，州城及属县循环一十五处。耆旧相传，古蚕丛氏为蜀主，民无定居，随蚕丛氏所在致市居此之遗风也。又蚕时将兴以为名也。因是货蚕农之具及花木果草药什物。"黄休复笔下的蚕市，与近世的庙会很相似。

诸如此类还有灯市、花市、锦市、扇市、香市、宝市、桂市、酒市、梅市、桃符市等，它们都是以某一商品为主要交易物的大型商品集会。它们在州县城市广泛发展，大大地推进了这些州县城市的商品经济的发展。

在唐代，成都人最常去的赏花之处为青羊宫。农历二月二十五日，是青羊宫传统的庙会日，也是花会日。这前后数十天，青羊宫外花团锦簇，住城里的住城外的皆相约前来游赏。成都花会的举办为市民百姓游乐赏春提供了一个绝佳的场所。据文献记载，从每年春节开始直到四月，达官贵人、骚客墨士、淑女名媛纷纷西出笮桥门踏青赏花。

暮春三月，杂花生树。每当冬谢春归，有情调、懂生活的成都人例行会踏青赏花。在花会期间，人们会参加庙会巡游，相邀于郊外，饮酒赏花，吟诗作赋。女人们则更是以鲜花簪首，游春扑蝶。

诗人李白在《上皇西巡南京歌十首》其二中曾极写成都（唐玄宗末期的南京）："九天开出一成都，万户千门入画图。草树云山如锦绣，秦川得及此间无。"如诗如画的大成都，在诗人心目中是美丽而永恒的记忆。他青年时代曾多次畅游成都。

饱受流离之苦的杜甫,在浣花溪边筑草堂,身和心都在草堂得到了憩息。在成都赏春更是不用出门。他挖塘养鱼,筑亭垂钓,栽花植木。通过悉心经营,草堂渐成规模,终至"有竹一顷余"。浣花溪畔,因为当年的杜甫草堂,逐渐成为以后成都人踏青赏春的又一去处。入宋以来,青羊宫到浣花溪的路上,沿途车水马龙,行人络绎不绝。

宋代诗人陆游在《梅花绝句》中描绘了这一盛景:"当年走马锦城西,曾为梅花醉似泥。二十里中香不断,青羊宫到浣花溪。"

青羊宫花会,从唐宋一直延续到清末,成了传统的节日盛会习俗。

(二)安逸生活中的茶

世界公认的三大饮品是茶、咖啡和可可,而茶居三品之首。茶是中国的特产,被誉为"国饮";也是饮用者最多、最普及的饮料。在四川人的安逸生活中,喝茶不仅是健康的需要,更是一种文化享受。

中国是茶的故乡。而关于茶的最早文献及发源地,都在四川。西汉时期有一篇文章名为《僮约》。它的作者王褒是蜀郡资中(今资阳市雁江区)人,西汉时期著名的辞赋家。他借住在寡妇杨惠家中,让杨惠的髯奴买酒,髯奴心怀抱怨。为了教训髯奴,王褒便于汉宣帝神爵三年(公元前59年)写下了契约《僮约》,以此让髯奴不再骄横。从文辞的语气看,《僮约》不过是王褒的消遣之作，文中不乏揶揄、幽默之句。但王褒就在这不经意中，为中国茶史留下了非常重要的一笔。契约中有"武阳买荼，烹荼尽具"句。这里提到的"荼"就是茶。王褒因此成为中外历史上第一位茶文献的撰著者。

也是在两千多年前的西汉时期，吴理真在名山县蒙顶山驯养栽种野生茶树，开创了人工种茶的历史。关于吴理真在蒙顶山种茶，不仅有诸多典籍记载，而且在蒙顶山上至今仍存有蒙泉井、皇茶园、甘露石室等文物古迹。中国茶史专家陈椽教授在《茶叶通史》中说："蒙山有我国植茶最早的文字记载。"

吴理真被称为"蒙茶祖师"。《天下大蒙山》碑记载："祖师吴姓，法理真。乃西汉严道，即今雅之人也。……随携灵茗之种，植于五峰之中。高不盈尺，不生不灭，迥乎异常……由是而遍产中华之国，利益蛮夷之区。商贾为之懋迁，闾阎为之衣食，上裕国赋，下裨民生，皆师之功德，万代如见也。"这样的评价

建于1923年的鹤鸣茶社（在成都市人民公园）的标志性铜茶壶与茶碗（实为洗手池）

比较可信。

吴理真培育繁殖的蒙顶茶，到了唐代备受珍视。李肇《国史补》载："风俗贵茶，茶之品名益众，剑南有蒙顶石花，或小方，或散芽；号为第一。"封建皇室为了能吃到蒙顶茶，于唐玄宗天宝元年（公元742年）将它列为贡茶，年年上贡。宋孝宗于淳熙十三年（1186年）封吴理真为"甘露普惠妙济大师"，后者手植七株仙茶的地方封为"皇茶园"。

四川的名茶品种繁多，历史悠久，饮茶成为巴蜀文化的重要组成部分。因为四川人的日子过得清闲，所以特别爱喝茶，爱泡茶馆。据《成都通览》载，清末成都街巷计516条，而茶馆即有454家，几乎每条街巷都有茶馆。1935年，成都《新新新闻》报载，成都共有茶馆599家，每天茶客达12万人之多，形成一支不折不扣的"十万大军"，而当时全市人口还不到60万。去掉不大可能进茶馆的妇女儿童，则茶客的比例便无疑是一个相当惊人的数字。

作为一种文化现象，四川人饮茶渊源有自，不仅方式独特，茶具也独特。"盖碗茶"是巴蜀最先发明并独具的特色。所谓"盖碗茶"，包括茶盖、茶碗和茶船三部分，因而也称"三件头"。茶船又叫茶舟，是承托茶碗的茶托子。这种茶具的托捧方法是：左手托茶沿，右手拇指中指提起茶盖，在碗面、碗沿上轻轻拨动，发出声响；然后将茶盖半沉入水中，由里向外慢慢滑动，这时可见绿波翻涌，翠叶沉浮，幻影游动。饮茶时将茶碗送到嘴边，从茶碗与茶盖的缝隙中啜茶，茶水于舌边、舌根回荡。如此分三次吞下，咕咕有声，此时口中是暗香飘动，芬芳乱窜。行家们呼为"三吹三浪"。

盖碗不仅是喝茶的饮具，更有四川人的人文哲学思想在里面。小盖碗会说话,大道理讲人生。所以川人喝茶以盖碗为主要泡器,特别是在公众经营场合。

与盖碗相得益彰的则是具有四川特色的长嘴壶倒茶了。它是一门兼有杂耍的茶艺表演。长嘴壶在于嘴长方便倒水,其潜台词是:替人保密,不探听。长嘴壶印证了川人喜欢小圈子交流的旧习俗。

茶馆、茶肆在四川历史悠久,遍布四川城乡的大街小巷。坐在茶馆中,茶客们可看川剧、可听清音、可遛鸟、可打盹儿或者看看闲书,要么就两三个人凑在一块儿摆龙门阵,不时还有掏耳朵的、擦皮鞋的、算命看相的游走其间,大家都逍遥自在,自得其乐。在这样的环境中,你可以深深感受到社会群体的亲和,感受到四川茶馆浓浓的人情味。

四川人喝茶对环境不讲究,雅俗都可以。装修豪华的茶楼、商务气息浓厚的茶厅、有古典内涵的茶艺馆、小圈子式的私家茶室散见于河边上、街边上、树林里……但凡有能摆上桌子和椅子的地方,哪怕只有三五张方桌,十数把竹椅,再加上老虎灶、大铁壶(或大铜壶)、盖碗茶具,也会构成市井小民的一方乐土。无论什么环境,川人都能悠闲自适地泡上一杯清茶,或牛饮解渴,或小酌品味。在小小的茶馆里,一边喝茶,一边摆龙门阵,有的还打牌、搓麻将……这就是四川人非常惬意、闲适的生活方式。

(三)安逸生活中的酒

在四川人的安逸生活中自然少不了酒。酒是一种非常奇特而美妙的饮料,世界上几乎没有不饮酒的民族。中国是世界上最早

十九、喧然都会　知足常乐

酿酒的国家之一,对世界酿酒技术的发展做出了巨大而特殊的贡献。而四川酿酒,历史悠久,素有名"酒之乡"的美称。

《华阳国志·蜀志》载:"有开明帝,始立宗庙,以酒曰醴,乐曰荆,人尚赤,帝称王。"这表明,在开明五世时,古蜀国在礼乐文化制度上进行了改革,建立起一套为巩固国家政权所必需的宗庙祭祀制度。此处专讲"以酒曰醴",说明酒在古蜀国社稷宗庙中的重要性。把酒统称为"醴",并不是说这时古蜀国才有醴酒。事实上古代蜀国酿酒历史悠久,蜀人早就能够酿酒了。

又据《华阳国志·巴志》的记载,与古蜀国相邻的古巴国,早就有"川崖惟平,其稼多黍,旨酒嘉谷,可以养父。野惟阜丘,彼稷多有,嘉谷旨酒,可以养母"这样的酿酒诗。那时的巴国、蜀国分别居四川地域的东部与西部,但交往密切,你中有我,我中有你。古巴人善酿酒,古蜀人也自然会酿酒。

不过,巴、蜀两地的酿酒业或者是各自独立肇起的,说不上谁影响谁。大量的考古资料表明,古蜀酿酒历史十分悠久。举世瞩目的广汉三星堆遗址,埋藏着许多从新石器时代到青铜时代的

东汉画像石《酿酒》(新都县出土)

历史文物。在数以千计的珍贵出土文物中，有相当一部分陶器、青铜器属于酒器，如盉、觚、觯、瓮、罍、钵、尊、爵等。这当中的陶器，最早的距今约4000年。青铜器的年代，则相当于中原的商、周之交，距今约3000年。

1959年和1980年，在彭州竹瓦街发现了两处相距仅10米远的青铜器窖藏，共出土40件铜器。其中酒器12件（罍9件，尊1件，觯2件），兵器28件（戈18件，戟3件，矛1件，钺5件，锛1件）。可以推测，这些青铜器的主人，可能是古代蜀国一位喜欢饮酒的武士。据专家考证，酒器中的两件觯，分别有"覃父癸""牧正父己"铭文。①其形制、纹饰与殷器完全相同，很可能是蜀人通过战争或交换而得到的殷器。而酒器罍则带有独特的地方特色，其中有两件蟠龙盖饕餮纹罍器，最宽腹在器中部，类似圆壶。器盖上蟠有一龙。器身密布云雷纹、蝉纹、弦带纹、牛首纹、象纹、鸟纹、饕餮纹、夔纹等，几乎包括了中原地区殷周之际常用的纹饰。这些酒器诞生的时代，相当于中原的春秋时期，亦即蜀国的杜宇王朝时期。

考古工作者还在四川其他地区发现大量商周至战国末期的酒器，包括陶器、漆器和青铜器，其中既有盛酒器，又有饮酒器。这足以说明上古时期巴蜀地区酿酒业的发达和饮酒之风的盛行。

古代蜀地酿酒业的昌盛，固然与得天独厚的水性、土质和气候条件有关，但最根本的原因是农业的发展。蜀地农业发展很早，到了殷周之际，成都平原就已盛产水稻等各种栽培作物。《华阳国志·蜀志》说"杜宇教民务农"，说明在杜宇时代，采

---

① 参见李明斌：《四川彭县商周时期遗址与三星堆遗址关系初探》，载《史前研究》（年刊）2006年刊。

十九、喧然都会　知足常乐

取了某些改革措施而推动了蜀国农业的发展。由于农业的发展，粮食产量增多，才能为酿酒提供丰富的原料，因而才有酿酒业的兴旺发达。

四川的酒文化内容厚重，历经数千载而不衰。在司马迁笔下的司马相如与卓文君的爱情故事（见载于《史记·司马相如列传》）中，"文郡当垆"、相如"涤器于市中"，讲的就是这对才子佳人于临邛（今邛崃市）闹市中开酒店的逸事。这条至今还令人津津乐道的趣闻表明那时开酒店是很时兴、很热火的事业，亦说明蜀地酒文化的氛围很浓郁。因为卓文君"当垆"的故事，唐朝诗人李商隐在剑南东川节度使幕下当判官时，为审理案件到成都出差，上街喝酒，见到当炉的多为女流，于是写诗说："美酒成都堪送老，当垆仍是卓文君。"（《杜工部蜀中离席》）因为这个故事，邛崃有了据说是汲取文君井井水而酿造的"文君

东汉画像《羊尊酒肆》（彭县出土）

酒"，至今仍是名酒。

　　据考察，历史上比较有名的川酒发祥地，大都分布在四川盆地以内，而且沿着盆周山区底部边缘形成一个U字形分布地带。这个U形地带的外圈西起广元、江油、绵竹、都江堰、邛崃一线，向南经过乐山、犍为、宜宾、泸州、合江，然后向东延伸到重庆市的涪陵、万州和云阳；它的内圈西起绵阳、德阳、广汉、成都、彭山、眉山，南过荣县、自贡、富顺，东连合川、广安、渠县乃至达州，构成一条逶迤千里、十分壮阔的经济链条。更为有趣的是，如果从泸州、合江两点通过叙永、古蔺和赤水、仁怀，把川酒分布与贵州西北部赤水河流域的黔酒分布连接起来，于是，在祖国大西南的地图上，伫立着一只标准的高脚大酒杯：以赤水河流域的酱香型酒茅台、郎酒等玉液琼浆为坚实的底座，高高托起浓香型酒泸州老窖特曲、宜宾五粮液、成都全兴大曲、绵竹剑南春以及各种黄酒、果酒、啤酒、滋补酒等系列名酒。从历史的角度看，不用说，这是对巴蜀数千年酒业史与酒文化悠久传统的继承和弘扬。今天的贵州赤水河流域在《华阳国志》中属南中地域，入宋以后长期归于四川治下。

　　川酒文化从历史中走来，延至近现代，五粮液、泸州老窖特曲、剑南春、全兴大曲、郎酒的历史文化值得一说。

　　五粮液产于长江第一城——四川宜宾。这里水质纯净，适宜酿酒，素有"名酒之乡"的美誉。唐代诗人杜甫于永泰元年（公元765年）在戎州所写的《宴戎州相使君东楼》诗中有"重碧拈青酒，轻红臂荔枝"句。据《叙州府志》记载，宋朝王公权用三种原料造"荔枝绿"酒："王墙东之美酒，得妙用于六物，三危露以为味，荔枝绿以为色。"文中"六物"即六种粮食。明代，对采用多种谷物酿酒也有记载。《本草纲目》第二十五卷《谷部》中说:"秦、蜀有咂嘛酒,用稻、麦、黍、秫、药曲,小罂封酿而成,以筒吸饮。"1929年,这种以谷物酿成的酒被改名为"五粮液"。

泸州老窖特曲是真资格的"老窖",包括营沟头在内的陈年酒窖池竟达10086口,经国家轻工部组织来自全国的有关专家考察,认定其中百年以上老窖池有1619口,其中4口老窖的建成时间在明代万历年间(1573—1620年)。这是世界酿酒史上的奇迹。所以,"泸州老窖"宣称拥有我国建造最早、连续使用时间最长、保护最完整的老窖池群,是名副其实的"中国第一窖"。[①]据考察,泸州老窖特曲始创于明朝万历年间。到清乾隆二十二年(1757年),所产曲酒已闻名遐迩。泸州老窖特曲素以"醇香浓郁,清洌甘爽,回味悠长,饮后尤香"的独特风格,闻名古今。

剑南春酒产于四川绵竹,因绵竹在唐代属剑南道,故称"剑南春"。绵竹县早在唐代就有闻名遐迩的名酒——剑南烧春,为皇族贡品。唐代中书舍人李肇所撰《唐国史补》卷下记载了开元至长庆年间(公元713—824年)的天下名酒:"酒则有郢州之富水,乌程之若下,荥阳之土窟春,富平之石冻春,剑南之烧春……"《旧唐书·德宗本纪》亦记载德宗李适继位当年(大历十四年,公元779年)曾罢"剑南岁贡春酒十斛",这是唯一载入正史的作为宫廷御酒的四川名酒,也是中国至今唯一延续下来的唐代名酒。相传李白为喝此美酒曾在这里竟把皮袄卖掉买酒痛饮,留下"士解金貂""解貂赎酒"的佳话。当代的剑南春前身为绵竹大曲酒,创于清康熙元年(1662年)。

[①] 参见张宿义、卢中明:《泸州老窖对中国白酒发展的贡献》,载《酿酒科技》2002年第6期。

全兴大曲原由"福升全"烧坊（在成都东门外大佛寺附近的水井街）于元末明初烤制（一说始酿于清乾隆五十一年，即1786年），初命名为"薛涛酒"（因取用邻近薛涛井之水酿制）。清道光四年（1824年）移址成都暑袜街，更酒坊名为"全兴成"，改薛涛酒为全兴酒，1951年改建为成都酒厂，生产全兴大曲。进入21世纪，由于跨国企业帝亚吉欧与上海糖业烟酒集团先后控股，全兴大曲遂成为中低端酒，新兴的水井坊酒则成为高端酒。

水井坊酒的命名得益于1998年成都全兴股份有限公司改造水井街厂房时发现的元、明、清三代川酒老烧坊的遗址。其呈"前店后坊"布局，延续六百余年从未间断生产，是我国现今发现的古代酿酒作坊和酒肆的唯一实例，有力地佐证了明朝李时珍在《本草纲目·谷部·烧酒》中"烧酒非古法也，自元时始创之"的观点。此考古发现被考古界、史学界、白酒界专家认定为迄今为止最全面、最完整、最古老、最具有民族独创性的酒坊，并

成都水井坊遗址老烧坊蒸馏器基座（图下部环形处）

被国家有关部门誉为"中国白酒第一坊"[①],又被誉为"中国白酒的一部无字史书"。由于它填补了我国酒坊遗址专题考古的空白,被国家文物局评为"1999年中国十大考古新发现"之一。

郎酒产于古蔺县二郎滩镇。该镇地处赤水河中游,四周崇山峻岭,中有一清泉流出,泉水清澈、甘甜,人称"郎泉"。酒因取郎泉之水酿酒,故名"郎酒"。古蔺郎酒已有100多年的酿造历史,初以小曲酿制出小曲酒和香花酒;1932年由小曲改用大曲酿酒,取名"四沙郎酒"。郎酒以酒液清澈透明、酱香浓郁、醇厚净爽、入口舒适、甜香满口、回味悠长等特点誉满中华。

(四)安逸生活中的饮食

俗语说:一方水土养一方人。独特的地理环境与文化,造就了独特的四川饮食文化,即"川菜"。

四川盆地沃野千里,物华天宝,拥有着得天独厚的食材资源。川菜真正构成自己的体系,成为中国四大菜系之一,应始于明末清初。辣椒在明代传入中国,川菜开始用辣椒调味并创造性地加入花椒的"麻",由"尚滋味"开始向"好辛香"发展。清初大规模的"湖广填四川",使川菜与其他菜系产生了融合并最终形成了自己的特色——一菜一格,百菜百味。

川菜可上溯至先秦时代。据《华阳国志》记载,巴国"土植五谷,牲具六畜",并出产鱼、盐、茶、蜜;蜀国"山林泽鱼,园囿瓜果,四代节熟,靡不有焉"。当时巴蜀的调味品,已

---

① 参见《帝亚吉欧成为水井坊唯一股东》,载《网易财经》2013年7月25日。

经有了卤水、岩盐、川椒、"阳朴之姜"。从出土的战国时期文物——各种青铜器和陶器食具中,川菜的萌芽可见一斑。川菜的雏形,大致出现于秦始皇统一中国到三国鼎立这一时间段。

自秦灭蜀到西汉末年的三百余年间,巴蜀经济得到迅猛发展,这自然带来了菜品的丰富与饮食业的兴旺,这就是扬雄《蜀都赋》里说的"调夫五味,甘甜之和,芍药之羹,江东鲐鲍,陇西牛羊"以及拥有珍稀野禽野兽"五肉七菜"的宴菜。从这几句简短的话,可以推断,古典四川菜在西汉晚期时已经初具规模,而且中原烹饪文化的精神"五味调和"已经成为四川上层人士饮食的基调;至于"江东鲐鲍,陇西牛羊"云云,是说了四川烹饪原料不是单纯就地选取,而是通过水陆运输从长江下游和秦岭以西获得。

《史记》《汉书》均记载"文君当垆,相如涤器",说明其时蜀地已经存在餐饮业。东汉以后,巴蜀地区的烹饪技艺开始表现出自己的特色。西晋文学家左思在《蜀都赋》里,盛赞蜀中物产丰富:"蒟蒻茱萸,瓜畴芋区,甘蔗辛姜,阳蓲阴敷。"而"金罍中坐,肴核四陈,觞以清醥,鲜以紫鳞"之句,乃从一个侧面描述当时成都的菜肴及其制作技艺。西晋诗人张载《登成都白菟楼》诗谈蜀都饮食之丰盛:"鼎食随时进,百和妙且殊。"魏晋时的《魏武四时食制》一书谈到巴蜀的烹饪时,说"郫县子鱼,黄鳞赤尾,出稻田,可以为酱";说黄鱼"大数百斤,骨软可食,出江阳、犍为"。由此可见,在东汉末年至三国时期,巴蜀地区的烹饪技术已经相当成熟。

巴蜀地区经济的繁荣,给了烹饪技艺和饮食文化的充分支持,唐代张籍《成都曲》中"万里桥边多酒家,游人爱向谁家宿"的叙写,雍陶"自到成都烧酒熟,不思身更如长安"的描述，都盛赞了当时成都饮食的丰盛。杜甫对蜀中的鲜笋、鱼羹、嘉州鱼、郫筒酒亦大加赞扬，"青青竹笋迎船生，日日江鱼入馔来"，"鱼知丙穴由来美，酒忆郫筒不用沽"。杜甫对四川绵州（治今绵阳东）的烹鱼技术非常欣赏，说"饔子左右挥霜刀，鲙鱼金盘白雪高"。南宋陆游曾长期在四川为官，对川菜兴味尤浓。新津的韭黄，彭山的烧鳖，成都的蒸鸡，新都的蔬菜，给他留下难忘的印象，离蜀多年后还念念不忘，经常回忆"玉食峨眉菰，金齑丙穴鱼"的川菜佳肴。他的《剑南诗稿》，涉及川菜的诗就有50多首。据说，苏轼还能亲自下厨，做得一手好菜。《东坡志林》载："予在东坡，常亲执枪鱼羹以待客，客未尝不称善。"

两宋时期，四川继续保持经济文化的繁荣。而两宋时期川菜的巨大成就，就在于其烹饪技术开始传播至四川地区以外。有"红杏尚书"之誉的宋祁曾在成都做官。他著《益部方物略记》，成为第一个向四川以外的地区介绍四川土特产和部分烹饪技巧的人。以后，四处为官与贬谪的苏轼则把川菜烹饪技艺发扬光大到中原、江南和岭南地区。这是川菜成为一个独立的烹调体系的开始。

到了清末，徐珂的《清稗类钞·各省特色之肴馔》记载说："肴馔之各有特色者，如京师、山东、四川、广东、福建、江宁、苏州、镇江、扬州、淮安。"这是说，川菜已在全国饮食界确立了自己的地位。清宣统元年（1909年）刊印的由傅崇矩编著的《成都通览》，便记录成都各类菜肴达1300余种之多。

川菜来自于民间，诸多的川菜，是巴蜀地区民众在长期的生产劳动和生活实践中逐渐形成的，例如"水煮牛肉"。相传在北宋庆历、皇祐年间（1041—1054年），四川富顺、荣县一带的井盐生产出现了技术性突破——实行以牛牵引盐车，而作为动力的牛则时有被淘汰者。于是，盐工们就常用盐水、辣椒、花椒等为佐料煮食牛肉，最后形成地方风味浓厚的"水煮牛肉"。著名川菜"麻婆豆腐"据说也出自宋代。当时成都北门"万福桥"附近的一家豆腐店，常选用挑油力夫自备的菜油，用一种名叫"煿"方法加工豆腐，日久便形成以豆腐为主料，辅以牛肉末、辣椒、花椒、蒜苗等的"麻婆豆腐"。对这道菜，人们称赞道："麻婆豆腐，麻辣红亮，豆腐细嫩，牛肉酥香，酒饭佐餐，又鲜又烫。"还有大

成都"麻婆豆腐"

家熟知的川菜名肴"宫保鸡丁"，就是由清光绪时的四川总督丁宝桢在总结民间烹调技术基础上创作的。至今为人们所喜爱的"东坡肘子"，传为苏轼所创造。

因为川菜来自于民间，所以它的文化特点也呈现出民间性与大众化。

川菜的包容性强，有亲和力。在川菜里边，可以看到淮扬菜的影子、粤菜的影子、鲁菜的影子。四川是一个移民大省，历史上几次大的移民潮，把各地的美食文化汇聚一堂予以融会贯通。这样的包容性自然确定了它广泛的适应性——大家都能在川菜里找到自己喜欢的味道。川菜并不只是麻辣味，还有鱼香、怪味、陈皮、糖醋、蒜泥、干烧、姜汁、荔枝等复合味型，口味多样，并未执于一端。川菜一方面味多，味厚，味广，味浓；另一方

面,味清,味雅,味鲜,味淡。这两方面互相矛盾的因素汇于一统,南北与东西不同地域的风味相交融,使川菜能为天南地北的大众欣然接受。

川菜最突出的特点是平民性。在川菜中,有三样东西特别有名,一是苍蝇馆子,一是小吃,一是泡菜;而这三样东西,体现的正是川菜的平民性。回锅肉、东坡肘子、宫保鸡丁、麻婆豆腐这些名菜也是平民菜。《诗经·小雅·天保》有吟:"神之吊矣,贻尔多福;民之质矣,日用饮食;祥黎百姓,遍为尔德。"这是说上天保护我们,神明庇佑我们,让我们过着好日子。老百姓没有什么别的想法,只希望能好好吃饭、喝喝酒。这样平常的愿望能得到满足就算老天爷的恩德了。川菜满足的就是普通老百姓正常的口腹之欲。它以其别具匠心的精致与平民化风味,突显出历经移民大潮洗礼的巴蜀文化依然强大的人文情怀与锐意进取的时代精神。与此相应,它也为巴蜀社会延续数千年不移的怡然自得、知足常乐的生活长卷添上馨香诱人的一笔。

文化简史附录

四川文化大事记

生命起始 江油县出土3亿年前的古生物节甲类"乐氏江油鱼"、自贡大山铺恐龙化石群、资阳龙与合川龙等化石的出土,证明四川盆地生命史的久远;200多万年前的"巫山猿人",旧石器晚期距今有35000年历史的资阳人,属于新石器时期的大溪文化遗址,距今4800年新石器时代的汶川县布瓦遗址等,都反证着"人类共同的非洲老祖母"论断的不实。

嫘祖养蚕 《史记·封禅书》载"黄帝娶西陵氏之女,是为嫘祖"。传为古盐亭或茂县人的嫘祖在前人经验基础上创设养蚕织帛之法,为人类生活品质的提升和器质文化的发展,做出巨大贡献。

大禹治水 新石器时代晚期、中国史书中记载的第一个世袭制朝代夏朝的开国之君、汶川县人大禹,依据地势疏导高地的川流积水,使肥沃的平原能减少洪水泛滥的灾害。《孟子·滕文公上》说:"禹疏九河,瀹济、漯而注诸海;决汝、汉,排淮、泗而注之江。然后中国可得而食也。"《史记·夏本纪》赞美之为"禹勤沟洫,手足胼胝。言乘四载,动履四时。娶妻有日,过门不私。九土既理,玄圭锡兹"。解决水患让人们可以安居和发展农耕生产,人类文明的发展因此有了良好的前提。

蚕丛氏 "居岷山下石穴",是人类石器时代的川西高原个案,即"作石棺石椁,国人从之"且一直延续下来的巴蜀文化"大石崇拜"现象,有"神化不死"的悠久历史,其"教民蚕桑"广泛应用养蚕缫丝技术。《华阳国志·蜀志》记载说"蜀侯蚕丛,其目纵,始称王",导致了巴蜀文化自成体系的发展运行。从考古学角度看,大约呈现为"宝墩文化"时期,遗址主要分布于新津宝墩、温江鱼凫城、郫县的古城、都江堰的芒城、崇州的双河等处。

羊子山祭祀台 位于成都市北郊驷马桥附近,是古蜀国杜宇——开明时代、大约为商代晚期的宗教祀典台,距今约3000年。土台为三级四方形,每级用土坯砖砌墙作边,中间填土夯实呈方形,以西边直线为准,方向是北偏西55度。出土了多件旧石器文物,是迄今发现的成都人最早的遗物!土台出土的陶片其年代也应不晚于商代。如此规模的大型祭祀台,投射出成都作为人口聚居的城市历史的久远。

三星堆文化 是一个拥有青铜器、城市、文字符号和大型礼仪建筑的灿烂的古代文明,根据C14测年数据,年代从距今4800到2600年前,即从新石器时代晚期至相当中原夏、商、周时期,"不少于4万平方米"的遗址中,出土上千件青铜器、金器、玉石器、象牙以及数千枚海贝、陶器70多件及10万多件陶片。从出土文物的年代及其高贵规格看,这里当是一座古蜀国的王都遗址。其中青铜神树和大型青铜人立像、纵目人像、金权杖、金面具、青铜铸造技术和奇诡怪异的造型、精妙的玉石工艺等，显示出一种独立的风格，其恢诡浪漫、雍容大度的艺术型制和恢宏辩肆、不师故辙的想象力，成为巴蜀文化标志性符号的荟萃，亦是上古时期中国文明的辉煌呈现。学术界据此公认商代蜀国已是高度繁荣的国家，是与中原夏商周王朝平行发展的另一个文明中心。

金沙遗址 位于成都市青羊区，出土有金器、铜器、玉器、石器、漆木器、陶器、象牙等文物共2235件（套）。其中，一级文物366件（套）、二级文物374件（套）、三级文物1429件（套）。太阳神鸟是古蜀人丰富的哲学思想、宗教思想，非凡的艺术创造力与想象力和精湛工艺水平的完美结合，也是古蜀国黄金工艺辉煌成就的代表，被国家文物局公布为中国文化遗产标志。整体呈立体脸谱的黄金面具、青铜立人、石虎等，显示出与三星堆文明的关系，质地温润半透明的十节玉琮为长方柱体，外方内圆，每节器表转角处雕刻有简化人面纹，在其上射部阴刻一人形符号。大量动植物标本、生产工具、生活用具、装饰品等，都显示出古蜀人所达到的文明高度。

十二桥文化 大型遗址群 位于成都市中心地带，始于公元前12世纪中叶而止于公元前6世纪，大体相当于中原王朝的商代晚期至春秋晚期，该遗址占地面积超过1.5万平方米，小型房屋与大型宫殿建筑相互连接，互为配套，构成一个规模庞大的干栏式木构建筑群。其中"木骨泥墙"建筑方式成为四川民居沿袭千百年的基本形制。出土有数以吨计的象牙，象牙层中还放有玉器和铜器，石璧、石斧、石璋形器半成品，成片的野猪獠牙、鹿角、象牙、陶器等，说明农耕文明已经发展到一定高度。

安阳王南迁 开明王朝最后的蜀王子泮，于秦公元前316年灭蜀时不愿臣服，率众南迁，所经历的川滇如汉源、西昌、云南姚安等一线留下大量古蜀文明遗址，后到达现在的越南北部，建立瓯雒国，立都于古螺，称为安阳王，见载于越南官修史书《大越史记全书》和《钦定越史通鉴纲目》。四川与越南的关系，左思《蜀都赋》曾有回顾曰"于前则跨蹑犍牂，枕倚交趾。经途所亘，五千余里。山阜相属，含溪怀谷"。

文翁兴学 景帝末（前143—前141）蜀郡太守安徽庐陵人文翁，因感蜀地偏僻，有蛮夷风，乃选拔张叔等十余人至京师学习律令，数年后学成还归，皆予重用。又兴建官学"石室精舍"于成都市中，招收郡治以外四郊属县子弟。班固《汉书》说"至今巴蜀好文雅，文翁之化也"。

落下闳改制 《太初历》是中国第一部有完整文字记载的比较完整的历法，一个划时代的进步，将原来以冬十月为岁首恢复为以夏历正月为岁首，并吸收了干支历的二十四节气成分作为指导农事的补充历法，以没有中气的月份为闰月，使历书与农时季节更为适应。将行星的会合周期测得很准，首次记录了五星运行的周期。

蜀籍汉赋作家群的崛起 司马相如是大汉帝国蓬勃壮大积极进取等盛世精神的文学表现者，大汉盛世时代精神的号手，围绕他的有扬雄、王褒、李尤、秦宓等一群蜀籍作家，在汉代标志性文体"赋"的创作领域，走在全国的前列。班固《汉书·地理志》记载："景、武间，文翁为蜀守，教民读书法令，未能笃信道德，反以好文刺讥，贵慕权势。及司马相如游宦京师诸侯，以文辞显于世。乡党慕循其迹。后有王褒、严遵、扬雄之徒，文章冠天下。"

易学在蜀 严君平（严遵）著述《易经骨髓》，胡安"经学"研究成果，都影响着扬雄《太玄》思想，其中都有着春秋时期苌弘"归藏于蜀"思想学说在蜀中的影响，严君平《指归》的道论与哲学思想为扬雄、王弼、成玄英等人所继承，成为魏晋玄学所提出的"贵无""自然为本"的本体论与重玄学的萌芽。唐代"青城道士"杜光庭对道教理论、修道方法系统而全面的整理，宋代陈抟的《指玄篇》《无极图》以及四川民间浓郁的易学风气，是理学大师程颐概括出"易学在蜀"的原因。"中国最后一个经学大师"晚清廖平的代表作是《易经经释》。

道教创始 东汉永和六年（公元141年）张陵（张道陵）在鹤鸣山创立道教，中国本土宗教道教产生于四川，有着本地"俗好庄老"长生不老、羽化成仙、白日飞升理论氛围和巫术盛行的仙道思想民间基础。

戏剧在蜀 《三国志·蜀书·许慈传》记载："慈、潜并为学士，与孟光、来敏等典掌旧文。值庶事草创，动多疑议，慈、潜更相克伐，谤讟忿争，形于声色；书籍有无，不相通借，时寻楚挞，以相震撼。其矜己妒彼，乃至于此。先主愍其若斯，群僚大会，使倡家假为二子之容。效其讼阋之状，酒酣乐作，以为嬉戏。"这是有文献记载的中国第一个标准的戏剧；至唐代有"蜀戏冠天下"的记载，段成式的《酉阳杂俎》记载了以干满川、白迦、叶硅、张美和张翱等"五人为火"戏班，当时上演的有《刘辟责买》《麦秀两歧》《灌口神》等剧目；宋代陆游的《初夏闲居》有"高城薄暮闻吹角，小市丰年有戏场"，僧人道隆也有"戏出一棚川杂剧"等记载。

《华阳国志》 常璩于东晋永和十年（公元354年）撰成，开创中国地方史志的新体例，即"中国方志之祖"，内容是历史、地理、人物的三结合，体裁是地理志、编年史、人物传的三结合，有建置，有人物，有传有赞，而注意于人物者为多，兼述史地、地志与人物传记相结合等创新型贡献。

大唐文学的川方言 唐至德元年（公元756年）安禄山攻入长安称帝，玄宗逃往四川，成都升格为"南京"，公元759年末杜甫抵达成都，开始了一个"沉郁顿挫"诗歌艺术风格成熟的创作巅峰阶段。在蜀中会聚的"初唐四杰"尝试着唐代文学的解放，陈子昂在理论上的建树和创作上的实践，引领文学繁盛发展，李白则以独具个性魅力的艺术言说，把唐诗推向中国诗歌艺术的巅峰状态。在忠夔等地（今属重庆）的刘禹锡受巴人民歌影响创制竹枝词，达州的元稹推出代表作《连昌宫词》，李商隐唱出名篇《夜雨寄北》等。

《花间集》 由后蜀人赵崇祚编辑，主要收录生活于成都街头的包括温庭筠、韦庄等18位作家经典作品500余首的"当代诗选"，艺术风格主要是婉约绵缠、妩丽香艳，绮筵公子、绣幌佳人眉眼传情当筵唱歌，辞藻极尽软媚香艳，是文学史上的第一部文人词选集，出版于后蜀广政三年（公元940年），时南唐后主李煜刚三岁。

孟蜀石经 又称"广政石经"，是后蜀广政七年（公元944年）皇帝孟昶命宰相毋昭裔督造刻楷书《石经》共10种（《孝经》《论语》《尔雅》《周易》《尚书》《周礼》《毛诗》《礼记》《仪礼》《左传》），历时8年而成。

宋版蜀刻 开宝四年（公元971年）宋太祖命张从信到成都监雕《大藏经》，刻板13万余块，北宋太平兴国八年（公元983年）竣工运至京师印刷，是中国历史上第一部完整的佛经总集。唐以来家刻、坊刻、官刻遍布全川，如荟萃唐代诗文集二十四种的《唐六十家集》《春秋经传集解卷第三十》等宋代蜀刻本。南宋四川转运使井度主持校刻了《宋书》《魏书》《梁书》《南齐书》《北齐书》《周书》和《陈书》。政治历史类的汇编《册府元龟》1000卷、百科全书《太平御览》编辑完成后于庆元五年（1199年）在四川镂刻印刷。

苏氏蜀学 宋嘉祐二年（1057年），21岁的苏轼和弟弟苏辙两兄弟同科进士及第。苏轼诗与黄庭坚并称"苏黄"，词开豪放一派，与辛弃疾并称"苏辛"，其散文与欧阳修并称"欧苏"，书法为"宋四家"之一。擅画墨竹、怪石、枯木等。有《东坡七集》《东坡易传》《东坡乐府》等传世。蜀学指由苏洵开创，由苏轼、苏辙兄弟加以发展，由黄庭坚、张耒、秦观等"苏门学士"参与的有共同思想基础与学术倾向的学派，包括张栻、度正、魏了翁等贯通三教而以宋代新儒学为主的巴蜀地区的学术。

《数书九章》 于南宋淳祐七年（1247年）由安岳人秦九韶完成，书中最突出的成就是"大衍求一术"（一次联立同余式解法）和"正负开方术"（高次方程的求正根法），发展了古代解高次方程的方法，比欧洲早500多年。

四川省正式得名 至元二十三年（1286年）元王朝置四川等处行中书省，简称"四川行省"，是为"四川省"称谓之始。

元代四川状元 至正十一年（1351年）成都人文允中成为左榜（汉人、南人榜）状元，授翰林修撰，出任四川儒学提举官。宋元换代战争，对四川社会的破坏严重，即虞集所说"宋之将亡，蜀先被兵，其世家大族狼狈奔走，仅保遗息于东南"。流寓江南的蜀籍文人，著名的有"元儒四大家""元诗四大家"之一的"仙井"（仁寿）虞集、"元初三大书法家""巴西"（绵阳）的邓文原等。

大礼议 是明代宰相公子、当朝状元、大才子杨慎命运剧变的事件。因为该事件导致四品以上官员86人停职待罪,将五品以下官员134人当廷杖责,因廷杖而死的共16人。父亲杨廷和被迫退休,杨慎被流放云南。《明史·杨慎传》说"明世记诵之博,著作之富,推慎第一",诗文之外,"杂著至一百余种,并行于世",对经、史、诗、文、词曲、音韵、金石、书画无所不通,对天文、地理、生物、医学等也有很深的造诣。

张献忠 于崇祯十七年(1644年)在成都称王,建国号大西,改元大顺;清顺治三年、大顺三年(1646年)张献忠在西充县凤凰山为清军所杀。

锦江书院 清康熙四十二年(1703年)四川按察使刘德芳在成都文翁石室遗址建造锦江书院,嘉庆十九年(1814年)成都知府李尧栋仿古制建石室于讲堂后。"丹棱三彭"的彭端淑曾担任过书院山长(校长),有《白鹤堂文集》,散文《为学一首示子侄》出自其中;就读该校的有"罗江三李"的百科全书式人物李调元,有《童山全集》撰辑诗话、词话、曲话、剧话、赋话著作达五十余种,编辑刊印《函海》共三十集共一百五十种书。著有《童山诗集》40卷,戏曲理论著作《曲话》《剧话》等。张问陶与彭端淑、李调元合称"清代蜀中三才子",是乾嘉时期"性灵派"主将,袁枚称其为"清代蜀中诗人之冠",有《船山诗草》等。

四川教案 清同治二年(1863年)第一次重庆教案发生,同治四年(1865年)第一次酉阳教案发生,同治七年(1868年)第二次酉阳教案发生,同治十二年(1873年)黔江教案发生;光绪十二年(1886年)第二次重庆教案发生,光绪二十一年(1895年)成都教案发生;光绪三十一年(1905年)巴塘教案发生。

尊经书院 清光绪元年(1875年)在成都成立,由川籍洋务派且退居乡里的工部侍郎薛焕等15人倡议,四川总督吴棠与四川学政张之洞筹划,在成都南校场石犀寺附近修建,方针是"中学为体,西学为用"倡导经世致用,还教授西方科学知识。王闿运出任山长达八年,学生有富顺宋育仁、绵竹杨锐、井研廖平、名山吴之英等。

《国朝全蜀诗钞》 光绪五年(1879年)孙氏刻本面世,收清代四川诗人三百六十余家诗作五千九百余首,凡四川籍及寓居四川的清诗名家均已收入。

《渝报》 是清光绪二十三年(1897年)由宋育仁等在重庆创办的四川第一家近代报刊。

蜀学会 是清光绪二十四年(1898年)宋育仁联合潘祖荫、邓镕、吴之英等在成都成立,与杨锐、刘光第等在北京"蜀学会"相呼应。宋育仁在尊经书院增设新课,推动各地兴办了多种新式学堂。1897年成都办起"中西学堂",1898年,重庆也设立"中西学堂"。

派出留学 清光绪二十七年(1901年)川督奎俊派出四川省首批留日学生22人。成都锦江书院与尊经书院合并,次年(1902年)四川总督奏准在锦江书院原址设成都府中学堂,于尊经书院原址设立四川通省大学堂,旋即改名四川省城高等学堂。

四川省城高等学堂 于成都创办。清光绪二十八年(1902年)川督岑春煊设立川省学务处督办全川学堂事宜,四川近代学堂自此开始兴办。

《革命军》 邹容著,清光绪二十九年(1903年)在上海出版。

中国同盟会 重庆、成都支部建立于清光绪三十二年(1906年)。

辛亥革命 清宣统三年（1911年）清廷宣布实行铁路国有政策，四川保路风潮兴起。四川保路同志会在成都成立。9月7日，赵尔丰制造成都血案，各地爆发同志会武装起义。荣县独立，成立荣县军政府。重庆独立，建立蜀军政府。成都独立，建立大汉四川军政府。入川鄂军在资州起义，捕杀端方。12月8日，成都兵变发生。民国元年（1912年）3月，成、渝两军政府合并，成立中华民国四川都督府。7月，胡景伊任护理四川都督。

吴虞 民国六年（1917年）在北京《新青年》连续发表反孔非儒文章。

赴法勤工俭学 民国八年（1919年）留法勤工俭学会重庆分会成立，成都留法勤工俭学预备学校建立，主要是吴玉章、但懋辛、黄复生等老同盟会员推动其事，四川督军熊克武和省长杨庶堪指示，凡毕业考试名列前30名者，政府给每人旅费津贴400元，以资鼓励。第一届留法学生陈毅和哥哥陈孟熙等61人赴法。次年8月，邓小平、周钦岳、聂荣臻等前往法国勤工俭学。其中还有赵世炎，刘伯坚、李大章、周太玄、杨伯恺、李劼人、马宗融、何鲁之、李思纯、巴金、《农学杂志》主编罗世嶷、数学家何鲁等，四川有492人，居各省赴法者数量第一。

国立成都大学 成立于民国十五年（1926年），四川第一条公路成灌公路建成通车。9月英国军舰炮轰万县，造成震惊中外的"九五"惨案激起反帝浪潮。11月，中国国民党四川省第一次代表大会在重庆召开。

中国西部科学院 民国十九年（1930年）8月，卢作孚创办于四川的最早私立科研机构。

国立四川大学 于民国二十年（1931年）10月，由成都大学、成都师范大学、公立四川大学三校合并。

川陕省苏维埃政府 成立于民国二十二年（1933年）2月。

川军出川 民国二十六年（1937年）3月21日，成渝铁路正式开工修筑。11月20日，国民政府宣布由南京移驻重庆。卢作孚集中了民生公司所有的轮船，在两个星期内将四川的部队和枪支弹药赶运到宜昌，开赴抗日前线。紧接着，又从镇江接运上海、无锡等地撤退的工厂，从南京接运撤退的机关人员和学校师生、仪器、图书，从芜湖接运撤退的金陵兵工厂，从武汉接运撤退的所有兵工厂和钢铁厂到西南大后方。在整个抗战期中，民生公司共抢运了各类人员150余万人、物资100万余吨、遭日机炸毁船只16艘、牺牲职工100余人。

四川省国立图书馆 于民国二十九年（1940年）建成，馆址在成都城守街中城小学内。

中国民主政团同盟 民国三十年（1941年）3月在重庆秘密成立。五通桥盐场电力采卤成功，从此开始井盐生产的电力采卤新历史。

四川历代文化名人录

嫘祖 发明的种桑养蚕缫丝织绸技术，是"中华民族的第一大发明"。汉代《淮南子》所引的《蚕经》云："黄帝元妃西陵氏始蚕。"

禹 姒姓，夏朝开国君王，因治理水患有功，受舜禅让而继承帝位。战国时代的《竹书纪年》说"帝禹夏后氏，母曰修己，修己背剖而生于石纽"，司马迁《史记·六国年表》说"禹兴于西羌"。汉代川人扬雄的《蜀王本纪》中说："禹本汶山郡广柔县人，生于石纽。"现阿坝州汶川县绵虒镇境内山岸，尚有"石纽山"镌刻大字。

蚕丛氏 公元前3000多年，黄帝娶蜀山女为妃，生一男婴"目纵"，居岷山下石穴。因"教民蚕桑"被称作"蚕丛"。《华阳国志·蜀志》"有蜀侯蚕丛，其纵目"，是蜀人先王。呈现于"宝墩文化"。

柏灌（濩）氏 公元前2500年至公元前2000年之间，呈现于"宝墩文化"。

鱼凫氏（望帝） 商代，公元前2000年至公元前1500年；建立蜀国，定都鱼凫城；大致呈现为三星堆文明。

杜宇氏 公元前1500至公元前1000年前，"教民务农"。巴蜀水稻栽培历史可追溯到3000年至5000年前。呈现在"十二桥文化"。

开明氏 在公元前1000年至公元前400年；末代，娶武都"山精"为妃、遣五丁迎秦女，修路迎石牛。周慎王五年（公元前316年）秋，秦大夫张仪、司马错从石牛道，灭蜀。

安阳王蜀泮（开明泮） 鳖灵后裔，蜀王子，秦于公元前316年灭蜀，不愿臣服的蜀泮率众到达现在的越南北部，建立瓯雒国，建都于古螺，自称为安阳王。见越南官修史书《大越史记全书》和《钦定越史通鉴纲目》。

务相"廪君" 上古巴人"五姓"的首领，与巫山神女会合，创造鱼盐幸福人生，死后化为白虎，其族有以人祠虎的习俗。

李冰 公元前256—前251年被秦昭王任命为蜀郡太守，在任期间"凿离堆，避沫水之害，穿二江成都中"，"旱则引水浸润，雨则杜塞水门，故水旱从人，不知饥馑，则无荒年，天下谓之天府"，在岷江流域兴办许多水利工程，尤其是主持修建的都江堰水利工程最为著名。其建堰的指导思想，就是道家的"道法自然""天人合一"的思想。相传在什邡洛水镇修建水利工程病逝，葬于此。被后人尊为"川主"。

巴寡妇清　涪陵（今属重庆）人，中国最早最大的女企业家。司马迁《史记·货殖列传》载："巴寡妇清，其先得丹穴，而擅其利数世，家亦不訾。清，寡妇也。能守其业，用财自卫，不见侵犯。秦皇帝以为贞妇而客之，为筑女怀清台。""清，穷乡寡妇，礼抗万乘，名显天下，岂非以富邪！"又，李斯《上书秦始皇》说道"西蜀丹青不为采"，她经营矿业是供应印染业和美容业原料的朱砂采集。

文翁（前187—前110）　庐江舒人（今安徽舒城县）人，蜀郡守，开湔江口，灌溉繁县农田1700顷；兴办教育，选送蜀郡俊秀之士张叔等18人去京师从博士学习，归属后教授生徒；公元前141年在成都城南建"石室精舍"讲堂。中国历史上第一家地方官府办学。

司马相如（约前179—前118）　大汉帝国蓬勃壮大积极进取等盛世精神的文学表现者，大汉盛世时代精神的号手。鲁迅有言"武帝时文人，赋莫若司马相如，文莫若司马迁"，被班固、刘勰称为"辞宗"，被王应麟、王世贞等学者称为"赋圣"。《汉书·艺文志》著录其"赋二十九篇"，现存《子虚赋》《天子游猎赋》《上林赋》《大人赋》《长门赋》《美人赋》《哀秦二世赋》6篇。有《史记·司马相如列传》《汉书·司马相如传》。

卓文君（前175—前121）　邛崃人，中国古代四大才女之一。姿色娇美，精通音律，善弹琴，有文名。卓文君与司马相如的爱情佳话。其《白头吟》中"愿得一心人，白头不相离"堪称千古佳句。

严君平（前86—10） 蜀郡成都市人，在成都街道上以占卜耆龟给人看相作为收入来源，"因势导之以善"，以惠众人。著有《老子注》《老子指归》《易经骨髓》，以治《易》《老》《庄》著称，使道家学说更加系统条理化，同时也是道家哲学发的一个重要节点。思想学说对扬雄产生过直接影响。

扬雄（前53—18） 西汉成都郫县人。有辞赋名作《甘泉赋》《羽猎赋》《长杨赋》《河东赋》以及《解嘲》《逐贫赋》和《酒箴》等，后认为属"雕虫篆刻"而"壮夫不为"，转向于学术研究，即"以为经莫大于《易》，故作《太玄》；传莫大于《论语》，作《法言》；史篇莫善于《仓颉》，作《训纂》；箴莫善于《虞箴》，作《州箴》；赋莫深于《离骚》，反而广之"。宋代还出现过"孟子与扬子"谁更值得弘扬的大争论。

王褒（前90—前51） 蜀郡资中（今资阳市）人，有名著《洞箫赋》《甘泉赋》《圣主得贤臣颂》和《四子讲德论》。

落下闳（前156—前87） 巴郡阆中人，经同乡、太常令谯隆和太史令司马迁推荐，受汉武帝指派创制《太初历》，决定性地影响了中国历法结构；提出浑天说，刷新中国古代"宇宙起源"学说；发明"通其率"，影响中国天文数学2000年。2004年国家天文台将其发现的国际永久编号为16757的小行星命名为"落下闳星"。

张陵（34—156） 江苏丰县人。东汉永和六年（141年）在四川鹤鸣山创立道派（五斗米道），中国本土宗教于此出现。

诸葛亮（181—234） 字孔明，徐州琅琊阳都（今山东临沂市沂南县）人，三国时期蜀汉丞相、杰出的政治家、军事家、散文家、书法家。诸葛亮为匡扶蜀汉政权，呕心沥血，鞠躬尽瘁，死而后已。其散文代表作有《出师表》《诫子书》等。曾发明木牛流马、孔明灯等,并改造连弩,叫作诸葛连弩,可一弩十矢俱发。于公元234年在五丈原(今宝鸡岐山境内)逝世。诸葛亮在后世受到极大尊崇,成为后世忠臣楷模,智慧化身。成都、宝鸡、汉中、南阳等地有武侯祠,杜甫作《蜀相》赞诸葛亮。

陈寿(233—297)　南充人,完成纪传体史学巨著《三国志》。此书完整地记叙了自汉末至晋初近百年间中国由分裂走向统一的历史全貌,与《史记》《汉书》《后汉书》并称"前四史"。

常璩(约291—361)　崇州人,撰写《华阳国志》共12卷,是中国现存最早、最完整的一部地方志,为研究中国西南地区山川、历史、人物、民俗的重要史料。历史学家任乃强认为:"此其于地方史中开创造之局,亦如正史之有《史记》。"

武则天(624年—705)　出生于广元,中国历史上唯一的正统女皇帝,智略过人,兼涉文史,颇有诗才。有《垂拱集》《金轮集》,今已佚。《全唐诗》存其诗四十六首。

陈子昂(659—700)　射洪县人,上书论政得到女皇武则天重视,在26岁、36岁时两次从军边塞。唐代诗歌改革旗手,其存诗共100多首,其诗风骨峥嵘,寓意深远,苍劲有力。其中最有代表性的有组诗《感遇》38首、《蓟丘览古》7首和《登幽州台歌》《登泽州城北楼宴》等。

李白(701—762)　江油人,其《李太白集》是唐代诗歌顶峰的标志,代表作有《望庐山瀑布》《行路难》《蜀道难》《将进酒》《梁甫吟》《早发白帝城》等。其歌行,完全打破诗歌创作的固有格式,空无依傍,笔法多端,达到了任随性之而变幻莫测、摇曳多姿的神奇境界。李白的绝句自然明快,飘逸潇洒,能以简洁明快的语言表达出无尽的情思。常将想象、夸张、比喻、拟人等手法综合运用，从而造成神奇异彩、瑰丽动人的意境。

杜甫（712—770） 河南巩县人，乾元二年（公元759年）入川，在成都浣花溪畔建草堂，创作了《登高》《春望》《北征》、"三吏""三别"等名作，收录入《杜工部集》。诗以古体、律诗见长，风格"沉郁顿挫"。杜甫把律诗写得纵横恣肆，极尽变化之能事，合律而又看不出声律的束缚，对仗工整而又看不出对仗的痕迹。

薛涛（约768—832） 幼年随父入川，居成都，"容姿既丽"和"通音律，善辩慧，工诗赋"，交往唱和的著名诗人有白居易、张籍、王建、刘禹锡、杜牧、张祜等，与"才子"元稹还有一段姐弟恋，流传至今诗作有90余首，收于《锦江集》，制作桃红色小笺用来写诗，后人仿制，称"薛涛笺"。

浣花夫人 任姓，成都人，喜弓马，善骑射。公元768年，泸州刺史杨子琳攻打成都，崔旰夫人任氏英勇出战，击溃杨子琳，保全成都。朝廷封任氏为冀国夫人。

王建（847—918） 河南舞阳人，后梁开平元年（907年）成都称帝，建立前蜀政权。尊重人才、知人善任，并不拘一格选用人才，选拔书生王先成、布衣李景、道士杜光庭、僧人贯休等人，并任用文学家韦庄为相。为晚唐四川文学的壮大提供了条件。其子王衍（899—926）继位，很有文才，著有《甘州曲》《醉妆词》等，流传于世。

孟昶（919—965） 在位三十二年，适逢中原多故，境内少有战事，经济发展。主持刊刻"孟蜀石经"十一经，由此儒家的十三部文献确立了经典的地位；主持修成《蜀本草》（即《重广英公本草》）二十卷；撰写《官箴》24句96字如"尔俸尔禄，民膏民脂"；撰写中国第一副春联"新年纳余庆，佳节号长春"；

其《避暑摩诃池上作》《玉楼春·与花蕊夫人夜起》，被传诵至今；其卫尉少卿赵崇祚编辑《花间集》，是文学史上的第一部文人词选集，成书于后蜀广政三年（公元940年）。所收录的18位词人除温庭筠、皇甫松、和凝三位与蜀无涉外，其余15位皆生活于后蜀成都街头，他们是韦庄、薛昭蕴、牛峤、张泌、毛文锡、顾夐、牛希济、欧阳炯、孙光宪、魏承班、鹿虔扆、阎选、尹鹗、毛熙震、李珣。

黄崇嘏（883？—924？） 邛崃人，黄梅戏《女驸马》里的主要情节就是以她为原型。明代状元杨慎的笔记《丽情集》记载："王蜀女状元黄崇嘏，临邛人……传奇有女状元《春桃记》，盖黄事也。"曾女扮男装，当过司户参军，有理政之才，又曾以诗辞婚，富有传奇性。其《辞蜀相妻女诗》曰："一辞拾翠碧江湄，贫守蓬茅但赋诗。自服蓝衫居郡掾，永抛鸾镜画蛾眉。立身卓尔青松操，挺志铿然白璧姿。幕府若容为坦腹，愿天速变作男儿。"

黄筌（约903—965） 成都人，历仕前蜀、后蜀，以工画得名，擅花鸟，师刁光胤、滕昌祐，兼工人物、山水、墨竹。山水松石学李升，人物龙水学孙位，鹤师薛稷，撷诸家之萃，脱去格律而自成一派。所画禽鸟造型正确，骨肉兼备，形象丰满，赋色浓丽，勾勒精细，几乎不见笔迹，似轻色染成，谓之"写生"。与江南徐熙并称"黄徐"，风格上"黄筌富贵，徐熙野逸"。

苏洵（1009—1066） 眉山人，擅长于散文，尤其擅长政论，议论明畅，笔势雄健，著有《嘉祐集》二十卷，及《谥法》三卷，与苏轼苏辙两个儿子同列"唐宋八大家"。

苏轼（1037—1101） 眉山人，北宋中期的文坛领袖，其文纵横恣肆；其诗题材广阔，清新豪健，与黄庭坚并称"苏黄"；

其词开豪放一派,与辛弃疾并称"苏辛";其散文著述宏富,豪放自如,与欧阳修并称"欧苏"。苏轼亦善书,为"宋四家"之一;擅长文人画,尤擅墨竹、怪石、枯木等。有《东坡七集》《东坡易传》《东坡乐府》《潇湘竹石图卷》《古木怪石图卷》等传世。

文同(1018—1079) 盐亭县人,著名画家、诗人。表弟苏轼曾称赞他为诗、词、画、草书四绝。有四幅墨竹传世,后人编有《丹渊集》四十卷,《拾遗》二卷。

范祖禹(1041—1098) 成都华阳人,著《帝学》八卷,《仁宗政典》六卷;而《唐鉴》十二卷深明唐三百年治乱,学者尊之为"唐鉴公"。

唐慎微(约1056—1063) 成都人,编成《经史证类备急本草》,是宋以前药物学集大成之著作。

李焘(1115—1184) 丹棱县人,著名历史学家、目录学家、诗人,著有《巽岩文集》《四朝通史》《春秋学》等,大多失佚。今存《续资治通鉴长编》五百二十卷、《六朝制敌得失通鉴博议》十卷、《说文解字五音韵谱》十卷,皆编入《四库全书》。原有诗文集五十卷,已佚,《两宋名贤小集》《全宋诗》等录有其诗。

张栻(1133—1180) 绵竹县人,右相张浚之子。南宋思想家教育家。与朱熹同掌岳麓书院,从学者达数千人,奠定了湖湘学派。《南轩先生论语解》十卷,《南轩称生孟子说》七卷,《南轩先生张侍讲是易说》五卷。由朱熹编定并作序的《南轩先生文集》四十四卷。

魏了翁(1178—1237) 蒲江县人,南宋著名思想家理学家,能诗词,善属文,著有《鹤山全集》《九经要义》《古今考》《经史杂钞》《师友雅言》等，词有《鹤山长短句》。魏了翁创办的有四川蒲江鹤山书院和泸州鹤山书院、湖南靖州鹤山书院、江苏苏州鹤山书院，一传数传弟子中著名者有：魏文翁、郭黄中、吴泳、游似、牟子才、王万、史守道、蒋公顺、税与权、滕处厚、蒋重珍、许月卿、史绳祖、叶元老、严植、张端义、赵范、赵葵、牟应龙等。以博学、审问、慎思、明辨、笃行为治学准则，采用个人精读、互相答问、集众析疑的教学方法。

虞集（1272—1348）　祖籍四川仁寿县，居江西崇仁县，南宋左丞相虞允文五世孙，文与揭傒斯、柳贯、黄溍并称"元儒四家"；诗与揭傒斯、范梈、杨载齐名，人称"元诗四家"。一生所写诗词文章逾万篇，其词作今仅存二十多首，《风入松》"画堂红袖倚清酣"引人注目，其中"杏花春雨在江南"，被人吟诵至今。著有《道园学古录》《道园类稿》各50卷，《虞文靖公诗集》。

邓文原（1258—1328）　原籍绵阳县，寓居杭州，因绵阳古属巴西郡，人称之"邓巴西"。擅行、草书，传世有《临急就章卷》等，与赵孟頫、鲜于枢齐名为"元代三大书法家"，邓文原尤以擅章草而闻名。政绩卓著，为一代廉吏，其文章出众，也堪称元初文坛泰斗。著述有《巴西文集》《内制集》《素履斋稿》等。

文允中　成都人，元至正十一年（1315年）左榜状元（右榜为蒙古人、色目人）明万历版《四川总志》载：允中为嘉定路学政，后参加至正十一年科考，经顺帝亲自御试策对，赐进士第一，成为汉人、南人榜状元，授翰林修撰，出任四川儒学提举官。下落不明。

费著　双流县人，元至正年间（1341—1368）进士，整理编纂有《岁华纪丽谱》《蜀锦谱》《笺纸谱》《褚币谱》《氏族谱》《器物谱》《蜀名画记》等，详细记述了唐宋时期成都的人文历史、民情风俗、娱乐游宴、土特物产、饮食文化、书画艺术等。

杨慎（1488—1559）　新都县人，著名文学家，明代三才子之首，东阁大学士杨廷和之子，明代四川状元，因"大礼议"受廷杖，谪戍于云南永昌卫。在滇南30年，博览群书。后人论及明代记诵之博、著述之富，推杨慎为第一。他又能文、词及散曲，论古考证之作范围颇广。其诗沉酣六朝，揽采晚唐，创为渊博靡丽之词，造诣深厚，独立于当时风气之外。著作达四百余种，后人辑为《升庵集》，今存诗二千三百多首。

费密（1623—1699）　新繁（新都）人，费经虞之子，明末清初著名学者、诗人和思想家，在文学、史学、经学、医学、教育和书法等方面都有很高的造诣。费密与遂宁吕潜、达州唐甄合称"清初蜀中三杰"。后又携家到江苏扬州与名流钱谦益、屈大均、万斯同、朱彝尊、孔尚任等交往密切。诗现存55首，其《朝天峡》为世人赞赏，"大江流汉水，孤艇接残春""十字堪千古"。费密之子，锡琮有诗集《白鹤楼稿》，锡璜有《掣鲸堂诗集》和《贯道堂文集》。

唐甄（1630—1704）　达州人，与王夫之、黄宗羲、顾炎武并称明末清初"四大著名启蒙思想家"。社会政治启蒙思想，集中反映在他历时30年而成的《潜书》中。《潜书》共97篇论文，分为上下两篇。上篇论学术，重在阐发"尽性"与"事功"相互统一的心性之学；下篇论政治，旨在讲求实治实功抑尊富民的治世之术，提出一系列抨击君权专制和倡导以民为本的进步的政教观点和主张，尤以"自秦以来，凡帝王者皆贼也"振聋发聩。

彭端淑（约1699—约1779）　与兄弟彭肇洙、彭遵泗并称"丹棱三彭"，与李调元、张问陶并称为"清代四川三才子"，现存作品有《白鹤堂文集》四卷、《雪夜诗谈》二卷、《粤西纪草》一卷以及《晚年诗稿》等。晚年出任锦江书院主讲、院长20年，李调元即为其学生。其《为学一首示子侄》为世人所传颂。彭遵泗的《蜀碧》"大旨以沈云祚称献逆残蜀，由风俗之恶，故为此书，备书死难者姓名，以雪斯耻；而体例冗杂"且"太涉神怪"，却成为当今人们说"张献忠剿四川"常常称引的"史料"。

李调元（1734—1803）　罗江县人，清代戏曲理论家、诗人、藏书家，著有《童山全集》，撰辑诗话、词话、曲话、剧话、赋话著作达五十余种。著有《童山诗集》四十卷。李调元和其从弟李鼎元、李骥元被称为清代文坛的"罗江三李"。所建"万卷楼"藏书达10多万卷。所编录的《函海》是集巴蜀文化之大成的学术总构和百科全书，涉猎文学、史学、民俗、戏剧、艺术、音韵、训诂、金石、书法、绘画、编辑、农学、美食、厨艺等诸多学科领域。

张问陶（176—1814）　清代名相张鹏翮玄孙，与兄弟张问安、张问彤同为清代文坛的"遂宁三张"。清代著名诗人和诗论家，为性灵派后期的主将，著有《船山诗草》及《补遗》，共二十六卷，现存诗3500余首。张问安著有《亥白诗草》现存诗800余首，张问彤著有《饮杜诗集》现存诗200余首。

王闿运（1833—1916）　湘潭县人，经学家、文学家，1880年到成都主持尊经书院，著有《湘绮楼诗集·文集·日记》等。为人狂狷诙谐谑，门生众多，较著名的弟子有杨度、夏寿田、廖平、杨锐、刘光第、宋育仁、吴之英、张祥龄、毛瀚丰、彭毓嵩等。川中学生从廖平、杨锐等开始，再传弟子有吴虞、张森楷、蒙文通、李劼人、郭沫若、周太玄、魏时珍、王光祁、李璜、巴金等。最著名的是招收三个工匠作弟子：木匠齐白石、铁匠张仲飏、铜匠曾招吉。

廖平（1852—1932） 井研县人，从博览考据转向专求大义，融合古今中西各种学说，创制富有时代特色的经学理论体系，是中国最后的经学大师。1898年与宋育仁、杨道南、吴之英等人在成都创办《蜀学报》，宣传变法维新思想。1911年担任《铁路月刊》主笔，鼓吹"破约保路"。曾兼成都高等师范学校、华西协和大学教授。一生著述近一百四十部，除经学著作外，兼及医术、堪舆，撰有《四益馆经学丛书》，后又增益为《六译馆丛书》。张之洞曾致书廖平，谓康为其嫡传弟子，梁启超为再传弟子。20世纪文化大师郭沫若的学术道路，显示出廖平学说的鲜明痕迹。

宋育仁（1857—1931） 富顺县人，中国早期资产阶级改良主义思想家，因创办《渝报》（1897年）《蜀学报》（1898年）被誉为中国近代新闻界先驱，四川"睁眼看世界"第一人。曾出任英法意比四国公使参赞，出入英国议院、学校、工商各界，写成《采风录》四卷，介绍西方的政教、风俗。回国后参加维新组织"强学会"，主讲"中国自强之学"。戊戌变法失败，同道好友杨锐、刘光第被杀，渐退出政治舞台。他的著有《时务论》《采风录》等。1917年后，任四川国学学校校长、四川国学会会长。

吴虞（1872—1939） 新都新繁人，早年留学日本，归国后任四川《醒群报》主笔，鼓吹新学。后到北京大学任教，在《新青年》上发表《家族制度为专制主义之根据论》《说孝》等文，猛烈抨击旧礼教和儒家学说。胡适称他为"中国思想界的清道夫""四川只手打倒孔家店的老英雄"。著有《吴虞文录》等。

四川省全国重点文物保护单位

（根据川府函〔2014〕199号《四川省人民政府关于公布四川省全国重点文物保护单位和省级文物保护单位保护范围的通知》编制）

一、成都市

1. 水井街酒坊遗址（锦江区）
2. 江南馆街街坊遗址（锦江区）
3. 金沙遗址（青羊区）
4. 杜甫草堂（青羊区）
5. 辛亥秋保路死事纪念碑（青羊区）
6. 成都十二桥遗址（青羊区）
7. 成都古蜀船棺合葬墓（青羊区）
8. 平安桥天主教堂（青羊区）
9. 王建墓（金牛区）
10. 武侯祠（武侯区）
11. 望江楼古建筑群（武侯区）
12. 四川大学早期建筑（武侯区）
四川大学行政楼，四川大学华西校区老建筑群
13. 孟知祥墓（成华区）
14. 明蜀王陵

明蜀王陵（龙泉驿区）：僖王陵、昭王陵、僖王赵妃墓、僖王继妃墓、黔江悼怀王陵、成王陵、成王次妃墓、惠王陵、半边坟郡王陵；怀王陵（草皇坟蜀王陵）（锦江区）；朱悦燫墓（金牛区）

15. 洛带会馆群（龙泉驿区）

16. 北周文王碑（龙泉驿区）

17. 杨升庵祠及桂湖（新都区）

18. 宝光寺（新都区）

19. 寿安陈家大院（温江区）

20. 都江堰（都江堰市）

包括百丈堤、鱼嘴、内外金刚堤、飞沙堰、人字堤、宝瓶口、二王庙、安澜索桥、玉垒关、离堆（含伏龙观）、凤栖窝（卧铁）、斗犀台。

21. 奎光塔（都江堰市）

22. 青城山古建筑群（都江堰市）

包括天师洞、朝阳洞、真武宫、圆明宫、玉清宫、五洞天及接仙桥、天然图画、上清宫、山荫亭、凝翠桥。

23. 玉堂窑址（都江堰市）

24. 灵岩寺及千佛塔（都堰市）

25. 灌口城隍庙（都江堰市）

26. 领报修院（彭州市）

27. 彭州佛塔（彭州市）

云居院塔，镇国寺塔，正觉寺塔

28. 什邡堂邛窑遗址（邛崃市）

什邡堂邛窑遗址，大渔村邛窑窑址，瓦窑山邛窑遗址

29. 邛崃石塔寺石塔（邛崃市）

30. 邛崃石窟（邛崃市）

花置寺石窟，磐陀寺石窟，石笋山石窟

31. 罨画池（崇州市）

32. 瑞光塔（金堂县）

33. 刘氏庄园（大邑县）

34. 新场川王宫（大邑县）

35. 蒲江石窟（蒲江县）

飞仙阁摩崖造像、龙拖湾摩崖造像

36. 新津观音寺（新津县）

37. 成都平原史前城址

鱼凫村遗址（温江区），双河、紫竹遗址（崇州市），古城遗址（郫县），宝墩遗址（新津县），芒城遗址（都江堰市）

二、自贡市

38. 西秦会馆（自流井区）

39. 自贡桓侯宫（自流井区）

40. 张伯卿公馆（贡井区）

41. 东源井古盐场（贡井区）

42. 吉成井盐作坊遗址（大安区）

43. 燊海井（大安区）

44. 荣县大佛（荣县）

45. 吴玉章故居（荣县）

46. 荣县镇南塔（荣县）

47. 富顺文庙（富顺县）

三、泸州市

48. 泸州大曲老窖池（江阳区、龙马潭区）

营沟头片区窖池群及酿酒作坊（包括：温永盛作坊、春和荣作坊、鼎丰恒作坊、洪兴和作坊、永兴诚作坊，龙泉洞），定记作坊，小市片区窖池群及酿酒作坊（包括：协泰祥、裕厚祥、永生祥作坊，生发荣作坊，鸿盛祥、富生荣作坊，醇丰远作坊，醉翁洞及纯阳洞），罗汉片区窖池群及酿酒作坊（包括：泉记、协成、桂花、胜发祥、顺昌祥、大兴和作坊）

49. 报恩塔（江阳区）

50. 泸县宋墓（泸县）

菩桥墓群，长岭埂宋墓群

51. 罗盘嘴墓群（泸县）

52. 泸县龙桥群（泸县）

53. 龙脑桥（泸县）

54. 泸县屈氏庄园（泸县）

55. 玉蟾山摩崖造像（泸县）

56. 神臂城遗址（合江县）

包括东门及城墙、神臂门、钟鼓楼遗址、一字城、护城石垣、炮台遗址、刘整降元和许彪孙托孤摩崖石刻、较场坝大土地石刻、岩弯石刻人像、蛇盘乌龟石刻

57. 合江崖墓群（合江县）

58. 尧坝镇古建筑群（合江县）

59. 春秋祠（叙永县）

60. 清凉洞摩崖造像（叙永县）

61. 古蔺县红军四渡赤水战役遗址（古蔺县）

包括太平镇红军驻地、太平渡渡口、二郎红军街、二郎滩渡口、双沙毛泽东及总司令部驻地旧址、观文云庄四渡赤水战斗遗址、镇龙山奔袭战战场遗址、鱼化红军村、金星乡岭上红军驻地旧址、东新乡正峰寺红军驻地旧址、土城乡改路沟红军驻地旧址

四、德阳市

62. 德阳文庙（德阳市）

63. 龙护舍利塔（旌阳区）

64. 广汉三星堆遗址（广汉市）

65. 龙居寺中殿（广汉市）

66. 雒城遗址（广汉市）

雒城城墙遗址房湖公园段、雒城城墙遗址导航台段、雒城城墙遗址广汉宾馆段

67. 慧剑寺（什邡市）

68. 剑南春酒坊遗址（绵竹市）

69. 中江北塔（中江县）

70. 塔梁子崖墓群（中江县）

71. 庞统祠墓（罗江区）

庞统祠墓、点将台、庞统血坟、古驿道

五、绵阳市

72. 河边九龙山崖墓群（涪城区）

73. 平阳府君阙（游仙区）

74. 鱼泉寺（游仙区）

75. 马鞍寺（游仙区）

76. 碧水寺摩崖造像（游仙区）

77. 云岩寺（江油市）

78. 青林口古建筑群（江油市）

79. 老君山硝洞遗址（江油市）

80. 开禧寺（安县）

81. 七曲山大庙（梓潼县）

82. 李业阙（梓潼县）

83. 卧龙山千佛岩石窟（梓潼县）

84. 平武报恩寺（平武县）

85. 永平堡古城（北川县）

86. 潼川古城墙（三台县）

87. 云台观（三台县）

88. 尊胜寺（三台县）

89. 郪江崖墓群（三台县）

六、广元市

90. 皇泽寺摩崖造像（广元市）

91. 广元千佛崖摩崖造像（广元市）

广元千佛崖摩崖造像、观音岩石窟（利州区）

92. 剑门蜀道遗址·明月峡古栈道遗址（朝天区）

93. 觉苑寺（剑阁县）

94. 鹤鸣山道教石窟寺及石刻（剑阁县）

95. 青川郝家坪战国墓群（青川县）

七、遂宁市

96. 广德寺（船山区）

97. 鹫峰寺塔（蓬溪县）

98. 宝梵寺（蓬溪县）

99. 蓬溪奎塔（蓬溪县）

100. 高峰山古建筑群（蓬溪县）

101. 慧严寺大殿（蓬溪县）

102. 陈子昂读书台（射洪县）

103. 饶益寺（射洪县）

104. 卓筒井（大英县）

大顺灶（包括晒水坝）、十八眼卓筒井

八、内江市

105. 内江圣水寺（市中区）

106. 翔龙山摩崖造像（市中区）

107. 顺河崖墓群（东兴区）

108. 资中文庙、武庙（资中县）

109. 盐神庙（资中县）

110. 隆昌石牌坊（隆昌县）

包括郭陈氏节孝坊、禹王宫山门坊、北关石牌坊群、南关石牌坊群、郭王氏功德坊、响石牌坊群、斗拱式山门坊、嵌瓷观赏坊

九、乐山市

111. 乐山大佛（市中区）

乐山大佛、灵宝塔

112. 麻浩崖墓（市中区）

113. 离堆（市中区）

114. 郭沫若故居（沙湾区）

115. 大庙飞来殿（峨眉山市）

116. 峨眉山古建筑群（峨眉山市）

包括报国寺、伏虎寺、清音阁、洪椿坪、万年寺、慈圣庵

117. 犍为文庙（犍为县）

118. 三江白塔（井研县）

119. 杨公阙（夹江县）

120. 千佛岩石窟（夹江县）

十、南充市

121. 张澜旧居（顺庆区）

122. 无量宝塔（高坪区）

123. 张桓侯祠（阆中市）

124. 阆中永安寺（阆中市）

125. 五龙庙文昌阁（阆中市）

126. 玉台山石塔（阆中市）

127. 阆中观音寺（阆中市）

128. 巴巴寺（阆中市）

129. 川北道贡院（阆中市）

130. 大象山摩崖造像（阆中市）

131. 醴峰观（南部县）

132. 禹迹山摩崖造像（南部县）

133. 西充文庙（西充县）

134. 朱德故居

朱德故居（仪陇县）、朱德诞生地（仪陇县）、况场朱德旧居（泸州市江阳区）

135. 丁氏庄园（仪陇县）

十一、宜宾市

136. 真武山古建筑群（翠屏区）

137. 中国营造学社旧址（翠屏区）

138. 旋螺殿（翠屏区）

139. 五粮液老窖池遗址（翠屏区）

"长发升"老窖池遗址、"利川永"老窖池遗址

140. 宜宾大观楼（翠屏区）

141. 旧州塔（翠屏区）

142. 黄伞崖墓群（宜宾县）

143. 石城山崖墓群（宜宾县）

包括天堂沟墓区、北斗岩墓区、三十六壁山墓区、雷打石墓区、黑石头墓区

144. 楞严寺（屏山县）

145. 南溪城墙（南溪县）

146. 夕佳山民居（江安县）

147. 七个洞崖墓群（长宁县）

148. 南广河流域崖墓群及石刻（高县）

149. 僰人悬棺葬（墓）（珙县）

150. 隘口牌坊（珙县）

十二、广安市

151. 邓小平故居（广安区）

包括邓小平故居、广安县立高等小学堂旧址、北山小学堂、蚕房院子、翰林院子

152. 广安白塔（广安区）

153. 冲相寺摩崖造像（广安区）

154. 安丙家族墓地（华蓥市）

155. 宝箴塞（武胜县）

十三、达州市

156. 真佛山庙群（达川区）

157. 石牌坊及红军标语（达川区）

158. 开江陶牌坊（开江县）

任市陶牌坊、甘棠胡氏节孝坊

159. 罗家坝遗址（宣汉县）

160. 渠县汉阙（渠县）

包括冯焕阙、沈府君阙、蒲家湾无铭阙、王家坪无铭阙、赵家村西无铭阙、赵家村东无铭阙

161. 渠县文庙（渠县）

162. 城坝遗址（渠县）

十四、巴中市

163. 通江红军石刻标语群

包括通江县的写字岩红军石刻标语、王家湾红军石刻标语、沙帽石红军石刻标语、柏林岩红军石刻标语、长湾里红军石刻标语、新房子红军石刻标语、双碑梁红军石刻标语、店子上红军石刻标语、大石坎川陕苏区石刻标语、村子里红军石刻标语、桥湾里红军石刻标、岩窝里红军石刻标语、牛二沟红军石刻标语、油房坪红军石刻标语、长岭寨红军石刻标语、佛坎子红军石刻标语、太平红军粉壁墨书文献、佛尔岩红军石刻标语、穿心殿红军石刻标语、争取苏维埃中国石刻标语、长石板红军军民合作石刻标语、毛浴城墙红军石刻标语、书院街红军石刻标语、红云崖红军石刻标语，南江县的红四门红军石刻标语、长赤县苏维埃政府旧址及石刻标语、杨河林红军石刻标语、柏王碥红军石刻标语、熊氏祠堂红军石刻标语、新房子红军石刻标语、西厢沟红军石刻标语、观音岩红军石刻标语、君子街红军标语石刻群、彭家河大院红军标语石刻、油房沟红军石刻标语，巴州区的铜岭碑红军石刻标语、马家河红军石刻标语、禹王宫红军石刻标语、卡门坡红军石刻标语、回龙寨红军石刻标语、锅口垭红军石刻标语，平昌县的华严庵红军石刻标语、山寺红军石刻标语、龟碑红军石刻标语、粉壁街红军石刻标语、农丰村红军石刻标语、石厂碥红军石刻标语、鸡蛋包梁红军石刻标语、卢家山红军石刻标语、磅头岩红军石刻标语、元石板红军石刻标语、青岗林红军石刻标语（平昌县、手傍岩红军石刻标语、邬家营红军石刻标语、陈家坝红军石刻标语、大石板红军石刻标语，恩阳区的胡尔包字库红军石刻标语、玉井寺红军石刻标语、石匣子红军石刻标语、黑坑子红军

石刻标语、大岩壳红军石刻标语、天官街道红军石刻标语碑、恩阳街道（正街、大石坎街、下正街）红军石刻标语

164. 巴中石窟（巴中市）

南龛摩崖造像、北龛寺摩崖造像、西龛摩崖造像、水宁寺摩崖造像

165. 通江千佛岩石窟（通江县）

166. 白乳溪石窟（通江县）

167. 红四方面军总指挥部旧址（通江县）

红四方面军总指挥部旧址、红四方面军总政治部旧址、红四方面军烈士墓

十五、雅安市

168. 高颐墓阙及石刻（雨城区）

169. 名山文庙（名山区）

170. 开善寺正殿（荥经县）

171. 严道城址（荥经县）

严道城址、何君尊楗阁刻石

172. 九襄石牌坊（汉源县）

173. 红军强渡大渡河遗址（石棉县）

174. 樊敏阙及石刻（芦山县）

175. 青龙寺大殿（芦山县）

176. 平襄楼（芦山县）

十六、眉山市

177. 三苏祠（东坡区）

178. 报恩寺（东坡区）

179. 双堡牌坊（仁寿县）

180. 牛角寨石窟（仁寿县）

181. 甘泉寺（仁寿县）

182. 能仁寺摩崖造像（仁寿县）

183. 冒水村摩崖造像（仁寿县）

184. 江口崖墓（彭山县）

江口崖墓、江渎崖墓（原顺河崖墓）

185. 曾家园（洪雅县）

186. 郑山、刘嘴摩崖造像（丹棱县）

郑山摩崖造像、刘嘴摩崖造像

187. 丹棱白塔（丹棱县）

188. 瑞峰崖墓群（青神县）

189. 中岩寺摩崖造像（青神县）

十七、资阳市

190. 半月山摩崖造像（雁江区）

191. 圣德寺白塔（简阳市）

192. 安岳石窟（安岳县）

卧佛院摩崖造像、圆觉洞摩崖造像、千佛寨摩崖造像、玄妙观摩崖造像、华严洞摩崖造像、茗山寺摩崖造像、孔雀洞摩崖造像（报国寺经目塔）

193. 毗卢洞摩崖造像（安岳县）

194. 木门寺（安岳县）

195. 铁佛寺崖墓群（安岳县）

196. 陈毅故居（乐至县）

197. 睏佛寺摩崖造像（乐至县）

十八、阿坝州

198. 直波碉楼

直波碉楼（马尔康县），布瓦黄土碉群（汶川县），桃坪羌寨碉群（理县），鹰嘴河寨碉楼（茂县）

199. 阿坝红军长征遗迹

包括小金县的红一、四方面军会师遗址、两河口会议会址，黑水县的芦花会议会址，松潘县沙窝会议会址、毛尔盖会议会址、红军长征纪念碑总碑，若尔盖县的包座战役遗址、巴西会议会址，茂县的三元桥，红原县的亚口夏山红军烈士墓

200. 营盘山和姜维城遗址

营盘山遗址（茂县），姜维城遗址（汶川县）

201. 筹边楼（理县）

202. 松潘古城墙（松潘县）

203. 卓克基土司官寨（马尔康县）

204. 哈休遗址（马尔康县）

205. 大藏寺（马尔康县）

206. 甲扎尔甲山洞窟壁画（马尔康县）

207. 曾达关碉（金川县）

208. 沃日土司官寨经楼与碉（小金县）

209. 棒托寺（壤塘县）

210. 措尔机寺（壤塘县）

211. 日斯满巴碉房（壤塘县）

212. 达扎寺（若尔盖县）

十九、甘孜州

213. 松格嘛呢石经城和巴格嘛呢石经墙（石渠县）

松格嘛呢石经城、巴格嘛呢石经墙

214. 丹巴古碉群（丹巴县）

215. 波日桥（新龙县）

216. 德格印经院（德格县）

217. 白利寺（甘孜县）

218. 泸定桥（泸定县）

泸定桥、红军飞夺泸定桥战前动员会旧址

219. 罕额依新石器时代文化遗址和汉代石棺葬墓群（丹巴县）

220. 穆日嘛呢石经墙（石渠县）

221. 嘎拖寺（白玉县）

222. 长青春科尔寺（理塘县）

223. 乡城土碉（乡城县）

224. 八邦寺（德格县）

225. 噶丹·桑披罗布岭寺（乡城县）

226. 拉日马石板藏寨（新龙县）

二十、凉山州

227. 凉山大石墓

王所大石墓（德昌县），伍合大石墓（喜德县）

228. 博什瓦黑石刻（昭觉县）

229. 大洋堆遗址（西昌市）

230. 茶马古道

邛崃段（含平乐骑龙山古道、临济拴马岭古道、天台山土溪、紫荆村古道、夹关宫殿古道、油榨古火（盐）井遗址）；蒲江段——衬腰岩茶马古道（含建修衬腰岩通路石级竣工碑记）；都江堰段——松茂古道（西街段、玉垒段、龙池段）；乐善坊、彙柴口古盐道（自流井区）；艾叶滩码头、贡井老街盐道（贡井区），仙市古镇盐码头（沿滩区），光明古道（泸县），宝莲街驿道（龙马潭区），沙湾驿道（江阳区），凤鸣驿道、白鹿驿道（合江县），先滩古驿道（合江县），大石川黔驿道、猴子岭川黔驿道、官斗村川黔驿道、赤水河茶马驿道（叙永县），二郎驿道（古蔺县）；观音阁（雨城区），净居庵石牌坊、禹王宫、甘露灵泉院石牌、皇茶园、天梯古道（名山区），甘溪坡茶马古道驿站遗、边茶官库（天全县），飞仙关及南界牌坊、马鞍腰摩崖题记（芦山县），重修大相岭桥路碑、清代公兴茶号旧址（荥经县），唐代清溪关遗址、清代清溪故城遗址、二十四道拐古道遗址、羊圈门古道遗址（汉源县）；百丈房古栈道、朴头山隋唐石刻（理县），婆雍古道（马尔康县），克枯栈道（汶川县）；化林坪茶马古道、佛耳崖茶马古道（泸定县），鹦哥嘴茶马古道（巴塘县），甘洛清溪峡古道（甘洛县），越西丁山桥及零关题记（越西县），喜德登相营古驿站、喜德冕山营遗址（喜德

县），冕宁雅砻江古道（冕宁县），会理松坪关（会理县）

四川省省级文物保护单位（965处）

（根据川府函〔2014〕199号《四川省人民政府关于公布四川省全国重点文物保护单位和省级文物保护单位保护范围的通知》编制）

一、成都市

锦江区：李劼人旧居、大慈寺、基督教青年会、西川邮政管理局旧址、严谷荪书库、尹昌衡公馆

青羊区：成都十二桥烈士墓、文殊院、成都隋唐窑址、鼓楼南街清真寺、青羊宫与二仙庵、中华圣公会礼拜堂、李家钰兄弟（李注东）住宅、李家钰住宅、张清平宅、成都画院民居建筑

金牛区：金华寺、张家巷天主教堂

武侯区：王光祈墓碑、颐庐、刘湘陵园

成华区：成都量具刃具厂大楼、成都机车车辆厂厂部大楼

龙泉驿区：石经寺、龙泉驿田氏支祠、唯仁山庄

青白江区：彭大将军纪念碑、绣川书院、青白江陈氏宗祠、明教寺觉皇殿、城厢文武庙

新都区：新繁东湖、龙藏寺、杨慎家族墓、艾芜墓

温江区：温江文庙

都江堰市：宣威门古城墙、文庙及魁星阁、大观普照寺、三佛洞摩崖造像、蒲阳兴隆桥、懋功寺、青城山摩崖石刻、青城山

建福宫

    彭州市：彭州法藏寺、尹昌衡墓

    邛崃市：文君井、回澜塔、邛崃寺庙建筑群（石笋寺、兴福寺、永乐寺）、平乐冶铁遗址、邛崃龙兴寺遗址、平乐李家大院、天宫寺摩崖造像、兴贤塔、乐善桥

    崇州市：杨遇春宫保府、下古寺（含上古寺）、崇州陈家大院、麒麟街民居、黄氏宗祠、昙云寺、怀远泗澜塔

    金堂县：关圣宫、云顶山遗址、舒家湾天主堂、土桥南华宫、土桥禹王宫、五凤南华宫

    双流县：二江寺拱桥、三县衙门、金华庵

    郫都区：望丛祠、扬雄墓、崇宁文庙、唐昌梁家大院、石佛寺

    大邑县：药师岩摩崖造像、赵子龙祠墓、鹤鸣山道教遗址、雾中山佛教遗址、刘元瑄公馆、刘湘公馆、高山古城、盐店古城、新场李氏民居、新场陈家大院

    蒲江县：白云盐井遗址、大佛寺摩崖造像、蒲江文庙、河沙寺大雄宝殿、魏了翁墓

    新津县：纯阳观与黄鹤楼、邓双崖墓群、金华胡家大院

二、自贡市

    自流井区：王爷庙、李倪氏节孝坊、舒坪牌坊群（刘氏节孝坊、李氏吴氏节孝坊）、富台山炎帝宫

    贡井区：夏洞寺、自贡陈家祠堂、贡井贵州庙、贡井胡氏民居、贡井南华宫、雷公坡崖墓群、中坝钟氏庄园、天禄堂

    大安区：凉高山牌坊群、中和灏、李亨祠堂、贺乐堂、大安

万寿宫、大山铺恐龙化石群埋藏遗址

沿滩区：合乐祠、仙市陈家祠、玉川公祠

荣县：旭水酒作坊遗址、来牟黎氏墓、蟠龙刘氏家族墓、荣县军政府旧址、吕仙崖摩崖造像、后龙山摩崖造像、荣县二佛

富顺县：富顺回澜塔、福源灏民居、文光塔、熙和居民居、临江寺石坊群、狮市袁家大院、刘光第墓、刘光第故居

三、攀枝花市

东区：渡口建设指挥部招待所、雅江桥

仁和区：回龙湾洞穴遗址、大田会议会址、下湾遗址、西祝寺

米易县：挂榜清真寺、何家坝遗址、湾丘"五七"干校旧址、得石拦木坝

四、泸州市

江阳区：龙透关、朱家山东华诗社旧址、泸州城垣（会津城垣、仁和路城垣、三圣城垣、枇杷沟城垣、凝光门、大北街城垣、小北街城垣）、江阳熙园、联一公司大楼旧址、江阳雁塔、醉八仙"修德槽坊"酿酒作坊、张坝桂圆林

龙马潭区：梦仙亭崖墓群、梦仙亭摩崖造像及石刻、三溪酒坊遗址（一车间、大水井）、洞窝水电站

纳溪区：护国岩题刻、天仙镇抗战小学旧址、护国军棉花坡战场遗迹（护国军棉花坡战役指挥部旧址、护国军战壕遗址）、天仙硐物价石刻、金凤寺及壁画、纳溪龙桥群

泸县：东林观山寨遗址、沙子坪洞子山墓群、泸县宋墓群（岩湾墓群、河坝头宋墓群、沙嘴宋墓群）、圆通寺、惠济桥、延福寺石刻、照南山尹氏宗祠、泸县酒窖池、奇峰渡槽（胜利渡槽、华丰渡槽）

合江县：合江城垣、何家湾崖墓、合江考棚、转龙坝菜河园、先市酱油酿造作坊、合江法王寺、福宝古建筑群、合江节孝坊群、白鹿古建筑群、太平军过县始末岩刻、川滇黔工农红军游击队起义指挥部旧址、周祠

叙永县：紫霞峰摩崖造像及石刻、龙龟山寺遗址、大石赖氏家族墓、水潦铺大堰、水尾刘氏宗祠、叙永牌坊群（唐氏贞节牌坊、晏氏贞节牌坊、三块石节孝牌坊、刘氏贞节牌坊）、傅钟故居、叙永松坡楼、叙永雪山关

古蔺县：天宝储酒洞和地宝储酒洞、齐安宫、古蔺清代墓葬群（白家山罗氏墓地、观文柚子土贞节牌坊、坟坝王氏墓地、桂花骆氏墓地、蔡家寨王氏墓地）

五、德阳市

旌阳区：上庸长阙、姜公坟·姜孝祠、绵竹城遗址

广汉市：文庙、益兰祠、杜家咀崖墓群、烟堆子遗址、房湖

什邡市：龙居寺、洛水川主庙、师古南华宫；绵竹市：祥符寺、诸葛双忠祠、绵竹关帝庙、三溪寺

中江县：中江禹王宫帝主庙、中江南塔、彤华宫、董昭寺、通济文峰塔、南山凌家大院、永丰邓氏碉楼、回龙吴氏祠堂、中江玄武观、中江文庙、寿宁寺、中江镇江寺、五角寺、天平梁子崖墓群、柑桔梁子崖墓群（罗桂公路北侧山崖M1——11号墓、罗

桂公路南侧山崖M12——15号墓）、大旺寺摩崖造像

罗江区：罗江奎星阁、罗江万佛寺（万佛寺、蓬莱石坊）

六、绵阳市

涪城区：石桥铺双牌坊（李琦百岁坊、吴绍典孝义坊）、新铺双牌坊（唐陈氏节孝坊、唐曾氏节孝坊）、萧扬氏节孝坊、五世同堂坊、蒋琬墓、玉女泉及子云亭道教造像

游仙区：魏城文风塔、李杜祠、白蝉朱家梁子崖墓、柏林王家旺天主教堂（洛水天主教堂）、宋哲元墓、北山院摩崖造像及刻经、石堂院石刻题记及摩崖造像、绵阳圣水寺摩崖造像

江油市：太白故居（陇西院、粉竹楼、太白祠）、文胜普照寺、河西普照寺、牛雪樵德政坊、南雁塔、蜚英塔、大水洞遗址、红军胜利纪念碑、王右木故居

安县：飞鸣禅院、姊妹桥、安县文星塔、太平桥、秀水天主教堂

梓潼县：贞孝节烈总坊、梓潼圣水寺、梓潼上清观、凳子山石桥、梓潼双峰寺

平武县：昭忠祠·王玺公笥·镇羌门及城墙、豆叩寺、阔达回龙寺、平武回龙庵

北川县：北川板凳桥、烟云洞遗址、大寨子遗址、伏羌堡遗址、北川红三十一军总医院旧址、北川老县城地震遗址

盐亭县：涂氏牌坊、盐亭笔塔、盐亭张氏民居、花林寺、盐亭文星庙、檬子垭牌坊、真常道观

三台县：琴泉寺、蓝池庙、三台东塔及北塔、建平玉皇庙、刘营广东会馆、毛主席著作学习室

七、广元市

利州区：利州魁星楼、来雁塔、红军石刻标语碑林

元坝区：石牌坊、昭化古城城门（含鲍三娘墓）、昭化考棚、昭化古民居（怡心园、益合堂）、昭化龙门书院、广善寺及魁星阁、黄龙石牌坊、费祎墓、太公山红军遗址群

朝天区：大安寺、铁龙桥、寺包山崖墓、朝天关遗址、中子铺遗址

剑阁县：钟鼓楼古建筑区、剑阁香沉寺、剑溪桥、剑州文庙、白兔寺、金仙文庙、中国共产党十大政纲石刻、大路河红军石刻标语及红军墓、化林大队旧址

旺苍县：化龙王家祠堂、九龙杨氏宗祠、西陵赵家院子、福庆贞节牌坊、石川杜家祠堂、中嘴杜家祠堂、郝家河墓群、五郎坡墓群、柳溪袁氏墓、木门会议会址及石牌坊、红军城遗址群（含南峰山石刻标语、旺苍红军城）、福庆石家大院、子岩摩崖造像

青川县：清溪古城墙、茶坝韩家大院、东河口地震遗址

苍溪县：临江寺、中土观音寺、崇霞宝塔、桥溪江家大院、烟丛寺、白山凉桥、张家河墓群、红四方面军强渡嘉陵江渡口遗址、苍溪县苏维埃政府旧址、中共川陕省苍溪县委旧址、黄猫垭战斗遗址、金洞梁引水渠、寻乐书岩、阳岳寺千佛崖摩崖造像

八、遂宁市

船山区：百福院、天上宫、灵泉寺、花园节孝坊、月亮坡崖墓群

安居区：毗卢寺及石刻、安居十圣宫

蓬溪县：金仙寺、常乐寺、明月关庙、牛角沟起义纪念地

射洪县：玉京观、兜率寺、金华火神庙、射洪古佛寺、白流寺、楞严阁、泰安酢坊遗址、双溪何氏家族墓

大英县：谭家大院、天保戴氏祠、寂光寺、郭子仪后裔墓葬群、长江坝遗址、吉安寨遗址、蓬基井、金鹏寺摩崖造像、大埂子摩崖造像

九、内江市

市中区：云霞古刹石牌坊、内江三元塔、内江钟楼

东兴区：般若寺及石刻、内江西林寺、大治永兴寺、鹭澜洞崖墓、普陀岩摩崖造像、高峰寺塔及石刻

资中县：甘露寺、永庆寺及木牌坊、建春门·城墙、宁国寺、唐明渡双塔（苍颉塔、三元塔）、资中王家祠、新正街民居、资中南华宫、兴禅寺、罗泉刘家大院、寿音阁、罗泉钟氏宗祠、赵雄墓、龙水县城遗址、重龙天主堂、罗泉会议会址、宏仁医院、秦家岩摩崖造像、西岩摩崖造像、重龙山摩崖造像

威远县：威远白塔、威远静宁寺、威远古城墙、威远穹窿古寨群、威远煤矿小火车·黄泥段窄轨铁路、胡驭垓烈士墓、红村石油会战旧址、罗世文故居、佛尔岩摩崖造像、威远老君山石刻

十、乐山市

市中区：柿子湾崖墓、肖坝崖墓、白岩山崖墓、文庙及老宵顶、嘉州古城墙、乐山宋氏祠堂

峨眉山市：灵岩寺石牌坊、拆楼圣堂、塘房陈氏民居、普兴祝家大院、福利普贤寺、仙峰寺、卧云庵、洗象池、纯阳殿、神水阁、雷音寺

犍为县：罗城古建筑群、沉犀节孝坊、嘉阳小火车·芭石窄轨铁路、九井禹王宫、犍为文峰塔

井研县：雷畅故居、熊克武故居、金像寺摩崖造像、永济桥；马边彝族自治县：马边明王寺、东皇殿

十一、南充市

顺庆区：南充奎阁、南充天主堂、南充市解放纪念碑、罗瑞卿故居、川北行署办公厅旧址

高坪区：高坪禹王宫、高坪万寿宫、高坪观音寺、隐珠寺、红旗农庄

嘉陵区：龙归院、临水院、七宝寺、大通梓潼庙、羊龙庙石牌坊、田坝会馆

阆中市：华光楼、圆觉寺大殿、天宫院、阆中清真寺、福音堂、陕西会馆、杜家客栈、阆中文笔塔（白塔）、邵家湾墓群、朱家山坪上遗址、中共阆南县委旧址、汪家楼、阆中红四方面军总政治部旧址、读书岩石刻、雷神洞摩崖造像、牛王洞摩崖造像、石室观摩崖造像、阆中古城古建筑群（李家大院、孔家大院、马家大院、张家小院、水码头客栈）

南部县：永安庙、南部报恩寺、南部文庙、观音庵、南部马家大院、神坝砖塔、平桥东观庙、广川庙、上乘寺、真相寺、庙子梁李氏墓、长坪山红军战场遗址及石刻标语群、回龙山石刻、观音山摩崖造像

西充县：圭心寺、百福寺、西充占山寺、双凤武庙、万民宝塔、西充观音殿、林字库塔、张澜诞生地

营山县：龙兴寺正殿、太蓬山古建筑群、普岭张氏祠、朗池回龙塔、营山李氏家族墓、红九军政治部旧址、石槽沟吴氏碉楼、太蓬山摩崖造像及石刻

仪陇县：仪陇报恩寺、马氏宗祠、马鞍古建筑群、火烟寨白庙、仪陇文庙、杨桥王家祠堂、金城崖墓群（王家湾崖墓群、海螺沟崖墓群、石坝崖墓群）、高观庙范公墓、张思德同志出生地、朱德纪念地（朱德同志故居纪念馆、朱德父母故居、朱德生父朱世林墓、朱德生母钟太夫人墓、药铺垭私塾、席家砭私塾、朱德故里碑、马鞍中学朱德题词纪念碑、仪陇县立高等小学堂、双柏树、四方田、琳琅井）、离堆山石刻、灵官佛尔崖石窟

蓬安县：周子古镇民居建筑群、吐佛寺正殿、蓬安旧城古建筑群、潜庐、蓬安接引塔、利溪大夫第、小乐山摩崖造像、桐桷寨摩崖造像

十二、宜宾市

翠屏区：李庄东岳庙、翠屏书院、东山白塔·七星山黑塔、李庄禹王宫、李庄张家祠、中央研究院旧址、流杯池石刻题记、"德盛福""元兴和"酒窖、玄义玫瑰教堂

宜宾县：徐家石室墓群（月攀墓区、新房子当门山墓区、鹅公颈墓区、新房子后山墓区、大湾墓区、清明田墓区）、郭成夫妇墓、隆兴石室墓群、糟房头酿酒作坊遗址、朱家民居、赵一曼故居、肖公馆

南溪区：南溪镇南塔、南溪映南塔、南溪朱德旧居

江安县：江安吴氏民居、油榨坪祠堂、国立戏剧专科学校旧址

长宁县：双河文庙、仙寓洞、龙吟寺石刻造像

高县：大窝文昌宫、高县回龙寺、李硕勋故居、阳翰笙故居

筠连县：凌云关、筠连五尺道（柏杨村段、犀牛村段）、玉壶井碑刻、沐爱衙署旧址

珙县：僰人石寨古堡、珙县北京寺；

兴文县：兴文县委旧址

屏山县：屏山龙氏山庄、丹霞洞摩崖造像及石刻

十三、广安市

广安区：兴国寺大殿、广安文庙、协兴万春桥、邓绍昌墓、淡氏墓、石凹口观音岩摩崖造像

前锋区：代市牌坊、观阁黎氏宗祠、独愚子墓、永光仪器厂旧址

华蓥市：华光仪器厂旧址、褒先寺、五星桥、代家嘴遗址、《新华日报》纸厂旧址

岳池县：岳池白塔、岳池文庙、王字楼、岳池高寺、岳池弥勒寺、顾县川主庙、云门寺瘗窟群、廖玉璧烈士墓

武胜县：武胜观音寺、武胜中心镇古建筑群、清平陈家寨民居、烈面湖南会馆、飞龙武庙、南溪村墓群、观音寨吴氏家族墓、胜天渡槽、7002井、燕子岩摩崖石刻、插旗山摩崖造像、沿口千佛岩摩崖造像、石佛寺摩崖造像

邻水县：唐湾山崖墓群、灵宝山石刻及古石桥、黄陵寺摩崖造像及石刻

十四、达州市

通川区：龙爪塔、瓷碗铺窑址、张爱萍故居、红八十八师政治部旧址

万源县：李家俊烈士故居、固军坝起义指挥部旧址——文昌宫、张建成石刻墓坊、紫芸坪植茗灵园记岩刻、玉带余王氏节孝坊

达川区：红三十军政治部旧址、夏云亭、大风高拱桥

宣汉县：姚氏宗祠、宏文校工字楼、陈民安墓、插旗山曾学诚家族墓、浪洋寺摩崖造像、向家嘴李邓氏墓

开江县：开江宝泉塔、开江金山寺、普安姜吴氏节孝坊、开江仁德桥、清河街道建筑群

大竹县：乌桥千佛岩摩崖造像、平滩河牌坊、大竹孟氏公馆、神合张胡氏孝坊

渠县：梭罗碥摩崖造像、渠县节孝坊（贾氏节孝坊、燕氏节孝坊）、王万邦墓、礼义城遗址、渠县赵氏宗祠、渠县云峰塔（河东云峰塔）、三汇文峰塔

十五、巴中市

巴州区：巴州凌云塔、平梁城遗址、巴州龙门山石窟、川陕省总工会旧址、回风亭、石门寺摩崖造像、巴州奎星阁、雷辅天将军墓、川陕省苏维埃巴中特别市委旧址、川陕省苏维埃政府旧址

恩阳区：牛角寨崖墓群、土寨柏家祠堂、朝阳洞石窟

平昌县：平昌汉中古道、平昌长安古道、小宁城遗址、双竹堂牌坊、古佛洞摩崖造像、北山寺会议旧址、刘伯坚烈士故居、

巴灵寨遗址、长灵寨遗址、黑马山墓群、灵山吴氏墓、灵山吴家大院、白衣古建筑群、刘伯坚烈士纪念碑

通江县：擂鼓寨遗址、凤凰包遗址、神口河陈氏墓、铁佛蒲氏家族墓、毛浴谢氏墓、王家湾张氏家族墓、鲁班寺、白石寺、小新场独善桥、佛尔岭石窟、佛爷河石窟、赵巧岩石窟、佛尔岩塬石窟、木关坝观音岩石窟、梭垭梁石窟、得汉城摩崖石刻、佛耳岩石窟、隐身洞摩崖造像、云昙古佛洞石窟、中共川陕省委党校旧址、红江县政治保卫局旧址、永安坝八一纪念会会址、通江红四方面军总医院旧址、通江川陕省工农总医院旧址、大城寨红军烈士墓、毛浴坝会议会址、邝继勋烈士墓

南江县：南江米仓古道（截贤驿栈道及桥桩孔、寒溪河栈道及桥桩孔、官仓坪、古琉璃关、断渠遗址、蒲涧太子洞石刻、接龙桥、二洞桥遗迹、石板河遗迹、佛石坝石窟）、红四门及城、长赤县苏维埃政府旧址、巴山游击队指挥部旧址、红三十一军医院旧址、观音井何氏家族墓、赤溪岳氏家族墓、白坪马氏祠堂、凤仪蒋氏祠堂、万山营刘氏祠堂

十六、雅安市

雨城区：石牌坊、白马泉及石刻（天宫院遗址）、韩家大院、金凤寺、明德中学、西康省气象观测台、柯培得旧居、西康省人委办公厅大楼旧址、西康省委党校旧址、雨城茶马古道（明代义兴茶号遗址、清代永昌茶号遗址、清代孚和茶号遗址、民国天增公茶号遗址、清代南城门遗址、清代宋春渡遗址、清代飞龙岗古道遗址、二仙桥、高桥、平水桥、四家村字库、永定桥、清代石梯子古道）

名山区：蒙顶山古建筑群（包括永兴寺、甘露石屋、天盖寺、智矩寺、古蒙泉、千佛寺、文昌庙、千佛崖摩崖造像、盘龙石刻、蒙山石刻、红军石刻标语、红军战壕）、看灯山摩崖造像、六合桥、吴之英故居、名山金刚寺、三皇宫石牌坊、水月寺、名山观音殿、名山茶马古道（包括茶马司、大石梯古道、百丈县城址、天目重修路道碑、中峰牛碾坪万亩茶园、双河骑龙场万亩茶园）

天全县：天全茶马古道（九十步村官道遗址、禁门关关隘遗址、紫石关城遗址、茶马古道长河坝段、石头寨、女儿城遗址）、红四方面军总部旧址群、杨家土司祠堂、西湖胜境石牌坊、白君庙

芦山县：王晖石棺、姜维墓、佛图寺及石刻、涌泉寺、芦山茶马古道（青龙关、飞仙遗迹）、红四方面军旧址、中共四川省委旧址、太平红军桥及石刻、飞仙关桥

宝兴县：邓池沟天主堂、硗碛毛泽东、朱德居住地旧址、宝兴茶马古道（宝天古道曹家村段遗址、长偏桥栈道遗址、穆坪土司衙署遗址、杨家大院、灵关观音寺、扎角坝碉楼）

荥经县：太湖寺、南罗坝战国墓群、石佛寺、荥经茶马古道（新添站、靖口驿站、凰仪堡、新文段、西旅底平石刻、刘家大院、万古桥、周公桥、二台子桥、落马崖古道遗址、大相岭古道遗址、崔石堡、大通桥遗址、九折坂古道遗址）；汉源县：寨子园冶铜遗址、汉源茶马古道（护国桥、茶马古道飞越岭段）、清溪文庙

石棉县：石棉茶马古道（猛种堡子、木耳堡子、蟹螺堡子）

十七、眉山市

东坡区：重瞳观、大旺寺白塔、寨子城、眉州武庙、苏氏墓地、石碓窝摩崖造像、连鳌山石刻、丈六院摩崖造像、陈沟千佛岩摩崖造像

仁寿县：奎星阁、叶家祠、观音堂崖墓群、洞子山崖墓群、仁寿天主教堂、潘文华旧居、黑龙滩农田水利工程、两岔河摩崖造像

彭山县：梓潼宫、虞公著夫妇合葬墓、彭山陶窑遗址、武阳故城遗址、江口石龙、老鹰岩摩崖造像

洪雅县：洪雅周家祠、五龙祠、修文塔、田公祠古建筑群、苟王寨造像

丹棱县：龙鹄山松柏之铭碑及摩崖造像、鸡公山摩崖造像

青神县：蜂耳洞崖墓群、八角洞崖墓、坛罐窑遗址

十八、资阳市

雁江区：丹山黄氏宗祠、丹山塔、雁江白佛寺石刻、菩萨岩摩崖造像

简阳市：简阳奎星阁摩崖造像、朝阳寺摩崖造像、禾丰字库塔、简阳红白塔、瓦房沟摩崖造像（瓦房沟摩崖造像、大林摩崖造像）、石盘题名塔、长岭山摩崖造像

安岳县：西禅寺摩崖造像、中共遂安潼三县党员代表大会遗址、中共遂安中心县委旧址、安岳大佛寺摩崖造像、三仙洞摩崖造像、高升大佛摩崖造像、峰门寺摩崖造像、佛慧洞摩岩造像、佛济寺摩崖造像、舍身岩摩崖造像、庵堂寺摩崖造像、毗卢沟摩

崖造像、川陕苏维埃政府遂安中心组织总部兼龙台区委旧址、上大佛摩崖造像、石羊奎星阁、半边寺摩崖造像、协和廊桥、道林寺、佛耳岩摩崖造像及崖墓、鸳鸯村崖墓群、灵游院摩崖造像、贾岛墓、安岳奎阁、安岳文庙、净慧岩摩崖造像、菩萨湾摩崖造像、石锣沟摩崖造像、安岳王刘氏节孝坊、木鱼山摩崖造像

乐至县：宝林白塔、天池凌云塔、乐至三圣宫

十九、阿坝州

汶川县：马岭山红军阻击战场遗址

理县：维州城遗址、杂谷土司碉群（包括杂谷脑碉、维关碉、营盘街碉）、甘堡藏寨、建威将军墓、箭山遗址、薛城红军石刻标语、理县张家碉房

茂县：点将台摩崖造像、左封县城遗址

松潘县：黄龙寺、小河古城墙、靖夷堡遗址

九寨沟县：达琼贡巴寺、唐卡寺

金川县：御制平定金川勒铭葛喇依之碑、金川县商周遗址（独松乡卡拉塘遗址、河西乡乃当村遗址、勒乌乡云盘村博尔乌寨遗址、勒乌乡营盘村营盘寨遗址、万林乡西里寨遗址、咯尔乡咯尔遗址、卡撒乡巴拉塘遗址、安宁乡末末扎村通斯坪遗址、安宁乡安宁遗址）、金川红军革命纪念建筑群（格勒得沙中央革命政府遗址、西北联邦政府遗址、中共大金省委遗址、中共绥靖县委遗址、绥靖县第一区苏维埃政府遗址、红五军军部遗址、红军炸弹厂遗址、红军医院遗址、红军军械备修理厂遗址、红军被服厂遗址、格勒得沙药店遗址、格勒得沙国家商店遗址、红军回民独立连连部、绥靖县回民苏维埃政府旧址）、绰斯甲观音庙

小金县：三关桥、猛固桥、结斯喇嘛寺、小金川流域古遗址群·两河乡白果坪遗址、小金川流域古遗址群·抚边乡菜园坝遗址、小金川流域古遗址群·木坡招牛喇嘛寺遗址、小金川流域古遗址群·木龙寨遗址、小金川流域古遗址群·桥头村遗址

黑水县：徐向前住址和红军石刻标语（徐向前住址、瓦钵乡约合多标语群、瓦钵乡二里标语群）、徐古摩崖造像、芦花官寨

马尔康县：西索民居、草登寺院、脚木足河流域古遗址群（达维村遗址、代基村遗址、孔龙村遗址、白赊村遗址、蒲志村遗址、沙尔宗村遗址）、莫斯都岩画、昌列寺小经堂

壤塘县：藏哇寺

阿坝县：茸安蒙古伸臂桥、柯河姊妹碉

若尔盖县：苟象寺、苟均桥、潘州城遗址、协玛坚遗址、甲格寺

二十、甘孜州

康定县：塔公寺、木雅经堂·俄巴绒一村经堂、木雅经堂·阿加上南经堂、木雅经堂·瓦约西北民居

泸定县：朱德同志长征途经泸定居住旧址、大渡河悬索桥、摩西天主教堂毛泽东同志住地旧址、岚安区苏维埃政府旧址、岚安区苏维埃政府旧址十大政纲、岚安区苏维埃政府旧址红军医院

丹巴县：曲登沙寺、雍仲佐钦岭寺、巴底土司官寨、墨尔多山摩崖石刻

九龙县：中古经堂、吉日寺

雅江县：南真寺、亚多寺、郭岗顶遗址

道孚县：道孚古碉、惠远寺、灵雀寺

炉霍县：灵龙寺、鲜水河流域石棺墓葬群

甘孜县：东谷寺、甘孜寺

新龙县：羌堆寺、益西寺、土木寺、嘎绒寺

德格县：更庆寺、登青寺、协庆寺、竹庆寺、满金寺

白玉县：安章寺、山岩民居

石渠县：色须寺、觉悟寺、温波寺、志玛拉宫、照阿娜姆石刻

色达县：色尔坝藏寨、拉则寺、洞嘎寺、大则寺、普吾寺、邓登曲登佛塔

理塘县：冷谷寺、七世达赖故居

巴塘县：康宁寺、措普寺、关帝庙、鹦歌嘴石刻群

乡城县：曲披寺、白依丁真岭寺、洞松木因石棺墓葬群

稻城县：著杰寺、扎朗寺、自麦民居

得荣县：翁佳寺、得荣红军桥、贺龙桥

二十一、凉山州

西昌市：大通门·安定门、东坪冶铜铸币遗址、高枧汉城遗址、丁佑君烈士陵园及牺牲处、月华知青窑洞群、西昌地震碑林

木里县：昏沙伸臂桥、木里大寺、俄亚大村、仁江寺、康坞大寺及遗址、曲公伸臂桥、日藏伸臂桥、瓦岗八角石碉楼、东朗拳咔古碉

盐源县：泸沽湖阿六贡巴经堂、老龙头古墓葬群

德昌县：钟鼓楼、德昌仓圣宫、德昌圣心堂、德昌字库塔群、永兴大石墓、茶园大石墓

会理县：会理城北门、会理粪箕湾古墓群、金江书院、会理

仓圣宫、会理文塔、碗厂湾瓷窑遗址、皎平渡渡口及山洞遗址、会理天主教堂

宁南县：华弹南华宫、华弹字库

昭觉县：好谷东汉石表、利利兹莫衙门石柱、木撮乃姐石板墓群

喜德县：喜德邓公馆

冕宁县：兴隆安定祠、觉华寺、冕宁凌家大坟、冕宁苏州古道、"彝海结盟"纪念地、长征时毛主席接见彝族代表处

甘洛县：新民古城遗址、海棠北城门（海棠北城门、城西石刻、城墙）、煖带密土司衙门

雷波县：海龙寺、原凉山工委办公楼旧址（雷波县）

四川省历史文化名城（镇村）名单

一、国家级历史文化名城（7个）

成都、阆中、宜宾、自贡、泸州、乐山、都江堰

二、国家级历史文化名镇（8个）

邛崃市平乐镇、大邑县安仁镇、双流县黄龙溪镇、阆中市老观镇、富顺县仙市镇、合江县尧坝镇、古蔺县太平镇、宜宾市翠屏区李庄镇

三、国家级历史文化名村（2个）

攀枝花市仁和区平地镇迤沙拉村、丹巴县梭坡乡莫洛村

四、省级历史文化名城（27个）

巴中、通江、剑阁、资中、邛崃、崇州、新都、松潘、江油、眉山、叙永、广元、西昌、南充、三台、会理、芦山、旺苍、广汉、绵阳、绵竹、雅安、什邡、江安、罗江、荥经、蓬安

五、省级历史文化名镇（30个）

成都市龙泉驿区洛带镇、新都县新繁镇、青白江区城厢镇、邛崃市茶园乡、崇州市街子镇、崇州市怀远镇、崇州市元通镇、蒲江县西来镇、金堂县五凤镇

泸州市泸县立石镇、合江县福宝镇

达州市大竹县清河镇、达县石桥镇

眉山市洪雅县高庙镇、洪雅县柳江镇、彭山县江口镇

甘孜州德格县更庆镇

凉山州西昌市礼州镇

雅安市上里镇、石棉县安顺场镇

宜宾市屏山县龙华镇

广元市昭化镇、旺苍县木门镇

乐山市犍为县罗城镇

巴中市恩阳镇

资阳市资中县铁佛镇、资中县罗泉镇

绵阳市三台县妻江镇、江油市青莲镇

德阳市孝泉镇

六、省级历史文化名村（3个）

泸县兆雅镇新溪村、阆中市天宫乡天宫院村、眉山市东坡区尚义镇。中心村

四川省已有联合国教科文组织非遗名录项目4项（羌年、格萨尔、蜀锦、皮影），国家级非遗项目139项、省级522项、市（州）级1432项、县级5076项，有国家级代表性传承人69人、省级682人、市级1478人、县级4326人。川剧、蜀锦、蜀绣、绵竹年画、藏族唐卡、彝族火把节、羌绣等一批具有四川民族地域特色、体现中华民族优秀传统文化，具有重要历史、文学、艺术、科学价值的非物质文化遗产得到了较好的保护、传承和发展。

后 记

编撰《四川文化简史》，是十二届四川省政协文化文史和学习委员会所制定的《四川政协文史工作五年行动计划（2018—2023）》中一项重要任务。编撰本书目的是，通过一本兼具学术性和普及性的简明史学读物，为四川各级政协委员和党政干部、文化事业与文化产业从业者学习和了解四川传统文化积淀过程，把握四川优秀传统文化内涵和发展脉络，进一步增强文化自信，为建设四川文化强省提供帮助。

为了实现这一目标，四川省政协文化文史和学习委员会多次召开主任会议，认真研究了编写大纲、重点章节和全书条目，组成了由省政协文化文史和学习委员会主任吴显奎任主编，其他副主任为副主编的编委会。邀请李殿元、屈小强、邓经武三位资深学者及其他长期从事巴蜀文化研究的专家进行编撰。经过一年多的认真编撰，数易其稿，终于可以付梓了。

《四川文化简史》的出版，填补了四川省文化通史（简明）出版物的空白。我们有理由相信，本书将会受到四川各级政协委员，党政干部及文化事业与文化产业从业者的欢迎。

后　记

本书撰稿人分工如下。

绪论：四川文化的发展脉络及特点（吴显奎）

一、沃野千里，天府之土——水旱从人的农耕文化（屈小强）

二、巧夺天工，追逐梦想——美奂绝伦的青铜文化（屈小强）

三、负重万里，冲出盆地——风尘仆仆的交通文化（屈小强）

四、女工之业，覆衣天下——百娇千媚的蜀锦蜀绣（李殿元）

五、火井煮盐，上古奇事——引领世界的盐井文化（李殿元）

六、教化树人，书香流芳——源远流长的文化教育（李殿元）

七、良史崛起，传诸不朽——纪实求真的史学文化（李殿元）

八、仰望星空，脚踏实地——扎根民间的天数与易学（邓经武）

九、巴蜀情结，诗家气象——云蒸霞蔚的古代文学（邓经武）

十、风云际会，共谱华章——异彩纷呈的近现代文学（邓经武）

十一、与时俱进，笔墨风流——花团锦簇的书画艺术（李殿元）

十二、建构巍巍，赋彩熠熠——百伎千工的造型艺术（邓经武）

十三、渊源有自，独树一帜——个性鲜明的传统戏剧（邓梦）

十四、铜鼓蛮歌，别样风采——多姿多彩的少数民族文化（邓经武）

十五、道脉仙源，洞天福地——效法自然的道教文化（夏建军、朱波）

十六、北迁南徙，内突外入——融汇交流的移民文化（邓经武）

十七、沧海横流，英雄本色——烽火岁月中的抗战文化（邓梦）

十八、血沃巴蜀，气壮山河——光耀千秋的红色文化（杨文）

十九、喧然都会，知足常乐——怡然自得的休闲方式（李殿元）

附录编撰（邓经武、李殿元）

编委会委托李殿元、屈小强负责对全书进行了审定。

《四川文化简史》的编撰出版，得到省政协领导的支持和关心，省政协王正荣副主席为本书作序。四川新华发行集团、四川新华文轩、四川人民出版社对本书出版给予大力支持。四川各级政协和省政协委员对本书编撰也给予了帮助。在此，谨向所有关心支持本书的领导、专家和有关单位、有关人士表示感谢和敬意！

《四川文化简史》编委会
2020年8月30日